国外图书馆学情报学经典译丛

图书馆焦虑

理论、研究和应用

［美］安东尼·J·奥韦格布兹
［美］焦　群　　　　　　　著
［美］莎伦·L·博斯蒂克

王细荣　主译

海洋出版社

2015年·北京

图书在版编目（CIP）数据

图书馆焦虑——理论、研究和应用/（美）奥韦格布兹（Onwuegbuzie, A. J.），（美）焦群（Jiao, Q. G.），（美）博斯蒂克（Bostick, S. L.）著；王细荣主译.—北京：海洋出版社，2015.1

（国外图书馆学情报学经典译丛／初景利主编）

ISBN 978-7-5027-8964-0

Ⅰ.①图… Ⅱ.①奥… ②焦… ③博… ④王… Ⅲ.①图书馆利用-读者心理学-研究 Ⅳ.①G252

中国版本图书馆 CIP 数据核字（2014）第 231709 号

图字：01-2013-6699

Copyright@ 2004 by Anthony J. Onwuegbuzie, Qun G. Jiao, and Sharon L. Bostick

All rights reserved. No part of this publication may be reproduced, stored in a retrieval system, or transmitted in any form or by any means, electronic, mechanical, photocopying, recording, or otherwise, without the prior permission of the publisher.

Published by agreement with the Rowman & Littlefield Publishing Group through the Chinese Connection Agency, a division of The Yao Enterprises, LLC.

图书馆焦虑——理论、研究和应用
LIBRARY ANXIETY
THEORY, RESEARCH, AND APPLICATIONS

责任编辑：杨海萍

责任印制：赵麟苏

海洋出版社 出版发行

http://www.oceanpress.com.cn

北京市海淀区大慧寺路 8 号　邮编：100081

北京旺都印务有限公司印刷　　新华书店发行所经销

2015 年 1 月第 1 版　2015 年 1 月北京第 1 次印刷

开本：787mm×1092mm　1/16　印张：20.75

字数：338 千字　定价：60.00 元

发行部：62132549　邮购部：68038093　总编室：62114335

海洋版图书印、装错误可随时退换

丛书总序

《国外图书馆学情报学经典译丛》由海洋出版社正式出版发行了！这是我国图情理论界、教育界、实践界的一件大好事。在此谨表示热烈的祝贺！

从学科整体上，图书馆学情报学作为一门学科是全世界图情界共同创立、发展和不断创新而形成的，其理论、方法、技术、模式、应用是这一学科共同的成果和财富，也理应为世界各国图情工作者所共享。从学科发展史上看，中国的图书馆学情报学学科的建立深受国外图情理论和研究成果的影响，但也具有本土化的特色。中国的图书馆学情报学在汲取本土文化和实践营养的基础上不断发展和成熟。中国的图书馆学情报学是世界图情学科体系的重要组成部分，同样，世界其他国家的图情研究成果，也在滋养着中国的图情研究不断走向新的高度。但长期以来，由于语言的障碍和版权的限制，我国读者对国外的图情研究成果缺乏系统的了解和认知，一定意义上也影响了中国图情的理论研究、学科建设与实践发展。

2010年6月，中国图书馆学会编译出版委员会成立，我受命担任其中的"国外文献翻译专业委员会"主任。虽然是社会工作，我总觉得应该领导这个专业委员会的各位委员做点儿与这个专业委员会相称的事情。6月22-23日第一次在北京怀柔召开编译出版委员会成立暨工作研讨会，我和专业委员会的各位委员就提出要翻译国外的重要著作，并提出了一些选题。但由于出版社没有落实，这一计划迟迟没有实施。2013年初，因为工作原因，结实了与《图书情报工作》杂志社有多年合作历史的海洋出版社有关领导。谈了我的想法，得到了出版社的支持。很快，就成立了以国外文献翻译专业委员会委员为主体的图情出版专家委员会，共同策划组织了这套"国外图书馆学情报学经典译丛"。海洋出版社负责版权谈判和出版，在译者和编者的辛勤努力下，这套丛书终于得以与中国的广大读者见面。

就我个人而言，从大学时起，我就比较关注国外的图书馆学情报学文献，还曾试着翻译国外期刊的专业文章，请专业英语老师审校指点。读研究生期间，撰写的第一篇关于公共关系的文章（1987年发表在《黑龙江图书馆》），就是在北大图书馆翻阅国外的文献而受到启发而完成的。研究生毕业后当老师,随后到中科院文献情报中心读博士,直到留在这里工作,当导师、做编辑,我始终坚持跟踪国外的研究成果。读博士期间,还为《大学图书馆学报》组织了多期"海外同期声"栏目的多篇介绍国外研究成果的文章。我还先后担任国际图联(IFLA)"图书馆理论与研究"专业委员会的常设委员(2003—2013)和"信息素质"专业委员会的常设委员(2013—),非常关注国际图情领域的发展变化。我始终认为,作为一名学者或研究人员,一定要有宽阔的学术视野,要具有与国际学术界沟通交流的能力。经常性地阅读国外的专业文献,应是研究人员的基本素质。如果能借助于业界的力量,有计划地将国外的研究成果翻译过来,也会帮助很多人克服语言的障碍,推动国际学术交流和知识共享。

首批策划的 7 本书已经基本翻译完成,开始进入编辑录排阶段,将开始陆续与国内的广大读者见面。第二次专家委员会会议策划的其他多本图书,也将进入联系版权等操作程序。我们深知,靠海洋出版社出版的这套译丛(数量将不断地增加)难以满足国内广大读者的需要,主体上还需要更多的读者研读原著,但我们相信,这套丛书将会给广大读者提供一个很好的了解国外图情研究成果的窗口,为广大读者进行系统而深度的科学研究提供丰富的资料,提供有益的借鉴和启示。

尽管是十几名专家共同策划的结果,但无论在选题还是翻译的组织上,都可能存在不尽如人意的地方,诚恳期望广大的专家和读者指出,并提出更合适的选题方案,以便纳入下一年度的选题计划中,更好地做好我们的工作。

在此,感谢海洋出版社为译丛的版权引进和编辑出版所做的大量的工作,感谢所有译者为国外重要的研究成果引入国内所付出的辛苦和所做出的贡献。

期待中国的图书馆学情报学研究更上一层楼,在吸收和借鉴国外的研究成果基础上,有所创新,有所突破,推动中国的图书馆学情报学理论建设、学科发展和实践创新不断走向新水平。

初景利

《图书情报工作》杂志社社长、主编、教授、博士、博士生导师
中国图书馆学会编译出版委员会国外文献翻译专业委员会主任
2014 年 1 月 26 日 北京中关村

中文版序

10年前，我们因为意识到图书馆焦虑研究是一个正在兴起的研究领域，便出版了《图书馆焦虑——理论、研究和应用》一书。另外一个原因是，我们发现这方面已有的文献零碎分散，缺乏一个综合的框架。我们的目的是提纲挈领式地介绍图书馆焦虑研究的状况和数量不断增加的研究证据。我们希望通过这本书，促使全世界的图书馆从业者、教育工作者、研究者和学生加入我们的行列，以丰富我们对图书馆焦虑现象的认识。我们已达到目的了吗？我们的这本书经受时间的考验了吗？

在过去的几年中，我们看到，图书馆焦虑研究及其诸如信息焦虑或信息搜索焦虑等密切相关领域的研究日益活跃。这些研究使得许多文章在专业期刊和图书章节中发表。例如，2013年底快速检索图书情报学数据库显示，过去10年中所发表的图书馆焦虑研究文章的数量，是之前20年发表文章总数的两倍多。尤其令人鼓舞的是，最近这些图书馆焦虑研究者中，不仅有美国人，而且还有诸如加拿大、伊朗、马来西亚、波兰和土耳其等不同大陆的其他国家的人士[①]。在我们的书籍出版10年和美国图书馆文献中首次出现"图书馆焦虑"术语将近30年后，图书馆焦虑研究已成为一个超越国界乃至全球性的事业。另外，快速检索谷歌学术搜索数据库显示，在不到10年的时间中，我们这本书已至少在123本著作中被引用过。这些令人兴奋的图书馆焦虑研究进展已证明，我们写作此书的初衷是正确的，并达到了预期的效果。

现在，随着此书中文版的出版，我们坚信，中国的研究者、教育工作者和图书馆从业者基于中国学生和图书馆用户群体，将会使图书馆焦虑研究深

---

① 通过检索《全国报刊索引数据库》，截至2013年底，我国以汉语发表的有关图书馆焦虑的研究文章至少有30篇——译者注

入进行下去,并得到进一步的发展。对中国图书馆从业者来说,这是一个非常激动人心的时刻。

安东尼·J·奥韦格布兹
焦　群
莎伦·L·博斯蒂克
2013 年 9 月

序

  术语"图书馆焦虑"是差不多 20 多年前，在查塔努加市（Chattanooga）田纳西大学（University of Tennessee）的一个小而拥挤的教室里问世的。那时，我已收集到了大一学生对我开设的图书馆用户教育（library instruction）课程反应的数据。当我听到托拜厄斯（Sheila Tobias）用"数学焦虑"描述她的工作时，那些症状听起来非常熟悉，学生在描述他们利用大学图书馆进行研究时有着同样的感觉。通过与托拜厄斯女士交谈后，进一步确认这些独立的研究结果具有相似性。此后不久，"图书馆焦虑"概念便引入到这个领域的词汇中。

  几年后，博斯蒂克（Sharon L. Bostick）因学位论文开题报告联系了我。她的论文主要是将早期关于图书馆焦虑的研究转变为一个量表。令人欣慰的是，她开发出一个严密的图书馆焦虑量表（Library Anxiety Scale，简称"LAS"），并且由此出现了大量有关该研究的文献。由于开发了一个容易使用的测量工具，图书馆焦虑开始在国内外成为一个可为的研究课题。

  尽管我个人的研究已转到另一个方向，但是我继续保持对图书馆焦虑研究的兴趣，这是通过评审提交到各图书馆出版物的关于该主题的稿件而实现的。这样，我也就熟悉了焦群（Qun G. Jiao）和奥韦格布兹（Anthony J. Onwuegbuzie）的图书馆焦虑研究工作。他们俩对作为图书馆焦虑依据的一些概念之定义、分类和拓展，贡献良多。因此，这本作为图书馆焦虑发展为真正研究领域进程中的下一个必然步骤的著作，出自这三个研究者之手似乎就顺理成章了。

  在图书馆研究的进程中，这本首次出版的关于图书馆焦虑主题的著作是新颖且非常需要，并且是一件具有里程碑意义的事件。在我第一篇关于图书馆焦虑的文章发表后，我应邀赴美国和加拿大各地举办专题讨论会。在这些讨论会中，有不少迷人之处，其中之一就是与参考图书馆员讨论这个主题。我经常听到："这个我们已知道很多年了，但是没有人给出一个称谓。"提供一个称谓，似乎使这个研究主题合法化了。图书馆员们愿意一块公开地言及他们知道存在但从未讨论过的事情。较多的研究者则对图书馆焦虑的各个方面表示好奇，并开始研究它，撰写该主题的文章。当参考图书馆员和那些利用其服务的图书馆用户，面对我们日益复杂的图书馆而感觉颇有压力时，这就为他们提供了新颖和更好的可用材料。我相信，使我受教颇多的职业图书馆员，以及目前正在研究图书馆焦虑的研究者，在为图书馆用户提供更好的服务过程中，一定会乐于接受这个新的进步的。

美国北卡罗来纳州格林维尔市卡罗来纳大学图书馆学研究生院教授、院长

C·A·梅隆博士

前　言

尽管图书馆焦虑的特征已被关注多年，但是对此现象的详细分析和科学认识则是最近才开始的。在刚过去的20年中，我们对图书馆焦虑的理解取得了长足的进步，用户在进行图书馆信息搜索时，图书馆焦虑对他们的影响也在降低。一些研究结果正在被吸收进主流的图书情报学文献当中。随着我们对图书馆焦虑（尤其在学术图书馆环境下的焦虑）认识的增加，研究成果已转变为创新的方法，以减少和防止图书馆焦虑的负面影响。信息化时代下，为了帮助不同图书馆焦虑用户解决其急切需求，美国和许多其他国家的图书馆员、教育者、研究者、管理者和研究生，对这个突然出现的研究领域表现出极大的兴趣。像新颖的方法论变革和卓有成效的技巧、主张开始进入研究文献一样，这种研究者的大众化正在引起图书馆焦虑研究的混乱，因而有必要对当前研究现状进行权威的评论。然而，这种类型的图书迄今还没有见到，这是因为在这种不外乎一般的图书情报学问题的相对比较明晰的情景语境下，图书馆焦虑研究似乎限定在一个狭小的范围内。我们撰写这本著作，目的是概述当前的图书馆焦虑研究的状况。我们期待，这些研究证据的收集和介绍，将有助于消除图书馆焦虑研究的一些混乱和错讹。

显然，在过去10到15年中，已产生了大量关于图书馆焦虑的资料。尽管许多已被知晓，但仍有很大一部分有待于人们去研究。其中一些问题还需要更明确的研究。例如，虽然有初步的主张，但很少有能证实干预和调解方法有效性的对照研究。图书情报学领域中，这样经历变革和理论建构阶段并不是独一无二的。图书馆焦虑、其他相关变量和一些成功的干预方法主张之间的相关性，虽已见报道，但尚未获得有力、确凿证据的支持。唯有时间才能告诉我们，这些新生事物，哪些是一时的风尚，哪些是图书馆焦虑影响干预过程中的真正进步。很可能要到数十年后，才能收集、分析和应用到确定的数据。然而，与此同时，尽管这种新生事物处于初期阶段，但我们中的许多人，对我们在如此短的时期内所获知的信息已是刻骨铭心，并推断，这个研究领域值得认真探索。通过评述当前的研究状况,指出有前景的研究问题,我们希望,那些潜在的研究者在此研究领域会产生一些看法,形成一些方向,在图书馆焦虑研究的征程中不断前行。对这本书感兴趣的读者,将会从中获知,在未来几年的文献中预期会出现的事情。

这本书的读者是教育工作者、研究者、图书馆员,以及那些力求更好地了解图书馆焦虑性质和图书馆焦虑测量、干预方法的图书情报学的研究生。它也是为公立中小学、学院和大学中的管理者、指导老师、心理学研究者、教师和教授而撰写的,他们在日常的生活中不得不处理大量的和焦虑相关的心理教育问题。此书可作为图书馆焦虑研究领域的一般参考书、图书情报学专业学生的教科书、图书馆和教育机构从业者的工作指南,以及作为那些渴望通过进一步研究扩大此课题知识的人的关于图书馆焦虑特定方面和问题的信息源。另外,这本书也可作为图书情报学领域研究者的迷你型研究方法论教科书。在这个研究领域,我们已经获得了许多智力和情感上的回报。我们很高兴能作为这个新兴领域研究的拓荒者。藉此著作,我们希望更多的人将加入我们的行列,并与我们一起分享快乐。这种乐趣体现在为帮助我们的用户实现终身的目标,而将图书馆焦虑本质概念化和开发有效的、可推广的干预方法的过程中。我们特别希望,我们的这一努力能像启发图书馆学研究者那样,卓有成效地启发研究生和图书馆员。

这本书包括四个部分:背景、理论、研究和应用。具体地讲,第一部分包含第 1 章,介绍广泛使用的图书馆焦虑测量工具——图书馆焦虑量表(Library Anxiety Scale,简称"LAS")开发的背景信息,同时也总体性地描述 LAS 的心理测量学特性。第二部分包括第 2、第 3 章。第 2 章大体地描述图书馆焦虑的特质和病因,包括前因和症状;第 3 章概述图书馆焦虑的 5 个理论模型,其中 4 个模型以前从未介绍过。第三部分包括第 4、第 5、第 6 章。第 4 章讨论有关定量研究、定性研究和混合方法研究的数据收集和研究设计的若干问题;第 5 章给出一个进行定量、定性和混合方法的数据分析框架;第 6 章讨论定量研究、定性研究和混合方法研究中数据解释问题,特别是那些对效度与合理性有威胁的因素。第四部分包括第 7、第 8 章。第 7 章介绍、总结现存的图书馆焦虑预防和干预的方法与策略;第 8 章详细讨论未来有关图书馆焦虑研究的潜在取向,同时讨论这种研究路径所存在的问题和挑战。

目　次

第一编　背　景

第1章　图书馆焦虑量表的开发与验证 …………………（1）
　1.1　综述 ………………………………………………（1）
　1.2　图书馆焦虑量表的开发 …………………………（1）
　　　概要 ………………………………………………（1）
　　　图书馆用户母体 …………………………………（2）
　　　图书馆用户样本 …………………………………（3）
　　　专业评估者的选择 ………………………………（3）
　1.3　图书馆焦虑量表开发过程的各个阶段 …………（3）
　　　关键维度表 ………………………………………（3）
　　　（题项）陈述 ……………………………………（4）
　　　试测研究1 ………………………………………（5）
　　　试测研究2 ………………………………………（8）
　　　试测研究3 ………………………………………（9）
　　　得分信度 …………………………………………（10）
　　　构想效度 …………………………………………（11）
　　　图书馆焦虑量表的一致性 ………………………（12）
　　　图书馆焦虑量表的最终版本 ……………………（15）
　1.4　对图书馆焦虑量表后续的验证研究 ……………（15）
　　　构想效度 …………………………………………（15）
　　　效标效度 …………………………………………（16）
　　　信度 ………………………………………………（18）

1

1.5　本章概要和结论 …………………………………………(19)

第二编　理　论

第2章　图书馆焦虑的特质与病因 ………………………………(21)
　2.1　综述 ……………………………………………………(21)
　2.2　一般焦虑的建构 ………………………………………(21)
　　　焦虑的种类 ……………………………………………(22)
　　　一般焦虑的特质 ………………………………………(22)
　　　一般焦虑的表征 ………………………………………(23)
　　　一般焦虑的前因 ………………………………………(23)
　2.3　图书馆焦虑的建构 ……………………………………(24)
　　　图书馆焦虑的表征 ……………………………………(26)
　　　图书馆焦虑的要素 ……………………………………(28)
　　　图书馆焦虑的前因 ……………………………………(31)
　2.4　本章概要和结论 ………………………………………(42)

第3章　概念的和基于研究的图书馆焦虑模型 …………………(44)
　3.1　综述 ……………………………………………………(44)
　3.2　库尔梭的信息检索过程模型 …………………………(44)
　3.3　图书馆焦虑认知-情感阶段模型 ……………………(47)
　　　图书馆准备阶段 ………………………………………(47)
　　　图书馆使用阶段 ………………………………………(50)
　　　图书馆反思阶段 ………………………………………(51)
　　　三个阶段的关系 ………………………………………(53)
　3.4　图书馆焦虑的信息素养过程模型 ……………………(53)
　3.5　图书馆焦虑的性格-情境-环境模型 ………………(56)
　3.6　图书馆焦虑的焦虑-期望中介模型 …………………(58)
　3.7　本章概要和结论 ………………………………………(60)

第三编 研 究

第4章 多方法研究框架:研究设计/数据采集阶段 …………… (62)
4.1 综述 ……………………………………………………… (62)
4.2 定量研究范式 …………………………………………… (65)
研究设计 ……………………………………………………… (65)
数据采集的方法 ……………………………………………… (80)
4.3 定性研究范式 …………………………………………… (89)
研究设计 ……………………………………………………… (89)
数据采集的方法 ……………………………………………… (92)
4.4 混合方法研究范式 ……………………………………… (98)
实用主义的出现 ……………………………………………… (98)
纯粹主义者和情境主义者的误解 …………………………… (101)
定量和定性研究方法的相似性 ……………………………… (102)
混合方法研究设计 …………………………………………… (104)
数据采集的方法 ……………………………………………… (109)
4.5 本章概要和结论 ………………………………………… (112)

第5章 多方法研究框架:数据分析阶段 ……………………… (114)
5.1 综述 ……………………………………………………… (114)
5.2 定量研究范式 …………………………………………… (114)
描述性统计 …………………………………………………… (115)
相关系数 ……………………………………………………… (115)
得分信度 ……………………………………………………… (117)
独立样本和非独立样本的 t 检验 …………………………… (118)
方差分析检验 ………………………………………………… (118)
协方差分析检验 ……………………………………………… (119)
多元回归 ……………………………………………………… (120)
多元方差/协方差分析 ………………………………………… (123)
描述性判别分析/预测性判别分析 …………………………… (124)

  典型相关分析 …………………………………………………(125)
  主成分分析和因子分析 …………………………………(126)
  路径分析 ……………………………………………………(128)
  结构方程建模 ………………………………………………(128)
  多层线性建模 ………………………………………………(129)
  非参数统计 …………………………………………………(130)
  观察发现的显著性 …………………………………………(134)
 5.3 定性研究范式 ……………………………………………(137)
  描述数据分析技术 …………………………………………(137)
  样本外的结果推广 …………………………………………(138)
  未估算和解释效应量 ………………………………………(139)
  未使用计算机数据分析工具 ………………………………(140)
 5.4 混合方法研究范式 ………………………………………(140)
 5.5 本章概要和结论 …………………………………………(142)

第6章 多方法研究框架：数据解释阶段 ……………………(144)

 6.1 综述 …………………………………………………………(144)
 6.2 定量研究范式 ……………………………………………(144)
  研究设计/数据收集阶段的内部效度 ……………………(145)
  研究设计/数据收集阶段的外部效度 ……………………(150)
  数据分析阶段的内部效度 …………………………………(151)
  数据分析阶段的外部效度 …………………………………(152)
  数据解释阶段的内部效度 …………………………………(153)
  数据解释阶段的外部效度 …………………………………(154)
 6.3 定性研究范式 ……………………………………………(154)
  定性背景下的效度取向 ……………………………………(154)
  探索确定效度 ………………………………………………(156)
  在定性研究中确定特定设计的效度 ………………………(160)
  定性研究中内部信度的威胁 ………………………………(161)
  定性研究中外部信度的威胁 ………………………………(161)
  评估或增加效度的方法类型学 ……………………………(162)
 6.4 混合方法研究范式 ………………………………………(172)

6.5 本章概要和结论 ……………………………………………… (173)

第四编　应　用

第7章　图书馆焦虑的预防、缓解和干预 ……………………… (175)
　7.1　综述 …………………………………………………………… (175)
　7.2　物理环境下图书馆焦虑的预防和缓解 ……………………… (177)
　　　标识和指示图 …………………………………………………… (178)
　　　空间和布局 ……………………………………………………… (180)
　　　合作资源开发 …………………………………………………… (182)
　　　参观和开放日 …………………………………………………… (183)
　　　信息宣传册和传单 ……………………………………………… (185)
　7.3　基于培训的图书馆焦虑预防 ………………………………… (186)
　7.4　基于中介信息服务的图书馆焦虑干预 ……………………… (198)
　　　公共服务台的参考辅助 ………………………………………… (199)
　　　巡回参考咨询 …………………………………………………… (200)
　　　个性化信息服务 ………………………………………………… (201)
　7.5　本章概要和结论 ……………………………………………… (202)

第8章　未来的研究、问题和挑战 ……………………………… (204)
　8.1　综述 …………………………………………………………… (204)
　8.2　未来研究的潜在领域 ………………………………………… (205)
　　　不同图书馆环境下的研究 ……………………………………… (206)
　　　图书馆焦虑过程的探索 ………………………………………… (208)
　　　图书馆焦虑干预程序的研究 …………………………………… (211)
　　　图书馆焦虑的测量 ……………………………………………… (213)
　8.3　图书馆焦虑研究的问题与挑战 ……………………………… (216)
　　　图书馆焦虑研究及研究者 ……………………………………… (216)
　　　图书馆焦虑研究的资金和支持 ………………………………… (218)
　　　图书馆焦虑研究的伦理考量 …………………………………… (221)
　　　普适理论或情境制约的现实 …………………………………… (225)

5

图书馆焦虑研究的传播和利用 ……………………………… (227)
　8.4　本章概要和结论 ………………………………………………… (228)
附录1　图书馆焦虑量表 ……………………………………………… (230)
附录2　图书馆焦虑量表的计分规则 ………………………………… (232)
参考文献 ………………………………………………………………… (235)
主题词索引 ……………………………………………………………… (281)
参考文献作者索引 ……………………………………………………… (301)
译后记 …………………………………………………………………… (313)

第1章 图书馆焦虑量表的开发与验证

1.1 综述

梅隆（Constance A. Mellon）于1986年正式提出图书馆焦虑（Library Anxiety）概念。但是，能够用于该领域实证研究的量表，却花费了6年的时间才开发出来。这个图书馆焦虑量表（Library Anxiety Scale，简称LAS）[51]实际上已经应用于每一个图书馆焦虑的定量研究。本章的目的就是描述LAS。首先，评述量表的发展。这里将略述原始的研究设计、母体及样本，并对各测量的题项类型进行介绍。其次，描述由常模组（norm group）产生的量表心理测量学属性（即得分信度和效度）。最后，总结其他研究者研究报告中的得分信度和效度信息，其中包括概述从利用验证性因子分析技术的第一项研究到检验图书馆焦虑的多维结构的那些结果。

1.2 图书馆焦虑量表的开发

概要

图书馆焦虑量表的开发涉及以下14个步骤：（1）设计一与图书馆焦虑相关的重要维度清单；（2）将清单送至专家以检验其有效性；（3）检验量表的响应、共性与矛盾之处；（4）重新构建量表框架；（5）再次将量表框架送至专家；（6）将各个题项与关键维度相关联；（7）将（测量的）题项送至一个专家小组；（8）开发一个试测量表；（9）评估该量表的可读性和清晰度；（10）根据评估的结果修订题项；（11）进行测试研究；（12）进行探索性因素分析；（13）编写量表并保留可行的（题项）陈述；（14）评估再测信度。

这些步骤的过程如图 1.1 所示。量表开发的细节将在后续的章节中详述。

测量工具的开发：
- 设计与图书馆焦虑相关的重要维度清单
- 送至专家，检验其有效性
- 检验量表的响应、共性与矛盾之处
- 重新构建量表框架
- 再次将量表框架送至专家
- 将各个题项与关键维度相关联
- 将（测试的）题项送至一个专家小组
- 开发一个试测量表
- 评估量表的可读性和清晰性
- 根据评估的结果修订题项
- 重复右侧步骤，直至完成所有人群量表的开发
  - 进行试测
  - 进行因子分析与信度检
  - 修订量表，保留可行的陈述
- 评估再测信度

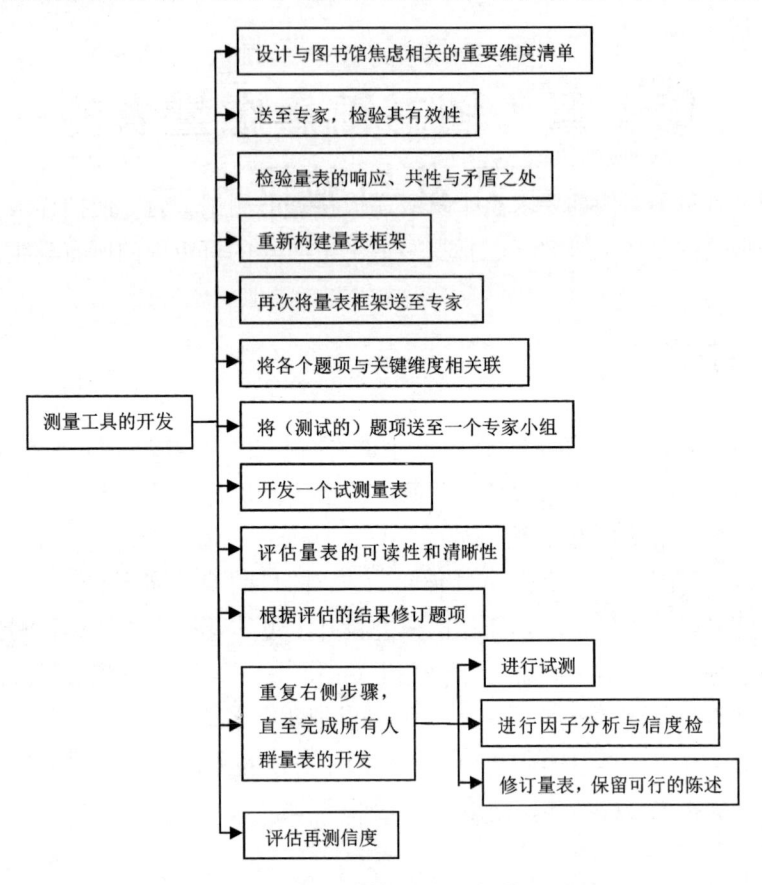

图 1.1　量表开发的步骤

图书馆用户母体

用于 LAS 开发的目标母体由学院和大学的学生构成，他们在接受教育的部分课程中有机会或有需要使用到学术图书馆。母体不仅限于某一具体年级的学生，而是包括从大一到研究生的所有年级的学生。母体包含所有年级学生的理由是：图书馆焦虑不仅存在于第一次使用图书馆的用户中，而且在大学的学习环境中一直持续存在[382]。图书馆是一个不断变化的机构，经常会升级或更换管理系统、引入新技术，并呈现出多元化的趋势，所以可以进一步假设，当面临这些变化的时候，那些已经习惯了图书馆的学生们在受到这些

冲击后，会产生焦虑。母体不受地理位置的限定，因为不管所处地域在何处，我们都预先假定学生们感受到的焦虑适用于各个地区。

图书馆用户样本

开发 LAS 需要使用来自各个年级学生的样本。这些学生的取样来自正式的班级，且每个案例都要求整个班级完成量表的测试。为了使抽样最大限度地代表那些注册从事研究（包括撰写博士论文）的班级中的所有学生，每份量表需要单独发放到每一个学生的手中，并指导他们填写。

在选择学生进行开发和验证量表的阶段，目的是获得足够数量的样本用以描述母体。在这种情况下，抽样误差希望能够保持在最小的限度内。随着量表的开发完善，进入到试测阶段时，就要选择不同类型的学生来完成测试。不管在量表开发的哪一个阶段，每个学生做此量表测试仅限一次。

专业评估者的选择

在评估 LAS 的各个开发阶段，由应邀来自图书情报学界的 11 位专家构成一个评估小组。选择专家的标准包括他们在学术领域的声誉、出版论文的数量和发表演讲的数量、供职的机构，尤其是要在公办高校与民办高校两者之间进行选择。所有的专家都隶属于大学或学院。此外，所有被邀请到的专家都同意参与这项研究，尽管他们不必参与到量表开发的整个过程中。四名专家代表了民办高校，七名专家来自于公办高校。所有的专家都是图书馆员，该小组成员有参考咨询馆员、图书馆行政管理人员和图书馆学院教员。

1.3 图书馆焦虑量表开发过程的各个阶段

关键维度表

第一步需要设计一张与图书馆焦虑密切相关的关键维度清单。这张清单制成表格的形式。通过文献调查法，综合相关文献设计出一份与图书馆焦虑密切相关的维度表，并与大学教师、学生及图书馆员进行讨论，同时还要结合开发量表人员自身的专业经历。这张提纲式的表，只是创建一份关键维度清单的预备步骤。此表由以下五维度构成：（1）工作人员，（2）图书馆资源,(3)采用的技术,(4)参考文献,(5)规章与程序。每一维度都分别制作在独立的表格上,这样便于专家对各部分内容直接编辑或回复。该表连同说明信寄给专家,向他们征询意见和建议。

在专家反馈的信息中,寻找浮现的主题(emergent themes)和共性内容进行分析。将这些反馈信息放到一个大框架中,然后转换为提纲。编入提纲的专家回复,用斜体字表示,以区分原表制定的题项,然后创建出一份关键维度清单。并不是所有的回复都要放入总清单。一些内容之所以无法使用,是因为有些专家不能回复提出的主题或他们认为某些问题不应该是这样的,经过仔细的评估,这些回复的内容与开发的量表没有相关性,因此不予以考虑。有些专家的回复太过具体,仅适用于他们所在的机构而无法推广到其他的教育机构,故这些回复同样也不能用到量表的开发中。另外,这个表还要增加一个第六维度,其中包含了与梅隆理论直接相关的心理因素。总清单用来指导创建第一套(题项)陈述。

(题项)陈述

第二步是拟定(题项)陈述(如"我很容易就能在图书馆里找到方向"),有些问题直接会引向图书馆焦虑量表(如"在图书馆里找方向时我会迷惑")。这些陈述根据总清单对应的各个维度写入量表。这里的目标是制作300个题项陈述,发送给专家征询其意见。设置如此大规模数量的初始问题,是为了确保经过分析和删除不合适的问题后,能够留下足够数量问题题目。这些题目根据李克特(Likert)式量表进行设计,设计陈述时使以下准则:清晰性、相关性、避免过去式和模棱两可的语言。每个陈述都要简短并且每个陈述中只包含一个观点。

量表的开发者为了创建(题项)陈述,获得了其他图书馆员、学校教师、学生的帮助。总共设计了268道题目,根据六个维度进行分类。此时,(题项)陈述要进行连续编号,并发送给专家征求意见,进行补充和删除。专家们建议的新陈述直接添加到原来的268道题目中,因为分类只是为了方便。为此,这些(题项)陈述连同要求返回意见的附信一起寄送给专家。

(题项)陈述的修订反映了专家反馈的意见。一位专家指出,在心理/理论范畴的陈述中,只有三个肯定式。另外三个被改为肯定式的措词,但理论的陈述是以否定形式出现,因此应当在题目中反映出这一事实。最终,经筛选后剩下的题目数量为 294。题目修订的分布情况见表 1.1，六个维度中每个维度下包含的题目数量见表 1.2。

表 1.1　题目修订的分布情况：试测 1

陈述分类	题目数量
寄送给专家的原始题目	268
删除的题目	1
增加的题目	16
表述修改的题目	6
未修改但标注为关注的题目	3
总计	294

表 1.2　维度分布情况：试测 1

维度	题目数量
1. 工作人员	56
2. 图书馆资源	67
3. 技术	61
4. 参考文献	36
5. 规章与程序	44
6. 理论与心理	31

试测研究 1

第一次试测量表的（题项）陈述排列形式采用随机的方式。采用数字符号的方式来代表陈述，以原数字编号与新数字编号进行对比的方式来跟踪（题项）陈述。最初想编制一本小册子来解释这些题目，但考虑到 294 道题目的量过大，被测者对其进行选择时过于繁琐，故最终它们的印制采用了双面的方式。

这个阶段，被试学生要求以机读格式的形式来完成题目。接着，完成的表格到托莱多大学（University of Toledo）用其 NCS 设备进行扫描。不幸的是，这个设备只能扫描 240 个题项的表格。为解决这个问题，采用了分页的方式，即将数据表格编码分为第一页和第二页。此外，为了使编码便于识别，编号以 0011 开头，按顺次排列。从而，每个表格都能以一个四位数的数字编码来找到它，如 0011，0012，0021，0022，等等。

量表的发放采用打包的方式，打包的材料中包括了说明书、LAS 的试测版本和机读表格。在每个页面的顶部还放置了简要说明。量表管理者（如课程教师）操作指南的封面页也包含在测试包中。测试包分发到托莱多大学、韦恩州立大学（Wayne State University）、马科姆县社区学院（Macomb County Community College）和麦当娜学院（Madonna College）的各个年级。年级的范围覆盖从大一到研究生各个年级。

首轮量表的试测中发现了一些问题。第一，这份最初的试测量表长达 13 页，平均花费 45 分钟才能做完，许多学生发现这是有问题的。这些学生认为回答如此大量的问题无聊、厌烦、多余。第二，他们发现这种连续编排的格式不太方便。第三，量表采用了李克特 5 级量表的形式，其中，数字等级代表以下含义：5 = 强烈同意，4 = 同意，3 = 不置可否，2 = 不同意，1 = 强烈不同意。与之相矛盾的是机读格式中数字的排序方式正好相反，是从 1 至 5，使得在学生填表的时候会很混乱。结果，量表要以适应机读格式的指令重新拷贝，此外，还淘汰了连续编排的格式。第三个问题涉及机读格式的形式，具体而言，量表的规模过大，以及机读格式限制导致的分页，妨碍了表格数字的连续编号。结果导致学生在应答的时候找不到对应的位置，使得测试变得非常混乱。为了将这一问题最小化，我们把正确的数字，一组 10 个，轻轻地用铅笔填涂在第二张表格上。在表格被扫描以前，这些数字还可以被擦掉修改。

完成第一次试测量表的学生总共 281 名。这些完成的表格，在托莱多大学，经过扫描，以数据的形式保存在开发量表者的电脑中。在这完成的 281 份表格中有 4 份存在问题。这些问题都源自于一种情况，即对一个题项选择了两个答案。我们给这种错误编一个代码"9"，用来消除数据集中的空白。数据的统计分析，包含探索性因子分析，以一种有意义的方式来剔除那些与其他题项没有关联的题项。探索性因子分析是一种统计方法，可以利用一组题项（即问题题目）来确定哪些题项的集合能够形成一个有意义的子集，或者说提取统计学意义上相互独立的因子。所观察到的这些题项之间存在相关性，这些相关的题项是某些潜在现象的原因。这里，就假定因子代表了这些潜在现象。在这种情况下，因子分析的总目标是减少题项集的维数，并总结所述题项间相关性的模式[563]。（有关因子分析更完整的讨论见第5章）。

不幸的是，博斯蒂克最初所做的因子分析[51]，当所有变量同时输入时未能达到收敛，尽管使用了托莱多大学、密歇根大学（University of Michigan）和韦恩州立大学的大型计算机。每次都遇到了计算机分析时内存不足的情况。这就意味着294项题目的因子分析需要更多的迭代才能收敛，这超过了电脑所允许的范围。

为了弥补这个收敛问题，量表的开发者决定把这些影响因素按原来的六个维度进行分类，并交由专家验证。然后在每个主题范围内进行独立的因子分析。采用兰伯特（Z. V. Lambert）和迪朗（R. M. Durand）推荐的标准[302]，仅保留因子载荷大于0.30的变量。根据这一标准，筛选后留下88个题项。这88个题项被用来进行后续的因子分析，以尝试确定所选题项是否聚集在预定的因子上或形成自己的类别。

采用特征值大于1这个规则（也称K1规则，可用于确定保留适当数量的因子）[296]，探索性因子分析最初得到了24个因子。量表的开发者决定将因子分析强制设定为6个因素，以确定它们是否与原有的六个维度匹配。使用最大方差法[279]，21次迭代后因子分析收敛。

因子分析的目的，是检验并确定各题项之间关系的强度。当开发的维度在概念上是有意义的时候，有几个题项不只归属于一个维度。此外，所有题项并没有完全对应于6个关键维度，这就决定了留下的88个题项还需要进行第二轮试测。

第一轮试测也需要执行信度分析。根据信度估计的经典理论，采用克朗巴哈的α值（Cronbach's alpha）测算，留下的88个题项的α值均超过0.80。这个95%信度检验的置信区间（confidence interval，简称"CI"）在0.77至0.83之间。使用农纳里（J. C. Nunnally）和伯恩斯坦（I. H. Bernstein）0.70的检验标准[378]，这个内部一致性信度估计恰好可以接受。

然后，该量表的开发者设定了一个解决方案，将这88个题项强制分为四个因素。同样，使用最大方差法，因子分析迭代达到11次后收敛。当检验并确定关系的强度时，88个题项正好对应4个因子，其标记如下：（1）使用图书馆时得到图书馆员的协助，（2）舒适地使用图书馆，（3）使用图书馆的限制，（4）图书馆知识与图书馆独立。因子1包含了33个题项，其对总方差的解释程度为19.49%；因子2包含了21个题项，其对总方差的解释程度为5.4%；因子3包含了18个题项，其对总方差的解释程度为3.3%；因子4包含了16个题项，其对总方差的解释程度为3.0%。因此，这四个因子合起来，总共能够解释总方差的31.1%，这个数值还有提高的空间。题项的数量、特征值和解释方差比例的信息见表1.3。

表1.3　因子分析生成的四个因子描述：试测1

因子描述	变量数目	特征值	解释方差的百分比
员工障碍	33	17.29	19.4
便利性	21	4.80	5.4
环境障碍	18	2.96	3.3
情感障碍	16	2.67	3.0

试测研究2

第二次试测研究，量表是修订过的量表，其中包含保留下来的88个题项。这些问题重新按1-88的顺序编号，并创建另外一份数字代码。此次发放的测试包除了将篇幅减少到适合量表的指南放在每个页面顶部外，与上一次基本相同。根据机读格式适应的类型，回答的类型改用A到E的级别标度，A=强烈不同意，B=不同意，C=不置可否，D=同意，E=强烈同意。这个量表的测试是在托莱多大学、韦恩州立大学和马科姆县社区学院的大一到研究生各个年级的学生中进行的。

一共有415名学生参与了第二次量表的试测。将这些表格回收并扫描后，再对这些回答进行因子分析，以删除没有对任何因子作出一定贡献的题目。22个因子满足特征值大于1的规则。与第一次试测阶段一样，第二次也进行因子分析，并规定将这些数据强制分成六个因子。这里，任何因子负荷小于0.5的题项会被删除[202]。原来的88个变量，43个仍然保留在研究中。采用克朗巴哈的信度系数，这43项的得分信度显示的α系数为0.83（95%的置信区间为［0.81，0.85］）。

使用这些数据还要进行另外的因子分析，但其仅限制在剩余的43个题项中。所有变量强制分为4个因子，这四个因子占图书馆焦虑总方差的45%。使用最大方差法，分析经过六次迭代达到收敛。当为判断关系的强弱而进行检测时，这43个题项都保留在4个维度中。这些维度变得更加明确，并被命名为：（1）员工障碍，（2）便利性影响，（3）环境与系统障碍，（4）情感障碍。因子1包含12个题项，解释了26.7%的总方差；因子2包含12个题项，解释了7.6%的总方差；因子3包含10个题项，解释了5.7%的总方差；因子4包含9个题项，解释了5.2%的总方差。每个因子都至少解释了总方差的5%，符合研究者推荐的标准[202]。这四个因子加起来能够解释总方差的45.2%。题项的数量、特征值和解释方差比例的信息见表1.4。

表1.4　因子分析生成的四个因子描述：试测2

因子描述	变量数目	特征值	解释方差的百分比
员工障碍	12	11.48	26.7
便利性影响	12	3.28	7.6
环境障碍	10	2.45	5.7
情感障碍	9	2.24	5.2

试测研究3

第三次量表的试测研究，就是要利用这个只保留43个题项的修订版量表。这次试测研究的目的，在于确定这份简缩后的量表之心理测量学特性。特别有趣的是，最近这一次的图书馆焦虑测量获得了该量表的内部一致性、再测信度、结构效度和构想效度的得分。此外，量表的一致性也需要检验。

含有43个题项的LAS被分发给3个班级：一个社区学院班，一个在私立学院的本科班，一个市区大学的研究生班。总共69名学生完成了此次量表的测试与再测。在答题区设置了一个特定的部分，以反映人口统计学因素。具体来说，要求每个学生都填写他们的出生日期、性别和班级。班级的类别拆分如下：（1）大一学生，（2）大二学生，（3）大三学生，（4）大四学生，（5）硕士生，（6）进修生，（7）博士生，（8）以上都不是。

对回答表格处理的编码方式与之前试测的处理一样，唯一不同的是，此次标识符以"001"开头。因为要辨别参加测试与再测的相同应答者，表格需放到测试包中，且第一次测试用的以数字"0011"编号，再测用的以"0012"编号。第二种表格放在牛皮纸信封中，而第一种表格则用别针别在信封的正面。连同指导手册的整个测试包都发放到学生手中。这些学生在老师的指导下拿出第一个表格，在牛皮信封上签上他们的名字，然后将信封归还给老师。接着他们开始作答第一个表格，完成后交还给老师。

再测的时间是在三个星期后，信封和测试小册子根据姓名分发到原来参加测试的同学手中。他们在老师的指导下从信封中拿出第二个表格，然后完成表格。这些表格随后交还给老师，而信封则由学生保留或扔掉。

当测试–再测过程完成后，这些表格需要进行整理，并检查人口统计学信息是否一致。检查过程中，发现社区学院和研究生相关的班级存在问题。使用这种编码方式，无法判断哪些大一和大二的学生来自社区大学。幸运的是，量表的开发者可以确定学生班级所在的年级，因为这个测试包最初是以每个被测的班级为单位进行审阅的。因此，社区学院的学生编码可以更改，以将他们同大学的一、二年级学生区分开来。

得分信度

信度是指量表计算出来的得分表示一致性的程度[275,418]。克朗巴哈 α 系数提供了测量表中题项的一致性程度的信息[275]。为了检验内部一致性，必须计算 43 个题项的克朗巴哈 α 系数。检验得到的结果中，α 系数大于 0.8，这表明存在内部一致性。信度检验的 95% 置信区间为 [0.73，0.86]。此外，三个星期后的再测信度估计，采用皮尔逊（内积矩）相关系数进行测量，各个因子的系数如下：员工障碍（$r = 0.60$，$p < 0.05$）；情感障碍（$r = 0.75$，$p < 0.05$）；图书馆舒适性（$r = 0.35$，$p < 0.05$）；图书馆知识（$r = 0.19$，$p < 0.05$）；设备障碍（$r = 0.58$，$p < 0.05$）。总量表再测得分信度得到的估计值为 $r = 0.70$，$p < 0.05$。除了"图书馆知识"这一因子，所有的再测信度系数呈现中等到大的效应量（effect size，简称 ES）。

构想效度

效度指量表产生的得分所能反映出量表应该测量到的程度[73,171,172,275]。进一步说,构想效度是指量表能够有效地解释出所测假说特质的程度[73,171,172,275]。证实结构效度是为构想效度提供依据的一个重要的步骤[73,171,172,275]。

为了尝试评估 LAS 得分的结构效度,需要用到测试-再测第一阶段的数据做一次额外的探索性信度检验。具体而言,采用探索性因子分析评估量表的结构效度。此外,用极大似然法(ML)做因子分析,确定潜在量表的因子数目。该方法也许是最常用的因子分析方法[305],它比主成分分析法能够更有效地识别潜在因子的数目和性质,而这些潜在因子又决定数据集中的协方差[44,211]。使用最大方差旋转的方法并采用大于或等于 0.3 的检验标准,判别因子载荷是否显著[302],极大似然因子分析发现了 5 个特征值都大于 1.0 的可解释因素。这三个因子加起来可以解释 51.8% 的总方差。有趣的是,这一总方差解释的比例与典型的因子分析解释的比例是一致的[215,216]。表 1.5 中提供了题项的数量、特征值和 5 个维度中每个维度解释方差的比例。

表 1.5 因子分析生成的五个维度描述:试测 3

因子描述	变量数目	特征值	解释方差的百分比
员工障碍	15	10.93	25.4
情感障碍	12	3.44	8.0
图书馆舒适性	8	3.19	7.4
图书馆知识	5	2.61	6.1
设备障碍	3	2.09	4.9
总计	43		51.8

这 43 个题项(尚未介绍)的因子载荷范围从 0.32(如"图书馆无法满足我检索所需"[情感障碍因子])到 0.80(如"图书馆员没有时间帮助我。"[员工障碍因子]和"我不知道图书馆可以提供什么资源"[情感障碍因子])。只有 2 个题项(都是情感障碍因子)的载荷在 0.30~0.39 之间,9 个

题项的因子载荷在0.40~0.49之间，8个题项的载荷为0.50~0.59，11个题项的载荷在0.60~0.69之间，11个题项的载荷在0.70~0.79之间，还有两个题项载荷为0.80。

图书馆焦虑量表的一致性

如前所述，完成了测试和再测的学生被都应要求填写了关于自己的三个问题。这些问题比较了学生所在大学的年级、年龄和性别。这些问题是用来评估LAS中的一致性，即三个补充问题来确定LAS是否在不同类型和不同群组的学生之间存在区别：(1)量表是否能区分不同年级的大学生？(2)量表是否能够区分不同年龄的大学生？(3)量表是否能够区分大学生的性别？

为了回答第一个问题，需要将因子分析得到的各个因子加总，得到一个关于每位同学的焦虑总分。这些总焦虑得分，以及五个子量表得分作为因变量，参与测试学生的年级作为自变量。（就这个问题以及后面量表开发者所进行的一切对比而言，LAS分数越低代表图书馆焦虑程度越高。）年级的比较在社区学院学生、私立大学本科生和公立城市大学研究生中进行。使用单因素方差分析（ANOVA）测试年级差别。方差分析的结果如表1.6所示。

表1.6 不同年级的图书馆焦虑测量得分

因子	社区学院学生 均值	标准差	本科生 均值	标准差	研究生 均值	标准差	自由度①	F值
员工障碍	38.09	6.09	38.71	6.83	34.56	4.84	2/66	2.49
情感障碍	32.00	6.72	31.29	7.08	27.75	4.67	2/66	2.22
图书馆舒适性	23.41	1.87	23.26	2.57	23.31	2.89	2/66	0.02
图书馆知识	17.45	2.20	17.58	2.80	19.13	2.39	2/66	2.46
设备障碍	7.45	2.04	7.77	1.86	9.38	2.33	2/66	4.63②
总计	118.41	12.34	118.61	15.80	114.13	10.35	2/66	0.64

① 自由度=DF，② $p<0.05$

从表1.6中可以看出，对5个因子执行的单因素方差分析，产生的总得分是统计学上有意义的结果。具体而言，在抽样的三个大学生群体中，关于设备障碍的得分在统计上存在显著性差异（$F[2, 66]=4.63$，$p<0.05$）。

事后检定（即图基的诚实显著差异）的结果显示，研究生（均值 $M = 9.38$，标准差 $SD = 2.33$）的图书馆焦虑在统计意义上显著高于社区学院学生（$M = 7.45$，$SD = 2.04$）和本科生（$M = 7.77$，$SD = 1.86$）的焦虑水平。这些成对差异的效应量分别为 0.89（研究生 vs 社区学院学生）和 0.79（研究生 vs 本科生）。两组都表明有较大的效应量[88]。另一方面，剩下的 4 组量表和总量表在三个年级上都不存在显著差别。这些结果说明 LAS 在各个年级的大学生中存在相对的不变性。

单因素方差分析还用于评估图书馆焦虑中年龄函数。将年龄分为每 10 年一个增量的类别。这些类别按各自的等级设为自变量，而五个因子和 LAS 的综合得分分别作为因变量。单因素方差分析的结果如表 1.7 所示。

从表 1.7 中可以看出，对 5 个因子分别执行单因素方差分析以及对总得分执行方差分析，结果在量表的总得分和员工障碍、图书馆舒适性和图书馆知识这三个因子的得分上存在统计学意义上的显著差异。这些主要因素的事后检定（即图基的诚实显著差异）显示，对于员工障碍因子，虽然总的 F 检验在统计上有意义，但年龄组之间的两两差异，没有一个有统计学上的意义。另外，对于图书馆舒适性因子，50 岁以上的学生群体与 31~40 岁的群体相比，具有更高程度的图书馆焦虑。使用科恩（J. Cohen）指标衡量这个差距，效应量非常大，达到了 1.47；同样，对于图书馆知识因子，50 岁以上的学生群体的图书馆焦虑水平，在统计学意义上显著高于 40~50 岁的群体。其效应量非常大，达到 1.31。

表 1.7 不同年龄的图书馆焦虑测量得分

因子	≤30 均值	≤30 标准差	31~40 均值	31~40 标准差	41~50 均值	41~50 标准差	>50 均值	>50 标准差	F 值
员工障碍	38.23	6.12	40.07	6.83	35.85	6.30	31.50	3.87	2.82*
情感障碍	31.90	6.38	30.20	4.78	30.45	7.96	24.75	4.86	1.48
图书馆舒适性	23.4	1.93	24.27	1.587	22.95	2.61	20.50	5.07	3.02*
图书馆知识	17.63	2.09	18.33	2.41	18.60	2.01	14.75	6.18	2.95*
设备障碍	7.60	2.28	8.87	1.06	8.25	2.22	7.25	3.20	1.45
总计	118.83	12.73	121.73	9.25	116.10	14.06	98.75	19.24	3.56

*$p < 0.05$

事实上，当检验四组年龄群体的均值时发现，老龄组，即那些年龄大于 50 岁的学生在所有分量表中分数总是最低的，说明相应的图书馆焦虑程度较高。因而，分量表似乎无法区分那些年龄段小于 50 岁的学生群体，但是年龄超过 50 岁的学生和其他年龄段学生确实产生了差异。

为了发现学生的性别在图书馆焦虑得分中是否起作用，检验采用同样的样本，即由 56 名女生和 13 名男生构成。为了回答这个研究问题，需要进行一系列的独立样本 t 检验。其方差分析的结果见表 1.8。t 检验的结果显示，男女性别在各项因子或 LAS 总因子得分上不存在统计上的显著差异。但是，在解释这些结果时应谨慎，因为样本中只有相对较少数量的男性。也就是说小样本的男性数量可能缺乏统计功效（statistical power），从而导致不具有统计意义的结果出现。不管怎样，该发现都表明，在测量图书馆焦虑水平时，这个量表区分不了男生与女生。

表 1.8 不同性别的图书馆焦虑测量得分的均值与标准差

因子	女性 均值	女性 标准差	男性 均值	男性 标准差	t 值
员工障碍	37.67	6.36	37.08	6.40	0.30
情感障碍	31.25	6.50	20.31	6.75	1.46
图书馆舒适性	23.20	2.28	23.85	3.00	-0.87
图书馆知识	17.66	2.52	18.92	2.72	-1.60
设备障碍	7.91	2.22	8.62	1.71	-1.07
总计	117.60	13.72	116.77	13.48	0.22

* $p < 0.05$

作为一组，上述三个结果说明，LAS 相对于性别与大学生的年级而言，是相对不变的量。另一方面，LAS 在某种程度上随着年龄的变化而变化，但是不清楚这些结果在何种程度上具有普遍意义。事实上，关于性别（即参考文献 243，247，261，362，512）、年龄（即参考文献 51，247，261，362，512）、学习年限（即参考文献 261，346，362，422，512）的研究结果，已经在最近的进一步研究中表现出一定程度的矛盾，这会在第二章中进行概述。这样的话，在解释量表开发者有关 LAS 一致性的结论，应当谨慎行事。

图书馆焦虑量表的最终版本

经过多个阶段的量表开发，最终版 LAS 于 1992 年最终完成[51]。这个量表在附录 1 中给出。附录 2 中介绍了 LAS 计分规则。显然，LAS 经过了严格的开发过程。如上所述，量表的开发者所提供的 LAS 得分证据，似乎可以表明量表具有良好的心理测量学属性。特别是，这个由 43 个题项构成的量表，通过了得分信度的评估。具体而言，总量表得分的内部一致性为 0.8（95% 置信区间 [0.73，0.86]），总量表的再测信度指数为 0.74。这两个系数都为得分信度提供了可靠的依据。

关于得分效度，通过使用关键维度清单和几轮专家组提供的意见，从逻辑上提供了内容效度的证据。此外，采用探索性因子分析得到的 5 个因子，从经验上提供了构想效度的证据。该分析表明，图书馆焦虑是一个多维度的结构，而其中的员工障碍维度解释了图书馆焦虑得分中最大的方差因素（即 25.4%）。

至此，经过审慎开发得到的 LAS 为该领域的实证研究铺平了道路。就这点而论，图书馆员和其他信息专家使用自陈式量表，最先测量了在高校图书馆环境中学生所遭遇的焦虑水平。这种自陈式量表，只要花费不到 15 分钟就可以完成，并且已经证实具有良好的信度和效度。

1.4 对图书馆焦虑量表后续的验证研究

构想效度

近来，耶扎贝克（J. A. Jerabek）、L·S·迈耶（L. S. Meyer）和科迪纳克（S. T. Kordinak）试图进行他们所谓的 LAS "验证性极大似然因子分析"[246][285]。使用方差旋转的探索性因子分析，这些研究者还发现，LAS 得分产生了 5 个有意义的因子。按照这些研究者的说法，解释方差 13.02% 的因子 1，指的是学生对"图书馆工作人员及其缺乏对学生的帮助"的感知；解释方差 8.74% 的因子 2，指的是"跟舒适性密切有关"的题项；解释方差 8.32% 的因子 3，指的是那些与"使用图书馆的信心"相关的题项；解释方差 7.79% 的因子 4，"主要指图书馆中的非计算机技术"；最后，解释方差3.36%的因子5，指的是"与图书馆标识和图书馆用户教育相关的题项"。这5个因子加起来解释了41.22%的总方差，比博斯蒂克的结果低了将近10%[260]。尽管在文献中有人对采用探索性因子分析的方法进行验证性因子分析提出了批评[216,215,279,417]（另见第5章），但提取与博斯蒂克的研究[51]一样数目维度的事实，为博斯蒂克首倡的LAS多维结构提供了更多的有效证据。

通过定性的方法也可为LAS的构想效度提供证据。具体来说，奥韦格布兹曾分析来自研究方法导论班的非统计专业研究生的反思性日记、焦虑问卷和研究方案[382]。他使用专题性分析的方法印证了博斯蒂克的5个维度[51]。有趣的是，他还发现了第六个维度，奥韦格布兹把它称作"资源焦虑"[382]（见第2章）。

最近，奥韦格布兹和焦群对LAS进行了一项更传统的验证性因素分析[431]，其中用到了包含489名大学生的数据。具体而言，这项验证性因子分析检验了博斯蒂克五维度模型的适用性。这个研究验证了LAS的多维结构。事实上，拟合优度指标（如Tucker-Lewis指数、对比拟合指数、相对拟合指数、赋范拟合指数、拟合优度指数、调整的拟合优度指数）的检验表明，博斯蒂克的五维度模型[51]向这些数据提供了合适的拟合。事实上，除两个题项外，所有模型中的标准化回归系数均大于0.50。最小的因子载荷（即标准化回归系数）的两个题项都出现在员工障碍分量表。这两个题项是："当我不知道如何使用图书馆设备的时候，我总是能够咨询到图书馆员"（第21项，标准化回归系数=0.45），和"图书馆是一个适合学习的舒适场所"（第2项，标准化回归系数=0.27）。然而，这些负荷仍然很大，足以将它们列入五维度模型中。

焦群和奥韦格布兹根据LAS测得的总分，对比了图书馆焦虑量表的五个分量表在预测总图书馆焦虑时的功效。透过这几组数据，他们发现，员工障碍分量表的得分总能最好地预测LAS的总得分，它本身解释了LAS得分总方差的86%（使用奥韦格布兹和焦群的数据[432]）。这个结果与博斯蒂克[51]和耶扎贝克等人[246]的结果相一致，他们在总探索性因子分析中发现，员工障碍解释图书馆焦虑量表方差的比例最高。

效标效度

效标效度（Criterion-related validity）指测量工具产生的得分可预测未来

绩效（即预测性效度）或评估另一量表（假设用来测试相似的结构）的当前绩效（即同时性效度）的程度[73,171,275]。效标效度的证据来自于某个量表的效度与其基于另一当前或将来的指标下的效度（代表现在或将来的指标）之显著关联[171,172]。

（1）同时性效度

近年来，几位研究者报道了 LAS 得分的同时性效度（concurrent validity）证据。具体来说，已发现图书馆焦虑在统计学上与研究焦虑、统计焦虑、写作焦虑、计算机焦虑以及互联网焦虑等几种学术焦虑存在显著相关性[91,246,362,429,512]。有趣的是，与这些关系相联系的效应量通常介于中到大之间。

分歧效度（Divergent validity）指的是构想的目标测量指标与其相对立的构想测量指标之间的相关性得分。具体讲就是，分歧效度只有在两组数据集的得分没有相关性的时候才存在。进一步说，如果能够证明目标量表的得分，与另一份设计用来测量与目标构想不相关的理论构想的得分不存在相关性，就能确定存在区别效度（discriminant validity，分歧效度的另一种称谓——译者注）[266]。分歧效度和区别效度的证据，已由梅奇（T. F. Mech）和布鲁克斯（C. I. Brooks）[346,347]、耶扎贝克等人[246]、焦群和奥韦格布兹[249]给出，他们各自的研究结果都发现图书馆焦虑和各学生群体（如本科生、研究生）特质焦虑的程度之间不存在统计上的显著相关关系。如第 2 章的叙述一样，这一组结果表明，大学生图书馆焦虑的形成与特质焦虑具有相对独立性。

（2）预测性效度

奥韦格布兹证实，LAS 得分存在预测效度[382]。他发现图书馆焦虑可以预测学生撰写研究报告的能力。特别是，奥韦格布兹发现情感障碍（$r = -0.35$，$p < 0.001$）和图书馆知识（$r = -0.27$，$p < 0.001$）两个维度与研究生完成研究报告的质量存在一定的负相关[382]。更值得注意的是，采用结构方程建模技术，奥韦格布兹和焦群注意到，图书馆焦虑不仅预测了研究生完成研究报告的质量，还诠释了这个任务完成质量与几个认知和情感变量（如年龄、学习成绩、学习方法、学术拖延和自我认知）之间关系[432]（见第 3 章）。

信度

信度，或非不可靠度，会通过扩大第一型错误或减少统计功效，对研究结果（即测量工具）的内部效度（internal validity）产生负面的影响[583,584,171,172,266]。信度系数低不仅对零假设显著性检验（Null Hypothesis Significance Testing，简称NHST,）产生不利的影响，还对效应量的大小产生负面影响。这是因为低的信度系数来自于不一致的方式行为产生的得分[171,172,266,416]，而正是这样的分数，既用来零假设显著性检验的统计检验，又用来测量效应量的大小。因此，研究者不应该贸然做出假定（现在的测量有足够的信度——译者注），由于博斯蒂克或其他研究者在过去的研究中得到了很大的信度系数，这就保证在他们自己的研究中也有很高的信度得分。换句话说，信度并不是随着测试量表的变化而变化，而是随着得分的变化而变化[416,561,570,591]。所以，当研究者使用LAS和其他量表时，总是要报告有关自己的数据的信度估计。事实上，除了信度系数，这些估计的置信区间也应当提供[416,561,570,591]。

焦群和奥韦格布兹考查了现存文献中报道过的LAS得分信度[256]。尽管使用LAS时并不总是有得分信度的报道，但是他们还是注意到，在文献中记载的得分信度系数有几种不同的模式。首先，除了博斯蒂克信度检验是0.80[51]之外，所有其他的研究（n = 9）报道量表产生的系数在0.90~1.00之间。事实上，奥韦格布兹、焦群，以及最近柯林斯（K. M. T. Collins）、维尔（R. E. Veal）和博斯蒂克，他们各自都记录了总量表的信度估计值为0.95[424,252,91,431,427]。请牢记，有关情感测量的估计值在得分大于0.7的情况下，信度是可以接受的[378]，故以上得到的这些值是非常重要的。因此，不仅LAS产生的得分有着极为可靠的估计，而且这些估计还在文化、民族、年龄、学习年限、性别、专业等不同的样本中呈现出显著的一致性。

其次，各研究中的五个LAS分量表得分的信度系数已经非常一致。比如，在报告分量表的得分信度的12个研究中，焦群和奥韦格布兹发现[256]，除一项研究（Cronbach的α = 0.79）[425]外，所有这些研究的员工障碍分量表产生了最高的信度估计。事实上，在总量表得分完成的情况下，这些研究的信度检验总是大于0.90，而博斯蒂克和奥韦格布兹[52]、奥韦格布兹和焦群[426]都得到了信度系数为0.95的结果。相比之下，在这12个研究中，图书馆知识和设备障碍分量表产生的得分在信度估计中最低。这也许不足为奇,因为图书馆知识和设备障碍分量表包含了少数的题项数量,即分别只有 5 个题项和 3 个题项。保持所有其他要素相等的情况下,较少的题项确实会产生较低的得分信度估计[100]。图书馆知识分量表得到的得分信度系数的范围从 0.60 到 0.84;而设备障碍分量表产生的信度估计,范围从 0.60 到 0.88。

正如奥韦格布兹和丹尼尔(L. G. Daniel)所证实的那样,统计功效会在很大程度上受到得分中信度的固有水平的影响[416]。因此,LAS 所测得的数据总是产生非常可靠的信度得分,为运用该量表的研究结果提供了增值效度。更甚的是,这种信度系数的数值特别令人鼓舞,并为以后的研究使用这种量表提供了原动力。

1.5 本章概要和结论

本章全面客观地评论了博斯蒂克的图书馆焦虑量表 LAS[51] 的心理测量学属性。特别是,已发现综合得分的信度系数非常大,表明这种量表产生测量误差达到了最小[100,416]。例如,LAS 的信度检验得分中,0.95 这个数值反复出现,表明有 95% 观测得分方差可以归因于真实得分方差,而只有 5% 观测得分方差可以归因于误差得分方差[100]。显然,迄今为止,LAS 总量表的得分具有出色的信度系数。更甚的是,五个分量表的得分信度估计也十分令人鼓舞。特别是,员工障碍、情感障碍、图书馆舒适性分量表产生了大的信度系数,员工障碍尤其如此。然而,尽管图书馆知识和设备障碍分量表往往产生足够的信度系数,但是事实上这些估计有时会低于农纳里和伯恩斯坦提出的 0.70 标准[378],这说明它们可能受另外几个类似题项的影响,而将这些题项列出来是为了增加研究的估计信度[100]。

与量表产生信度得分同样重要的是,信度已被这个基础概念的效度检测得分所替代。换句话说,尽管得分信度很重要,但是得分效度也是一个量表应具有的最重要属性。如果一个得分是无效的,那么它也就是不可信的[172,393]。因此,博斯蒂克以及后来的研究者所提出的内容效度、效标效度、构想效度等多重判据,甚至更令人鼓舞[51]。这个说法有助于解释为何在现存文献中报道的信度估计值如此之高。

总之,根据迄今提供的证据,博斯蒂克的 LAS 具有极其良好的心理测量学属性。显然，开发该量表过程中的那种严谨，是产生令人鼓舞的信度和效度数据的原因。这些数据为使用此量表而产生的已发表或尚未发表的研究结果提供了增值效度。尽管如此，研究者们还应继续评估 LAS 的心理测量学属性。只有通过不断地审查 LAS，我们才能确保它会继续促进这个图书馆学研究领域的发展。

第 2 章　图书馆焦虑的特质与病因

2.1　综述

广义上讲,图书馆焦虑被描述为"进入图书馆时产生的一种不适的感受或情绪状态,具体表现在认知、情感、生理和行为上出现障碍"[261](152)。设计减轻图书馆焦虑有效干预策略的首要步骤是阐释这种焦虑的根本特性和成因,也包括其前因和表征。因此,本章的目的是通过讨论图书馆焦虑的特性和成因,进一步理解其表象。首先,讨论一般焦虑的构成要素;其次,描述图书馆焦虑的特质,包括像确定患病率那样去鉴定那些有此体验而深受其害的人群;第三,描述图书馆焦虑的一些主要表征;第四,讨论图书馆焦虑的构成要素。本章最后,总结图书馆焦虑的前因,它们已确定能在目前存在的文献中找到。在本章中,图书馆焦虑现象的描述是将有关普通焦虑、一般考试焦虑和其他类型的学术性焦虑的文献,整合在一个理论的框架下而进行的。

2.2　一般焦虑的建构

作为应对特定事件或情境的一般焦虑,从一开始就可能已经存在了。然而,作为心理学组成部分的焦虑研究,多半仅仅是在 20 世纪才出现的。事实上,20 世纪 50 年代和 60 年代,无论是焦虑的实验研究,还是相关性研究,其报告的数量都呈现稳定的增长。斯皮尔伯格(C. D. Spielberger)估计,在 1950 年到 1970 年间,研究文献中大约有 5000 种与焦虑相关的出版物[527]。这种焦虑研究的兴趣似乎已经持续到今天[133,405]。的确,最近在用关键词"焦虑"检索 ERIC(教育资源信息中心)数据库时,显示有 8949 条记录和文章与此术语相关。甚至有更引人关注的事实,即用关键词"焦虑"检索 PsycIN-FO 数据库,发现自 2000 年以来与此主题相关的记录至少有 9995 条。

一般焦虑已被描述为一种"因害怕的主观体验而引起的情感状态或一种密切相关的情绪"和"不确定与无助的感觉"[145](39)。一些人认为，焦虑是人类的一种基本特性[526,527]。不管怎样，一般焦虑既有主观性的特征也有实验性的特征，因而出现一系列关于它的定义。尽管缺乏统一的焦虑定义和界定，但关于焦虑的行为、生理和现象学三种指标则基本上达成了一致的认识。

焦虑的种类

许多研究者都认为，一般焦虑分为两种不同但有相关性的类型，即状态焦虑和特质焦虑[77]。高德里（E. Gaudry）和斯皮尔伯格[173]、朱克曼（M. Zuckerman）[605,606]将特质焦虑定义为相对稳定的倾向，它存在于每一意识到压力情形下而产生焦虑反应的个体中。状态焦虑被定义为个体的暂时情绪状态。此外，状态焦虑随着时间的不同，其强度和波动性也在变化。

卡特尔（R. B. Cattell）和沙伊尔（I. H. Scheier）也在二元框架内解释焦虑[78]。这些理论家将焦虑分为显性的和隐性的两类。显性焦虑表示一种有意识的状态，它与人生特定事件具有相关性；反之，隐性焦虑指的是焦虑的一种无意识状态。

一般焦虑的特质

焦虑的后果实际上是复杂和相互影响的，随着情境的不同而有所变化。尽管这些后果通常是负面的和让人变得脆弱，但也有催人奋发的情形。后者通常是以积极的态度应对焦虑而得到的结果。在这种情况下，焦虑可以充当促进因素的角色[452]。

焦虑已被证明会干扰人的认知功能[578,580]。这种干扰似乎出现在各种教育环境下，也伴随各种教育方法而发生。一般焦虑已被证明同智力与学习成绩的高低[222,526]、自我概念的强弱[317,361,477]和同伴关系的好坏[451]负相关。研究表明，焦虑程度低的学生在考试时会出现生理上的亢奋，但是这种亢奋认为是有帮助的[227]。相反，焦虑程度高的学生，他们的焦虑状态会令其消沉。费恩（L. G. Fein）认为，一般焦虑和成绩之间存在一种曲线关系[155]。

一些研究报道，那些确定具有外控点的大学生比那些具有内控点的大学生更焦虑些[58,64,154,263,464,581]。然而，戈尔德（D. Gold）[180]、普罗奇萨克（T. J. Procicuk）和布林（L. J. Breen）[458]没有发现控制点与考试焦虑之间存在显著的关系。

关于性别与一般焦虑之间的关系，研究结果有好有坏。一些研究者发现，一般焦虑的测量中，女性比男性得分更高[43,170,488,490]，而另一些研究者则报道称没有性别差异[131,156]。

一般焦虑的表征

卡特尔（R. B. Cattell）[77]、达菲（E. Duffy）[130]和梅（R. May）[337]报道一系列与高程度焦虑相联系的生理反应。这些包括心率、呼吸加快，血压升高，全身的肌肉紧张度增强，内生殖器平滑肌紧缩，皮肤温度、摩擦阻力降低，代谢率升高，瞳孔放大，体毛竖起，消化酶活力受限，口干，手掌出汗。焦虑也被证实能引发一些像哮喘、偏头痛和高血压等受心理影响的症状[133,598]。

麦克雷诺兹（P. McReynolds）报道一些焦虑的行为表现，包括啃指甲、坐立不安、哭喊、说话结巴，以及声音颤抖[344]。害怕、失意和习得性无助是焦虑经常表现出来的表征[330]。让人不安的是，像出现在性功能失调中一样[465]，高程度的焦虑也与过度吸烟、酒精中毒和饮食失调相伴而生[204,283]。

焦虑的情感表征包括忧虑和情绪不稳定[288]。据斯皮尔伯格所讲[527]，严重的焦虑与自我威胁的知觉——空想和不现实的想法有联系，这种知觉常常会让人变得脆弱。有些人会自然形成试图控制或减轻焦虑程度的机能，其中就包括弗洛伊德（Sigmund Freud）所描述的防御机能，比如压抑、克制和投射[527]。

一般焦虑的前因

爱泼斯坦（S. Epstein）提出焦虑的三个基本前因：（1）原发性过度刺激，（2）认知差异，（3）响应不可用[146]。原发性过度刺激指的是因超过忍受程度的刺激而产生的难以承受的疯狂感觉。认知差异指的是个人的期望与现实不一致时的情境，它与应对这一困境的失败有关联。焦虑状态与包括困惑、失望、迷茫等认知不协调相关。响应不可用指的是当作出反应之前要求等待一段时间时产生的焦虑状态。

如上所述，特质焦虑可以定义为一种相对稳定和持续的人格特征。换句话说，特质焦虑既不是在特定的时间，也不是在既定的情境下产生的。另一方面，状态焦虑可以概括为一种随着时间的推移而波动的暂时状况。简单地说，状态焦虑在特定时间和特定情境下产生的。据高德里和斯皮尔伯格报道[173]，特质焦虑程度高的学生比那些特质焦虑程度低的学生更容易产生高程度的状态焦虑，这是因为他们倾向将持续更久的情境理解为是有危险的。

研究已一再表明，状态焦虑对学习和成绩会产生不利的影响[264,578,580]。由于教育背景下产生的焦虑倾向出现在特定时间和特定情境中，故有很多类型的学术焦虑已被确定，这包括计算机焦虑[195,245,324]、研究焦虑[382,383,384,385]、统计焦虑[402,420,440,471,494,604]、数学焦虑[66,158,209,469,483,564,590]、写作焦虑[103,104,105,106,107,108,382,387,389,411]、外语焦虑[23,24,25,26,229,325,326,327,405,406,408,409,410,601]和一般的考试焦虑[152,221]。然而，正如焦群和奥韦格布兹所指出的那样[254]，图书馆焦虑似乎是一种最常见的学术焦虑，这大概是因为许多学生在他们的学习计划中，在某些时候不得不利用图书馆。我们现在就转向这种类型的学术焦虑。

2.3　图书馆焦虑的建构

30　　　几十年来，一直就有传闻说，某些学生在利用图书馆时感觉比他们的同学更舒适。此外，图书馆员和图书馆教育者已注意到在他们的读者或学生中存在这种舒适性的差异。然而，直到最近才发现学生在利用图书馆时会有非常恐惧的体验，这种发现源于非正式的和（或）随机的观察。更确切地说，只有在最近的 18 年，才对这种现象的本质、病因、特性或结果进行了正式、系统的研究[249]。这种现象被正式地称为"图书馆焦虑"。实际上，通过检索数据库（如 ERIC、PsycINFO）可知，在撰写这本书时，已发表的图书馆焦虑方面的研究文章只有 26 篇。梅隆在长达两年、涉及 6 000 名学生的那次影响深远的定性研究中指出，有 75%～85% 的本科生用术语焦虑描述他们第一次利用图书馆进行研究的经历。有图书馆焦虑的学生，在信息搜索过程的一个或多个阶段中，往往容易经历这种干扰反应[289,290,291,292,293,294,295,296,297,298]。这种表现出焦虑的图书馆用户，倾向花费更少的时间、精力和耐心在任务本身上，因此会妨碍他们目标的实现[346,350]。

图书馆焦虑具有时间和情境特定的性质，这是因为这种表征只有在学生在图书馆或者计划去图书馆时才表现出来[247]。换句话说，图书馆焦虑与其说是一种基于特质的焦虑，还不如说是一种基于状态的焦虑。为支持这一论点，

24

梅奇和布鲁克斯发现学生的图书馆焦虑程度和特质焦虑程度没有统计上的显著差异[346,347]。基于这个发现，梅奇和布鲁克斯得出结论，对本科生而言，图书馆焦虑是"一种与一般特质焦虑无关的独立状态"[346(175)]。与这一发现有些一致，耶扎贝克、L·S·迈耶（L. S. Meyer）和科迪纳克发现，用 IPAT 焦虑量表[288]对男性本科生进行测量，图书馆焦虑和一般焦虑没有相关性[246]。然而，这些研究者发现，对女性本科生而言，这两个变量之间具有中等程度的统计显著联系。

至于研究生，焦群和奥韦格布兹指出，通过用状态－特质焦虑问卷（STAI）[528]调查，图书馆焦虑与特质焦虑不存在统计学意义上的显著相关性[249]。他们得出结论说，具有图书馆焦虑的研究生，通常是那些生活中其他方面不表现出焦虑的人。确实，梅奇和布鲁克斯、焦群和奥韦格布兹的发现表明，对研究生和本科生两者而言，图书馆焦虑的形成与特质焦虑是相对独立的。另外，这些发现证实图书馆焦虑代表一种特定情境的倾向。

按照梅隆的说法[349]，（图书馆）焦虑感源于下面四个来源中的一个或多个：（1）图书馆的相对规模；（2）缺乏关于资料、设备和资源具体位置的知识；（3）缺乏关于如何开始利用图书馆进行研究的知识；（4）缺乏关于如何进行图书馆查询的知识。在梅隆的研究中，下面是一个被图书馆弄得不知所措的学生的一个极好的例子：

> 利用图书馆是一个可怕的事情，当我考虑深入研究时尤其如此。我知道，不经常去图书馆，研究是不可能进行的；我也知道，图书馆中没有什么会伤害我，但是它似乎太大了，使我无法忍受。[349](162)

梅隆也给出缺乏如何开始利用图书馆和查询图书馆资源知识是怎样提高图书馆焦虑程度的例子：

> 唉！现在我不得不开始我的研究论文写作，我将要做什么呢？尽管我已经使用图书馆一个学期多了，但每次我推开那些宽大的玻璃门时，我仍然感觉害怕。[349](162)

在梅隆的研究中，下面的陈述说明不知道图书馆资料具体位置会如何提升图书馆焦虑程度：

> 当我第一次进入图书馆时，我非常害怕。我不知道其中的任何物件放在哪里，甚至不知道要问谁去获取一些帮助。这就像在外国而不能说该国的语言那样。[349](162)

更甚的是，具有高程度图书馆焦虑的学生通常会认为：其他学生都能熟练地使用图书馆，唯独他们自己技能差；他们的技能缺乏是其难堪心理的根源，因而应当隐瞒；而询问图书馆员问题会暴露他们的无能[350,351]。

图书馆焦虑的表征

一个有图书馆焦虑体验的学生，当面对任何图书馆或与图书馆相关的事情时，不管这种事情是像还书这样的常规任务，还是像进行广泛的图书馆搜索这样的更复杂的作业，常常都会遭受情感和身体的不适[292,349,350,351,382]。图书馆焦虑也许源于缺乏进行研究时的自信和利用学术图书馆的经历，源于不能正视图书馆在一个人的研究兴趣或职业前景中的相关性。

轻微的焦虑实际上是有帮助的，因为它能激发利用图书馆的欲望。这可以在有关促进性焦虑的文献中查到[6]。不过，因恐惧、学习的无助感或心理混乱而引起的较为厉害的焦虑，对学生是极为不利的。此外，高度的图书馆焦虑，因为妨碍研究生的图书馆资料搜索进而影响他们完成学位论文或专题论文，会削弱他们完成学位课程的能力[423,424]。这些学生中的一部分将会极力去避免使用图书馆[382]。

如同一般焦虑和几种学术焦虑一样，图书馆焦虑也具有多表征的特征。尤其值得一提的是，奥韦格布兹发现包括心率、呼吸加快，血压升高等症状的证据[382]。奥韦格布兹也提供了诸如不安、失意和学习无助这样情感方面表征的证据。高程度的图书馆焦虑也具有紧张、害怕、不安、消极的自我挫败感、不确定感和精神错乱的特征，而所有这些特征均会使信息素养水平下降[292,295]。这样，有图书馆焦虑的学生通常便会很少利用图书馆[421]。更有趣的是，对比结果分布中第三低与第三高的图书馆焦虑，焦群和奥韦格布兹发现，造访图书馆的意愿，高焦虑的学生比低焦虑学生大约低2.5倍（比值比OR为2.42；95%置信区间为[1.56, 3.77]）[255]。

图书馆焦虑程度被概念化为一个连续统一体[249]。然而，像焦群和奥韦格布兹提出的那样，为了说明图书馆焦虑的特质和病因，描述典型的高焦虑和低焦虑学生的特征是有帮助的。对高焦虑的学生而言，使用图书馆经常是一件很糟糕的事情[163]。一个焦虑测量[314]的案例是，图书馆焦虑程度高的学生表现出既忧虑又情绪化[382]。有图书馆焦虑的学生，一旦进入图书馆，常常显示多种症状。例如，当查找图书或期刊时，高焦虑的学生会读错或忽视文献标签和指示图，误解说明和指示，回避寻求帮助，或者比较快就放弃查找[271,292,295]。与相对较低程度焦虑的学生相比，高焦虑的学生，不管是一般地有效利用图书馆，还是特别地进行图书馆检索，常常对其能力缺乏自信。不管精确与否，这些知觉通常会使羞愧、掩饰和随之而来的逃避态度等反应达到顶峰。这些反应接着会妨碍高焦虑的学生发展其应有的图书馆技能[349]。显然，在教师高估其学生的图书馆技能时，高焦虑学生不愿意承认其焦虑的情绪就会达到极点[243]。

低焦虑的学生代表这个连续统一体的另一端。与高焦虑的学生形成鲜明对比的是，这些学生通常感觉在图书馆里很舒适，因而即便是随便翻阅，也会待上一段很长的时间[382]。事实上，正如焦群和奥韦格布兹所指出的那样，低焦虑的学生往往会将图书馆当做回避家中烦扰的避难所[249]。另外，低焦虑的学生在图书馆遇到困难时，倾向使出更好的应对策略，倾向使用最有效的解决问题的技巧[382]。

焦群等人比较了低焦虑和高焦虑学生在使用图书馆方面的理由[261]。这些研究者发现，当图书馆焦虑的学生造访图书馆时，他们常常是为了使用在线或计算机索引，还书，为撰写学位论文或专题论文进行图书馆检索，为完成作业去找书或文章或者是为了进行课题研究。在较近的一个研究中，奥韦格布兹和焦群发现[427]，使用在线或计算机索引，为撰写学位论文或专题论文进行图书馆检索，为完成作业去找书或文章，为班级课题去研习以及检索关于未来老板的信息，更可能会被高焦虑学生说成是利用图书馆的理由。另一方面，与朋友约会更可能会被低焦虑的图书馆用户说成是利用图书馆的理由。

围绕学术图书馆的许多错误的看法会加重焦虑。这些虚幻的信念体系有助于产生、维持和提升图书馆焦虑的程度。例如，学生，尤其是美国的留学生或者在他们祖国利用图书馆的留学生，经常会相信，大学图书馆主要是学习的场所，而不是进行图书馆搜索等类似事情的场所[282,447]。这一错误的观念会使学生将图书馆员视为"'知识的保管人'，他们仅仅允许少数人进入这个知识宝库，因此她或者他不应该被轻易地打扰、被召唤，或者被打断"[422](259)。

正如奥韦格布兹和焦群所指出的那样[422,253]，留学生常常会将有关美国图书馆功能的错误观念或信条强加给美国。这些观念极大地影响他们对图书馆服务的期望[364]。如果学生认为图书馆对其学习成绩只起很少的作用，他们很可能会被可用信息的海量数据和他们能藉以获取这种信息的资源所压垮和吓坏[422]。这样，对许多留学生而言，至少在最初阶段，他们使用大学图书馆会是一种负面的经验[582]。

许多人将图书馆检索理解为一条通途，而不管在进行图书馆检索时付出多少努力。然而，在这个过程中，只要选择正确的途径，成功就会有保障。这种努力与"成功"之间的不平衡会使焦虑升级。另外，像库尔梭（C. C. Kuhlthau）所说的那样，"半信半疑——信息检索过程（ISP）早期阶段的一个自然和必要的方面——引起不适和焦虑，接着又影响问题的表述和恰当的判断"[295](364)。

由于图书馆员大都为女性，图书馆用户教育被有些人看作为专属女性的事情。这样，男性被发现比女性有较高程度的图书馆焦虑[261]，也许并不奇怪。确实，焦群等认为[261]，这个发现为雅各布森（F. F. Jacobson）存在一个基于女性"图书馆文化"的论点[243]提供了增值效度。

一些学生持有的另一个错误的观念是，学术图书馆仅仅只对更高年级本科生（如毕业班学生）和研究生是必需的，因为他们与其他学生相比，有更复杂的教育任务和需要（如完成学期论文、学位论文或专题论文）。与这个说法一致，焦群等发现[261]，图书馆焦虑与学习年限呈线性下降关系，因为大一与大二学生报告有最高程度的图书馆焦虑，紧追其后的是毕业班和大三学生，最后是研究生。而且，统计结果显示，大一与大二学生比研究生具有程度高得多的图书馆焦虑。

最后一个错误的观念集中体现为这样的认识，即一些学生没有利用图书馆的天赋。事实上，如开始所说的那样，这些学生通常认为，他们的同学能熟练地利用图书馆，而唯独他们是无能的[90,349,350,351]。据此说法，自我知觉水平已被发现是图书馆焦虑的一个重要预测因子[250]。

图书馆焦虑的要素

图书馆焦虑已经被发现为一个多维度的结构。确切地说，利用探索性因素分析技术，博斯蒂克确定图书馆焦虑的五个维度，即员工障碍、情感障碍、图书馆舒适性、图书馆知识和设备障碍。

员工障碍指学生具有认为图书馆员或其他图书馆工作人员可怕、不易接近和难以见到的感觉。进一步说，图书馆员被认为太忙而不能在利用图书馆方面提供帮助,或者被认为有比帮助图书馆用户更为重要的任务要去执行。具有这种感觉的学生往往表现出高程度的图书馆焦虑[349]。

情感障碍源于学生不能正确使用图书馆的感觉。这些不适的感觉会被他们的假想——只有自己没有利用图书馆的技能——加剧[349]。

图书馆舒适性指学生对图书馆的安全性、亲和性和舒适性的感觉。学生如果在图书馆中感觉不舒服往往会有更高程度的图书馆焦虑[261]。

图书馆知识指学生对图书馆熟悉程度的感觉。图书馆知识缺乏往往会使灰心和焦虑达到极点,进而加剧回避行为[350,351]。

最后,设备障碍是指学生在使用图书馆的电脑、电脑打印机、复印机、零钱兑换机等仪器设备时而产生的感觉。那些操作一种或多种图书馆设备存在困难的学生,往往会表现高程度的焦虑(关于这些因素是如何选取的详情在第1章中讨论过)。有趣的是,焦群和奥韦格布兹发现[253],在统计学意义上,设备障碍会使市区大学的学生产生最高程度的图书馆焦虑。紧随其后的依次是情感障碍、员工障碍、图书馆舒适性和图书馆知识。与之类似,奥韦格布兹报道[386],设备障碍明显比其他四个要素会引发更高程度的图书馆焦虑有统计学意义。

奥韦格布兹除研究研究生在尝试撰写调研报告时其他类型的学术焦虑外,也研究其图书馆焦虑[382]。利用定性研究方法,奥韦格布兹指出,图书馆焦虑由下面六个要素组成:人员焦虑、图书馆技能感觉、图书馆舒适性感觉、位置焦虑、设备焦虑和资源焦虑。

按照奥韦格布兹的观点,类似博斯蒂克的员工焦虑[51],人员焦虑指的是当学生准备或正在求助图书馆员或其他工作人员时,焦虑程度增加。下面的叙述提供了某生这个维度焦虑程度高的一个例子:

尽管我利用 ERIC 数据库找到了几篇文章,但我还是认为我能从 MEDLINE 数据库中获取更多的文章。可是我不知道如何使用 MEDLINE 系统,也不打算询问图书馆员[原文如此]怎样使用这个可能是一个简单的软件而打扰他们,所以我沮丧地离开了图书馆[51](15)。

图书馆技能感觉等同于博斯蒂克的情感障碍维度,指的是学生否认自己具有适当利用图书馆的能力时,其焦虑程度增加到极点。下面的叙述是这个要素的代表:"在图书馆中我感觉是如此的不知所措,因为我从不知道我要做什么或者从何处着手。"[382](16)

图书馆舒适性感觉与博斯蒂克的叫法一样，指的是学生对图书馆的安全和受欢迎程度的感觉而引起的焦虑。在奥韦格布兹的调查中，一个学生宣称："我很可能会不得已去其他图书馆。我不喜欢去那所图书馆，因为它不是在最好的地区，且那儿总是在施工。"[382](16)

位置焦虑相当于博斯蒂克的图书馆知识维度，指的是学生对图书馆熟悉程度的感觉。下面的陈述为这种类型的图书馆焦虑提供了范例："我变得如此的沮丧和焦虑，因为我从不知道图书馆里的任何东西在何处。"[382](16)

设备焦虑类似于博斯蒂克的设备障碍，是指当学生考虑使用、尝试使用或者已经在使用包括光碟、计算机、打印机、复印机和缩微胶片等图书馆仪器设备时，其焦虑加剧。例如，在奥韦格布兹的调查中，一个学生坦言：

> 我上午10：30去图书馆。我利用计算机检索了两个小时。最后，我向图书馆员求助。她与一群人打电话核实，结果证明互联网没有连上。我的结果呢？浪费了今天一天的时间，而我的论文却没有进展。[382](17)

一个计算机数量不足的图书馆，对学生而言是成问题的，因而成了焦虑产生的源头。正如一个高焦虑的图书馆用户所说："我从上午10：30到下午4：00一直在图书馆键入我的报告。为了一台计算机我不得不等待大约20分钟。最近，计算机室一直人满为患。"[382](17) 使用图书馆的光碟也会引起资源焦虑。例如，奥韦格布兹用实例说明当学生选择关键词用于图书馆的计算机检索，结果却证明无效时，焦虑是如何产生的：

> 我去图书馆检索有关老年人的胆固醇文献。关于该主题的文章很难找到。我明白我没有使用正确的关键词，所以我便向图书馆员求助。最终，我用单词 hypercholesterolemia（血胆脂醇过多）代替 high cholesterol（胆固醇过高）找到了文章。ERIC 数据库真是太挑剔了！[382](17)

最后，资源焦虑指的是当学生通过图书馆计算机搜索挑选文章或图书而找不到时而引发的焦虑。这种情况，没有需要的资源会导致失意，转而会使焦虑加剧，正如下面的叙述所说明的那样：

> 即使我发现许多有关酒精方面的文章，我还是对我们图书馆的资源短缺感到灰心和失望，因为如此多我需要的文章，却在我们图书馆找不到。[382](18)

有趣的是，奥韦格布兹发现，资源焦虑是图书馆焦虑维度中最普遍的一个。图书馆的停车场通常是资源焦虑的另一个源头：

> 我去图书馆，当我在图书馆前面的停车场不能停车时，我变得非常的沮丧。你一定有一张工作日内该停车场的通行证。当我开着车在校园内找寻停车的地方时，我突然不想去图书馆了。我能找到的唯一可停车的地方，距离图书馆差不多有两个街区那么远。于是我便回家了。[382](18)

最近，米兹拉奇（D. Mizrachi）[362]、肖汉姆（S. Shoham）和米兹拉奇[512]开发出一个LAS的希伯来版本，他们称之为"希伯来图书馆焦虑量表"（简称"H-LAS"）。采用探索性因素分析的方法，这些研究者确定了以下七个因素：员工、知识、语言、身体的舒适性、图书馆计算机舒适性、图书馆规章制度和资源。

员工因素是指学生对图书馆员、图书馆工作人员的态度以及他们的可亲近性。知识因素指的是学生对图书馆专门知识或技能的自我评价。语言因素表现为用英语进行搜索和利用英语材料时产生的不舒适。身体的舒适性因素指的是物理设备在多大程度上反向影响学生的图书馆满意度和舒适感。图书馆计算机舒适性因素表示对图书馆计算机设备的信任感和其使用指南的质量。图书馆规章制度因素指的是学生对图书馆规章制度和开放时间的态度。最后，资源因素指的是想要的图书馆资源在图书馆中的可获得性感觉。不幸的是，H-LAS的开发者并没有报道这7个因素能够解释总方差的比例是多少。另外，在解释下面的因素时要谨慎，因为它们的得分信度估计值低：身体的舒适性（克朗巴哈$r=0.60$），计算机舒适性（$r=0.51$），图书馆规章制度（$r=0.45$），资源（$r=0.52$）。所有这些得分信度系数都低于0.70，而此值被认为是情感测量的临界比率值[378,415]。

图书馆焦虑的前因

如同数学焦虑[66]、统计焦虑[420]那样，图书馆焦虑的前因包括性格前因、情境和环境前因。性格前因指个体所表现出来的人格特征。情境前因指有外界刺激的周围环境。最后，环境前因指人口统计学因素，这些因素会使个体处于图书馆焦虑的危险当中，或者勾起个体对过去事件的回忆。

性格前因和环境前因的最大的区别是前者强调人的内在因素，而后者注重外在因素[66]。这三种前因（即性格、情境和环境）相互作用，共同决定图书馆焦虑的整体程度。图2.1列出了已经发现的可预测图书馆焦虑的因素，而这些因素随着前因种类的变化而变化。下面对这些影响因素逐一进行讨论。

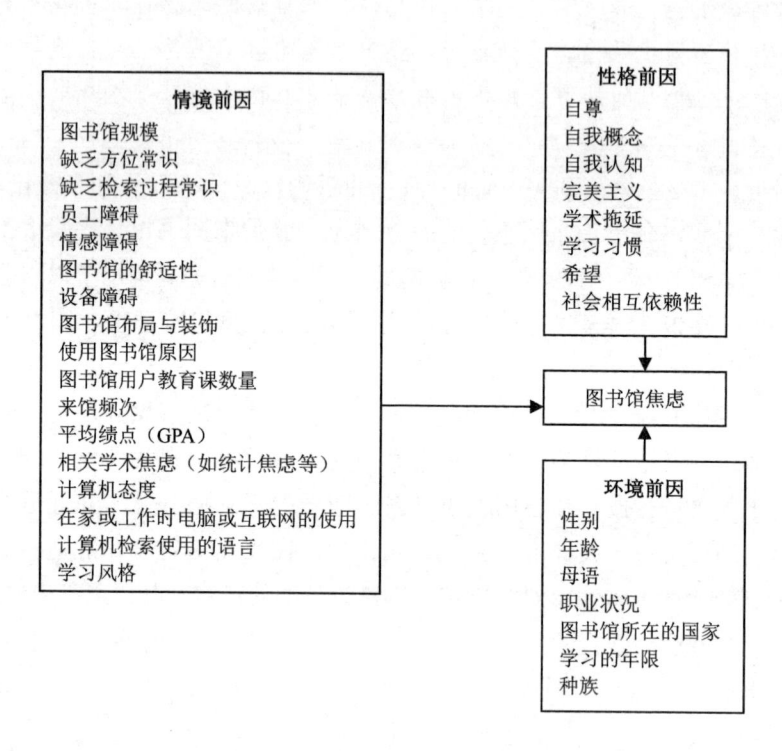

```
情境前因                              性格前因
图书馆规模                             自尊
缺乏方位常识                           自我概念
缺乏检索过程常识                        自我认知
员工障碍                              完美主义
情感障碍                              学术拖延
图书馆的舒适性                         学习习惯
设备障碍                              希望
图书馆布局与装饰                        社会相互依赖性
使用图书馆原因
图书馆用户教育课数量                         ↓
来馆频次                    →    图书馆焦虑
平均绩点（GPA）                            ↑
相关学术焦虑（如统计焦虑等）
计算机态度                             环境前因
在家或工作时电脑或互联网的使用           性别
计算机检索使用的语言                    年龄
学习风格                              母语
                                    职业状况
                                    图书馆所在的国家
                                    学习的年限
                                    种族
```

图2.1　图书馆焦虑前因的建构

性格前因

性格前因包括自尊和自我概念。像最初所提及的那样，学生图书馆焦虑程度的加剧是由他们如下的认知引起的：（1）他们缺乏足够的图书馆技能；（2）他们的同学是熟练的图书馆用户，而唯独他们自己是无能的；（3）他们的无能是丢脸的[349,350,351]。与此类似，正如博斯蒂克所确定的那样[51]，学生有关图书馆利用的无能感，是图书馆焦虑产生的一种决定性情境因素。最近，焦群和奥韦格布兹发现[250]，在学术自我胜任力、智力水平、创造力和社会胜任力方面认知较低的研究生，呈现出最高的图书馆焦虑水平，而这种焦虑与情感障碍和图书馆的舒适度两个维度相关。这个结果同一些已发现的自我认

32

知一致，而这些自我认知与考试焦虑[241]、外语焦虑[389]、数学焦虑[186]和统计焦虑[392]相关。

焦群和奥韦格布兹得出结论[250]，图书馆焦虑与学术能力认知、质量水平认知相关的事实，进一步证明图书馆焦虑是一种与学术相关的现象。进一步说，由于高程度的图书馆焦虑与低程度的社会认可相联系，这些研究者声称，图书馆焦虑也是一种社会现象。根据梅隆有关图书馆焦虑学生的相对无能感[349]的发现以及他们自己的发现，焦群和奥韦格布兹得出结论[250]，负面社会评价的恐惧是图书馆焦虑的一种重要（性格）前因。根据这些作者的说法，很可能低社会交往认知的学生往往也会在利用图书馆方面对自己提出不切实际的高标准。显然，这种保守他们无能认知秘密的意愿会导致回避态度的出现。此种情形下，因害怕无能感被暴露，有图书馆焦虑的学生就会不愿意去向图书馆员求助[350,351]。此外，图书馆焦虑与社会认同感的关系表明，习得性无助感在许多图书馆用户中都普遍存在，这是源于个人的图书馆利用行为与他人所想象的不现实标准之间存在差异。正如焦群和奥韦格布兹所指出的那样[250]，这种不一致可能会增加寻求回避态度的倾向。

完美主义也是一种图书馆焦虑的前因。特别值得一提的是，焦群和奥韦格布兹报道[248]，那些在文献中被称为社会规定型完美主义（SPP）者[219,220]、需要达到他们重要相关人（如朋友、家人、教授和同学）标准和期望值的研究生，与那些非完美主义者相比，往往会表现出与情感障碍、图书馆舒适性和设备障碍相关的更高图书馆焦虑。这个发现同奥韦格布兹和戴利（C. E. Daley）的发现[414]一致，即那些要求他们重要相关人达到不现实标准的研究生（即指导他人型完美主义者）和那些需要达到他们重要相关人标准和期望值的研究生（即社会规定型完美主义者）往往会表现出更高程度的与翻译焦虑、考试和上课焦虑、计算机自我概念和求助恐惧相联系的统计焦虑。焦群和奥韦格布兹指出。这个发现

> 表明，完美主义者的学生或许会认为，他们不仅要完全熟悉图书馆，而且也要具备使用所有图书馆设备的技能。因此，可能出现的情形是，他们一旦开始利用图书馆和（或）他们图书馆搜索的复杂程度一旦增加时，这些学生就会担心，会像他们所预期或想象的一样，不能利用图书馆，进而使图书馆焦虑升高……（导致）放弃搜索行为。[248](368-369)

学术拖延（Academic procrastination）是另一种与图书馆焦虑相联系的性格前因。尤其值得一提的是，奥韦格布兹和焦群已证实[426]，所有学术拖延和图书馆焦虑的情感障碍、图书馆舒适性、设备障碍维度存在统计上的显著正相关。而且因害怕失败和对任务的厌恶导致的学术拖延与员工障碍、情感障碍、图书馆的舒适性和图书馆知识具有很强的相关性。这一结论，和现有的关于学术拖延和其他如考试焦虑、统计焦虑和社会焦虑等一般和特定类型焦虑的关系的大量文献的报告是一致的[159,358,524]。

学习习惯指的是与图书馆焦虑性格前因相关联的一组行为。焦群和奥韦格布兹发现[252]，图书馆焦虑程度最高的学生比那些焦虑程度最低的学生更可能（1）当他们的学习有困难时不去向老师求助，（2）课堂上不录音只是做笔记，（3）依靠死记硬背，（4）在老师与他们在课堂中进行讨论之前不阅读之前布置的任务，（5）为了保持清醒喝大量的咖啡和其他咖啡因的饮料，（6）在阅读教科书某一章之前不利用之前的文献，（7）课后没有第一时间将课堂笔记誊写一遍，（8）没有将大量的信息分成能单独学习的小片段。这些行为被研究者们归类为笔记、学习技巧和阅读。研究者们的结论如下：

  因为许多学生利用图书馆是为了学习，可能发生的情况是具有最高程度焦虑的学生一旦进入图书馆，往往会选择不恰当的行为。例如，为了因恐惧感而企图减少在图书馆中的时间的目的，高焦虑的学生会在学习时动走捷径的念头，包括企图记下课本中的一些关键单词，而不是在阅读之前找出其各章节的要点。此外，可能出现的情况是，图书馆焦虑会导致一些规避行为，如在老师上课前不利用图书馆完成阅读作业，课后不誊写课堂笔记等。[252](78)

希望也是一种图书馆焦虑的前因。确切地说，奥韦格布兹和焦群发现[423]，那些对自己的目标没有坚定决心的学生，以及对克服阻碍他们目标实现的障碍表现最为消极的学生，在图书馆焦虑之图书馆舒适性及图书馆知识维度，表现为最高的焦虑。另外，那些对自己的成功目标没有坚定决心的学生，在图书馆焦虑之员工障碍、情感障碍、图书馆的舒适性、图书馆知识和设备障碍等维度，表现为最高的焦虑。

最后，社会相互依赖性也被认为是一种图书馆焦虑前因。运用典型相关分析，焦群和奥韦格布兹在他们的一获奖论文中发现[254]，合作态度同员工障碍、图书馆舒适性、图书馆知识显著相关。特别值得一提的是，那些具有较高合作精神的学生，在员工障碍、图书馆舒适性、图书馆知识维度的图书馆焦虑水平最低。而个人态度、情感障碍和设备障碍则充当抑制变量的作用。

情境前因

情境前因涉及图书馆的性质。许多图书馆焦虑的前因已被确定。特别是梅隆所说的导致图书馆焦虑的四个来源（即图书馆规模，方位、设备和资源知识的缺乏，不知道图书馆搜索如何着手以及不知道图书馆搜索如何继续进行）是情境前因的典型代表。图书馆知识和怎样实施图书馆搜索是另外导致图书馆焦虑的情境因素[51,292,294,295,382]。

下面因素也导致图书馆焦虑程度的加剧：图书馆员是否随时可以为读者提供服务并和蔼可亲（即员工障碍）；图书馆环境的舒适程度；图书馆员多大程度上承认学生存在恐惧感并尝试通过提供积极的经验去消除这种焦虑以减轻这种不适、困惑和失败感；图书馆设备运行是否正常而且学生可舒服地使用它（设备障碍）[51,90,349,350,351,535,603]。

同样，图书馆焦虑既受图书馆布局与装饰的影响，又受图书馆是否有适当的标识和楼层示意图、整洁的通道和残障用户出入口影响。换句话说，图书馆的设计情况是图书馆焦虑的前因。另外，上面讨论过，许多学生持有的有关学术图书馆的错误看法（例如图书馆员是"知识的保管人"，图书馆是女性的天地）也是图书馆焦虑的情境前因。

学生使用图书馆的原因可被看做是图书馆焦虑的情境前因。特别是，焦群和奥韦格布兹发现[247]，使用计算机索引和在线设施的学生，往往有最高程度的图书馆焦虑，且这种焦虑与博斯蒂克的图书馆焦虑5个维度（即员工障碍、情感障碍、图书馆的舒适性、图书馆知识和设备障碍）都具有相关性。更进一步，那些利用图书馆进行课题研究的学生，往往会在员工障碍、情感障碍和图书馆知识的维度上表现相对较低的焦虑，而那些为撰写学位论文或专题论文而利用图书馆查找和获取信息的学生，往往会在员工障碍、图书馆的舒适性和设备障碍的维度上出现最大的问题。同样，那些使用图书馆是为了阅读近期报纸的学生，往往会在员工障碍的维度上出现最大的问题。正如焦群和奥韦格布兹指出的那样，后者的发现

> 表明，要么（1）这些学生在看报时已经有了有关图书馆员工的负面经历——也许他们认为图书馆员不了解他们读报的原因，要么

(2) 这些学生由于花在图书馆中的时间大部分或全部用于看报,往往与图书馆员工没有一点直接接触的机会,从而加剧他们的焦虑程度。[247](383)

这些研究者也指出,那些利用图书馆是为了社交的学生,往往会在图书馆知识的维度上表现出高程度的焦虑。他们声称,出现这种结果,或许是因为这些以社交为导向的学生一点时间也不会花在熟悉图书馆上。还书也是一种情境因素,这是因为它预示图书馆焦虑与情感障碍有联系。有趣的是,利用图书馆来阅读其馆藏图书与较高的设备障碍维度焦虑具有极强的相关性,相反它却使学生的图书馆舒适感增加。最后,为撰写学期论文获取图书馆的材料与情感障碍呈负相关。同样,焦群等报道[261],当患图书馆焦虑的学生造访图书馆时,他们这样做往往不是为了使用在线或计算机索引、还书、为撰写学位论文或专题论文进行图书馆搜索、为作业借书或获取文章,而是为了课题研究。因此,使用图书馆的理由显然代表一种重要的情境前因。

焦群等发现[261],为学生开设的图书馆用户教育课数量与图书馆焦虑程度弱相关($r = -0.14, p < 0.01$)。阿布什(K. A. Abusin)注意到[2],就读于马来西亚一所大学的一年级学生,从统计学的观点看,那些参加了图书馆用户教育课程的学生比那些没有参加这门课程的学生呈现的图书馆焦虑程度明显要低。然而,再次测试时,效应量非常小(科恩 d 值 $= 0.05$)。同样,克利夫兰(A. M. Cleveland)发现[80],位于查珀尔希尔(Chapel Hill)的北卡罗来纳大学(University of North Carolina)的一年级学生,那些参加 30~40 分钟书目教育课程的学生,比那些没有参加这个课程的学生,在统计上其图书馆焦虑的水平要显著的低,甚至在控制以前的图书馆经历和图书馆知识因素后亦是如此。目前研究者们测得其效应量为 0.57,表明这是一个中等的效应量。更特别的是,克利夫兰证明[80],参加书目教育课程的学生之于员工障碍和情感障碍维度的图书馆焦虑,比对照组学生在统计上要显著的低。更进一步,书目教育组与已完成 30~45 分钟计算机辅助教育课程的第三组相比,其与员工障碍维度相关的图书馆焦虑水平报道称在统计上显著的低。阿布什也发现[2],那些不愿意参加图书馆用户教育课程的学生比那些参加该课程的学生表现出更高程度的图书馆焦虑。另一方面,本奥姆兰(A. I. Ben Omran)发现[37],参加书目教育课程的数量不能预测图书馆焦虑水平。

焦群等发现[261],来馆频次与图书馆焦虑水平呈现统计上的中等显著负相关。与这一结果一致，如前面所提到的，焦群和奥韦格布兹发现，高焦虑学生来馆愿望大约要比低焦虑学生低2.5倍。尽管有可能这种联系表明具有最高程度焦虑的学生往往会避免利用图书馆，但也有可能出现这样的情形，即这种联系暗示回避利用图书馆会使学生无法获得必要的图书馆技能，从而使图书馆焦虑水平提高[261]。后一种情形说明来馆频次与图书馆焦虑之间相关性的程度，又为来馆频次是一种情境因素提供了证明。学生向图书馆员或图书馆职员求助也可被看做一种图书馆焦虑的情境前因。的确，阿布什报道称[2]，在那些不求助图书馆员的学生和求助图书馆员的学生之间，图书馆焦虑水平存在统计上的显著差异。然而，其效应量是小的（$d=0.26$）。

之前大学课程的学业成绩也是一种图书馆焦虑的情境前因。一个最综合的学业成绩测量方法是平均绩点（Grade Point Average，简称"GPA"）。有趣的是，焦群等发现[261]，GPA可预测图书馆焦虑具有统计学意义。与此类似，焦群等发现[261]，GPA能预测与图书馆舒适性和设备障碍两个维度相关的图书馆焦虑。

阅读能力是另一种与图书馆焦虑存在联系的性格前因。特别是，焦群和奥韦格布兹发现[259]，阅读理解和阅读词汇跟员工障碍、图书馆舒适性和图书馆知识存在统计学上的显著相关。阅读能力和图书馆焦虑各维度所解释方差的比例占总方差的39.4%。

与图书馆焦虑相关的其他学术焦虑、状态焦虑也被认为是图书馆焦虑的情境前因。例如，奥韦格布兹和焦群证实[428]，图书馆焦虑与研究焦虑[381]、统计焦虑[102,101]和写作焦虑[105]有关。特别是，这些研究者发现，研究焦虑、统计焦虑和写作焦虑与图书馆焦虑的员工障碍、情感障碍、图书馆舒适性和图书馆知识四个维度中的每一个都存在统计学上的显著相关。这些相关性大多是中等或者较大，相关系数范围从0.19到0.57不等。

与这一组发现一致，米兹拉奇和肖汉姆报道称[362,512]，图书馆焦虑和计算机态度之间存在统计学的显著相关性。特别是，HLAS的7个维度都与计算机焦虑之间有统计学的显著相关性，其相关系数大小在0.11（身体的舒适性维度）到0.47（知识维度）之间。这些作者也注意到，在运用Bonferroni调整后，员工维度与家中使用计算机、工作时使用计算机和玩电脑游戏有相关性。知识维度与家中使用计算机、工作时使用计算机、使用文字处理软件、计算机电子表格、玩电脑游戏和使用国际互联网有相关性。语言维度与家中使计算机、工作时使用计算机、计算机电子表格、使用国际互联网和计算机程序语言有相关性。身体的舒适性维度只与玩电脑游戏有相关性。图书馆规章制度维度与家中使用计算机有相关性。另外，图书馆计算机舒适性维度与家中使用计算机、使用文字处理软件和玩电脑游戏有相关性。耶扎贝克等也发现[246]，计算机焦虑水平与男人和女人的图书馆焦虑水平都有相关性。

运用典型相关分析，焦群和奥韦格布兹证实[257]，在图书馆焦虑和计算机焦虑之间存在一个多变量的关系。测得的典型相关系数的平方表明，图书馆焦虑分量表的得分与计算机焦虑分量表的得分占公共方差的40.82%。特别是，LAS的所有5个分量表得分全部与计算机兴趣和计算机应用有相关性。也就是说，如果学生在员工障碍、情感障碍、图书馆舒适性、图书馆知识和设备障碍五个维度上均呈现最高水平的图书馆焦虑，表明他们不太可能会爱好计算机，并且往往会给出对计算机使用的最消极的看法。

同样，运用多元回归技术，科林斯和维尔发现，图书馆焦虑的两个维度，即图书馆知识和情感障碍，是学生互联网使用焦虑的统计上的显著预测因子。这些维度解释了受访者互联网焦虑的9%的方差。特别是，对于图书馆知识维度和情感障碍维度的图书馆焦虑程度最高的学生往往对使用互联网最不积极。

另一方面，本奥姆兰发现[37]，在图书馆焦虑和互联网使用频次之间不存在联系。同样，奥韦格布兹和焦群证实[429]，图书馆焦虑和学生的互联网焦虑之间不存在联系，尽管他们注意到，那些接触互联网的学生呈现的图书馆焦虑在统计意义上显著高于那些没有接触互联网的学生（即有小到中等的效应量值）。按照奥韦格布兹和焦群的观点[429]，这些结果表明，呈现图书馆焦虑的学生更容易出现这样的情形，即他们上网是为了少用图书馆。同样，这些研究者也证实，那些坦承即便能从互联网上获取所有讲座和课程但还愿意去上课的学生，比那些对照组的学生呈现出更低程度的图书馆焦虑。

在现存的文献记录中，最后的图书馆焦虑情境前因是学习风格。阿布什发现[2]，在马来西亚大学，那些不向图书馆员求助的学生呈现的图书馆焦虑，在统计意义上显著高于那些寻求帮助的学生（科恩 d 值 = 0.25）。他也注意到，那些一遇到问题就停止计算机图书检索的学生呈现的图书馆焦虑，在统计意义上往往显著高于其更坚持检索的同学（科恩 d 值 = 0.62）。阿布什进一步指出[2]，那些不用计算机进行图书馆搜索的学生呈现的图书馆焦虑，在统计意义上往往显著高于他们的同学（科恩 d 值 = 0.53），不过，应该指出的是，样本中的非计算机用户数量小。

焦群和奥韦格布也通过一系列的调研对学习风格对图书馆焦虑的影响进行了研究。首先，奥韦格布兹和焦群发现[423]，图书馆焦虑水平最高的研究生，往往是那些喜欢结构化学习、自我激励、缺乏毅力的人或那些唯同学或同辈人马首是瞻者。进一步说，他们往往倾向于通过视觉方式而不是过触觉或动觉方式接受信息。最后，这些学生往往在学习的环境中好动，而不喜欢在下午承担艰巨的任务。在接下来的研究中，奥韦格布兹和焦群发现[424]，下面的13种学习方式与图书馆焦虑5个维度中的一个或多个有相关性：噪声偏好、责任心、持久性取向、视觉取向、触觉取向、动觉取向、多重感知取向、流动性偏好、结构化学习、同学或同辈人取向、上午偏好、下午偏好和晚上偏好。在第三个研究中，焦群和奥韦格布兹报道说[251]，那些喜欢在安静的环境中工作、喜欢结构化学习方式、不喜欢通过触觉方式获取信息、喜欢在上午承担困难任务和不喜欢在下午或晚上承担困难任务的研究生，往往在情感障碍、图书馆舒适性和设备障碍三个维度上有最高水平的图书馆焦虑。同样，与他们的对照组同学相比，那些喜欢在嘈杂的环境中工作和在学习环境中好动的学生，往往在员工障碍、情感障碍、图书馆知识和设备障碍四个维度上有最高水平的图书馆焦虑。

基于这三个研究的发现，这些研究者们建议，应采取一种基于学习风格（LSB）的图书馆用户教育方法。这样的方法涉及围绕不同的学习方式组织书目教育，以满足多数图书馆用户的需要。正如奥韦格布兹和焦群所声称的那样[423]，基于学习风格的优势教育，可为学习者提供多种类型的学习方式，从而为不同的图书馆用户提供差异化的服务。

环境前因

与性格和情境前因不同，环境前因中的有些变量和图书馆焦虑的关系并没有一个明确的定论。例如，尽管雅各布森[243]、焦群和奥韦格布兹[247]、焦群等[261]，男性比女性有更高程度的图书馆焦虑，但博斯蒂克[51]、梅奇和布鲁克斯却报告说没有性别差异[346,347]。更有甚者，米兹拉奇和肖汉姆还证实[362,512]，以色列几所师范学院的女生，与员工（科恩 d 值 = 0.34）、语言（科恩 d 值 = 0.34）和资源（科恩 d 值 = 0.28）三个维度相关的图书馆焦虑水平呈现统计学意义上显著的增高。虽然不同维度引起的效应量（没有报道过但现在的作者计算过）处在中等程度的范围内，不过在理解米兹拉奇和肖汉姆的发现[362,512]时需要谨慎，这是因为尽管使用了大样本量（$n=664$），但这项研究的绝大多数志愿者是女性（88%）。在解读博斯蒂克的结果[51]时也要小心，这是因为不仅其采集相对较小的样本量（$n=69$），而且在性别比较中只有13位男生参与。这与焦群等的叙述一样，"样本量小，加上使用四选项量表测量图书馆焦虑，严重影响（雅各布森1991年的）研究结果[243]的效度。"[261](153)

这样，较低的统计功效影响了博斯蒂克[51]、雅各布森[243]、米兹拉奇[362]和肖汉姆等[521]的发现。不管怎样，由于这些具有两个大样本量的研究发现了性别差异（虽然这种差别的方向是矛盾的），也由于证实了在考试焦虑[43]、数学焦虑[319]、统计焦虑[38,39]和外语焦虑[389]存在性别差异，因而将性别当做图书馆焦虑的环境前因是合理的。

关于年龄，尽管麦肯齐（K. M. McKenzie）没有发现图书馆焦虑与年龄之间存在相关性[341]，但博斯蒂克发现[51]，50岁以上的学生比那些更年轻的学生呈现更高程度的图书馆焦虑。而且，本奥姆兰[37]、博斯蒂克和奥韦格布兹[52]、焦群等[261]、焦群和奥韦格布兹[247]发现，图书馆焦虑随着年龄的增加直线下降。同样，米兹拉奇和肖汉姆指出[362,512]，与知识、语言、图书馆规章制度和资源五个维度相关的图书馆焦虑水平，年少的学生（年龄为18~24岁）在统计学意义上显著高于那些年长的学生（年龄为25~55岁）。尽管这里存在矛盾的结论，但显然年龄可被看做图书馆焦虑的环境前因。

母语也可被认为是一种环境前因。特别值得一提的是，焦群等[261]、奥韦格布兹和焦群[422]、焦群和奥韦格布兹[247,253]、刘（M. Liu）和雷德芬（B. Redfern）[318]独立地发现，英语为非母语的人的图书馆焦虑水平比那些母语为英语的人要高。相比之下，米兹拉奇和肖汉姆发现[362,512]，尽管这个大学开设的语言教育课程是希伯来语，但说阿拉伯语的人比说希伯来语的人，在英语语言维度上，呈现更高水平的图书馆焦虑。不过，这些作者指出，与说希伯来语学生相比，说阿拉伯语的学生，其与知识维度相关的图书馆焦虑水平要低些。有趣的是，阿布什发现[2]，在遇到OPAC（联机公用检索目录）问题时，马来西亚大学的学生中，那些不进行语言切换的学生比那些进行语言切换的学生呈现更高的图书馆焦虑水平（科恩d值=0.49）。同样，安德鲁斯（J. Andrews）证实[16]，来曼彻斯特理工学院图书馆的学生表示，他们在使用OPAC时出现焦虑。安德鲁斯将这种升高的焦虑水平归因于用户缺乏经验和OPAC的不一致。不管怎样,关于图书馆检索过程中语言的作用,需要进一步的研究。

这是可能的,职业状况是另一种图书馆焦虑前因。的确,焦群等发现[261],无论一个人是全职还是兼职,其职业状况都可以预测图书馆焦虑。然而,这个变量只解释1%的图书馆焦虑总方差。更甚的是,它是唯一考查职业状况和图书馆焦虑之间关系研究的这一事实充分表明,在这个要素能称为一种环境前因之前,还需要进一步的研究。同样,在一国家内,没有发现图书馆焦虑存在地区差异。具体地说,焦群等发现[261],在东北地区大学的学生与中南部州内大学的学生之间,他们的焦虑程度不存在统计学意义上的显著差异。米兹拉奇和肖汉姆也发现[362,363],以色列8所大学的学生之间,焦虑水平不存在地区差异。另一方面,博斯蒂克和奥韦格布兹报道说[53],英国大学的学生比爱尔兰和美国的大学生在员工障碍维度上呈现更高水平的焦虑。因此,尽管一个国家内不存在图书馆焦虑的环境前因,但图书馆所在的国家也许存在;然而,在得出这个结论之前,还需要更多进一步的、涉及跨文化的比较研究。

焦群、奥韦格布兹和博斯蒂克考查了图书馆焦虑的种族差异[260]。他们发现,一研究性大学中的非洲裔美国学生比就读于一可授予博士学位的大学的美国白人研究生,在员工障碍(科恩 d 值 = 0.74)、情感障碍(科恩 d 值 = 0.88)和图书馆舒适性(科恩 d 值 = 0.40)三个维度上,呈现统计学意义上显著较低水平的图书馆焦虑。然而,由于这两组的大学类型不同,研究者们不能得出结论,焦虑水平(效应量值介于中到大之间)的差异是否源于种族还是教育经验或能力。因此,这些作者宣称,目前还不清楚是否种族为图书馆焦虑的环境前因。

在接下来的研究中,焦群和奥韦格布兹也比较了美国非洲裔学生和白人学生的图书馆焦虑。然而,为了控制教育背景因素,便从同一所大学选取这两个对照组学生。一系列独立的 t 检验显示,对5个LAS维度中的任何一个维度而言,其图书馆焦虑都不存在统计学意义上的显著种族差异。然而,对所有5个图书馆焦虑维度进行交叉测量时,非洲裔美国人的样本比白人美国人样本的得分要低。为了检验这种趋势具有统计学意义,奥韦格布兹和莱文(J. R. Levin)进行了总z值测验。具体来说,就是将5个维度测量中的每一个的原始值都转换成 z 值，以便每一个受试者都有 5 维 z 值。然后将这些 5 维 z 值相加，就得到每个受试者的总 z 值。最后，进行独立样本的 t 检验，以比较非洲裔美国学生和白人美国学生之间的总 z 值。这个检验显示，非洲裔美国学生（$M = -1.01$，$SD = 7.74$）的 z 值要比白人美国学生（$M = 0.16$，$SD = 3.94$）显著低些，具有统计学意义（$t = 1.67$，$p = 0.01$）。其效应量值，即科恩 d 是 0.31。因此，这个总 z 值的测验显示，美国非洲裔研究生的图书馆焦虑水平低于美国白人学生所具有的一致性，既有统计学意义，也有实践意义。

由于焦群和奥韦格布兹研究[258]中的两个样本都出自同一所大学，因此他们认定，图书馆焦虑中的种族差异是普遍存在的。他们的这个结论，加上焦群等的其他结论[261]，表明种族是图书馆焦虑的一种环境前因。尽管如此，仍需要进一步的研究去判定为什么两个研究中的非洲裔美国人都呈现明显较低的图书馆焦虑水平——记住美国非洲裔研究生比美国白人研究生通常呈现更高水平的统计焦虑[250]，取得较低等级的研究方法课程成绩[391]。

几个作者已经注意到图书馆焦虑和学习年限之间存在相关性。具体来说，博斯蒂克发现[51]，研究生比本科生和社区大学学生具有更高程度的图书馆焦虑。同样，梅奇和布鲁克斯发现[346]，一年级和二年级大学生比高年级大学生呈现统计学意义上的显著较高程度的图书馆焦虑。与这些结论一致，焦群和奥韦格布兹等注意到[261,421]，图书馆焦虑随着学习年限的变化而减轻，这与最高焦虑水平出现在一年级学生中是一致的。同样，米兹拉奇和肖汉姆证实[362,512]，通过员工和知识两个维度检测的图书馆焦虑水平，随着学习年限的变化而普遍下降。与之相反，这些作者也注意到了图书馆焦虑的得分与学习年限的倒"U"字形函数关系。不管怎样，学习年限明显是图书馆焦虑的一个环境前因。

2.4　本章概要和结论

任何在大学里学习或任教的人都不可否认，一些大学生有过严重的焦虑经历。迄今，已确定有几种学术焦虑，包括计算机焦虑、研究焦虑、统计焦虑、数学焦虑、写作焦虑、外语焦虑和一般考试焦虑。上述的每种焦虑均被证实是非常普遍的。例如，奥韦格布兹估计，有 2/3 ~ 4/5 的研究生出现过不愉快的统计焦虑经历。的确，对许多研究生而言，统计学是他们学习计划中最容易引起焦虑的课程之一[494]。然而，尽管大多数研究生将一门或多门统计学课程当做他们学位要求的一部分，但也有许多学生，例如在制定培养计划时，并没有要求一定要修统计学课程。同样，不是所有学生都要求达到大学程度的外语水平。另一方面，实际上，因课程作业（如学期论文）、学位要求（如学位论文或专题论文）或一些其他方面的需要，每个学生都需要利用图书馆。确实，无论学位课程计划如何，对多数国家中每个大学的绝大多数学生而言，学术焦虑都是一种重要的影响因素。因此，与任何其他种类的学术焦虑相比，图书馆焦虑可能更具普遍性[254]。

这一章描述了图书馆焦虑的特质和病因。图书馆焦虑被定义为一种基于状态的消极现象，这种现象具有连续性，其间因学生表现回避行为而会让他们处于极度危险的情境。图书馆焦虑的学生所表现出来的症状，大多数可在目前的文献中找到。接下来，描述了图书馆焦虑的构成要素。通过定性与定量研究方法，这些要素维度已被确定。最后，描述了图书馆焦虑的前因。图2.1所总结的这些前因，被归为性格、情境和环境三种类型。上述列出的性格、情境和环境前因，将学生置于易患图书馆焦虑的危险境地。这说明图书馆用户具有多样性的特征，也说明了图书馆员为满足用户需求所面临的挑战。

在撰写过程中，本章对已发表的有关图书馆焦虑方面的文献进行全面而详细的分析。尽管证实有75%~85%的研究生经历过一些类型的图书馆焦虑[349]，患有图书馆焦虑的学生利用图书馆的意愿大概降低2.5倍，但有关图书馆焦虑主题的研究，公开发表的只有26个。而且目前只有少数几个更为正式的研究在进行。因此，显然在这方面还需要更多的研究。这样的研究将会使我们更好地了解图书馆焦虑的影响。

第3章 概念的和基于研究的
图书馆焦虑模型

3.1 综述

上一章描述和总结了图书馆焦虑的特质和病因,讨论了图书馆焦虑的症状和构成要素,最后介绍了图书馆焦虑的前因,并将其整理为以下三个层面:性格前因、情境前因和环境前因。图书馆焦虑研究领域中26篇已公开发表的研究论文和另外几篇尚未发表的手稿的研究成果也有所述及。

本章的目的是介绍图书馆焦虑的五个模型。第一个模型是由库尔梭提出的信息检索过程模型[289,290,291,292,293,294,295,296,297,298]。随后的四个模型是:图书馆焦虑的认知-情感阶段模型、图书馆焦虑信息素养过程模型、图书馆焦虑性格-情境-环境模型、图书馆焦虑的焦虑-期望中介模型。库尔梭的模型此前已有过记载,但是后面的四个模型以前从未介绍过。此外,最后的两个模型是图书情报学研究领域中使用结构方程模型技术的第一次尝试。结构方程模型技术是一种非常成熟的统计方法[48,61,232,417,496,552,765]。需要注意的是,梅隆的图书馆焦虑理论不在本章节讨论,因为它代表的是一种理论而非模型。事实上,模型是"对一种……理论的示意性描述……它能说明该理论的属性,并可用来进一步研究该理论的特性。"[8](876)

3.2 库尔梭的信息检索过程模型

正如第二章所述,有关图书馆焦虑的研究说明,图书馆焦虑与很多变量相关。不幸的是,由于所有这些研究是相互关联的,图书馆焦虑与这些变量的因果关系并没有被清晰地确定。具体而言,这些变量中,有些可能会导致图书馆焦虑,而另外一些可能是因图书馆焦虑而加剧的。也就是说,图书馆焦虑可能是一些变量的原因，同时又可能（至少在一定程度上）是其他变量的结果。还有一些其他变量与图书馆焦虑的关系是双向或交互的形式。比如说，在研究学术拖延程度和图书馆焦虑关系的时候，奥韦格布兹和焦群总结如下：

> 学术拖延和图书馆焦虑之间很有可能存在着双向关系，即它们互相影响。如果这个结论是正确的话，说明学术拖延和图书馆焦虑之间关系复杂。例如，当从事研究时，非常拖沓的研究生可能会体验到极高程度的图书馆焦虑；那些感觉到图书馆焦虑程度加剧的学生更有可能推迟使用图书馆和执行图书馆任务。任何情况下，拖延和图书馆焦虑的这种循环，可能会一直持续到两者的水平都达到最大的时候。对某些学生来说，该循环中拖延部分的原因可能来自于对失败的恐惧，而对其他学生来说，拖延的驱动力可能源于对任务的讨厌。[426](51)

为了更好地理解图书馆焦虑的因果性质，需要图书馆焦虑模型，并且能用定性和定量的方法对其进行检验。库尔梭的"信息检索过程"（简称"ISP"）模型就是其中的一种。

根据库尔梭的研究，信息检索过程涉及了以下三个方面：认知（即思想）、身体（即行动）和情感（即感觉）。换句话说，信息检索指的是人们据其所获取的信息构建意图的过程，包括思想、行动、感觉，它代表个体的全部经历[295]。库尔梭将信息检索过程分为6个阶段。它们是：任务开始、主题选择、检索策略形成前的探索、检索策略形成、信息收集、检索结束[292]。

任务开始阶段，其目的在于认识信息的需求。"认知"涉及思考问题、理解任务和将问题同现有的知识与经验联系在一起。"行动"，典型的做法是与同行、导师、教师和（或）其他专家讨论可能的主题和策略。"感觉"指的是当个体第一次认识到自己缺乏知识、认识或理解时所产生的不确定性和焦虑[292,587]。

下一个阶段是主题选择。在这个阶段，其目的是为了确定和选择一般的研究主题领域和（或）接下来的检索策略。"思想"指的是根据个人经验和兴趣、任务需要、可以获得的信息和可用的时间多少去权衡各种选择。每个选项选择的结果是可以预测的，并且那些被认为是最有可能取得成功的主题和策略被选中。"行动"指的是与同行、导师、教师进行商议。有些人可能会进行一个初步的，非正式的可用信息搜索，并且去寻找可替换的主题线索。在做出选择后，焦虑情绪往往会降低。但是，如果这种选择拖延或推迟的话，焦虑可能会加剧。事实上，这些情绪通常会在做出选择之前增强[292]。

信息检索过程的第三个阶段是检索策略形成前的探索。此阶段的任务是针对先前所选的大致主题进行相关的信息搜集，目的是为了加深对其理解。"思想"指的是充分了解这个主题以形成一个检索策略。"行动"指的是确定关于一般主题的信息，阅读以拓展已知的知识，并将新的信息与已知的信息联系起来。在这个阶段，考虑一些有趣的想法，可能是一个有用的策略。由于搜寻到的信息与以前的知识很少是充分一致的，且那些不同来源的信息资源往往相互矛盾，图书馆用户可能觉得这个阶段会令人沮丧和不安，进而导致困惑、半信半疑甚至焦虑。事实上，这个阶段往往是信息检索过程中最容易产生焦虑的阶段。那些不成熟的检索策略，会使焦虑加剧到很高的程度，甚至可能还会使得一些图书馆用户彻底放弃检索[292]。

检索策略形成是信息检索的第四个阶段。这个阶段的目标是根据前阶段所出现的信息制定一个检索策略。"思想"指的是为了获得一个主题的检索策略，确定和选择已经蕴含在信息中的观念。如果在这个阶段中产生检索策略，个体就会更自主地掌控这个主题。尽管一个检索策略可能会随灵感迸发，但是通常最有可能的出现情况是检索策略的制定是随着这种建构观念的渐渐清晰而逐渐进行的。根据库尔梭的观点[296]，检索策略形成是信息检索过程的转折点，因为在这个阶段，情感变得更积极，焦虑水平随着自信的增加而下降，并伴有豁然开朗的感觉。但是，如果整个研究程序完成时没有一个明确的检索策略，那么随之而来的论文写作，将会缺乏明确性和连贯性，并且新的思想观念也不会出现。

第五阶段的信息收集，是图书馆用户和信息系统之间交互质量最大化的过程。这个阶段的目标是收集和检索策略一致的信息。"思想"涉及定义、拓展和支持检索策略。"行动"指的是选择与主题的检索策略相关的信息，并对检索策略的信息做详细和完整的笔记，而初拟的信息在检索策略形成后就不再相关，无需再做笔记。在这个阶段，有着更清晰的方向和更确切的检索策略的图书馆用户，需要在图书馆员和图书馆系统帮助下，全面地检索所有可以获得的资源，以找到相关、确切的信息。随着更多的信息的获取，信心持续增加，而焦虑程度则不断减轻。

检索结束是信息检索过程的第六阶段和最后阶段。这个阶段的目标是结束搜索和准备提交或利用结果。"思想"指的是将主题进行综合，权衡所获信息的完整性、完成这个过程所需的时间和精力以及花费额外精力取得检索成功的可能性。"行动"是指一种信息检索，在此检索过程中可捕获的相关信息量不断减少而冗余的信息量在不断增加，即达到饱和点。检索结束的特征是检索成功时的轻松感和减缓的焦虑感，以及检索结果不满意时所呈现的那种加剧的焦虑感[295]。

总之，根据库尔梭的研究[289,290,291,292,293,294,295,296,297,298]，图书馆焦虑会在信息检索过程6个阶段中的任何一个阶段发生。尽管库尔梭模型的阶段是按顺序进行介绍的，实际上，学生检索时往往是反复进行的[295]。然而，焦虑更容易发生在信息检索过程的早期阶段，虽然焦虑水平在整个过程后期如果遇到检索不满意而中断或放弃时，会更普遍、更令人不安。有趣的是，大学生与公共图书馆用户相比，在开始阶段往往是信心更加不足，并表现出更高水平的焦虑。显然，这种情况在结束时会反转，因为大学生相比高中生而言，会表现出更有利的情志[295]。总之，"这一系列阶段提供一种大致表达相同经历的方式，而这些经历已被用户认可为对其检索过程的精确描述。"[295](370)

3.3 图书馆焦虑认知-情感阶段模型

描述学生在图书馆环境中的体验的第二个模型是图书馆焦虑认知-情感阶段（简称"CAS"）模型。此模型的目的是描述学生在使用图书馆前、使用过程中和使用后的想法和行为。这个模型的含义是，学生会表现出行为和体验上的认知障碍与唤醒模式，它们可反映如下的图书馆任务周期三阶段中所呈现的图书馆焦虑：图书馆准备、图书馆使用、图书馆反思。

图书馆准备阶段

图书馆焦虑在图书馆准备阶段可以各种各样的方式显现。此外，图书馆焦虑与几个已发现会导致成绩下降或不及格的概念相关。的确，第2章中确定的许多图书馆焦虑的性格、情境和环境前因与多种行为后果有联系。比如，图书馆焦虑通常与学术拖延有着一定的关联，而且很特别，学术拖延源于对失败的恐惧和对任务的厌烦[426]。学术拖延，95%的大学生都有过这样的体验[139]，它指的是在任务和职责起始或履行时那种执拗的和不必要的拖延[139,481]。显然，很大一部分的大学生在完成学术任务——如撰写学期报告、应付考试的研习、保持每周的阅读——时都有拖延的毛病。根据罗思布卢姆（E. D. Rothblum）等人的研究结果[481]，学术拖延含有自我报告倾向，故这种拖延总是或几乎总是会使焦虑达到有负面影响的程度。

令人不安的是，已发现学术拖延会产生负面的学业结果，如不按时交作业、推迟进行自我测试、课程成绩低和退课[42,481,504]。因此，如果担忧和情绪化导致学术拖延和其他逃避行为，图书馆焦虑在图书馆准备阶段会影响到学生完成任务或成功完成任务的能力。这是因为拖延导致了学生不得不花费更多的时间去完成任务。不幸的是，在图书馆准备阶段拖延或推迟任务，不仅影响到未来的结果，还会进一步提升图书馆焦虑水平，比如，在信息检索过程的任务开始阶段和主题选择阶段所出现的焦虑[293,295,296]。于是，图书馆焦虑水平的升高和拖延程度的加剧使这种消极的循环会接踵发生，进而影响学生达到检索完成等图书馆任务流程的后续阶段的能力。

另一个在图书馆准备阶段起作用的变量是学习习惯，即图书馆焦虑的性格前因。焦群和奥韦格布兹发现[252]，学习习惯是图书馆焦虑的重要预测因素，因为具有图书馆焦虑的学生往往就是那些学习习惯较差的学生。研究者已经证明，学术焦虑水平高的学生通常会预感他们的学习效果不佳[241,412]。不幸的是，这种预期往往妨碍任务的准备。这种妨碍会以一些方式表现出来，如逃避行为[401,411,426,481]、注意那些与任务不相关的材料和信息[594]以及由于陷入消极的自我挫败感而引发的弱信息处理能力[295,296,565]。因此，在图书馆准备阶段，学习习惯和图书馆焦虑之间的关系对任务完成质量有着潜在的影响。

同样地，另一图书馆焦虑的性格前因是完美主义，可能在图书馆准备阶段起主导作用，这可通过已证实了的社会规定的完美主义水平和图书馆焦虑水平之间的关系反映出来[248]。正如焦群和奥韦格布兹所注意到的那样[248]，社会规定的完美主义和图书馆焦虑之间的关系与梅隆的研究结果是一致的，即焦虑的图书馆用户往往觉得其他学生能够熟练使用图书馆，而唯独他们无能为力，他们的这种无能源于困窘，结果就将其隐藏起来。这些社会规定的完美主义者很可能因害怕暴露自己的无知而不愿求助于图书馆员。因此，这些学生更容易推迟进入图书馆任务流程的图书馆使用阶段（即第二阶段），并更容易遭遇一个从图书馆准备阶段过渡到图书馆使用阶段的艰难期。社会规定的完美主义在图书馆准备阶段也可能引发负面作用，这是因为个人期望值和他人预设的不切实际的标准之间存在的不一致，而使得完美主义会导致习得无助[219]。

自尊、自我概念和自我认知（性格前因）也可能在图书馆准备阶段起重要作用。这些性格前因中任何一个缺乏的学生，都可能会遭遇某种学术焦虑。的确，自我认知水平已经被发现能够用来预测图书馆焦虑[250]。根据佩什科夫斯基（T. Pyszczynski）和所罗门（S. Solomon）的观点[460]，具有低自尊和自我概念的学生通常不能提高他们应对焦虑局势的能力。此外，格林伯格（J. Greenberg）等提出一个恐怖管理理论设想，即"人都有维护一积极自我形象的动机，这是因为自尊可以保护他们免受焦虑"[192](913)。如此说来，低的自尊、自我概念和自我认知在图书馆准备阶段可能会增加图书馆焦虑水平。

"希望"是另一个性格变量（前因），它在图书馆准备阶段，可能会凸显出来。与这个预测一样，奥韦格布兹和焦群研究指出[425]，那些最没有信心成功实现他们的目标和最不能认同自己有能力去克服困难达到其目标的学生，往往具有最高程度的图书馆焦虑。很有可能出现的情形是，"希望"值低，在图书馆准备阶段会通过过度增加图书馆焦虑水平对学生产生负面影响。

社会相互依赖性是另一个在图书馆准备阶段可能起重要作用、具有潜在影响的性格变量。有趣的是，在焦群和奥韦格布兹获奖的论文中，他们发现，合作意向最低的学生，往往会有最高水平的图书馆焦虑[254]。因此，很有可能，在合作组学习不舒适的学生，更可能会在图书馆准备阶段出现问题。

最后，学生需要在图书馆完成任务的原因，是在图书馆准备阶段起着重要作用的情境前因。焦群[261]、奥韦格布兹等[427]发现，可以用学生的图书馆焦虑水平来预测他们使用图书馆的理由。此外，图书馆任务越复杂，图书馆焦虑影响任务完成的机会也就越大。然而，即使是像到图书馆还书这样的常规任务，也会产生图书馆焦虑，进而导致推迟还书而被图书馆罚款。

情境变量或许会影响图书馆任务流程（包括学习风格）的第一阶段准备的质量。奥韦格布兹和焦群发现，图书馆焦虑和学习风格（如噪声偏好、责任心、持久性取向、视觉取向、触觉取向、动觉取向、多重感知取向、流动性偏好、结构化学习、同学或同辈人取向、上午偏好、下午偏好和晚上偏好）之间有联系[424]。费尔德（R. M. Felder）和恩里克斯（E. R. Henriques）将学习风格描述为个人通常的获取、保留和检索信息的方式[157]。科尼特

(C. E. Cornett)提出，每个人生来就有某种特定的学习风格之禀性，但它后来会受到文化、个人经历、成熟和发展等因素的影响。此外，学习风格还被说成为个人对学习的刺激因素之典型应对和利用的方式[79]。对于绝大多数大学生而言，图书馆是一个重要的学习场所。因此，一些学习风格可能会导致学生在图书馆准备阶段出现相应的问题。同样，学生对图书馆规模、布局和装饰的感觉，他们的图书馆知识，他们对图书馆规章、图书馆用户教育课程的数量的了解程度以及他们到访图书馆的频率，所有这些都可能会在图书馆任务流程的第二阶段影响到他们如何准备使用图书馆。

在图书馆准备阶段可能发挥重要作用的环境前因包括学生的职业状况。这个变量已被发现和图书馆焦虑有关，而那些从事全职工作的学生更有焦虑风险[261]。在这个阶段，和非全职工作学生相比，从事全职工作的学生不得不去利用图书馆，因而加剧了图书馆焦虑的程度。同样，学生的年龄和学习年限也是图书馆焦虑的环境预测因素[261]。这些因素可能在图书馆准备阶段发挥重要作用，即在这个阶段年轻学生和一年级学生更可能遇到问题。

图书馆使用阶段

图书馆焦虑的负面影响（debilitative effect，即"衰退效应"）在图书馆使用阶段已达成普遍的共识（如参考文献295，296，382），这个阶段是学生完成任务的时间段。图书馆准备阶段往往包含了库尔梭[293,295,296]的信息检索过程的前两个阶段（任务开始和主题选择），而图书馆使用阶段则通常包括后四个阶段（检索策略形成前的探索、检索策略形成、信息收集、检索结束）。这四个阶段中的任何一个所产生的焦虑，都会妨碍图书馆检索任务的完成。此外，一个阶段的焦虑常常还会带入到信息检索过程的后续阶段。

图书馆导致的感知威胁也会在图书馆使用阶段凸显出来，因为在图书馆准备阶段，学生进入图书馆前会有过高的预期。有图书馆焦虑的学生一旦踏入图书馆，他们的焦虑和情绪化就会加剧[349,350,382]。正是在这早期形成的时刻，这样的高危学生群体会对完成任务所带来的困难刻骨铭心[382]。图书馆焦虑水平最高的图书馆用户，尤其是那些在图书馆准备阶段遇到了较高的图书馆焦虑水平者，经常会扭曲他们对任务的初步判断。这些学生很快就得到结论——任务对于他们来说太困难以致不能高效地完成[382]，最终，出现与任务无关的想法和消极的自我挫败情绪，从而妨碍了他们对任务本身的充分关注。

图书馆焦虑在图书馆使用阶段对任务完成质量有影响的一个可能的解释是，存在图书馆焦虑的学生往往会使出最差的应对策略[382]。的确，执行图书馆任务（如图书馆检索）时，在高焦虑与低焦虑的学生中存在差异，这种差异体现在投注在相关任务态度上的注意力多少上。具有高图书馆焦虑水平的学生会有更多与任务无关的反应，最后导致任务完成质量下降[382,412]。反过来，任务完成质量的下降会使努力和成功出现不相称的现象。这种落差越大，随后的图书馆焦虑水平也就会越高。

有趣的是，不当的应对策略会影响到各种认知能力，诸如将一组特定的相关信息转换为计算机语言的能力[376]，使用合适的方法浏览、保存和检索长期和短期存储器中的信息的能力[369]，以及使用海量高阶、抽象的逻辑规则和程序的能力[354]。因此，图书馆焦虑可能会对学生完成诸如检索这样图书馆任务的能力产生负面的影响。

所有在图书馆准备阶段会引发图书馆焦虑的性格、情境和环境变量也都会在图书馆使用阶段保留下来。在图书馆准备阶段导致图书馆焦虑的变量，很有可能还会延续到图书馆使用阶段，其糟糕的程度甚至还会加剧。比方说，假如低自我认知在图书馆准备阶段增加了学生的焦虑程度，那么很可能导致学生在图书馆使用阶段出现问题。

图书馆反思阶段

图书馆反思阶段指的是图书馆任务完成或放弃后的时段。举个例子，这个阶段在检索完成阶段（库尔梭信息检索过程的最后一个阶段，即第六阶段）后，就立即开始。有趣的是，不管图书馆任务难度如何，图书馆反思总会发生，因此，甚至在图书馆还书或复印都会引发图书馆反思[247]。

图书馆反思阶段的图书馆焦虑受到学生的归因倾向影响，而归因倾向会影响到与图书馆相关的感觉、态度、行为和结果。学术焦虑经常与引起失败的认知有关。许多高焦虑的学生往往将失败归因于自身不足（即内部归因），他们认为失败未来很有可能发生（即普遍归因），并认为他们的情境是无法改变的（即稳定归因）[584,585]。

一个最早关于学术焦虑及其成因的研究证实，考试焦虑水平高的学生比低焦虑的学生对失败往往更自责[137]。同样，阿金（R. M. Arkin）和舒曼（D. W. Schumann）发现[19]，高焦虑的学生认为自己能力较差（即内部归因），并且任务更加艰巨（即外部归因）。萨平顿（T. E. Sappington）发现[487]，学生回到非传统学位课程的原因，是学生的焦虑感觉在大多数情况下来源于外部而非内部。这些外部来源中，有些是缺少完成学习目标的时间，有些是没有意识到自己的期望值过高，有些是担心返回学校后对其人际关系的影响。

汉斯莱（J. D. Hunsley）在报告中指出，考试和数学焦虑往往影响学生的认知过程，包括他们的评价、考试过程中的思想内容和几种因果归因[240]。此外，阿金、T·A·科尔迪茨（T. A. Kolditz）和 K·K·科尔迪茨（K. K. Kolditz）声称[18]，那些高考试焦虑的学生将他们的失败归咎于自己的个性，而不是他们的行为或环境[18]。换句话说，他们对其没能成功作出了内部归因、普遍归因和稳定归因。相比之下，瓦尔（M. Wahl）和贝萨戈（F. Besag）发现，低焦虑的学生，将他们的成功归功于自己的努力和能力（即内部归因），而将失败归因于任务的特性（即外部归因）[577]。

还有研究发现，在对低焦虑和高焦虑学生学习的成功和失败的对比中，结果存在有一种"普遍的不对称"[174] (43)。研究表明，失败后，考试焦虑水平高的学生有一种倾向，就是成绩更差，而低焦虑学生的成绩往往会更好。成功后，可能会出现相反的情形。也就是说，焦虑水平高的学生会表现得更好，而焦虑水平低的学生会表现得更糟[594]。

归因理论表明，低图书馆焦虑的学生会将失败归于不稳定的内部因素（如缺乏努力，"我没有足够努力"），这会促使他们今后会更加努力地完成图书馆任务。相反，高图书馆焦虑的学生很可能会将失败归于稳定的内部因素（如能力缺乏，"我不够优秀"）；结果，他们放弃和逃避后来的图书馆任务。事实上，正如梅隆所指出[349,350]的那样，图书馆焦虑水平高的学生通常认为，其他学生都有能力使用图书馆，唯独他们笨拙，而他们的这种笨拙源于羞愧感，故应将其隐藏起来了。

研究表明，成功和失败对后来的成绩都有影响，相对于低焦虑的学生来说，这种影响在高焦虑的学生身上更为明显[584,585]。因此，图书馆焦虑使人想起图书馆反思阶段的归因倾向。这些倾向影响未来成绩的一种可能的方式是，失败后所引发的自我概念和自尊之减少。特别是，失败的学生一般都会有失去自尊的体验，这是因为他们在教育的环境下很难找到成就和成功的地方。不幸的是，因认为是能力不足导致的失败在心中留下阴影，有图书馆焦虑倾向的学生可能会逃避未来充分利用图书馆的尝试[138]。这转而妨碍图书馆准备阶段和图书馆使用阶段的完美终结。

随着失败归于内部原因这种情境越来越多地被图书馆用户经历，以后会增加这样的可能性，即图书馆的任务将被视为自我的威胁，而不是只有挑战性[501]。换句话说，这些学生将从尽全力完成图书馆任务（如完成图书馆检索）的状态，进入到另一状态——感情的威胁司空见惯，图书馆焦虑可能使人变得虚弱。更进一步，学生在受到外部归因的刺激下，学习无助感便接踵而全，并且极想逃避任务，继而导致失败[501]。此外，因为从图书馆反思阶段到下一个图书馆准备阶段没有明显的过渡点，学生关注自己失败和出现归因倾向的时间越长，他们就越不可能成功地度过下一个图书馆准备阶段[96]。

所有导致图书馆焦虑的性格、情境和环境变量（前因）不仅存在于图书馆准备阶段和使用阶段，还会蔓延到图书馆反思阶段，并且还有可能提升焦虑水平。此外，任何转移到图书馆反思阶段的前因，都与他们目前的归因倾向相互作用，还会将这些倾向扭曲到更大的程度。因此，图书馆焦虑的性格、情境和环境前因会形成一个循环，即焦虑、情绪化、归因倾向增加，利用图书馆的质量就会降低，进而又使焦虑、情绪化、归因倾向增加，而利用图书馆的质量又进一步降低，如此循环反复。

三个阶段的关系

尽管图书馆焦虑认知-情感阶段模型的图书馆准备、图书馆使用和图书馆反思阶段呈现出线性关系，但是这些阶段往往是周期性的，即学生可能经历多次循环，任务复杂时尤其如此。例如，从事论文写作的学生会多次经历这三个阶段的每一个。同时，学生可根据他们动机和毅力的强弱，在这个过程中的任何阶段终止任务[2,382,423,424]。另外，学生在某一阶段经历了失败，可能会返回到一个较早的阶段。随着完成任务的有效时间的减少，每一次的失败都会增加图书馆焦虑的水平。

3.4　图书馆焦虑的信息素养过程模型

世界上可获取的信息量一直在增加，并继续以指数级的速度增长。现有的信息，已变得更"碎片化，并以不同的格式保存在不同的介质中，也可被复制到多个物理位置"[147](1)。为了有效地访问和使用各种来源的信息，人们必须具备信息素养[147]。根据美国图书馆协会信息素养主席委员会的总结报告，"具备信息素养的人必须能认识到何时需要信息，并能检索、评价和有效利用所需要的信息"[10](1)。这里，所需的信息"不仅仅适用印刷型文字。其他诸如视觉材料、媒体、计算机、网络等素养和基本的读写能力都隐含在信息素养中"[454](27)。的确，有人主张"信息素养超越了信息搜寻、检索的知识和技能，应追求在当今社会中对信息环境更高层次的理解"[56](74)。因此，信息素养"既是终生学习的基石，又是21世纪职场中必不可少的一项基本技能"[602](8)。那些不具备信息素养的人，当他们在遇到大量新信息和知识时，往往会茫然不知所措[15]，从而导致高水平的图书馆焦虑和其他基于信息的焦虑[382]。

信息素养是一个学习的过程。通过它，一个人第一次学会确定一种需要，或明确一个问题，然后去寻找可用的资源，去确定该资源的位置并从中找到信息，然后去分析和解释该信息，最终将该信息综合并有效地传播给他人。在信息素养过程的微观层面上，一旦通过搜索确定了目标信息的位置，不管是在线还是印刷资料，人们都得从三个基本的层面上处理这些信息。这三个层面是输入、处理和输出。这是图书馆焦虑信息素养过程（简称"ILP"）模型的本质。

根据ILP模型，图书馆焦虑会在输入、处理和输出这三个不同层面上影响信息素养。首先，图书馆焦虑发生在输入阶段，这是图书馆用户最初遇到刺激因素（即目标信息）的时候。此时此刻，焦虑抑制这种新信息的预处理效率。比如，图书馆用户在选取已找到的文献时，可能会遇到心理上的困难。这个阶段的焦虑水平取决于用户对外界刺激的认知、处理、聚焦和编码的能力。此外，这个阶段焦虑水平高会减少为处理或以后检索而保持在记忆中的刺激的比例，进而妨碍用户的信息素养。

输入阶段产生的焦虑可能会降低输入的效率。当焦虑的图书馆用户关注新出现信息的能力受损和因不能将将输入内部化而导致表面的刺激变得无效时，这种情况就会发生[563]。这个阶段高焦虑水平的图书馆用户经常会关注更多与任务无关的信息和材料，从而使接收输入信息的能力最小化[412]。焦虑水平高的图书馆用户在输入阶段可能不得不要几次重新读取选取的材料，以弥补丢失或不足的输入信息。

其次，图书馆焦虑干扰（信息）处理，可被描述为将新的认识应用到任务（如信息搜索）中。用户能了解新的信息，但无法将新知识应用到一个具体的问题（如撰写文献综述）中去。此外，处理阶段的图书馆焦虑指的是在外界刺激下进行认知性活动时——即图书馆用户通常努力组织和记住输入信息时——所经历的恐惧。此阶段的焦虑程度似乎依赖于所提取信息的复杂程度、记忆它的难度和与用户学习风格（如阶段性进行的、系统性的）相兼容的材料的有序性状况。这个阶段的焦虑，由于会干扰转换输入信息的过程，妨碍想出解决手头任务的方案之思绪，而使信息素养降低。换句话说，图书馆焦虑可能会降低那些完成任务（如图书馆检索）时所需的记忆的效率。此外，与信息处理相关联的高水平图书馆焦虑，可能会降低用户理解已提取的信息的能力，或建立新信息与已知信息之间联系的能力。

第三，图书馆焦虑会妨碍响应的信息输出。输出阶段的图书馆焦虑指的是，当用户需要证明他们运用以往所学材料的能力时所表现出来的忧虑。特别是，这个阶段的焦虑所涉及的负面影响，除出现在信息再次被有效处理而被输出之前外，也会出现在信息处理完成之后。与输出相关联的高水平图书馆焦虑，可能会妨碍用户介绍或使用该信息的能力。应该注意的是，代表情境前因的其他学术焦虑，往往会加剧输出阶段的图书馆焦虑水平。例如，如果信息检索的目标是获取论文写作所需的文献，那么，写作焦虑可能会与在此阶段与图书馆焦虑相互影响[381]。因为图书馆焦虑往往会妨碍写作[382,387,389,411,475]，所以输出阶段所呈现出来的焦虑会加剧，随后影响论文的质量。同样，研究焦虑很可能会使发生在初期的干扰加剧[382,383,384,385]。

应当指出，ILP模型是构建在托比亚斯（S. Tobias）概念化框架[563]的基础上的。据托比亚斯的观点[563,566]，学术焦虑妨碍学习和成绩有三种方式。第一，焦虑降低了新信息预处理的效率。例如，用户可能会在组织学习材料时遇到困难。第二，焦虑会妨碍处理的过程，托比亚斯将该过程描述为应用新认识解决问题[563]。用户或许可以理解新资料信息，但不能检索它或将其应用到一个特定的问题上。第三，托比亚斯提出[563]，焦虑干扰响应的输出。在用户用语言表述或记录之前，正确的答案可能已经被掌握然后又被放弃。ILP模型也可与麦金塞尔（P. D. MacIntyre）和加德纳（R. C. Gardner）提出的模型[328]媲美。这些研究者认为外语焦虑可发生在以下三个阶段中的任何一个：输入、处理和输出（参见参考文献329，406，407）。同样，奥韦格布兹提出[397]，大学研究方法课程和定量研究课程的学习过程中的输入、处理和输出阶段，都会发生统计焦虑。

ILP 模型的优势在于包含了文献或信息检索过程中任何阶段所出现的焦虑。也就是说，这种模式不仅试图解释了用户在使用图书馆时所引发负面影响的焦虑，而且当用户在图书馆外进行文献信息检索（例如在家使用互联网）时它也是适用的。照这么说来，ILP 模型似乎代表当前图书馆焦虑理论的发展，有助于我们进一步理解用户在追求终身学习所具有的信息素养过程中所面临的困难。

虽然 ILP 模型理论认为图书馆焦虑发生在信息素养过程中三个不同的阶段（即输入、处理和输出），但是不应该认为"阶段"这种叫法就意味着素养存在于不相关联的阶段中。然而，这三个阶段的相互依存并不妨碍关于这些阶段会发生图书馆焦虑的观念的形成。目前，奥韦格布兹、焦群和博斯蒂克正在寻找检验 ILP 模型的实证方法[433]。

3.5　图书馆焦虑的性格－情境－环境模型

第 2 章中，图书馆焦虑不是被描述为特质的、情景的，就是被描述为环境的。具体来说，8 类概念被归类为特质前因，17 类概念代表情境前因，7 类概念被归为环境前因（见图 2.1）。在这种建构的基础上，采用结构方程建模技术，奥韦格布兹和焦群假定[430]下面的前因与图书馆焦虑直接或间接相关：自我认知、学术拖延、完美主义水平、希望和社会相互依赖。同样，他们也假定，学习风格和平均绩点（GPA）这两个情境前因都与图书馆焦虑有关。最后，他们预测，性别和年龄这两个环境前因直接与图书馆焦虑相关。

初步的研究确定，有几种假设的路径没有统计学上的意义。这些路径被去除后，接着又对最终的模型进行检验[430]。这就得出了图 3.1 所示的最后的结构方程模型。这个模型称为图书馆焦虑性格－情境－环境（DSE）模型。从图中可以看出，从自我认识到图书馆焦虑有一径直的（负向关系）路径线条，从学术拖延到图书馆焦虑有一径直的（正向关系）路径线条，同样还有一从年龄到图书馆焦虑的正向路径线条。有趣的是，希望与图书馆焦虑之间的关系以自我认知和学术拖延两个中间变量为媒介。同样，完美主义和图书馆焦虑之间的联系是以学术拖延作为中介。也就是说，希望和完美主义同图书馆焦虑之间只存在间接的联系。

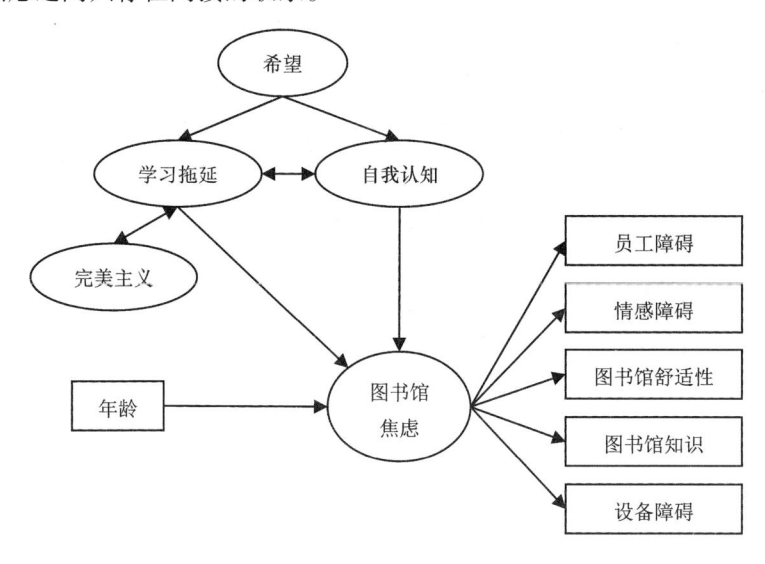

图 3.1　图书馆焦虑性格 – 情境 – 环境（DSE）模型

奥韦格布兹和焦群所报道的拟合指数（即便于分别评估统计显著性和实践显著性的指数，如卡方值和路径系数）[430]，尽管接近临界值，但是仍提供 DSE 模型的部分支持依据。在这个模型中，自我认知和学术拖延似乎在调节学生的图书馆焦虑水平上起到了核心的作用。说得更具体些，学生的图书馆焦虑水平受他们自认的学术能力、智力水平和整体自我价值感，以及因负面评价和烦人任务所引起的恐惧而导致的学术拖延程度等变量的影响。这组变量能够调节图书馆焦虑的程度，而这种焦虑的影响因素有学生的（1）有关自己目标的成功的确定感（即中介）；（2）积极评价自己克服障碍达到目标能力的程度（即路径）；（3）自我导向的完美主义（SOP）、他人导向的完美主义（OOP）和社会规定的完美主义的水平。

根据奥韦格布兹和焦群的记录[430]，DSE 模型，与库尔梭的 ISP 模型[295,296,297]至少有一部分是相通的，因为 DSE 模型中的两个关键变量，即学术拖延（即推迟图书馆任务）和自我认知（即信心），在 ISP 模型中也起着关键作用。例如，在库尔梭的主题选择阶段，如果选择被拖延或推迟（即学术拖延），那么图书馆焦虑会增加而自信心（即自我认知）下降。

3.6　图书馆焦虑的焦虑–期望中介模型

正如第 2 章所述的那样，图书馆焦虑水平已被发现与包括研究焦虑、统计焦虑和写作焦虑在内的其他学术焦虑程度有着一定或很大的关系[430]。在这些学术焦虑研究领域中，已被建构的模型中有一个或多个被证实与图书馆焦虑相关。事实上，由于可以认为学习如何进行图书馆搜索等技能，对很多学生来说，就像学习外语一样[382]，奥韦格布兹等人开发的外语成绩的焦虑–期望中介（AEM）模型[432]，可被当做建构图书馆环境下行为模型的基础。

奥韦格布兹等人使用路径分析技术，开发了外语成绩的 AEM 模型。根据这个模型，一个感知变量（即焦虑）和一个情感变量（即外语成绩的预期）彼此相互影响[410]。也就是说，焦虑和成绩在外语学习过程中起到了重要的作用，任何一个变量变化，结果其他变量也会变化，从而重新建立平衡。此外，在 AEM 模型中，焦虑和外语成绩之间存在反比例关系——有一径直的从焦虑到成绩的负向路径线条和相似的另一从成绩到外语焦虑的径直负向路径线条。此外，还有一从期望到成绩的径直正向的路径线条。因此，焦虑和期望可作为调节外语学习成绩同其他认知、个性和人口统计学变量之间关系的因素。

奥韦格布兹在随后的研究[403]中发现，AEM 模型还能够被应用到统计学学习的背景之下。这个模型含有一从统计焦虑到统计成绩的径直负向路径线条，同样也有一从期望到统计成绩的径直正向路径线条。此外，统计焦虑和期望也具有反比例关系。这个模型还包含了一从课程负荷（一个特定学期所修的课程数量或学分数量——译者注）到统计成绩的径直负向路径线条。最后，统计焦虑是统计成绩联系以下变量的中介：所修大学统计课程的数量、学习习惯、研究焦虑和课程负担，而期望则可充当统计成绩联系研究焦虑的中介。

利用奥韦格布兹和焦群等的模型[437,403]，奥韦格布兹和焦群已建构了一个他们称之为图书馆焦虑 AEM 模型的概念模型[432]。这个模型包含了与科研绩效相关的直接或间接变量，根据他们的研究目标用学生的评分作为测量方法。奥韦格布兹和焦群最终的 AEM 模型[432]参见图 3.2。这个图显示，从图书馆焦虑到科研绩效有一径直的（负向）路径线条，也显示从科研绩效到图书馆焦虑有一径直的（正向）路径线条。即图书馆焦虑和科研绩效负相关。此外，焦虑是科研绩效联系下面变量的中介：年龄、学习成绩（如GPA）、学习风格、学术拖延、自我认知。这个路径图还展示了一从自我认知到科研绩效的径直（负向）路径线条。此外，自我认知还是科研绩效联系学术拖延、完美主义、希望的中介。

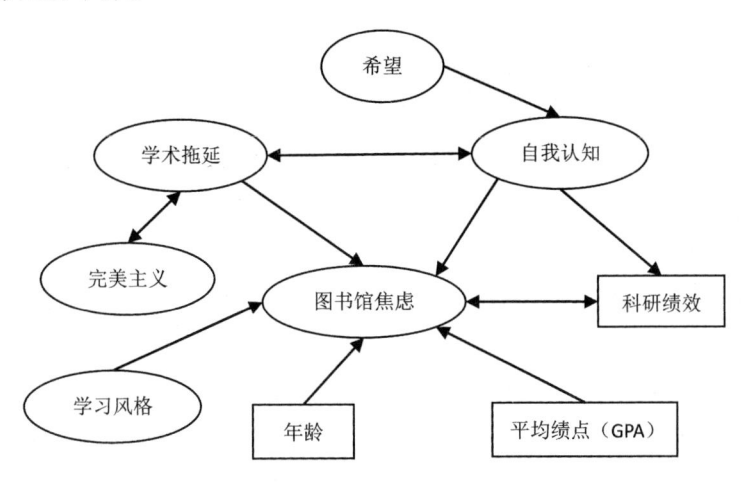

图3.2　图书馆焦虑的焦虑-期望中介模型

总之，图书馆焦虑AEM模型说明图书馆焦虑和自我认知是科研绩效联系其他认知、个性和人口统计学变量的中介因素。因此，这个模型与外语和统计学习环境下的AEM模型[437]是相通的。

AEM模型中图书馆焦虑的核心作用表明，荣（J. Wine）的认知-注意-干预理论[594]可以应用到图书馆环境中，这就如同它可应用到外语和统计学习的环境中一样。在目前的框架下，荣的理论预示图书馆焦虑会对学生执行图书馆信息检索任务的能力产生负面影响，因为焦虑妨碍了他们信息素养能力的养成。此外，当用户努力接收、编码、处理新信息时，图书馆焦虑可能降低他们记忆过程中的效率，从而使他们难以成功地完成一个检索。

在AEM模型中，自我认知的重要性表明，一般情况下的社会认知理论[28,30]和特殊情况下的自我效能理论[28,29,30,31]，与基本的图书馆信息检索过程相关，因为自我认知是自我效能的一种表现。自我效能理论认为，个人的信仰体系影响其行为、努力的程度、毅力，从而最终影响图书馆任务的成功完成[28,29,30,31]。此外，自我认知预测科研绩效这个研究结果表明，盛行着一

59

个自我实现的预言,即低学术胜任感的学生和那些认为自己没有能力使用图书馆的学生[349,350],他们的成绩极差。而目前的研究结果表明,那些旨在减轻学生图书馆焦虑水平和提高他们进行有效的图书馆研究的自我认知能力的干预措施,或许有直接的、积极的教育效果。

3.7 本章概要和结论

本章概述了图书馆焦虑目前已有的模型。介绍的第一个模型是库尔梭的信息检索过程(ISP)模型[289,290,291,292,293,294,295,296,297,298]。该模型包含检索过程的6个阶段,其中情感变量在整个过程中起核心作用。这些变量种类较多,从早期阶段的焦虑和无能感,到检索过程结束时的信心和成就感,或加剧的焦虑和失望感等不一而足。ISP模型最有用的方面,也许是它描述构成ISP基础的各阶段认知、行为和情感。克雷克尔(J. Kracker)和王(P. Wang)证明了ISP模型的功用[284,285]。这两位研究者发现,一场介绍库尔梭六阶段ISP模型的30分钟演讲,降低了学生的焦虑水平,提高了他们研究和写作方面变量的情感意识。这些研究结果有助于确定构成ISP模型基础、具有因果关系的阶段。

第二个描述的模型是图书馆焦虑认知-情感阶段(CAS)模型。在本章介绍的5个模型中,这个模型实际上是全面的。事实上,ISP模型和ILP模型只涉及利用图书馆和信息检索的任务,而CAS模型则包含了所有的图书馆任务,从还书到班级课题的研习,再到进行全面的文献检索。CAS模型描述了图书馆任务周期三阶段——图书馆准备、图书馆使用、图书馆反思——中图书馆焦虑的特点。

第三个介绍的模型是图书馆焦虑信息检索过程(ILP)模型。这个模型比库尔梭的模型更具体,因为它从输入、处理和输出三个不同的层面描述了图书馆焦虑是如何妨碍信息素养的。虽然这些层面各不相同,但是它们也是相互依存的,以致普遍存在于这三个层面中任何一个层面的焦虑,都会影响到之后层面的焦虑水平。ILP模型既适用于图书馆,也适应于其他信息检索。

讨论的第四个模型是图书馆焦虑性格-情境-环境(DSE)模型。DSE模型说明了自我认知和学术拖延在图书馆焦虑形成过程中起关键作用。这两个变量都是典型的性格前因。这表明,这类前因在图书馆焦虑形成的过程中可能比情境前因和环境前因更重要。

第五个也是最后一个介绍的模型是图书馆焦虑的焦虑-期望中介（AEM）模型。根据该模型，图书馆焦虑和自我认知，在诠释科研绩效同其他认知、个性和人口统计学变量的关系过程中，起了关键作用。像 DSE 模型一样，AEM 模型在心理辅导和教育方面有着重要的作用。特别是，AEM 模型表明，旨在减轻学生图书馆焦虑水平、提高他们利用图书馆的自我认知能力的那些干预措施，可能对他们的学习成绩会有直接的正面影响。

木章介绍的模型提供了图书馆焦虑环境五种可能的理解模式。这些解读暗示了图书馆焦虑是一个极其复杂的现象。希望未来的研究，能使用像克雷克尔和王一样的定性和定量方法对这些模型进行严格的检验。不可否认，也存在其他的图书馆焦虑理解模式。因此，我们希望图书情报学领域的研究者和从业者继续研究这个概念，直至成功地完成这项研究。

第 4 章 多方法研究框架：
研究设计/数据采集阶段

4.1 综述

调查研究在人类行为学研究中起着至关重要的作用，它有时会促进理论发展，有时有利于理论的校验、比较、证实和修正。因此，调查研究大大地影响和指导着实践和策略。近 10 年来，在学术期刊上所发表的论文数量呈指数上升趋势，其中绝大多数的论文不是原创就是重复别人的研究。此外，参与这些调查的研究者利用以往的研究，建构自己的概念和理论框架，并对文献进行定性（即内容分析）和定量（即元分析）的评价，总结其主要结果。不以调查研究为基础的论文一般是评价性的文章，而这些论文的作者，通常又依赖于调查研究性的论文来形成自己的观点。

几十年来，在很多情况下，海量文献已经成为教育、政治、经济和社会改革的基础[417]。因此，各行业（如工业）都对具有研究素养的高学历（如硕士学位、博士学位）大学毕业生有一定需求。现在，研究生一般都需要选修一门或几门研究性课程，作为其学位课程的一部分，其中包括统计学课程、定性研究类的课程。通过对这些课程的学习，学生们会形成一种恒久的科研态度，从而决定其是否能成为未来的科研工作者[420,463]。然而，尽管许多科研方法论的导师意在培养学生们的科研应用技能（即阅读、阐释、综合以及利用科研成果的能力）和科研创造能力（即设计和实施原创性调查研究的能力）[463]，但是许多已完成研究性课程学习的学生在理解或进行科研的过程中仍然存在着不足[162,190,461]。此外，一个典型的现象就是，绝大多数学生对这些课程的学习要比其他研究生课程差。所以，通常在学生们看来，这些科研方法论课程，只是他们获得学位所必须克服的障碍而已[388]。因此，在这些课程的学习中，普遍存在着焦虑[382,383,384,385,402,442,420,471,494,604]。

科研方法论课程学习中的一些消极经验，外加相对较低的操作水平，极大地阻碍了很多研究生在自己所选领域的研究工作。甚至很多认真尝试进行研究的实践者们也会在某一个或几个研究阶段（即科研设计/数据采集阶段、数据分析阶段、数据阐释阶段）遇到很多问题。尤其在研究的结果、解释和结论等有着严重缺陷的方面，这些问题更加突出[115,203,277,402,553,576,579,596]。事实上，研究者在进行文献综述时，误认为这些记录的结果是值得信赖的，通过引用这些有缺陷的科研结果，发展自己的概念和理论框架，这样使得问题日益加剧。

绝大部分分析性和解释性缺陷的产生源于：在研究生的科研方法论课程中，研究方法的教授只是一系列的例行程序，并不是一个全面整体、有深度的综合过程[273,375]；研究生培养计划对学生们的定量和定性研究技巧的教育也是极度轻视[3,553]；对研究本质的各种不准确的和误导性的宣传使其带有了一种"神秘"色彩[112,273]；越来越多的教师不能胜任研究性课程的科研方法论教育；一度被公认为正确的研究方法很难或拒绝接受来自大量研究共同体的极端批评[495]。

与所有社会和行为学科问题一样，我们使用定量、定性或混合方法的研究方法来解决图书情报学领域中所有的研究问题。这三种不同类型的研究方法的最基本区别在于其关注的数据类型不同。在大多数情况下，定量研究涉及数字的收集、分析和阐释。例如，图书馆研究者可能对高中生的图书馆焦虑程度的判定，或对初、高中学生图书馆焦虑水平之间的比较感兴趣。另一方面，定性研究涉及对文字、观察结果或经验的收集、分析和阐释。例如，图书馆研究者会想要描述高中生使用学校或公共图书馆的经验。正如其名，混合方法研究是指同时或按序对数字和语言、观察结果或经验进行收集、分析和阐释。例如，同一研究中，图书馆研究者可能既注重对高中生图书馆焦虑程度的判定，又注重对学生利用图书馆经验的描述。

不管使用哪种研究方法（定量、定性、混合方法），所有调查研究均包括以下三个主要阶段：研究设计/数据采集阶段，数据分析阶段以及数据阐释/验证阶段。研究设计/数据收集阶段包括规划（研究设计阶段）和实施（数据收集阶段）研究，在于解决基础研究问题和测试相关假说。数据分析阶段是对前一阶段收集的数据进行分析。最后，数据解释与验证阶段包括阐释已经分析过的数据和评估数据的有效性和阐释的合法性的程度。应当指出的是，虽然这三个阶段通常以线性的方式在定量研究[399]中出现，但在定性[393]和混合方法研究①[434,441]中，这些阶段是循环发生并相互作用的。也就是说，在定性和混合方法研究中，数据分析阶段或数据阐释与验证阶段后可能需要进一步的数据采集，依此类推，直到研究的问题得到适当处理。

因此，正如我们所知，在推进我们人类知识库的发展中，科研者都有一套自己的工具。但不幸的是，在图书情报学领域，大多数研究生并没有做好进行定量或定性研究的充分准备。事实上，大多数图书馆学培养计划只要求学习一两门研究方法论课程。因此，在有关图书馆学领域正式的研究中，出现文献数量不足的情况时，一点都不令人惊讶。具体来说，正如第 2 章所述，在图书馆焦虑这一领域，一直都缺乏相关研究，在过去的 30 年中，已发表的相关主题研究也只有 26 项。事实上，最近，有研究表明"虽然有关图书馆焦虑的想法在 1972 年左右就已经出现，并从 1986 年起开始形成理论，但是相关研究的数量却不尽如人意"[17]。

因此，本章节旨在为研究程序的三个主要阶段（研究设计/数据收集阶段，数据分析阶段和数据阐释阶段）提供了一个进行定量、定性和混合方法研究的框架，并定义和描述定量、定性和混合方法研究的目标。这些描述概括了定量、定性和混合方法研究过程中所涉及的主要步骤。本章还简要概述了三种研究范式下不同类型的研究设计和数据采集方法。

第 5 章提出了一个定量、定性和混合方法的数据分析框架。针对定量分析（即统计）的每一种主要数据分析技术，我们提出了基于文献的一些具有实践性的建议，这些技术包括双变量相关分析、多元回归、方差分析、协方差分析、多因素方差分析、多重协方差分析、判别分析、探索性因素分析、验证性因素分析、结构方程模以及多层线性建模。对于定性和混合方法的数据分析技术，我们提出了一些源于最新文献的建议。第 5 章中图书馆焦虑文献的例子为读者提供了各种数据分析技术的实际应用。有时图书馆焦虑研究的文献中并不是给出一些特殊案例，而是提出了一些对未来研究可行的案例。

第 6 章讨论了已发表的研究中存在的主要解释性错误。特别是提出了定量、定性和混合方法论研究范式的效度概念，并提出了一种评估各范式研究

---

① 原文"Onwuegbuzie & Johnson, in press"有误，应为"Onwuegbuzie & Johnson, 2004"——译者注

结果可信度的模型。

希望本书的此部分内容可以激励更多的图书馆馆员和图书馆教育者，对普通图书馆学，尤其是对特定的图书馆焦虑领域进行研究。此外，希望各图书情报学领域的作者、编委会成员、文章评论员，以及期刊编辑，能够利用这些章节的知识设计出最适合问题的研究方法，解决科研问题，以期在此知识范畴的基础上使弄清楚的知识最大化，并确定最有利的实践和策略。

4.2 定量研究范式

研究设计

在社会与行为科学的研究中，主要有五大目标[171,266]，即探索、描述、解释、预测和干预。具体来说，探索是从根本上利用归纳法探讨概念、结构、现象或状态，从而得出一个探索性假说或一般结论。描述，是指识别和描述现象的本质和特点。解释，涉及理论的发展，在于阐明各种现象间的关系和确定事件发生的原因。预测是指利用先前获得的信息，确定未来将会发生的事情。最后，干预包括对变量或状态的处理，试图得到所需的结果。

以某种或某些现象为研究对象的研究目的直接来源于其研究目标。例如，对于焦群和奥韦格布兹的研究[259]来说，其目的在于确定阅读能力是否能预测图书馆焦虑。因此他们的研究目标正如其标题所示是具有预测性的。

一旦明确了研究目标，确定了研究目的，且研究问题和假说与研究目标和目的相吻合时，研究者的首要任务就是确定最适合应用的研究设计，并决定如何采集数据。本章的其余部分概括了适用于定量、定性和混合方法研究范式中的不同研究设计。此外，还将确定和讨论研究设计的主要组成部分，特别是由取样和测量手段所组成的数据采集方法。

定量范式通常被认为是传统的、实证的、实验的或经验主义的范式。把自己归类为定量研究者的人通常是将现实看做是"客观"的，独立于研究者之外的。通过问卷调查、认知测量等方式，对这些客观现象进行测量。为了能控制偏差，定量研究者应该独立，并且和所要研究的内容保持距离。因此，他们尽量用客观的语言记录事实、记录数值，并且尽可能地遵循在调查中根据所收集到的证据作出结论。

在定量研究中，问题往往存在于各研究者建立的文献体系范围之内。变量通常是已知的，理论可能已存在或正在发展过程中，这需要进行测试和验证。在一个因果关系序列中，定量研究者倾向于运用逻辑与这一更具演绎特色的方式来检验所做的假设。概念、变量和假设往往是研究的优先选择，且在整个研究过程中保持不变（即静态设计）。没有人敢于超出这些预定假设（即研究与情境无关）。其目的在于使研究具有一般性，从而有助于理论发展，促进对某一现象更好的预测、解释、理解和控制。

广义上讲，一个定量研究包括数值数据（即数目）的采集、分析和阐释。正如施瓦茨（R. Schwartz）、斯莱特（J. Slate）和奥韦格布兹所述，定量研究是一个八步循环过程：（1）确定要调查的问题；（2）收集和检验相关文献；（3）构想研究问题和假说；（4）制定实际的研究计划；（5）实施研究计划；（6）分析数据和阐释结果；（7）交流研究结果；（8）以之前研究所得为基础，修改问题或策略（即问题再定义），重复以上循环直到研究问题完全被解决[500]。

从施瓦茨等人所提出的概念模型可以看出，定量研究是一个循环过程[500]。简单地说，要解决一个研究问题或者检验一种假说，一次研究是远远不够的。例如，虽然奥韦格布兹和焦群发现学术拖延和图书馆焦虑有关系，但仍需要多次核验来评定这个结果的普遍性[426]。因为奥韦格布兹和焦群曾利用概率（即 p 值）来确定是否存在这种关联，可能这个结果是假阳性，或用统计学的语言来说，是第一型错误[426]。另一方面，奥韦格布兹和焦群所发现的关联实际上也可能低估了两者间真正的关系[426]。这两种不精确往往源于抽样误差，也就是从样本中收集的信息，和所有人使用后所获得的信息之间存在差异。这就是为什么食品和药物监管局要求药物被批准之前，要进行多中心、多国家的核验。不幸的是，在社会与行为科学领域，一些研究者只相信精心设计好的研究——他们称之为"定论性研究"，包含大量的随机抽样并利用先进的统计技术——足以对某一现象做出肯定的结论。但这是有悖于事实的。也就是说，试图进行定论性研究是一个难以达到的、徒劳的目标。

如盖伊（L. R. Gay）和阿来萨（P. W. Airasian）所述，有五种不同的定量研究方法或研究设计[171]。这些设计具有历史性、描述性、相关性、准实验性（即原因-比较法）和实验性的特点。下面对每一种设计进行讨论。

历史研究

历史研究是指对过去所发生事情的研习，理解与解释。历史研究不同于其他的研究设计，因为其关注的现象必须是已经发生的事件。因此，历史研究设计比其他定量研究设计使用的更少，也就是用于以下方面：(1) 问题的界定，(2) 假说/研究问题的构想，(3) 数据的系统采集，(4) 数据的客观评价，(5) 假说的证实或证伪。在历史性研究中，文献综述往往更广泛，涉及各种书面信息，包括法律文件、记录、会议记录、信件和图书馆中不按主题、作者、标题字母索引的其他文件。

历史研究设计旨在得出关于过去所发生事件的原因、结果或趋势的结论，这有助于解释目前的事件，并预测或控制未来将可能发生的事件。进行历史研究的步骤与其他定量研究是类似的。也就是说，历史研究可能包括单纯描述过去的现象（即历史性描述），确定过去所测量的两个或多个变量之间的关系（即历史相关性），或比较几组一项或多项过去研究的结果（即历史准实验）。然而，历史研究设计不可能是实验性的，因为事情既然已经发生了，就没有可变的余地。

通常获取的数据是可用的，这些数据资源是原始的或二手的。原始资源虽然更可靠，但更难获得，特别是在历史研究中。因此，真实性（外部审视）和准确性（内部审视）是关键问题。确定文献的准确性至少需要考虑四个因素：(1) 作者的知识和能力，(2) 事件发生和事件记录之间的时间延迟，(3) 作者带有主观偏见的动机，(4) 数据的一致性。

在图书情报学领域的历史数据例子中，包括19世纪和20世纪之间学术图书馆用户数量的比较。另一个例子研究的是，在过去的几十年里，公共图书馆或学术图书馆支出的发展趋势。

描述性研究

描述性研究指的是对某个个体、群体或某种情况的特点进行描述。这些研究是一种用来发现新的意义，描述已经存在的东西，确定某种现象发生的频率以及信息分类的手段。在描述性研究中，研究者经常利用结构式观测和自陈式工具（即问卷调查）来描述潜在的现象。描述性研究主要是利用描述性统计（如均值、比例、百分比、总和、标准差）为其他类型的定量研究提供所需要的知识基础。

描述性研究一般会包含数据的采集，以解决研究过程中与受试者当前状态有关的一些问题。描述性研究者不能控制发生什么，只能测量已经存在的东西。此外，描述性研究结果的推广不能独立于样本之外而实现。在描述性研究中，数据采集通常是采用问卷调查、调研、访谈或观察的形式进行的。特别是，研究经常需要编制测量量表。这种测量量表需要不断进行现场测试和修订，直到评估数据可靠有效为止。描述性研究往往采取以下任一种或两种方式：（1）自陈式或（2）观察式。自陈式研究包括调查研究、开发研究、追踪研究、社会计量学研究、问卷调查研究以及正式和非正式的访谈。

抽样或普查式的调查研究可能是描述性研究中最常用的类型。大多数抽样调查因其采集的是某一时间点的个体信息，因而是横断面调查研究。然而，纵向调查需要跟踪调查随时间推移的反应变化，因而是不常见的。在图书情报学领域的调查研究例子中，包括确定按图书馆焦虑水平递减顺序排列的学生比例（横向），或随着时间推移，监测一个或多个图书馆用户的图书馆焦虑水平（纵向）。

发展性研究在大多数情况下都涉及行为变量，而行为变量根据各种因素（如智力、体力、情感或社会发展）将儿童划分成不同年龄层次、不同成长阶段、不同成熟程度的群体。例如，研究者可尝试确定儿童的图书馆焦虑是何时产生的。发展性研究也可以是横向研究或纵向研究。

追踪研究是在某个时间段内对某个感兴趣的个体或者群体进行监测。例如，跟踪一个或多个个体，以判断一段时间的书目指导对消除图书馆焦虑的影响。社会计量学研究用以评估和分析群组中个体的人际关系。这类研究包括询问每个成员在特定活动中最想与哪个同伴共事。群组所做的选择可以形象地作为个体选择所形成的一种社会关系计量图表。社会关系计量图表可以识别出焦点人物（被选择概率最多的人）、孤立者（未被任何一个人选择的人）、拉帮结派的人（相互选择对方的小团体成员）。研究者和从业者都会利用社会计量学技术。问卷调查研究就是利用问卷调查进行研究。

问卷调查如果使用得当的话，在定量研究中比其他数据采集方式更有效，因为它所需要的时间少，成本低，采集的样本数据比其他方式更广。在描述性研究中，大多数调查问卷主要由较易规范、评分和分析的封闭式问答题项（即结构性题项）组成。在构建调查问卷时，研究者应该注意：（1）避免提问诱导性的问题；（2）除非绝对必要，应避免提问敏感性问题；（3）避免提问能揭示答题人身份的问题；（4）实地测试调查问卷；（5）附带一封说明信，内容应包括研究目的及重要性的注释、分享成果的承诺、权威人士或组织的认可、匿名和保密性的保证、截止日期和盖章以及一个写好回邮地址的信封（如果需要邮寄的话）；（6）如果可以，发送提醒明信片；（7）发送第二组调查问卷时，要附带新的说明信，提醒他们这项研究的目的及意义；（8）如果可能的话，利用电话追踪；（9）随机选择一个无应答的群体子集，并尝试弄清楚他们的回应是否具有代表性。公布结果时，研究者通常应该要一并报告样本量和应答率。

访谈也可以用来管理调查问卷。在描述性研究中，这些调查问卷，也就是所谓的访谈安排表，往往涉及的是结构性问题，而这个可以从受试者的反应中用计数的方式获得。访谈，更偏向于对群组进行邮寄问卷或问卷调查，因为这样更人性化和灵活，可以产生更深层次的数据，便于一些非结构化问题的询问，促进协调，因此提高了（测量）题项的应答率和诚实的应答倾向；便于对题项进行说明，从而产生更精确的反应；便于追踪和对不完整应答进行探究。但是，访谈耗费的时间更长，而且费用更昂贵，与其他方式进行的问卷调查相比，通常样本数量更少。此外，访谈可能带有访谈者的主观偏见，尤其是当访谈者不是很有经验的时候。

相关性研究

相关性研究，指采集数据以便确定两个或两个以上可量化的变量之间是否存在关系以及相关到什么程度。不管是否是因果关系，一种强关系的存在有利于准确预测。利用相关性研究可以确定变量集合中哪些是相关的，并根据预期的关系检验假设。以理论为基础，应通过演绎或归纳选择所要包含的变量。

相关性研究有助于鉴别重要和不重要的变量。在这一方面，此研究设计为随后的因果比较和实验研究指明了方向。例如，不重要的变量可以从随后的研究中移除，而重要的变量则可能被调整，以期建立因果关系（如果可能的话）。此外，可控制那些重要但并非研究范围内的变量，以减少其对因变量和自变量之间关系所带来的混淆影响。

当将两个变量之间的关系作为研究对象时，相关系数就是其关联程度的测度。相关系数是介于-1.00和+1.00之间（含-1.00和+1.00，即［-1.00，+1.00］）的十进制数。相关系数值接近于+1.00时，显示出强正相关性（关系）。相反，相关系数值接近-1.00时，表示强负相关性（关系）。相关系数值接近0.00，表示没有相关性（关系）。系数越远离0.00，不管是朝任一方向（趋向-1.00或+1.00），相关关系越强。

如果两个变量代表等距数据（即诸如LAS得分这样的没有真零点的连续得分）或等比数据（即诸如在图书馆中所花费的时间这样的有真零点的连续得分），就用皮尔逊积矩相关系数 r（Pearson's r）；而如果其中至少有一个变量代表顺序数据（即等级/位次数据，如记录图书馆焦虑中从最小焦虑到最高焦虑的得分序列），就用斯皮尔曼 ρ 系数来表示。当两种变量都是类别变量（如高焦虑-低焦虑）时，我们可以利用卡方技术。无论我们利用哪种技术来计算一种关系，用于度量不完全可靠得分时，相关系数往往会偏低（即衰减）。当两个变量的得分值是在一个有限范围之内时，相关系数也往往衰减下来。虽然在这两种情况下相关系数可以被修正（即衰减的校正和范围限制的校正），但应谨慎解释这些修正值，因为它们并不代表实际上所发现的东西。

相关系数常常通过其统计显著性和实践显著性（如效应量）得到体现。统计显著性指我们是否可以推断出相关系数是完全不同于零值，而且能反映真实的关系，而不只是一种偶然的关系。关于统计显著性，有个既定的概率水平，通常在5%置信水平。关于两个变量之间是否存在关系的假设不是得到支持就是不被支持。一位研究者不能一开始就证实或证伪一个假说，就像法院的法官不能一开始就判定或者反驳某人是有罪的，而是找出证据来支持或者不支持有罪判决。因此，研究者的目标是提供合理怀疑之外的证据（如95%置信水平或5%误差率），即相关系数（在统计学意义上）与零值有较大差距。研究者会使用统计表实现这一目标。具体而言，为了确定其统计显著性，研究者利用一个统计表，表明在一个既定的概率水平及样本量的前期下，系数具有多大的统计显著性。

研究方法论教科书的作者们通常认为30名受试者是进行系数调查的最小样本量[99,171,172]。然而，为了获得检测在5%显著性水平下两个变量（即统计显著性）之间的中度相关（即 $r=0.30$）的足够的统计功效（即0.80），最小样本量为82较为合适[148]。

就实践显著性而言，根据科恩理论[88]，相关系数在0.1或-0.1左右都被认为相关性小,在 0.3 或 -0.3 左右被认为是中等或适度的,而达到 0.5 或 -0.5 左右或更高时被认为具有较强相关性[88]。为了确定两个变量的公共方差,应该取代表它们关系的相关系数的平方值。例如,如果图书馆焦虑和 GPA 之间的相关性为 0.5,由于 $(0.5)^2 = 0.25 = 25\%$,那么可以说,焦虑与学习成绩的公共方差是 25%。或者,在这个例子中,如果研究者利用焦虑评分来预测或解释学习成绩,可以说,GPA 评分中的方差 25% 可以由图书馆焦虑水平来解释。同时,在这个例子中若使用 GPA 来预测焦虑,可以看出,25% 的表示图书馆焦虑水平的变量可以用 GPA 来解释。不过,除非这是一个实验性的研究,否则,我们既不能说学业成绩会影响图书馆焦虑,也不能说图书馆焦虑影响学业成绩。

下面的两种观点有助于解释样本量、相关系数的大小和统计显著性水平(即 α 水平)之间的关系。第一,保持恒定的概率水平,样本量越小,相关系数必须越大,才认为其具有统计显著性。也就是说,研究者基于 100 个受试者比仅仅基于 10 个受试者更能够(即更自信)确定其相关性。这是因为样本越大,越接近其来源人群,因此,得出的系数代表真正关系的概率就越大。

其次,对于一个给定的样本量,降低不确定性程度就会增加代表真正关系的相关系数的确定性(置信值),因此我们必须增加相关系数。也就是说,增加置信值,降低 p 值。例如,95% 的置信水平对应 p 值为 100% - 95% = 5% 或 0.05。这样,在有 20 名受试者的样本量前提下,如果想有 95% 的置信值,则皮尔逊(积矩)相关系数与零值相差较大(即真实关系),那么 p 值为 0.05,相关性必须大于或等于 0.4227。如果有 100 个参与者,想要 95% 置信值(即 5% 的误差率),则相关系数必须至少为 0.1946,这远小于上一个系数(即 0.4227)。另一方面,样本量为 20 名受试者的情况下,如果想要相关系数与零值相差较大(即真实关系)的 99% 的置信值(即 1% 的误差率),p 值可能为 0.01 且相关性必须是大于或等于 0.5368,这远大于从 20 名受试者样本所获得的 95% 的置信度、0.4227 的相关系数。如果有 100 名参与者,想要置信值达到 99%,则相关系数必须至少是 0.254,这是远大于从 100 个受试者样本所得到的 95% 的置信系数(即 0.1946)。通常情况下,在社会和行为科学中,包括图书情报学在内,误差率通常为 5%。

应该指出的是,每一次在统计显著性方面测试的变量越多,得到不正确结论的机会就会越大,因为很多变量都是与统计显著性水平相关的。例如,如果考虑到5%的误差率，并为100个相关系数的统计显著性进行测试，研究者可能会错误地得出结论，这些系数中有5个是相关性较大的。因此，图书馆研究者和其他类似的研究者都应该运用理论知识来选择要研究的变量。精心挑选的少量变量比随便选出的大量变量更可取。另外，样本母体必须是一个从每个个体那里都可以采集到确定的变量数据的群体，并且群体中的成员对于研究者来说是可用的。

如果两个变量是高度相关的，那么一个变量的得分可以用来预测另一个变量的得分（如图书馆焦虑可以预测学习成绩）。这就是所谓的"简单线性回归"。预测所依据的变量被称为"预测变量"或"自变量"，而被预测的变量被称为"标准变量"或"因变量"。这里，假定自变量（如图书馆焦虑）先于因变量（如学习成绩）出现。同样，如果一个因变量与多个自变量有关，那么基于这些自变量组合的预测会比基于一个自变量的预测更准确。利用一组自变量来预测一个因变量被称为"多元回归"。预测方程应该通过至少一个其他组来进行验证，如发现与标准测量无关的变量，应该从方程中剔除。该过程被称为"交叉验证"。

在预测研究中，统计显著性在促进准确预测方面的作用仅次于系数。不管用多少变量来预测结果，无论使用多么复杂的统计分析，研究者都不能断言相关性等同于因果性。也就是说，相关性并不意味着就是因果关系。

通过认真控制所有可能与研究客体有关的变量值，科学实验经常为因果关系的分析提供强有力的例证。因此，如果发现变量 y（即因变量）按预测的方式随着 x（即自变量）值的变化而变化，最合理的解释就是 x 和 y 之间存在因果关系。在没有控制和不能操纵自变量（x）的情况下，如在相关性研究案例中，研究者必须承认还存在至少一个其他不确定变量影响着正在调查的两个变量。

这并不意味着，相关性分析可能永远不会被用于总结因果关系的分析。在许多不可控研究中，大量的相关系数可以为不同背景下的因果关系提供支持——如图书馆焦虑与拖延案例中那样——但是在不可控研究中建立因果关系常常是一项很难实现和徒劳的任务。

总之，相关性研究指的是对两个或多个可量化变量间关系的系统调查。如果存在关系，研究者要确定关系的类型（正的或负的）、程度或强度（即影响范围）。相关性研究的主要目的在于解释在现实世界中关系的性质，而不是确定存在因果关联。然而，相关性研究往往为假说的产生提供基础，其中假说会引导（以后的）实验性研究，这些确实是以因果关系为中心。此外，相关性研究，还可以用来做预测。第 2 章和第 3 章所描述的大多数定量研究都涉及了相关性研究，解释了图书馆焦虑与认知、情感、个性和人口特征等一系列变量之间的关系。

准实验研究（因果比较研究）

这种研究类型描述了已经存在的情况，并试图确定与一个变量或多个变量存在相关性的个体群组间存在差异的原因。因此，基本的因果比较研究的方法是始于结果，并试图找出可能的前因。这一类研究的名称不是回溯性研究就是追溯性研究。基本方法的一种变体是前瞻性研究，它始于一个假设的原因，并探讨对一个或多个变量的影响。准实验研究或因果比较研究设计并不涉及具体过程。更确切地说，这一设计利用的是已经形成的群组。因果比较研究包括各种描述性和推断性统计的使用。

因果比较研究中的自变量包括以下几种：（1）不能被操纵的（如性别），（2）不应该被操纵的（如图书馆焦虑量）；（3）没有被操纵，但可以操纵的（如书目教育的方法）。因此，因果比较研究允许调查一些不能被实验所研究的大量变量，如机体变量、能力变量、人格变量以及与家庭和学校相关的变量。因果比较研究也明确了可能会导致实验研究的关系。然而，由于在因果比较研究中还不能控制自变量，所以在结果解释的过程中需要格外小心。

如上所述，基本的因果比较设计包括选择基于某一变量的两个或多个群组，然后针对它们的一个或多个因变量进行比较。这些群组可能在以下方式中存在不同：（1）其中一个群组具有独有的特征或经验，而其他组没有，（2）其中一个群组比其他组具有更多某一特点。区分群组的独特特征或经验必须有明确性和可操作性的界定，因为每个群组将代表不同的人群。

有四种主要的准实验或因果比较研究设计：（1）不等控制组设计，（2）时间序列设计，（3）多重时间序列设计，（4）对抗平衡设计（也称为"循环实验设计"或"轮组实验设计"——译者注）。不等控制组设计，也许是最常见的准实验/因果比较研究设计，包括将一个或多个实验组（即需要探究处理方式和条件的群组）与一个或多个控制组（即不需要既定处理或者条件的群组）进行比较。这些群组并不是由研究者组织形成的，而是它们本身代表着一个原始群组。也就是说，它们是预先存在的或后天自主形成的群体。

在不等控制组设计中，对实验组和控制组在接受处理前给予预测。对这些预测试进行比较，以确定在这个变量方面两个群体的相似程度。在进行预测一段时间后，实验组给予目标处理/干预，而控制组则给予比较处理/干预（这种处理往往代表一个已经存在的干预）。经过一段适当的时间后，对两组都给予后续测试。这个后续测试和预测通常是相同的。在这些情况下，后续测试减去预测试，便形成两群组中每个学生不同的得分。通过采用配对样本 T 检验，也就是熟知的非独立样本 T 检验，在指定的显著性水平下（如5%），将实验组的平均得分差异与控制组的平均得分差异相对比。如果这两平均值在统计显著性方面有利于实验组，则研究者至少能判定干预是有效的。然而，这种或其他任何类型的准实验研究永远都不会形成强因果陈述。

克雷克尔的研究是一个不等控制组设计的例子[284]，在基于学生的研究焦虑水平和研究认知上，对库尔梭 ISP 模型[289,290,291,292,293,294,295,296,297,298]的教学效果进行研究。克雷克尔把她的设计称之为实验性设计，这在技术上并不准确，因为使用的群组是原始组。因此，她的研究是准实验研究。（不过，她的研究是经过精心设计的，同时也为图书馆焦虑的文献作出了重要贡献。）克雷克尔的调查[284]中，实验组和控制组学生的图书馆焦虑和自我认知都是提前测量好的。然后两个实验组听取了克雷克尔 ISP 模型的特约介绍，而两个控制组聆听了其他关于其技术作家职业经验的嘉宾演讲。然后，这两类群组又都用了与预测阶段相同的量表（即同一量表的后测量）。然后基于这些量表测量，对两种情况进行了对比。

萨内尔（J. Zahner）提供了另一个用于图书馆焦虑研究的唯一的不等控制组设计[603]。萨内尔比较了两种学术图书馆用户教育方法对研究方法训练的影响[603]。这两个方法代表了传统的处理方式和认知策略的处理方式。传统的处理方式是指资源导向型的指导，包括讲座和演示，主要讲述用于图书馆研究的基本工具和技术。认知策略干预是过程导向的指导，基于并强调研究过程本身，而不是专注于具体的信息源。这两种情况都采用研究方法训练、对图书馆用户教育的一般态度和图书馆焦虑的前后测量。

准实验设计的第二种类型是时间序列设计。在这个设计中，包含一个或多个个体的一个群组接受几次前测量（即基线测量），进行干预后又接受几次后测量。将前测和后测的测量结果在图上绘制出来，并对发展趋势进行研究。

如果这一趋势证明干预沿着有利的方向发展,那么研究者可以判定干预策略是有效的。复杂的统计时间序列分析（如 ARIMA 模型）可以用来更加正规地测试这一趋势。随着时间的推移,这种模型能够被用来预测结果。时间序列设计可以用来检测几种干预手段随时间变化的效果,或者不同时间点上的相同干预的效果。事实上,时间序列设计甚至不涉及任何干预;而是比较里程碑式的信息（如大学的年级或学习年限）。这样的设计例子会在多重规则或不规则的时间段内（如在不同的年级）检验图书馆焦虑,或在干预（例如书目指导）后的一段时间内跟踪图书馆焦虑。

多重时间序列设计是第三种准实验研究设计类型,除了会包含两组或多组群组外,其他和上述所描述的时间序列设计是相同的。具体来说,使用重复测量设计等统计技术,将适用于实验组和控制组的时间序列设计作比较。例如,将一段时间内一组接受书目指导的大二学生与一组不接受任何类型书目指导的大二学生来做比较,其中至少采取一次前测和进行两次后测。

准实验研究设计的最后一种类型是对抗平衡设计。在这类设计中,有两个或两个以上的群组,每个群组接受两种或两种以上的干预。然而,这些干预措施是均衡的。也就是说,在群组中执行干预的顺序是不同的或随机的。假设一个研究者想比较书目指导和焦虑干预培训对降低图书馆焦虑水平的影响。一组先接受书目指导,数天或数周后再接受焦虑干预培训;另一组先进行焦虑干预培训,再接受书目指导。这样的设计旨在消除实施顺序作为混杂变量对实验的影响。事实上,研究表明,有些个体更易受近因效应（即他们往往更注意最近一段时间所接受的处理方式或干预,这导致偏见反应）或延迟效应（即他们往往倾向于最先接受的处理方式或干预,这也会导致偏见反应）的影响。因此,如果两组都先给予相同的干预,那么群组间存在的任何差异可以表示受近因效应影响多的研究受试者与受延迟效应影响多的受试者之间的比例。

关于这一点,在预实验研究设计中也要简要提及。预实验研究设计有三种类型:（1）单组个案研究,（2）单群前后测研究,（3）静态分组对比研究。单组个案研究被认为是最差的预实验设计,指对一组参与者群组实施干预措施,并测量其结果。例如,在图书馆研究背景下,这一设计对一个高中生群组进行书目指导,而后利用 LAS 进行测量。这种设计的一个问题是,由于没有进行前测,所以不能确定图书馆焦虑产生的任何变化是否直接由干预导致的。另一个问题是,由于没有使用控制组,不能确定书目指导之后观察到的图书馆焦虑是否具有典型意义。

单群前后测设计因为其对群组实行了前测和后测,所以与单组个案研究相比略有所改进。对前面例子中的高中生群组在书目指导前后都会利用 LAS 对其进行测量。虽然可以对干预前后的结果变化进行比较,但也不能确定观察到的前后测差异是否是由时间(即成熟效应)或任何其他混杂变量的影响所导致的。

静态分组对比研究指对两个原始组进行干预并测量。这种设计显然比单组个案研究提供了更多的信息。此外,因为这类设计利用群组控制进行比较,因此比单群前后测设计更胜一筹;但是同时,因为这一研究设计没有前测,所以从这一点上看,它又不如单群前后测设计。此外,应该指出的是,这三种预实验设计在建立因果关系方面都显得比较弱。事实上,这些设计应该只用在既不采用准实验设计,也没有采用(真正的)实验设计的情况下。

准实验性研究设计不一定涉及实验组和控制组的比较。事实上,许多的准实验研究包含两个组或亚组的对比。例如,在图书馆焦虑研究中,男性和女性、不同年龄组、不同学习年限、不同民族以及不同层次完美主义的个体(例如,高与低)之间的比较,都是准实验设计的代表。显然,(真正的)实验研究设计因为无法操控这些变量,所以不能用来进行这样的比较。当使用准实验研究设计的时候,由于缺乏操控,许多教科书的作者建议每组至少有 30 人参与[99,171,172]。然而,一个 30 人的样本量往往会太小,而无法做出一个适度的统计显著差异性的检测。也就是说,一个大小为 30 的样本量的统计功效太低,因而无法检测到两组间的适度差异。

因此,我们建议,如果研究者要测试一种双侧假设(即假设两组之间存在差异,但又不能确定这种差异的确切性质),每组至少需要 64 名受试者;而如果研究者要测试一种单尾假设时(即假设一组的平均得分在统计方面明显高于其他组的平均得分),每组至少需要 51 名受试者。在这样的样本量基础上,如果确实存在一种差别,那么研究者确定适度的统计显著差异的概率至少会达到 80%(即 0.80)。在 5% 的显著性水平下,样本量分别为 64 的双侧假设和 51 的单侧假设的两个群组在检测适度差异性方面将达到 0.80 或者更高的统计效能[148]。样本量为 30 的群组在检测适度差异方面只能产生 0.61 的统计效能,这是远远不够的,因为低于 0.80 的统计效能通常被视为不够的[85,343,437]。

群组的定义方式会影响结果的普遍性。如果是从规定的人群中选择样本，则随机选择一般是首选方法。实验研究的目的在于找到这样的群组，其中除了自变量之外，所有其他相关变量都尽可能相似。为了确定群组间的平等性，必须收集相关的背景信息以及当前状态变量的信息。

准实验设计的最后一种类型是单一对象设计，此设计还涉及单一的个体研究。因此，这样的设计也被称为"N＝1 设计"、"对象内设计"、"行为分析"。虽然单一对象研究可能包括几个个体，但是每个人都是单独研究的。在这种设计的实现过程中，首先是研究"受试者"（即"对象"）在基准期内的行为，然后对其进行干预，并对干预后的状态进行一段时间的观察，以确定干预是否对受试者形成影响。因此，在准实验中，对象成为自己的控制组。这就是所谓的 A－B 设计，其变体是 A－B－A 设计或逆向设计。在这一研究中，研究者记录受试者的基准行为，然后对其进行干预，再削减或撤回干预，确定干预后的行为是否恢复到了基准水平。基准期和干预期的数量是可扩展的（例如，A－B－A－B 设计）。多基准涉及的受试者，每个人都在不同的时间接受一种实验性干预（即多基准）。最后要说的是，另一种干预设计就是一种单一对象设计，在此设计中研究者会比较两种或多种干预的影响，以便确定哪种干预手段能最有效地实现理想结果。

（准）实验或因果比较研究设计的缺点在于缺乏随机性、操作性和控制性。研究者可以采取一系列的控制程序，促进外扰变量下的群组平等性，或调整已知的（外扰变量）不平衡性。一种常见的方法就是匹配。也就是，一个群组中的每一位受试者都与另一群组中具有完全一致或非常相似的控制变量评分的参与者配对。这个技术存在一个问题：如果受试者没有一个合适的与之相匹配的个体，就会从研究或者分析中被淘汰。或者，通过比较不同层次自变量的同质群组或者子组来控制群组（例如，在访问图书馆的频率方面，根据图书馆焦虑水平高低将女性分为两组）。

第三，如果这个问题很有趣，那么最好的办法就是不要做几个独立的分析，而是要在设计中设立一个控制变量，并用因子方差分析的统计技术来对结果进行分析。方差分析能使研究者确定自变量和控制变量单独作用或组合作用的影响。也就是说，研究者可以确定自变量和控制变量之间是否存在相互作用，自变量对不同级别的控制变量的作用效果是否不同。

控制变量的第四种方法是协方差分析（ANCOVA）。这是一种统计方法，用于平衡群组中的一个或多个变量，调整因变量的得分以与其他一些相关变量的初始差异相一致。协方差分析是最适合（真正的）实验研究的[213]。

实验研究

实验研究是一种系统的、可控调查，目的在于预测和控制现象。这类研究的整体目标是为了验证因果关系。由于对变量的严格控制，实验研究被认为是最有效的定量研究方法。此外，这种设计也被认为是唯一可以建立因果关系的定量研究设计。实验研究涉及干预变量（即自变量）的操作。换句话说，在实验研究中，所谓的原因（自变量）是可控制的。

自变量控制经常都是随机发生的。具体来说，受试者是随机分组的。由于在实验研究设计中，是将一个或多个实验组与一个或多个控制组相比较，所以实验设计与因果比较研究其实是类似的。然而，它们最主要的区别在于，因果比较研究设计中，群组是自发形成或已经存在好的（即完整的）；而在实验研究设计中，群组是由研究者随机组成的。因此，在实验研究中，研究者对群组的形成有着最大的控制权。通过随机选择群组的受试者，几率实现最大化，使得群组间除了干预手段不同之外，所有其他重要变量都无显著差异。如果在统计学显著和实践显著情况下，实验组所观察到的结果都比控制组更好，则研究者可以很确定地得出以下结论，即实验的干预手段造就了这一结果。

正如准实验研究一样，在实验研究中，可以通过以下途径进行更多控制，如匹配、比较同质分组、对设计设置控制变量、利用专业技术分析数据、采用协方差分析技术控制混杂变量。然而，如果没有这些技术本身，要证明因果结论的合理性只能依靠随机性提供的这些理由。

由于实验研究会导致最大化的控制，一些教科书作者认为每组至少 15 名受试者才足以检测出实验组与控制组之间的真实差异[99,171,172]。不过，通常认为此建议是存在缺陷的，因为这会导致不足的统计功效（即 <0.80）。假如处理或干预确实是有效的，那么在随机情况下，有理由相信会发现实验组和控制组间存在较大的差异。然而，每组至少需要 21 位受试者才可以在 5% 的显著性水平下，在检测巨大（单尾）差异方面产生 0.80 或更高的统计功效[148]。21 个人的群组在检测有关单尾假设的巨大差异（即表明实验组优于控制组）

方面，只能产生 0.69 的统计功效。因此，我们建议在实验研究中所使用的群组大小一般为 21 或者更大。

举个例子，如果想要确定基于书目指导的学习风格能否减少图书馆焦虑水平，研究者就需要进行一项实验。一旦选择了样本，比如 42 名新生，然后随机选取（任选）21 名学生，对其进行一种基于学习风格的书目指导（即实验组），对其余 21 名学生则实行的是没有任何学习风格信息的书目指导方式（即控制组）。其中，关键的是这两个群组的书目指导是相同的，除了在实验组中加入了学习风格信息。这样，书目指导下的学习风格的影响便会分离出来。

两种最受欢迎的实验研究设计是前后测对照组设计和单独后测控制组设计。在前后测对照设计中，不论是实验组还是控制组，受试者都是随机选取的。两组均需要预先测试。而后，实验组接受目标干预；控制组则接受对比干预。一完成干预，两组均接受后测。对前后测的差异进行比较，以确定统计显著性差异是否有效。如果发现差异有利于实验组，则可以将干预视为造成此差异的原因。除了前面的情况，前后测对照组设计其实类似于不等对照组设计，都是随机发生的。正是这种随机性才成就了因果关系。

除了对任何一组都没有前测之外，单独后测控制组设计和前后测对照组设计其实是相同的。由于受试者是随机分组的，所以可以提供因果关系说明。应当指出的是，对于一个实验性的设计，随机性必须是在个体水平上发生的。因此，正如克雷克尔的研究①[284]，随机选取原始群组进行干预，并不会使设计具有实验性，也不能证明因果关系的合理性。这是因为群组的完整性可能使其在一个或多个混杂变量方面存在明显的不同，最后导致结果出现失真现象。

总之，对定量研究者来说，实验性的设计代表了研究的最顶端。到目前为止，实验性研究设计已经深得人心，但是图书馆焦虑领域还没有开展任何的实验研究。要做出任何有关图书馆干预的确切结论，实验设计还是非常必要的。

---

① 原文"Kracker's（2000）study"可能有误，应为"Kracker's（2002）study"——译者注

数据采集的方法

除了要选择研究设计之外，研究者还必须确定所要采用的收集数据的方法。不管是否选择定量研究设计，研究者都必须决定选择谁来做研究，从每个受试者那里要收集什么信息以及如何收集信息。决定选择谁是取样问题，而决定收集什么信息以及如何来收集数据是收集方法问题。

取样

在决定选择谁做研究以及如何选择样本之前，首先必须确定母体。（目标）母体必须是感兴趣的个人群组（如高校图书馆用户），结果对其具有普适性。但不幸的是，绝大多数的研究由于没有足够的时间、资金和资源，所以要研究整个目标母体是不现实的。因此，研究者通常会选择一个样本，而样本就是目标母体的一个子集。我们的目标就在于从代表母体的抽样框架（即目标母体）中选择一个样本。选择一个有代表性的样本最有可能产生基于对母体合理推断得出的结果。事实上，样本越具代表性，抽样误差就越小。抽样误差是指样本值（即统计量）与母体值（即参量）之间的差异。

可以利用两类抽样中的一种来选择样本：概率抽样和非概率抽样。在概率抽样中，研究者会尽量从母体中选择具有代表性的成员。而在非概率抽样中，研究者却是从母体选择那些易得、可用、方便并且对研究感兴趣的样本成员。

（1）概率抽样

概率抽样，又称为随机抽样和科学抽样，包含以下五种基本类型：样本随机抽样、分层随机抽样、整群抽样、系统抽样和多步（骤）随机抽样。简单随机抽样中，选择个体的原则是母体（即抽样框架）中的每一个人都有相同的被选中的概率，且任何一个个体的选中都不影响其他个体被选中（即独立性）。换句话说，对简单随机抽样来说，抽样框架中的每个人都有平等且独立的机会被选中。

分层随机抽样是这样一种抽样方案：设法将整个母体分成亚群，其中每个亚群中的成员都有着相同类型的有用变量，且相对之下，与其他亚群组成员的变量类型不同。为了得到一个分层随机抽样，首先将抽样框架分为若干亚群，也就是所谓的层，然后从各层中随机抽样。分层随机抽样的目的在于用这样一种方式选择抽样：母体的亚群组应该代表着母体中相同比例的抽样。也就是说，分层随机抽样的目的在于确保相关亚组具有所需的代表性意义。例如，致力于图书馆焦虑种族研究的研究者可能会利用分层随机抽样的方法，抽取一个种族分布情况与母体中种族分布相同的样本。

整群随机抽样采取随机选择群组（即完整的组）而非个体的抽样方法。例如，图书馆研究者先随机选择研究生班级，然后选择每个班级中的所有学生，而不是随机选择整个大学中的所有研究生同学。当母体成员很多或者分布非常广的时候，整群抽样是最合适的抽样方法。

系统抽样的抽样原则是从抽样框架中选择每个第 k 个成员，组成列表，而后从列表中选择入样本成员，其中 k 由整个母体大小除以所需样本量所得。例如，如果一个研究者利用系统抽样法，从一个包含 100 个教职工的大学中选择 10 个教职工，则 $k = 100/10 = 10$。因此研究者可以选择每个名单上的第 10 个职工。

最后，由于母体规模非常大或不容易确定其成员，我们需要采用多步（骤）随机抽样，从两个或多个阶段中抽取一个样本。在多步（骤）随机抽样中，第一阶段通常包括整群抽样，后续阶段包含简单随机抽样、分层抽样、整群抽样以及系统抽样。例如，对研究中学生图书馆焦虑感兴趣的研究者，或许会利用多步（骤）随机抽样方法，首先在目标学校区域随机选择几所中学（第一阶段：采用整群抽样），然后在选定的学校里随机选择班级（第二阶段：整群抽样），随后在每个选定的班级中选取第五个学生（第三阶段：系统抽样）。

（2）非概率抽样

因为上述五种概率抽样方案可以减少抽样误差，所以很有必要使用其中的一种。概率抽样的另一个值得注意的特性是选择每个样本成员的准确概率是已知的。例如，如果从 100 个学生的抽样框架构中，通过简单随机抽样选择 25 名学生，则每个被选中的概率为 0.25（即 25/100）。但是，在涉及人类受试者的社会与行为科学中，很难采用概率抽样方案。事实上，社会与行为科学的大多数研究中并不采用随机抽样[311,509,510]。所以，研究者通常不得不使用非概率抽样——也称为非随机抽样和非科学抽样。非概率抽样的方法包括便利抽样、目的抽样、定额抽样和链式抽样。便利抽样，也称为随便抽样和不当抽样，指选择在这个时间点恰好方便且愿意参加的人。这是迄今为止在社会与行为科学中最常见的抽样方法。但是，由于样本成员并不是随机选择的，所以无法计算出选择的概率。此外，研究者也无法确认便利抽样样本是否跟概率抽样样本一样代表母体。事实上，这是迄今为止在图书馆焦虑领域方面进行的所有研究的弱项。

在目的抽样（也称为判断抽样）中，研究者利用自己对抽样框架中成员的经验和知识，确定选择样本成员的标准。目的取样的最大局限源于研究者的标准及后续非代表性的样本选择存在不适当的可能性。

定额抽样中，数据收集者对要选择的样本成员设有特定特征和配额。顾名思义，一旦达到定额，便不再选择其他个体。这种抽样方式的最主要的缺点是，只有在那个时间点方便的人才有机会被选中，而选的那些不易获得的成员是不具有代表性的。例如，如果一个研究者采用定额抽样的方法，站在图书馆外面，选择进入图书馆的前100名学生做研究，那么研究者选择该样本的这一时间点，将会放弃当时见不到，但占抽样框架成员很大比例的那些样本。

链式抽样，也称雪球抽样，指研究者让已经被选的受试者确定其他个体成为样本成员。当研究者难以确定需要被选择的人员（例如，HIV阳性的个体）或者没有可用的抽样框架时，通常使用这种抽样方式。当研究者使用这种抽样方法时，对于研究中选择谁这个问题，相较于其他的抽样方法，更缺少主控权。

样本量

除了选择抽样方案，研究者还必须决定样本量应该多大。在本章的前部分内容中，对于相关性研究、准实验研究以及实验研究，提供了最小的样本量。这些建议都源于功效分析。不过，我们建议研究者尽可能选择大样本（达到或超过产生功效的最小样本量），因为一般情况下，大样本会降低抽样误差。此外，大样本至少在一定程度上有助于弥补随机抽样的缺失。

方法

图书馆研究者，在他们的方法宝库中，有无数种收集研究数据的方法。这些方法包括认知测试、情感测量、人格测量、兴趣测量、定量观测、定量访谈和二手数据法[99,172,266]。应当指出的是，在任何研究中，通常会使用超过一种以上的数据采集方法。下面将简要讨论每种数据采集方法。

（1）认知测试

认知测试通常测量的是能力或成绩。能力测试是指对一个人的潜力的测试，以及对一个人在未来将会表现如何的预测。这些测试通常包括智力测验。相反，成绩测试是通过考试的形式展现被测者对所涉及资料的掌握程度的信息。如果成绩测试代表了测量标准，那么个人在考试中的表现可以拿来跟常规组进行比较，包括全国参加同样测试的同一年龄或级别的学生。在这种情况下，测试被称为常模参照测验（norm-referenced test）。或者将常模测试的得分与起评分数相比较，以确定被测者是否已经达到了及格分数。如果已经达到及格分数，则被测者被视为已达到了标准。因此这些测试通常又被称为效标参照测验（criterion-referenced test）。当效标参照测验被用来对儿童做测量时，通常会被称为高利害测验。常模参照测验和效标参照测验均可以作为衡量单一学科领域（即概念）或多重课程领域的标准。当然，后一类的课程测试包含两个或两个以上的子测试。

（2）情感测量

情感测量的目的在于评估一个人的观念、信念、情感、价值观以及对自我和他人、各类活动、制度、定位以及情境的态度[169]。情感测量可以是投射性测量或非投射性测量。投射性测量方法表示的是这样一类测量方式，其产生的信息对于任何人来说都不会有直接的意义，除非是接受过广泛的管理与表演培训的分析师。通常，这些测量方式产生的数据不太可能会被直接推导出。这些测量方式的总体目标是消除自陈式测量中的一些问题，譬如做出"合乎社会需求的"回应。此类方法目的明确，降低了一些有意识的不诚实，被调查者能够投射自己真实的情感。相比之下，非投射性测量是一种自陈式测量。

测量情感的方式至少有九种：等级量表、李克特量表法、语义区分量表法、核验清单法、瑟斯顿量表法、格特曼量表法、强度量表法、Q 分类法和德尔菲技术。等级量表是一应答选项的连续统，受试者要求用这些选项表示他们的反应。一个数字等级量表由一组数字和"锚"端点组成。一个数字等级量表的例子如下：

你如何评价你的大学图书馆？

1　2　3　4　5　6　7

极低　　　　　极高

上述例子表示一个七点等级量表。另一种等级量表类型是完全锚定量表，所有的点都有一个相应的锚描述性文字。以下是这种量表的一个例子：

我真的很喜欢我的大学图书馆。

1　　　　2　　　　3　　　　4　　　　　5
非常同意　同意　　不同意　　非常不同意

上述的量表是五点等级量表。应当指出的是，上述例子即使只出现描述文字（即不含数字），也同样是一个五点量表。据一些心理学家所述，等级量表应该界于四点和十一点之间，且包含四点和十一点[340]。少于四点的等级量表可能会产生一些不可靠的评分，若超过十一点的等级量表则会出现无法掌控的结果。

李克特量表，要求受试者表明他们对一系列陈述认同或不认同的程度。这些等级通常取值为从"1"到"5"，并按升序或降序排列。李克特量表包含奇数个答案选项（例如，五点和七点的李克特量表），包括一个"中立"或"不确定"的中间选项，并且是一个"强迫选择"的量表。李克特量表不同于数字等级量表和完全锚定等级量表，因为等级量表是一项一项来分析的，而李克特量表包含多个用来测量相同概念的题项。通常李克特量表中，一些陈述项采用肯定的表达方式，一些陈述项采用否定的表达方式，这是为了避免对问题的应答（答案集）存在主观偏差。在分析之前，必须先将否定陈述项的量表值反转。反转完成后，将每一个陈述项的得分相加得到一个总的分数，然后再进行解释。尽管每一项获得的值在技术上代表序列级别数据，但是总分通常被视为区间级数据，从而允许更复杂的统计分析。LAS 是五点式李克特量表的一个例子。

奥斯古德（C. E. Osgood），萨奇（G. J. Suci）和坦南鲍姆（P. H. Tannenbaum）[443]所开发的语义区分量表程序，其目的是用来确定应答者对涉及大量诸如好－坏、肯定－否定这样两极形容词的态度量表的主题的意图。应答者给出连续统中的得分点数，而此连续统包含两极对立端点。总得分用来表明应答者是否有着肯定或者否定的态度。语义区分量表通常有 5~7 个区间，且有一个中间态度赋值为 0。

核验清单指的是一张应答类型的清单，要求受试者对所有适用自身的回答进行核验，即允许多响应。核验清单的一个例子如下：

您利用图书馆的目的是什么？（请核验所有适合你的类别。）：

——为了测试而学习

——为了储备知识而读书

——为了阅读最新报纸

——为了借书

——为了使用计算机索引和在线数据库

——为了使用复印机

——其他（请注明）：_____

瑟斯顿量表要求应答者从关于特定主题的不同观点的陈述列表中做出选择。每一个题项都有一个从 1 到 11 的相关点值。对于每个题项来说，点值是由此题项的平均值所决定的，其中平均值则是由整个团队的判断所确定，这样，一个人的态度得分代表了个体自己检验的所有陈述的平均点值。

相比之下，格特曼量表目的在于确定一种态度是否是线性的。如果一个量表产生这样的响应，使同意某一陈述的受试者也会同意之前所有相关的陈述，那么这一量表就是线性的。例如，如果某些人同意了第四条陈述，那么他们也会同意前面三条陈述。

强度量表指的是包含 100 毫米长线条的量表。在线条的每一个终端都放置一个极端的刺激。要求受试者沿此线做出标识来表示刺激的强度。然后，分析者用尺子来测量线的左端和受测者所标识处之间的距离。这个尺寸就是刺激值，它有助于一批统计分析。

Q 分类法是一种对比评价技术。这种方法是将列表中不同的单词或短语与其他单词或短语进行比较，利用卡片表示其所赋予的重要性。每个短语被放置在单独的卡片上。受试者要求将卡片按照指定摆数放置。Q 分类法可用于确定量表开发过程中最重要题项的优先级。

德尔菲技术是用来衡量已选定专家组的判断力，或表示优先权，或作出预测。这个过程提供了一种获得各种各样的专家反馈意见的方法，而又不需要将他们集合在一起。其他组成员不在场时给出回答，个人的意见就不会因他人的说服而有所改变。为了实现这个技术，首先需要确认好专家组。接下来主要是制定调查问卷，包含相关话题的封闭式问题。将填写完整的问卷返回给研究者，并对回答做出总结。最终的总结连同第二份调查问卷一并交还到专家组手中。在第一轮问题中做出极端回答的受访者可能会被要求为自己的回答做出辩解。第二轮调查问卷返还到分析研究者手中进行分析。重复这个过程，直到数据可以反映出小组成员的共识。

（3）人格测量

人格测量是对反应潜在性格特征的行为的陈述或者提问。回答者对每个陈述项做出相应程度的回复。一些人格测量包括核验清单，其中回答者需检查更能代表他们感受的题项。其他人格量表还包含等级量表和李克特式量表。

（4）兴趣测量

兴趣测量要求回答者表达出自己的好恶，譬如喜欢的活动类型[172]。通常将个体的回答与已知的兴趣爱好类型相比。也就是说，将受测者的回答与最能代表基本爱好的特定类型相比较。

（5）定量观察

收集数据的另一种方法是定量观察，也称为结构化观察。在这里，研究者观察行为，并将评分记录在核验清单、计分表、等级量表中。定量观察，涉及观测采样技术，包括时间区间采样和事件取样这两种技术。时间区间采样指在数据采集之前，在指定的时间间隔内对事件进行核查；而事件采样是指，在特定的事件已经发生之后，才进行观察。观测手段的一个重要优势是可以识别受试者的实际行为，而不是他们自己的观念、信念、情感、价值观或态度。不过，相对于自陈式测量，收集定量观察耗时且昂贵。此外，某些类型的观察很难量化。

（6）定量访谈

定量访谈指的是结构化的面谈。在这些访谈中，通常使用访谈安排表或草案。这些计划表从本质上来说是受访者所编写的脚本。

（7）二手数据

二手数据是指先前被原始收集并记录下来的数据，往往是由不同研究者，出于与现在不同研究目的而记录的一些数据。定量研究中，二手数据可以是各种类型的实证资料或者可靠的可量化的定性信息。这些数据可从官方和个人文件中提取出来。二手数据也可以从存在大量数据的归档数据中集中提取。

测量量表

上述讨论的所有手段，针对所讨论的问题或陈述都会给出回答选项，以便用以下四种工具（称名量表、顺序量表、等距量表、等比量表）中的一种来测量（或观察）变量。这些工具统称为测量量表。称名量表是一种最简单的测量形式，将人或对象分成两个或多个类别，以便每个类别都是独有的、详尽的，且使得特定类别的成员均有一组相同的特征。这种分类，只是质的不同而非量的不同，可以是客观的分类类别（自然分类，如性别等），也可以是人为的分类类别（研究者定义的分类，如焦虑：高或低）。称名量表有助于识别，然而却不能进行加、减、乘、除四则运算，也不能对其进行排序。顺序量表，将人或物按照其具有的特征程度进行分类和排序。等距量表，则允许研究者对受试者进行顺序排列。然而，由于行列之间的间隔是不相等的，所以顺序量表并不能表明一个数据分值比其他的数据分值高多少。虽然和称名量表相比，顺序量表是一个更精确的量表，但它往往难以测量出研究中所需的精确等级。

等距量表，不仅有着称名量表和顺序量表的所有特征，而且是基于预先确定好的相邻数字间的相同间隔。简单来说，等距量表意味着量表中任何两个相邻数字间的差与其他任何两个相邻数字间的差完全相同。然而，等距量表并不具有真零点（如温度），而是具有一个任意的最小和最大点。因此，得分为零并不能表示不具有被测的特征或属性。等距量表的得分可以进行加减运算，但不能作乘除运算。确切地说，并不能通过等距量表计算得出比率。

等比量表是一种最高级和最精确水准的测量。这种量表有着其他量表所具有的所有优点，除此之外，还有着真正意义上的真零点（如高度、重量、时间、距离、速度）。因此，得分为零表示被测量的对象没有这一被测特征或属性。

这四种测量量表的一个重要特征是在有关精度等级方面是分层的。因此，更高级别量表可以很容易转换成较低级别的量表，但是，反之则不然。例如，一组英寸或厘米（即等距量表）的高度测量可以被转换成一个顺序测量（通过高度排序）或称名量表（通过高度分类，例如，高，中，矮）。但是，一个人很高的信息并不能为这个人的高度提供信息。这就意味着高水平的测量比低水平的测量提供的信息更多。此外，应当指出，在分析数据时，适用于较低水平测量（例如，顺序量表）的统计信息（排序）应该也可应用于更高水平测量（例如，等比量表）的数据。然而，反过来就不成立了。因此，研究者应尽量使用最高水平测量量表来收集数据。

测试工具的心理测量学属性

无论用于研究的是哪种定量测量方法，研究者都应该评估其基础样本的心理测量学属性。具体来讲，研究者应对每个样本产生的得分进行效度和信度的评估。

（1）得分效度

如第1章的叙述一样，效度需要测量工具评分所给出阐释的那种适当性。因此，研究者应该查找每次测量工具所用的得分效度的评断证据。效度的三个主要证据是：（1）内容效度（即测量工具对预期的感兴趣领域的测量程度）、内表面效度（即测量工具对于受访者的相关性、重要性和兴趣性的程度）、题项效度（即测试题项与对兴趣领域的测量有关的程度）和抽样效度（即对测量量表在取样方面的测量）组成；（2）校标效度（即测量量表得分能够预测其他测量目前［即同时效度］或未来［即预测效度］得分的程度）；（3）构想效度（即得分反应基本构想的程度）。在第1章中，考查图书馆量表的心理属性时，对效度的三个证据进行了更为详细的描述。

（2）得分信度

定量研究中，信度是指"测试行为的重复性，以及综合得分的一致性"[7](30)，或是指在特定时间点和条件下，量表用于测量特定个体所得评分的重复程度[4,100,416]。四种最常见的评估信度系数的方法是：（1）在两个或多个场合下对同一群体成员进行测量，并将成对的得分进行关联分析（即再测信度，或稳定信度），（2）在相同时间内，对同一群体成员进行两种不同方式的测量，并将成对的得分进行关联分析（即等值信度，或复本信度）；（3）在两个不同的场合，对同一群体成员进行两种不同方式的测量，并将成对的得分进行关联分析（即稳定性系数和等值性系数）；（4）评估测量中所有题项可选组合的评分信度（即内部一致性系数）。每次在实施测量时，都应对这些评估得分信度的方法进行适当的评估。在任何情况下，由于信度指数都是基于测量的（即一组得分），所以对等级量表、李克特量表和其他类似量表来说，应当计算出并记录下评分的内部一致性系数。在定量观察测量中，不管是评判者间信度的评估（即两个或多个评估者的评分信度），还是自身信度的评估（即同一评估者对同一个体进行两次或多次评估的得分信度），都应该被记录下来。（有关得分信度的更多讨论，读者可参看第1章和第5章。）

4.3 定性研究范式

研究设计

定性研究范式通常被认为是建构主义或自然主义方法[315]、阐释性方法[521]、后实证主义或后现代观念[597]。对定性研究者来说，唯一的事实是定性研究范式由参与研究的个体构建。因此，多重现实存在于既定的环境中。研究者需要据实完整地记录这些事实，并完全信赖报告者的阐释。

定性研究者经常通过寻求缩小自己与研究对象之间距离的方法，而与研究对象相互作用。定性研究者承认研究是具有价值性的，并主动报告他们的价值观和偏见，以及从研究中收集到的信息具有的价值本质。研究语言往往以第一人称方式书写，比实验报告更个性化。与定量研究者相比，定性研究者通常使用不同的术语。定性研究中，由于话题中存在的信息太少，所以需要研究者努力去探索出研究问题。大多数变量都是未知的，所以研究者会把重点放在对所研究现象形成认识的环境下。在许多定性研究中，理论基础并不能指导研究，原因在于这些可利用的理论是不充分的、不完整的或者缺失的。定性研究者倾向于利用逻辑归纳的形式。这种推理提供了基于语境的典范信息，或得出有助于解释现象的理论。从广义上讲，定性研究是对文字和观察材料的收集、分析及解释。进行定性研究，是为了提高洞察力，有利于对整个情境和抽象概念的理解。定性研究的结果是理论的发展或扩充。

克雷斯威尔（J. W. Creswell）将定性研究的过程分为引入和施行两部分[97]。据这一概念所述，引入是定性研究程序的初始阶段，包括下列要素：问题的陈述、研究的目的，问题及次要问题的罗列、定义、划界及局限性和研究的意义。施行部分包括以下内容：定性研究的假设和基本原理、采用的设计类型、数据采集过程、数据分析过程、验证方法和研究成果及其与理论和文献的关系。正如克雷斯威尔所述，定性研究的主要类型包括历史研究、案例研究、现象学研究、人种学研究和扎根理论研究[97]。下面将依次对每一种研究类型进行描述：

历史研究

历史研究，是指对遥远过去发生的事件的一种叙述性描述或者分析。历史研究是非常有用的，因为它通常是在阻止过去的错误重复发生并从帮助我们了解当前形势的努力中发展出来的。从记录、人为结果或口头报告中获得数据。读者可能还记得，历史研究是五种定量研究设计中的一种，或许想知道它和目前正在讨论的设计是否不同。其实，定量范式下的历史研究不同于定性范式下的历史研究。对于前者，重点在于收集数值数据，尤其是测试关系或差异的假设。事实上，定量历史研究设计通常被称为历史编纂学。而定性历史研究指的却是事件的集子和人物传记等。

案例研究

案例研究指的是对一个具有时间和活动特征的单一实体或现象（即"案例"）的探索[99,171,266]。案例可能是一个事件、一个过程、一个程序、一个机构、一个个体或某一特定群体。案例研究是在持续一段时间内，采用多种数据采集方法，收集案例的详细信息。那些因与众不同而备受关注的案例（即内在案例）有可能会成为研究对象。或者，可能是从其他案例中选择一个案例出来作为基本问题的实例进行研究（即工具性案例）。多案例研究可以用来对一个主题进行深入探究（即系列案例研究）[99]。

现象学研究

现象学研究，是一种归纳性、描述性研究，是为了掌握整个人类的反应，而不仅仅是了解特定部分或行为[97]。现象学研究的目的在于对个体的亲身经历进行描述。作为一种研究方法，现象学研究流程是指通过持续观察、长期参与以及三角校正，形成有用的模式和关系[315]。通过此过程，研究者利用他们自身的经验，对受测者的体验进行推断。一个现象学研究的例子为奥韦格布兹研究中的定性研究部分[382]。奥韦格布兹试图对研究生在进行研究时的全部体验进行研究[382]。

人种学研究

人种学研究是指通过对某一文化背景下（此处的"文化"是指广义上的）成员进行深入研究，从而对文化进行调查研究。这种研究类型是在自然背景下，通过长期收集原始观察数据，试图对一个完整的原始文化群体进行研究[97,98,99,171,266]。研究程序非常灵活，通常根据特定背景下活生生的现实环境而进行设计。根据克雷斯威尔的观点[99]，人种学研究设计通常包括以下几个特点：（1）对源自文化人类学的文化主题的探索；（2）对共同文化群体的调查；（3）对行为、态度、信念和语言的共同模式的研究；（4）对实地考察所得数据的收集；（5）对文化共同群体主旋律的辨别、描述和分析；（6）对主题的描述和对特定背景、环境和时间内群体的解释；（7）研究者对他们在研究场所、文化群体及其反应方面的影响的反省。

扎根理论研究

扎根理论研究利用多阶段的数据收集，然后细化信息范畴，并通过它们之间的联系建构相关理论[533]。克雷斯威尔将扎根理论定义为"用来形成理论的一个系统性的定性程序，所形成的理论能从广义的概念层次上解释关于一个实质性主题的过程、行为或相互作用"[99](439)。这种设计的两个主要特征是对数据和新范畴进行不断比较和为了将信息的相似性和差异性最大化而对不同群体进行理论抽样[315]。克雷斯威尔对扎根理论研究的特点做了以下几点概述[99]：（1）研究的是与某一重要问题相关的一个过程，（2）抽样理论上是同步的和连续的数据采集和数据分析，（3）将数据和新理论进行不断比较，（4）选择一个核心范畴作为理论的主要现象，（5）产生一种可以解释所观察过程的理论。

据克雷斯威尔的理论，有三种主要的扎根理论设计，即：常规设计、新兴设计、建构主义设计[99]。常规设计，是一种最精确的设计类型，强调在数据分析步骤中利用开放编码（即通过分割信息，形成关于基本现象的初始信息范畴）、主轴编码（即选择一个开放编码范畴，将其作为研究程序的中心，并与其他范畴相关联）和选择性编码（找出主轴编码阶段各范畴之间的关系，在此基础上发展和编写出一种理论）。与常规设计相对比，新兴设计可以不必利用像是在主轴编码阶段所用的特定预置范畴，而直接从数据中得出一个新理论。最后，建构主义设计注重个人的观点、态度、信念、价值观、情感、哲学和假设，而不是对事实的关注和对行为的描述。扎根理论研究者应该事先决定哪种设计类型最适合他或她的特定研究。

克雷斯威尔确定了扎根理论设计的八个步骤：（1）确定扎根理论设计是

否是解决研究问题的最好方法,(2)确认调查过程,(3)寻求进行研究的方法和接近研究现场的途径,(4)进行理论抽样,(5)数据编码,(6)采用选择性编码并形成理论,(7)验证新理论,(8)撰写扎根理论研究报告[99]。

扎根理论方法强调观察和变量之间基于实践的直观关系的发展。研究过程包括构想和对命题的测试及重建,直到形成最终理论。因此,通过这类设计得出的理论是一种过程理论。扎根理论设计中一个优秀的例子是前几章介绍过的梅隆对图书馆焦虑的划时代研究[349]。

数据采集的方法

除了选择适当的研究设计之外,定性研究者还必须确定在数据采集中要使用哪种方法。正如定量研究一样,不论选择哪种定性研究设计,研究者都必须确定选择什么人做研究,从每个受试者处要收集哪些信息以及如何收集这些数据。虽然定性研究的目的不是使样本普适于母体,而是获取每个受试者的意见,但是选择谁参与研究仍然是一个采样问题[92]。事实上,选择谁参与研究的决定不仅在定量研究调查中是很重要的,在定性研究调查中也同样重要。同时,解释主义者还必须决定收集哪些信息以及如何来收集数据。

抽样

在决定选择什么人做研究以及如何来选择这个样本之前,定性研究者必须确定这个研究的目的是什么。如果研究的目的是使研究结果推广到母体(即证实),那么研究者应努力选择一个随机、大型的样本,这样定量研究中的采样会变得非常切题。相反地,一般情况下,如果研究目的不是将结果推广到母体,而是为了对某一特定场合下的主流方法(如教育的、心理的、社会的)进行深入探究,那么定性研究者会有目的地选择个体、群组和环境。此外,在这些例子中,定性研究者会有目的地尽量选择那些能最大限度体现基础现象的个体、群组和环境。因此,定性研究中的采样通常称为目的抽样。在此,通常会考虑选择那些"富含信息"的个体、群组,和环境[446](169)。

迈尔斯(M. Miles)和休伯曼(A. M. Huberman)确定了目的抽样的16种策略[356]。这些策略根据其是在数据采集之前使用还是之后使用而有所区别[99]。而且,每种策略的适应性都取决于研究目标和研究问题。这16种策略分别是最大变异抽样、同质抽样、关键个案抽样、基于理论的抽样、证实的/

非证实的案例抽样、雪球抽样/链式抽样、极端案例抽样、典型案例抽样、深度抽样、重要政治个案抽样、随机目的抽样、分层目的抽样、效标抽样、机会抽样、混合目的抽样和便利抽样。下面将对每一种策略进行讨论。

（1）最大变异抽样

目的抽样的第一种类型被称为最大变异抽样。这种方法将特意广泛地选取各种个体、群组和环境，以便实验能涉及全部或大多数类型的个体、群组或背景。通过这种方式，可以呈现多种对个体的看法，从而体现世界的复杂性[99]。例如，图书馆研究者可能先在一个特定的学院里找出学生所说语言的种类，然后有目的地选择一个样本，其中每一种语言都得以体现。

（2）同质抽样

与最大变异抽样形成鲜明对比，同质抽样所包含的抽样个体、群组或环境都具有类似的属性或特征。研究中被选定的受试者均是从子组或者单元中选择出的具有特色的成员。这种方法常被用于选择焦点小组。

（3）关键个案抽样

关键个案抽样通常会选择那些能突出所研究现象的个体、群组或环境，这样研究者可以从中了解到更多无法在非关键个案抽样中获得的信息。例如，在对图书馆员倦怠状况的研究中，研究者可能会选择员工流动率较高的图书馆。

（4）基于理论的抽样

基于理论的抽样会选择那些有助于定性研究者提出或扩展某一理论的个体群组或背景。举个例子来说，梅隆选择一个基于理论的目的抽样，以发展她对图书馆焦虑的理论[350]。

（5）证实/非证实的案例抽样

这种形式的抽样通常在数据采集开始之后使用。证实/非证实的案例抽样是一种有目的性的策略，在研究过程中用以追踪特定案例，对初步调查结果进行探索或确认。前者（即探索）趋于完善对结果的解释，而后者（即确认）通常用于协助数据验证。

（6）雪球抽样

这种抽样方法与定量研究者所使用的链式抽样是相同的。像定量研究一样，雪球抽样是一种目的抽样方式，通常在数据收集开始后出现。雪球抽样要求已被研究选定为受试者的人员招募其他受试者。

（7）极端个案抽样

极端个案抽样研究的是异常案例或者一些表现出极端特性的案例。这个过程是先选择极端案例，然后对其进行比较。例如，研究者可能会把一个非常大的图书馆和一个非常小的图书馆进行比较。或研究者可能把在思想、情感、认知及行为方面有较高图书馆焦虑的学生与焦虑程度较低或者根本没有焦虑的学生进行比较。这一策略的道理在于极端案例可能产生大量密集数据。

（8）典型案例抽样

在典型案例抽样中，研究者会选择典型的或普通的个体、群组或环境进行研究。目前的问题是要确定什么是典型案例。研究者应咨询一些研究领域的专家，以便对哪些例子是典型现象而应当加以研究形成一个概念[266]。例如，研究者可以对一名在图书馆工作达到当地平均工龄的图书馆员进行研究。

（9）深度抽样

在深度抽样中，研究者对那些最能代表某一现象但又不至于太过极端的个体、群组或环境进行研究。例如，研究者可能对几名图书馆焦虑程度较高但又并非异常的个体进行研究。

（10）重要政治个案抽样

重要政治个案抽样中，研究者需选择或排除那些在研究中与政治敏感问题有关的特别被调查对象[356]。例如，调查者可能会选择一个图书馆馆长进行研究。

（11）随机目的抽样

随机目的抽样中，研究者从有目的选取的抽样框架中随机地选择案例。也就是说，研究者首先获得研究所感兴趣的个体列表（即有针对性的抽样框架），然后从列表中随机选择所需数量的个体进行调查。虽然迈尔斯和休伯曼[356]及其他定性方法论者都没有明确指出，但是在随机目的抽样中研究者可以利用任何一种在定量抽样技术中被讨论的随机抽样技术（包括简单随机抽样、分层随机抽样、整群随机抽样、系统随机抽样、多阶段随机抽样）。据迈尔斯和休伯曼的观点，"当潜在目的样本过大时，随机目的抽样可以增加样本的可信度"[356](28)。

（12）分层目的抽样

分层目的抽样与分层随机抽样类似，将抽样框架分成子组，使得每个子组内的成员都有着相对同性质的兴趣变量,且与其他子组的成员又相对地存在不同。为了获得一个分层目的抽样,首先将抽样框架分为两个亚群,称为层;然后对每一个层进行目的抽样。分层目的抽样的目的在于获得所期望的相关子组的代表性样本。这种采样方案便于群组之间的相互比较[356]。例如,致力于研究语言对图书馆焦虑的作用的研究者可能会使用分层目的抽样技术,选择一个样本,使其中语言以期望的方式分布。

(13) 效标抽样

校标抽样会选择满足某一标准的个体、群组或环境。例如,研究者可能会选择那些至少参加了一门书目指导课程的学生。根据迈尔斯和休伯曼的观点,这种抽样技术通常被用于质量保障检测中[356]。

(14) 机会抽样

机会抽样是指研究者在数据采集阶段利用机会选择重要案例。这些案例是典型的、消极的、极端的或关键性的案例代表[266]。研究开始后,为了能充分利用不断发展的事件,就会发生机会抽样。因此,抽样是在研究过程中出现的。在研究中,当研究者无法或不愿对每一案例进行提前调查时,这种形式的抽样就特别有用。在使用这种技术时,研究者必须注意不能偏离原来的研究目标和宗旨。目的抽样可能会产生有用的、意外的结果。例如,研究图书馆焦虑时,研究者最开始可能会对图书馆用户进行一个随机目的抽样。而在数据采集过程中,研究者发现某个患有图书馆焦虑的学生已经找到一种方法来应对他或她的焦虑水平。因为对这类学生的研究可能会为学生如何解决严重的图书馆高焦虑问题提供新的见解,所以研究者会对这一个体进行更深入的研究。

(15) 混合目的抽样

这种抽样是几种抽样策略方法的混合。例如,一个研究者开始可能会选择两个样本:一个通过极端个案抽样获得和另一个通过典型案例抽样获得。研究者可以对两个样本的结果进行比较。因此,混合目的抽样有助于产生三角校正数据[356]。

(16) 便利抽样

定性研究者所采用的便利抽样技术与定量研究者使用的便利抽样技术是一样的。也就是说,便利抽样是选择这个时间点上恰好方便且愿意参加实验的个体或群组。

样本量

除了选择抽样方案之外，定性研究者还必确定样本量。正如前面所介绍的，定量研究者有选择样本的准则。特别是他们可以进行优先功效分析，以确定一个合适的最小的样本。然而，在定性研究中并没有明确规定出样本选取的规则。林肯（Y. S. Lincoln）和古帕（E. G. Guba）建议，确定样本量最重要的标准是信息冗余[315]。换句话说，林肯和古帕建议，当无法再从新单元中提取新信息时应终止抽样。也就是说，在定性研究中，如果额外的单位产生了数据饱和，则样本量就足够了[315](202)。

不幸的是，对于大多数刚开始的定性研究者来说，林肯和古帕著述所建议的样本量还不够明确，对他们没有起到真正的帮助作用[315]。因此，奥韦格布兹和利奇概述了如何实行他们所称的定性功效分析（qualitative power analyses）[435]。基于奥韦格布兹的论述[404]，一些作者提出了自己的观点，即在定性研究中，源自于个体的语言或从特定的环境中所得到的观察数据均可以作为数据的样本单位，代表这一样本成员或背景的语言或观察数据的总数。这就是为什么方法论学家建议在定性研究中需要持续观察和长期参与[315]。此外，奥韦格布兹主张①，在解释数据时，定性研究者应将研究中产生的语言和观察数据的样本推广至能代表基本背景的语言和观察数据的母体（即真实的空间）。

因此，奥韦格布兹和利奇建议在决定一个合适的样本量之前，定性研究者应确定一个解释性研究的语料库，其中，这种解释性研究所用的设计正如所述的在数据达到饱和的研究（例如扎根理论研究、人种学研究）中一样[435]。然后，研究者应该秉着在调查使用的范围内选择样本量的原则，审查研究中所使用的样本量。另外，当选择观察或访谈作为数据采集方法时，奥韦格布兹和利奇认为[435]，研究者应该利用现存文献确定所需要的观察或访谈的合适数量，以及每一次观察或访谈所需要的合适时长，即已达到林肯和古帕提出的持续观察和长期参与的标准[315]。

更具体地说，一些方法论学家为定性研究中的样本选择提供了更明确的指导。特别是，克雷斯威尔认为定性研究者应该：

---

① 原著正文中标注的参考文献"in press – d"在文后的参考文献中缺失——译者注

- 以人种学方法研究一个具有共同文化背景的群组
- 案例研究中，考查3~5个案例
- 扎根理论研究中，采访15~20人
- 叙事研究中，探究一个个体的叙事的故事[99](197)

此外，克雷斯威尔建议，在现象学研究中应该采访10名以上的人，在扎根理论研究中如要获得详细数据应采访20~30人[98]。约翰逊（B. Johnson）和克里斯滕森（L. Christensen）建议焦点小组通常含有6~12个人[266]。最后，虽然通常不会存在这种情况，但是如果定性研究者的目的是为了推广研究结果，那么在条件允许的情况下应用随机抽样技术尽可能选择大的样本。不幸的是，相当多的定性研究者发现很难避免通过小样本得出对整个母体的推论[417]。

方法

收集定性研究资料的方法可分为以下四种类型之一：（1）观察，（2）访谈，（3）文献，（4）视听资料。观察指通过观察个体、群组和环境收集第一手资料的过程。与定量研究者相反，解释主义者一般不会利用由其他研究者开发的量表，而是会自己设计数据采集工具。有效的观察包括对细节的注意、良好的倾听技能，以及对数据可信度威胁（如观察对象的欺骗）的处理[206]。研究者可以承担参与性或非参与性观察者的角色。参与性观察者在他们所观察的环境下参与活动，因此他们承担着"当事人"观察者的角色。参与性观察者在参与活动的同时记录下观察的结果。反之，非参与性观察者是在没有参与活动的情况下记录观察结果，故充当"局外人"的观察者。在观察过程中所记录的观察内容被称为现场记录。

访谈是指研究者要求被选中的一个或多个个体对一系列开放式问题进行回答，然后记录下其回答的一个过程。然后，将此信息转录到数据文件中，以便用于接下来的分析。访谈可以是结构化、非结构化或半结构化的。在结构化访谈中，主要关注的是一些封闭式的应答。而在非结构化访谈中，需要的则是开放式的应答。最后，在半结构化访谈中，封闭式和开放式两种应答都会出现。访谈可能包括一对一访谈、焦点小组访谈、电话访谈或电子邮件访谈。一对一访谈是一次对一个人进行的访谈，这些访谈都是劳动密集型的访谈类型。焦点小组访谈，是指对一组人的访谈，通常包括4~6人[99]或6~

12人[266]。在这种访谈中，研究者会询问少量的一般性问题，从而探出群组中所有人的答复。电话访谈，是一种利用电话来收集信息的访谈过程。电子邮件访谈，则是通过网站、论坛或者互联网的形式，对个体进行采访从而收集信息的访谈。

文献是第三种信息源，包括定性研究员已获取的公开的和保密的记录。这些文献包括报纸、个人日志和日记、官方备忘录、信件、个人随笔、电子邮件、会议记录、公共领域的记录以及图书馆保存的档案材料。

视听材料由为帮助定性研究者了解基本现象所收集的图像或者声音所组成，包括照片、数码影像、录像、图片、绘画以及身体痕迹影像（如指纹）。

4.4 混合方法研究范式

实用主义的出现

前面两节已经对研究设计中三种主要研究范式的其中两种进行了详细说明。在讨论第三种研究范式——混合方法研究范式之前，需要阐述一下每一种范式出现的历史背景以及各范式间主要的异同点。自19世纪后半叶以来，发生了一场激烈的有关定量和定性研究范式的辩论。从这些辩论中，衍生了两种纯粹主义者：定量纯粹主义者和定性纯粹主义者。定量纯粹主义者的假设与实证主义哲学是一致的，而定性纯粹主义者（例如，后实证主义者、后结构主义者和后现代主义者）则断然否决了这种实证主义。

20世纪初之前，在物理科学以及其他领域中，研究都基于本体论、认识论、价值论、修辞学和方法论的逻辑实证主义（一种倡导探索知识原因的科学哲学）假设。很快，逻辑实证主义在科学领域占据了主导地位，可以正式系统地收集"硬"数据，并对其进行客观地验证。为通过利用概率和推理模型对现象进行解释、预测和控制，开发了分析这些数据的数学和统计程序。

在20世纪初，社会科学家开始认真地思考利用物理学的科学方法来研究人类行为是否合理[521]。特别是，在这些社会科学家中出现了两位著名人物——法国哲学家、实证主义奠基者孔德（Auguste Comte）和德国哲学家狄尔泰（Wihelm Dilthey）。孔德的实证主义哲学是对科学方法利用的最大支持，而狄尔泰对科学的解释/诠释方法被认为是对实证主义的第一次严重挑战[520]

孔德认为，人类行为应被视为实体，就像物理科学家对待物理现象的方式一样。他断言观察者可以与被观察的目标分离开来。也就是说，他主张行为和社会科学家应独立于所观察的实体之外。同意孔德观点的人进一步提出，社会科学研究是价值中立的，同时与时间和背景无关的归纳也是可行的，而且可以有效可靠地确定行为与社会科学成果的真正因果关系。因此，社会科学研究者应该努力摆脱自己的偏见，超越先入为主的常识，而不让自己对研究对象做出情绪化的处理[520]。社会科学实证学家欣赏处于中立的无价值观科学家们。根据上述观点，应使用客观意见和专业术语，用特定的正式写作风格，对研究结果进行传播，这主要聚焦在社会规律的发现上。

狄尔泰挑战了实证主义的核心意识形态，为行为与社会科学提出了另一种方法论。他指出，物理学处理的是独立于人类的无生命物体，而行为与社会学以人类思维的过程和结果为重点[151,223,224]。因此，狄尔泰主张，由于研究对象存在根本性的差别，所以不应该使用物理学的方法对人类行为进行研究。他进一步辩称没有客观的社会实体存在。不幸的是，他面临了一个无法解决的困境。也就是说，狄尔泰推断，如果意义取决于背景且存在着多重实体以至于形成阐释性理解，那么阐释将取决于诠释者。鉴于这种情况，狄尔泰质疑是否存在一种最佳诠释；如果存在，最佳诠释又是如何得出的。因此，他在非本体的认识论假设和本体的准则愿望之间进退维谷[520]。不幸的是，狄尔泰无法找到一种解决这个两难境地的办法[238]。

德国社会学家韦伯（Max Weber）深受狄尔泰的影响。然而，在一些重要方面韦伯并不同意狄尔泰的观点。特别是，他认为物理科学和行为与社会学之间存在不同并不是因为研究对象存在着固有差异，而是因为对研究对象感兴趣的地方不同[520]。尽管如此，韦伯认为定量和定性的研究范式都有严重的局限性。具体来说，韦伯主张，实证主义不会赋予一种行为和社会实体含义，而唯心主义则不承认一种社会实体可成为主流实体的可能性。因此，对于狄尔泰的问题，韦伯的解决办法是试图将实证主义者和解释主义者的观点统一起来[444]。可惜，韦伯最终并没有将定量和定性范式融合起来[445]。因此，进入20世纪不久，这两种范式出现了彼此间的直接对立。这种两极分化状态一直持续到第二次世界大战。

在20世纪50年代和60年代之间，出现了后实证主义[207,457]。后实证主义是定量和定性范式之间的妥协。例如，后实证主义认为实体是建构成的，研究受调查者的价值观影响,同时,他们认为行为与社会现象之间存在一些合法、规律性的稳定关系。然而,这一思想流派的倡导者更倾向于利用演绎逻辑,大多数研究均受假说和理论的影响,用客观的意见以一种主流的正规写作风格将研究结果呈现出来。

不久之后,后实证主义导致了更多激进范式的出现(如建构主义、解释主义、自然主义)。许多代表新的特立独行范式的理论家开始对后结构主义、后现代主义等新范式的优越性和排他性进行辩论。这些理想主义者声称,存在大量的多重建构实体(如相对论),无法提供与时间和背景无关的归纳,研究受价值影响,逻辑流程是从特殊到一般,不能区分因果关系,观察者和观察对象是联系在一起的,认知者和已知内容是不可分的。通过使用个性化的语言和最小化定义,他们的一种特征成为他们非正式的写作风格。极端的相对论者,像实证主义者一样,非常相信他们范式的纯洁性,提出了不相容性论点(Incompatibility Thesis)[230],认为范式和方法不能也不应该混在一起。

由坎贝尔(D. T. Campbell)和费斯克(D. W. Fiske)开发的验证心理特质的多质多法为实用主义者运动提供了动力。坎贝尔和费斯克促进了这样一个过程的发展,即研究者会收集多质的多项测量,然后通过至少两种方法对每一种测量进行评估[71]。然后,将得分关联到并放入所谓的多质多法模型中。通过检查这个矩阵,以及确定某一特质的测量间的相关度是否比用其他方法对不同特质测量的相关性更高,研究者可以确定这种特质是否更有效。从这些相关性中提取的信息为不同类型的效度(如效标效度、构想效度)提供了证据。如今,这种多质多法技术是量表开发者经常使用的。

20世纪60年代,在坎贝尔和费斯克的带动下,实用主义者开始提倡使用混合方法(即定性和定量相结合的研究设计)[71]。在20世纪80年代,混合方法很盛行。在20世纪90年代,随着这一流派的最新发展,即对混合方法数据分析的综合框架进行细化[441],出现了混合模式的研究(即在研究程序的不同阶段,将定性和定量的技术整合起来)[537]。

实用主义者接受因果关系的存在,但又认为对大多数因果联系无法确定。此外,实用主义者接受外部实体,同时也认为价值对结果的解释起着重要的作用。但是,他们相信主观和客观看法都存在。实用主义者运用归纳和演绎法推理,使用最能达到预期结果的解释说明和整合正式及非正式的写作风格,认为研究是受理论与假说、观察、事实及证据的影响。

实用主义哲学与相容性论点（Compatibility Thesis）[230,466]是一致的，这种论点认为定量和定性研究传统既不相互排斥，也不可以互换。相反，实际上两种范式之间的关系是一系列科学探究调查中的一种孤立事件[230,466]。此外，实用主义者断言，辨别逻辑并不能阻止研究者将定性和定量研究设计相结合。换句话说，实用主义者认为定量和定性方法之间存在一个错误的二分法，研究者应该充分利用两种范式，以了解行为和社会现象。

因此，正如罗斯曼（G. B. Rossman）和威尔逊（B. L. Wilson）所述，有关定量和定性研究之间的关系，流行着三大主要的思想流派[480]。纯粹主义者宣称，范式和方法不应该混合，应提倡单一方法研究。情境主义者认为，在某些情况下，采用特殊的方法更合适。最后，实用主义者试图将各种方法结合起来运用于一项研究中[97,537]，或者贯穿于一系列研究中[441,537]。这三种观点之间的差异在于每一种观点对定量和定性的方法可以共存且可以相结合的观点的认可程度[398]。事实上，正如奥韦格布兹所述，这三大阵营可概念化为一个连续体，其中，纯粹主义者和实用主义者分别位于连续体的两端，情境主义者则位于纯粹主义者和实用主义者之间[398]。

纯粹主义者和情境主义者的误解

正如奥韦格布兹所指出的，流行于定量和定性研究中的许多分歧源自于两大阵营支持者的错误想法和荒谬主张[398]。对实证主义者来说，他们的障碍来自其对"科学"概念的狭义定义。尤其是，实证主义者认为科学的本质是客观验证，而且他们采取的方法也是客观的。然而，实证主义者忽略了一个事实，即在整个研究过程中，做客观验证决策之前，许多研究就已经做了决定。例如，在开发获得经验数据的量表过程中，心理计量学家会试图选择那些能完全代表内容领域的题项[418]。然而，在量表开发过程中的每一个阶段，题项选择都是一种主观决定。因此，虽然量表的最终版本可能会带来客观的评分，但由于在其发展过程加入的主观性因素，所以评分产生的解释均不能达到100%的目标。因此，如定性研究一样，定量研究也存在固有的主观性。

此外，虽然在物理科学方面，对象的许多属性都可以近乎百分百的信度被测量出来，但是在社会科学方面，绝大多数测量所得的评分在一定程度上都是不可靠的。这是因为在社会科学领域所研究的要素通常是必须间接测量的抽象词（例如个性、成就、智力、动机、控制点）[416,418]。如不能达到

100%的得分信度就意味着有测量误差，也就是说，在某个解释过程中存在主观性。

奥韦格布兹针对定量研究中常见的主观性提供了一些其他例子，包括：在社会与行为科学研究中普遍存在的随机抽样缺乏，它影响了将研究成果推广到母体的程度；过分使用5%的显著性水平来检验零假设；变量可解释只有2%因变量方差的事实被认为具有统计学意义[398]。因此，在定量研究中绝对的客观验证是不可能的。正因为如此，在行为与社会科学领域，至少实证主义者所使用的技术不如解释主义者们所用的方法更具科学性。

解释主义者也同样应受到批判。特别是，他们认为对同一现象经常流行的多种、矛盾但却有效的解释很容易使人误入歧途，这是因为这种断言导致许多定性研究者采用一种"怎么都行"的相对主义态度，而没有对数据的合法解释给予足够的重视[394]。也就是说，许多定性分析方法"经常保持个性，而不可被公众检验"[93](254)。然而缺乏严谨性，我们何时能知道我们已知的内容是否值得信赖？

定量和定性研究方法的相似性

有一点是毋庸置疑的，范式论战中最令人烦扰的特性是对两大思想流派之间分歧的无休止关注。对于一些研究者和理论学家来说，这样的关注追求过度了。正如奥韦格布兹所述，"大多数定量－定性辩论都涉及论证法的实践，而这种实践却往往会倾向于混淆而不是澄清事实，而且会使教育研究者产生分化而不是团结"[395](4)。事实上，这两种主要的研究范式在两个亚文化群的研究中最为突出，"一种具有'丰富的、有内涵的观察数据'的优点，另一种具有'可信的、可归纳的'的调查数据的优点"[515](1335)。

然而，定量和定性方法的相似性与它们的差异性相比，相似性更占绝对优势。首要的是定量和定性方法均利用观测来解决研究问题。正如西科莱斯特（L. Sechrest）和斯达尼（S. Sidani）所主张的那样，这两种方法论均"对数据进行描述，从数据中建构解释性论点，并推测为什么会产生他们观测到的结果。[503](78)"

纯粹主义者并没有承认任何一方是因为定性和定量研究者所采用的技术在某些细节方面是相对类似的。特别是定性和定量研究者将保障措施纳入到研究当中，以使偏见及其他可能存在于研究中的无效来源最小化[393,486]。例如，定量和定性研究者通常会尝试对数据进行三角校正。此外，像解释主义者一样，定量数据分析者在一定程度上会试图为研究结果提供可行的说明，做出解释，并对结果的含义进行解释性和叙述性的总结[132]。

根据祖尔克（L. C. Dzurec）和亚伯拉罕（J. L. Abraham）的观点，数据的意义并不是直接依赖于数据采集的类型（即定性的与定量的）[132]。相反，其意义源于对数据的解释，无论这些数据是用数字还是文字表示的。定量研究者是在先验理论或基本概念背景下，使用统计方法和主观推论确定他们收集的数据代表的意义，而定性研究者则是利用现象学方法及其世界观做出决定的[132]。

两类研究者均选择和使用设计好的分析技术，旨在从数据中最大化地抽象出意义并控制数据以便使发现对他们有现实的实用性[132]。此外，两种类型的研究者都试图对社会与行为科学领域中普遍存在的复杂关系进行解释。因此，定量研究者利用多元技术[143]，而定性研究者则通过长期参与、持续观察及其他策略将丰富、有内涵的数据采集纳入到设计中[315]。

此外，定量和定性研究者均使用一定技术来验证结果。定量研究者采用多种控制程序和随机抽样技术，分别最大限度地提高研究结果的内部和外部效度[399]；而定性研究者则采用了无数的方法来评估定性研究的真值、信度、逼真度、审计度、可靠性或效度。这些技术包括长期参与、持续观察、三角校正、成员检查和从被调查者处获得信息反馈[393]。

有趣的是，数据处理对定量和定性研究者来说通常都是数据分析过程的一个基本组成部分。统计学者使用数据处理的方法，如因子分析和聚类分析，而解释主义者则进行主题分析和内容分析[404]。因此，多元分析中出现的因子类似于主题分析中的浮现主题。事实上，奥韦格布兹论证了如何对来自于定性数据分析的浮现主题进行因子分析，以获得他所谓的包含原始主题的元主题，并对这些主题之间的关联进行描述[404]。此外，复杂多元分析（如路径分析、结构方程模型、多层线性模型）的普及，再加上对概化理论的日益重视，使定量研究者能够比之前更好地将结果融入背景中。

正如纽曼（I. Newman）和本茨（C. R. Benz）所述，定量和定性研究是一个相互作用的闭联集，而不是两极对立的。更具体地说，理论是两种范式的核心[375]。在定性研究中，最常见的目标是理论的萌生和建构，而在定量研究中，最典型的目标是理论的测试和修正[375]。显然，传统不依赖于其他理论，各个流派也不可以代表整个研究过程。因此，为了更完整地了解现象，定量和定性研究都是必须的[375]。

如上所述，定量和定性研究之间存在许多相似之处。不管用哪种范式，行为与社会科学中的所有研究都是为了尝试了解人类及其周围世界。显而易见，虽然目前正如祖尔克和亚伯拉罕所认为的那样，某些方法更多的与某一被特定研究传统或其他研究相关联并被其利用，但"贯穿于方法和范式中的调查目标、范围和性质都是一致的"[132](75)。事实上，研究范式的纯洁性是指该阵营中的研究者与其基本假设相一致的程度。如果定量和定性研究者之间普遍存在着分歧，那么这些分歧并不是因为目标不同，而是因为两类研究者为达到目标所实施的策略不同[132]。这说明应当促进研究方法的多元化发展。实现这种多元化的最佳方式是让尽可能多的研究者在同一研究中将定量和定性方法结合起来。

混合方法研究设计

如上所述，坎贝尔和费斯克促进了多元研究法的使用[71]。几年后，韦伯、坎贝尔、施瓦茨和塞赫雷斯特创造了三角校正这个词[583]。然而却是邓津（N. K. Denzin）首先概述了如何进行三角校正[121]。邓津将三角校正定义为"在相同现象的研究中，各种方法论的组合"[121](291)。另外，邓津概括出了四种类型的三角校正法：（1）数据三角校正（即研究中使用多种数据来源），（2）研究者三角校正（即利用数个不同研究者），（3）理论三角校正（即利用多种理论解释研究结果），（4）方法论三角校正（即使用多种方法来研究问题）。

此外，邓津区分了方法内三角校正（指多种定性方法或定量方法的使用）和方法间三角校正（指定性与定量两种方法都使用）。他明显偏好于方法间的三角校正，认为：（1）通过利用这种混合方法，"当把某一特定数据源、调查者尤其是方法与其他数据源、调查者和方法结合使用时，可以消除其固有的偏见"[121](14)，（2）"结果是关于一些社会现象的事实集合"[121](14)。根据邓津的观点，三角校正法会产生三种结果，分别是趋同、不一致和矛盾。无论哪种结果占主导地位，研究者均可以对所观察到的行为或社会现象做出完美的解释。

同样，虽然三角校正法并不可能适合所有的研究目的，但是吉克

（T. D. Jick）指出了三角校正法具有以下优点[262]：（1）使研究者对结果更有信心；（2）促进收集数据创造性方法的发展；（2）可以发现矛盾；（3）能够产生更稳定、更丰富的数据；（5）可以导致理论的综合或整合；（6）由于其全面性，三角校正法可以作为竞争性理论间的试金石。

莫尔斯（J. M. Morse）提出了两种方法论三角校正类型：同步的或继发的[368]。根据该方法论学家的观点，同步三角校正法是指同时使用定量和定性方法，其中在数据收集阶段，两种数据源之间互动有限，但在数据解读阶段，结果间互为补充。相反，当一种方法的结果是下一种方法所必须的条件时，应该使用继发性三角校正法。

锡泊（S. D. Sieber）提出了一些定量和定性研究相结合的原因[515]，概述了在研究设计、数据采集和数据分析阶段，这一组合是如何生效的。例如，在研究设计阶段，定量数据可以通过确认具有代表性的样本成员以及无关受试者（即异常者）促进定性阶段的发展。在数据采集阶段，定量数据为提供基准信息发挥了重要作用，并且帮助避免"精英偏见"（只与地位高的人对话）。在数据分析阶段，定量数据可以促进对定性数据的普适化程度的评估，从而对定性结果进行新的阐述。

另一方面，在设计阶段，定性数据借助概念和量表发展促进研究中的定量成分分析。在数据采集阶段，定性数据可以促进数据采集过程的发展。最后，在数据分析阶段，通过解释、澄清、描述和验证定量结果以及理论修正，定性数据发挥着至关重要的作用。

罗斯曼和威尔逊确定了定量和定性研究相结合的三个原因：（1）通过三角校正法，定量和定性研究可以互相确认或证实；（2）启用或发展分析以便提供更丰富的数据；（3）通过注意两种数据源中出现的悖论，启发新的思维方式[480]。通过对罗斯曼和威尔逊观点的扩展，格林尼（J. C. Greene）、卡拉切利（V. J. Caracelli）和格雷厄姆（W. F. Graham）从广义角度概述以下五种混合方法研究目的：（1）三角校正法（即通过采用不同方法研究同一现象，寻找结果的收敛性和确实性）；（2）互补（即用一种方法的结果对其另一种方法的结果进行细化、优化、说明及澄清）；（3）发展（即用一种方法的结果帮助了解其他方法）；（4）启发（即发现可能会导致研究问题再构建的悖论及矛盾）；（5）扩展（即通过对不同的调查组分别使用不同的方法，扩大探究的广度和范围）[480,193]。

通过检视57个混合评估研究报告和利用这些程序的定义，格林尼等人得出的结论是：扩展是最常见的目的（41%），紧随其后是互补（33%）、发展（7%）、启发（11%）和三角校正（7%）[193]。格林尼等人还对影响特定混合方法设计选择的设计要素做了概述，即将其归类为（1）方法，（2）作为示范的框架，（3）调查现象，（4）不同方法下的相对状态，（5）执行标准[193]。

克雷斯威尔在其具有影响力的书中描述了以下五种混合方法设计类型：（1）两阶段研究：研究者首先进行定量研究，随后进入定性研究，反之亦然（这两个阶段是分开的）；（2）并行/同时研究：研究者同时进行定量和定性研究；（3）等效状态设计：研究者等同地使用定量和定性两种方法进行研究；（4）主导-辅助研究：研究者用一种单一的主导设计进行调查，在一定程度上辅以替代范式的一部分；（5）混合方法设计：最高程度的方法混合，研究者将研究过程中的许多或所有阶段的定量和定性研究者联合起来[97]。

塔什亚考里（A. Tashakkori）和泰德利（C. Teddlie）[97]，在克雷斯威尔列表[537]中增加了第六种混合方法设计类型，即：多层方法使用设计。在这种设计类型中，研究者在不同级别的数据集中，采用不同类型的方法。此外，这些方法论者将克雷斯威尔的"混合方法设计"改名为"混合模型研究"，并将其定义为"实用主义范式的产物，在研究过程的不同阶段将定性和定量方法结合起来的一种研究"[537](19)。

克雷斯威尔定义了以下三种类型的混合方法设计：（1）三角校正法设计，（2）解释性设计，（3）探索性设计[99]。三角校正法设计的目的是同时收集定量和定性数据，整合数据并利用结果，最大限度地提高对所研究问题的认识。解释性设计是指首先收集定量数据，然后再收集定性数据以便促进对定量数据的理解。最后，探索性设计是先收集定性数据，然后收集定量数据以便促进对定性数据的理解。

塔什亚考里和泰德利将两种主要的混合研究区分为混合模型研究和混合方法研究[537]。据这些理论学家所言，混合模型研究是对定性和定量研究中的要素或阶段进行混合。相反，在混合方法研究中，研究者系统性地在一个阶段使用一种方法，在其他阶段则使用别的方法。与混合模型研究相对比，在混合方法研究中，定性和定量阶段都保持完整且相互分离。因此，在混合方法研究中，定性研究和定量研究各占一个大的、综合研究的一部分。在混合方法研究中，"混合"一般是在研究程序的解释阶段进行的。

奥韦格布兹和约翰逊确定了混合模型研究的两种类型：阶段内混合模型研究和跨阶段混合模型研究[434]。阶段内混合模型研究是指研究者在三大主要研究阶段（即研究目标、数据采集、数据分析）的某一个或几个阶段内将定性和定量研究方法结合起来。这类研究是指至少在某一单一研究中的一个研究阶段进行混合。例如，研究者可以在研究目标阶段内，通过设计研究来回答一个或多个包含探索性（定性）和确定性（定量）的研究问题将两种方法进行混合。或者，研究者可以在数据类型阶段，通过收集定性和定量两种数据（例如，进行包括开放性和封闭性题项的问卷调查）实现混合。最后，研究者可以在分析类型的阶段中，通过定性（如确定浮现的主题）和定量（如确定关键词出现的频率）分析描述性数据，或通过定量（如计算描述性统计）和定性（如基于描述性统计结果形成范畴）分析数值数据，实现两种方法的混合[434]。

跨阶段混合模型研究，指在某单一研究中的两个或三个研究阶段，将定性和定量研究方法结合运用。例如，研究者可以把一种验证方法当做研究目标使用（定量法），收集定性数据（定性法），但是随后采用定量技术（定量法）进行数据分析[434]。

近年来，奥韦格布兹将混合方法设计按照以下三个维度进行分类：（1）混合程度（部分混合或完全混合）；（2）时间定位（并发或继发），（3）方法的侧重点（对等地位或主导地位）[400]。混合程度是指混合研究是部分混合（即在数据阐释阶段，定量和定性成分在混合之前，双方都是在各自的整体中同时或相继进行的）还是完全混合（即定量和定性技术的混合发生在研究过程的一个或多个阶段或者贯穿所有阶段）。时间定位，是指研究中的定性和定量阶段是在几乎相同的时间点发生的（即并发的），还是这两种方法是一个接一个的发生（即继发的）。最后，方法的侧重点是指在解决研究问题方面，研究中的定性和定量阶段是否有几乎相同的重要性（即对等性的），还是其中一个阶段的重要性明显高于另一个阶段（即主导性的）。

奥韦格布兹概括出一个基于三个维度交叉的矩阵：2（部分混合或完全混合）×2（并发或继发）×2（对等地位或主导地位），并提出以下八种混合研究设计类型：（1）部分混合并发对等状态设计（指定量和定性阶段同时发生，且具有基本相等的重要性的研究）；（2）部分混合并发主导状态设计（指定量和定性阶段同时发生，且其中一个阶段的重要性高于另一个阶段的研究）；

(3)部分混合继发对等状态设计（指研究中两个阶段依次发生，且定量和定性阶段有着同等地位）；（4）部分混合继发主导状态设计（指研究中，两个阶段依次发生，且其中一个阶段的重要性高于另一阶段）；（5）完全混合并发对等状态设计（定性和定量研究的混合发生在单一研究的一个或几个甚至贯穿三大组成部分，且在其中的一个、多个或整个阶段，定量和定性分析是同时发生的，且两大要素具有基本相等的重要性）；（6）完全混合并发主导状态设计（单一研究的一个、多个或整个组成部分中，将定性和定量研究相混合，且在其中的一个、多个或整个阶段，两者是同时发生的，而且其中一个阶段的重要性高于另一阶段）；（7）完全混合继发对等状态设计（在研究过程的一个、多个或整个阶段，将定性和定量研究相混合，且在其中的一个、多个或整个阶段中，定量和定性阶段是按照顺序发生的，并且两者具有几乎相等的重要性）；（8）完全混合继发主导状态设计（在研究过程中的一个、多个或整个阶段，将定性和定量研究进行混合，且在其中的一个、多个或整个阶段中，定量和定性阶段是按顺序发生的，且其中一个阶段的重要性高于另一个阶段）[400]。

　　到目前为止，在图书馆焦虑领域只使用过两种混合方法研究。具体来说，奥韦格布兹曾使用过[382]克雷斯威尔所谓的对等设计[97]，克雷斯威尔所认为的三角校正设计[99]和奥韦格布兹所称的部分混合并发对等状态设计[400]。

　　奥韦格布兹的研究[382]目的在于相互补充。具体而言，这类研究者试图用一种研究方法的结果对另一种研究方法所得结果进行详细阐述、强化以及澄清[193]。在奥韦格布兹研究中，定量研究的目标是确定在图书馆焦虑和其他学术焦虑（即统计焦虑和写作焦虑）中，哪一项能最好地预测学生撰写研究报告的能力。在奥韦格布兹的研究中，定性研究的目的是检验学生在撰写研究报告时所感受到的焦虑。

　　为了测试库尔梭 ISP 模型（在第 3 章中已经描述过）的适用性[289,290,291,292,293,294,295,296,297,298]，克雷克尔和她的同事进行了二分式调查[284,285]。类似于奥韦格布兹的研究[382]，克雷克尔的研究也包括对等状态设计[97]、三角校正设计[99]和部分混合并发对等状态设计[400]，其研究目的也是相互补充。事实上，正如克雷克尔和王所指出的，"研究整合了定量和定性设计，以便收集互补性的数据"[285](295)。研究的定量部分是一个准实验研究，目的是调查教学上的库尔梭 ISP 模型对高年级本科生的影响[284]，内容包括以下方面：(1) 与研究程序有关的思想意识，(2) 与研究程序有关的情感意识，(3) 研究中伴有的焦虑，(4) 对研究程序的满意度。定性部分是指对这些受试者的下列描述进行内容分析：(1) 撰写研究报告时，记忆中的过往经验（在学期开始之前采集），(2) 目前的课程研究报告经验（在学期结束时采集）。

数据采集的方法

在选择研究设计的同时，混合方法研究者必须确定数据采集中要使用的方法。无论选择哪种研究设计，混合方法研究者必须决定抽样方案、样本量以及要使用的量表。

抽样

混合方法研究者有这样的优势，即他们可以选择前文所述的任何一种与定量和定性范式有关的抽样方案。事实上，正如由奥韦格布兹和利奇所述，在消除冗余后（如便利抽样、目的抽样、链式抽样），对混合方法研究者来说，有22种抽样设计可供选择[436]。这22种设计包括5种概率抽样方案（四种随机抽样和一种多阶段抽样）和17种非概率抽样方案（前文所述的16种方案和一种定额抽样方案），具体为：随机抽样、分层随机抽样、整群随机抽样、系统随机抽样、多阶段抽样、定额抽样、最大变异抽样、同质抽样、关键个案抽样、基于理论的抽样、证实的/非证实的案例抽样、雪球抽样/链式抽样、极端个案抽样、典型案例抽样、深度抽样、重要政治个案抽样、随机目的抽样、分层目的抽样、效标抽样、机会抽样、混合目的抽样和便利抽样。

与奥韦格布兹和利奇的概念化[436]一致，坎伯（E. A. Kemper）、斯特林菲尔德（S. Stringfield）和泰德利将混合方法抽样技术细分为概率抽样技术和目的抽样技术[272]。此外，坎伯等人表示，多层次混合方法研究通常"要求至少有一级的概率样本和至少一级的目的样本"[272](286)。正如这些方法论者所指出的，"在方法论所有组成部分中，广泛了解抽样技术大大增加了获得内容丰富且范围宽广的结果的可能性"[272](292)。

方法

在数据采集策略方面，约翰逊和特纳（L. A. Turner）将方法内混合策略和方法间混合策略区别开来[267]。据他们的观点，方法内混合是指同时或相继使用单一的定量和定性的数据采集方法（例如问卷调查）。例如，在设计一份确定图书馆用户习惯的调查问卷时，如果一种量表的单一表单中同时使用了开放式和封闭式题项或在单一研究调查中相继使用了开放式问卷和封闭式问卷，那么数据采集策略应该被设定为方法内混合。在任何情况下，方法内混合或者是指在单一方法中的定量和定性方法的合并，或者采用一种既不是纯粹的定量方法，也不是纯粹的定性方法的策略[267]。

相反，方法间混合指同时或顺序地混合两种及其以上的方法。例如，一图书馆研究者，可能对同一框架内的相同或不同的样本成员采用测试和访谈两种方法。方法间混合规定，在单一研究中使用多重（即不同）方法。这些多重方法可能是完全的定量方法、完全的定性方法、完全的混合方法或定量和定性相结合的方法。正如约翰逊和特纳所指出的，"在许多情况下，定量和定性方法的混合，其结果是使研究者获得对调查现象的准确和完整的描述"[267](299)，"通常会使得信息更全面，结果更确定，使研究总体上更值得信赖"[267](316)。

约翰逊和特纳对混合方法研究中的六种主要数据采集策略进行了讨论。这六种方法是：（1）在一个或多个问卷中，开放式和封闭式题项的混合（约翰逊和特纳称之为第2型数据采集）；（2）深度和广度访谈的混合（第5型数据采集）；（3）"优先的"和"新兴的/流动的"焦点小组策略的混合（第8型数据采集）；（4）标准化的开放式和封闭式预设计测试的混合（第11型数据采集）；（5）标准化的/证实的观察和无结构化的/探索性的观察的混合，其中研究者的身份在受试者和非受试者之间互相交替（第14型数据采集）；（6）非数值和数值文件的混合，包括基于开放式和封闭式题项的归档数据（第17型数据采集）[267]。

对于第2型数据采集，采用方法内混合问卷法的研究者将实行一包含开放式和封闭式题项的调查。或者一条款目是由一个固定应答的选项（例如特定的种族类型）与一个开放式应答的选项（例如"其他"类型）混合而成的。一个方法间混合调查问卷法可能先进行采访，然后利用结果来设计调查问卷。这是一个继发性的方法间混合的例子[267]。

第5型方法内数据采集指利用一个标准化的开放式访谈的方法。这种访谈方法首先要进行一个能产生定性数据的开放式访谈；同时，访谈提纲中的措辞和问题的顺序都不能改变,以保证整个访谈过程中的陈述是连续的。或者,研究者可能在一个访谈提纲中涉及开放式和封闭式两种题项,也可能在一个调查的两个或多个提纲中包括这两种题项。对于方法间混合,可将访谈与其他数据采集方法相结合。例如,图书馆研究者可以将开放式访谈与(主要的)封闭式调查问卷结合起来。

第 8 型方法内数据采集指的是焦点小组法的混合类型。据约翰逊和特纳的观点,这是一种最常见的焦点小组法类型[267]。数据采集时,研究者或主持人会问一些开放式和封闭式的问题。主持人一方面允许群组偏离主题扯到相关领域,另一方面又努力保证受访者集中在主题上,必要时还要引导其回到中心议题。通过将一焦点小组访谈与其他数据采集形式相结合的方式,焦点小组法也可以被用于方法间混合。特别是焦点小组访谈可以被用于(1)探索目标,以确定小组成员对某一研究课题的信念、观念和(或)态度;(2)了解定量研究中调查问卷和访谈的发展(即发展论[193]);(3)定量数据采集(例如通过实验)之后,提供研究后的反馈意见;(4)给出事先收集的定量数据的效度;(5)通过帮助解释其他数据采集方法的结果,增加推断的质量[267]。

第 11 型方法内数据采集指的是进行混合测试。据约翰逊和克里斯滕森的观点,混合测试是指开放式和封闭式项目相结合的测试[266]。例如,一个既包括多项选择题目,又包含写作题目的测试。通过与其他数据采集类型相结合,测试也可以被用于方法间混合。例如,测试与开放式调查一起进行,得到关于受试者对测试态度的信息。

第 14 型方法内数据采集是指进行方法内混合观察的研究者将定量和定性观察的各方面混合起来。例如,研究者可能会将一种优先的观察协议与观察期中不同时间点的大量现场记录相结合。或者,研究者可能在一个单一研究中,分别进行定量观察和定性观察。关于方法间混合观察,调查者将采用标准化封闭式协议的观察与观察得到的个人自陈式报告相结合。

最后,第 17 型方法内数据采集是指利用数值信息和非数值信息相结合的二手数据(例如档案资料、个人文档、物理数据)。通过将档案数据与其他数据采集类型所得数据相结合,二手数据也可以被用于方法间混合。例如,图书馆研究者可能会在书目指导课程(基本数据)结束时进行一次知识测试,然后将测试结果与存档的考前调查结果(二手数据)进行比较。

4.5 本章概要和结论

本章讲述了一个与定量、定性和混合方法研究范式有关的研究设计类型学。有关定量研究范式，概述了以下五种研究设计：历史研究、描述性研究、相关性研究、因果比较研究（即准实验研究）和实验性研究。关于定性研究范式，描述了以下五种研究设计：历史研究、案例研究、现象学研究、人种学研究和扎根理论。关于混合方法（即实用主义）研究范式，确定了以下几种研究设计：两阶段研究、并行/同时研究、等效状态设计、主导－辅助研究、混合方法设计、混合模型研究、阶段内混合模型设计、跨阶段混合模型设计、部分混合并发对等状态设计、部分混合并发主导状态设计、部分混合继发对等状态设计、部分混合继发主导状态设计、完全混合并发对等状态设计、完全混合并发主导状态设计、完全混合继发对等状态设计、完全混合继发主导状态设计。

此外，本章还分析和讨论了研究设计的主要组成部分。特别是，描述了数据采集的方法，包括抽样和方法。关于定量研究，概括了五种概率抽样设计（即简单抽样、分层抽样、整群抽样、系统化抽样、多级抽样）和四种非概率抽样（即便利抽样、目的抽样、定额抽样、链式抽样）。关于定性研究，提出了以下 16 种目的抽样设计：最大变异抽样、同质抽样、关键个案抽样、基于理论的抽样、证实的/非证实的案例抽样、雪球抽样/链式抽样、极端案例抽样、典型案例抽样、深度抽样、重要政治个案抽样、随机目的抽样、分层目的抽样、效标抽样、机会抽样、混合目的抽样和便利抽样。将这些定量和定性研究的抽样方案相结合，形成总共 22 种特有的混合方法研究的抽样策略。

在量表测量方面，所讨论的定量数据采集方法包括认知测试（能力测试、成绩测试、常模参照测试、效标参照测试）；情感测量（即等级量表、李克特量表、语义区分量表、核验清单、瑟斯东量表、格特曼量表、强度量表、Q 分类和德尔菲技术）；人格量表；兴趣量表；定量观察量表；定量访谈和二手数据。此外，对定量测量量表的心理测量学属性进行了描述，称为得分效度（即内容效度、效标效度、构想效度）和得分信度（即再测信度、等值信度、稳定性和等值性系数、内部一致性系数）。在定性研究方面，对以下四种类型的研究数据进行了描绘：观察数据、访谈数据、文献资料和视听材料。最后，关于混合方法研究，提出了以下六种主要数据采集策略：在一个或多个问卷中，开放式和封闭式的题项的混合（第 2 型数据采集）；深度和广度访谈的混合（第 5 型数据采集）；"优先的"和"新兴的/流动的"焦点小组策略的混合（第 8 型数据采集）；标准化的开放－封闭式预先设计测试的混合（第 11 型数据采集）；标准化的/证实的观察和无结构化的/探索性的观察的混合，其中研究者的身份在受试者和非受试者之间互相交替（第 14 型数据采集）；非数值和数值文件的混合，包括基于开放式和封闭式题项的档案数据（第 17 型数据采集）。

因此，本章为图书馆研究者提供了一个基于三种研究范式的全面的设计研究框架。由于有大量的研究设计、抽样技术和测量量表可用，图书馆研究者必须做一系列的决定。但是，如果图书馆研究者能牢记研究的五种主要目的——探索、描述、解释、预测和影响，做决定便会相对更容易。这是因为基本的研究目标和研究目的一起推动着研究范式和研究设计的发展。只要选定了研究范式和研究设计，那么研究目标和目的就会帮助图书馆研究者选择最合适的抽样方案。最后，研究目标和目的有助于确定合适的测量量表供利用。从测量中提取出来的数据会受到众多分析技术中的一种或多种影响。而现在我们需要的正是这些数据分析方法。

第 5 章 多方法研究框架：数据分析阶段

5.1 综述

第 4 章为研究程序进行的首要阶段（即研究设计/数据收集）提供了一个框架。一旦数据收集完成，研究者的下一步工作就是分析这些数据。定量方法、定性方法和混合方法的研究者有大量的可用于数据分析的技术。这三类研究者所面临的难题是选择和数据类型一致的分析方法，并且同时给予最合理的问题解释和（或）假设检验。因此，至关重要的是每一位分析者要检查作为选定分析方法的基础假设是无误的。然而，由于第 4 章所指出的原因（如不称职的研究方法指导老师，不适合的研究生课程），相当一部分研究者不检查分析的假设，最后在分析阶段发现这些假设是错误、无效和具有误导性的[115,203,277,402,553,576,579,596]。

因此，本章的目的是确定和总结在定量研究、定性研究和混合方法研究中出现的最主要和最普遍的分析性错误。本章另外的一个目的是推广源于现存文献中的最佳的数据分析实践。同样，本章总结并拓展了奥韦格布兹和丹尼尔的研究，他们已经给出了"教育领域迄今讨论最广泛的分析性错误和解释性错误"[417](para.3)。事实上，这一章好像也是第一篇在同一框架内提供关于定量、定性和混合方法研究数据分析技术指导方针的文献。

5.2 定量研究范式

定量研究中的数据分析技术可以分为两种类型：描述性统计或推断性统计。描述性统计通过组织汇总数据帮助有效陈述并增加理解。描述性统计包括集中趋势测量（如平均数、中位数、众数）、离散/变异程度测量（如极差、标准差、方差、四分位差)、位置测量(如百分等级、z 比分数、t 值、9 分评分制)、分布形状测量(如偏态、峰度)。推断性统计是基于母体中的样本特征对母体做出判断或推断(即对从母体中选择的样本得出的调查结果进行归纳等)。下面对每一种统计类型分别介绍。

描述性统计

描述性统计本质上是通过单值汇总来帮助组织并概括数据,以利于基础样本的有效陈述和增加理解。正如美国心理学会(American Psychological Association,简称"APA")建议的那样,不管定量研究是否需要进行假设检验,图书馆研究者通常都应该在实证研究中给出描述性统计分析:

一定要包括足够的描述性统计量(例如,每个统计的样本量、均值、相关度、标准差),从而使报道的研究结果的本质可以为其他读者所理解,并可用于将来的综合分析。即使没有起到显著效果,这样的信息也是很重要的。在提供点估计值时,通常包含相关的变异程度量(精度)来指明它的性质(如标准误差)。[12](22)

相关系数

尽管相关系数可以作为描述性统计量,但它们通常被用于推理性统计。事实上,奥韦格布兹和焦群在几乎所有关于图书馆焦虑的研究中都公布过相关系数[421,423,425,426]。令人忧虑的是,一些研究者似乎没有认识到所有存在预测判别分析异常的参数分析(如单变量和多变量方法)都可归类为一般线性模型(General Linear Model,简称"GLM"),因此所有的分析是相关的[85,281,555]。另外,许多研究者没有认识到这个事实是因为相关系数代表了 GLM 的最简单形式,它们被自己的假设所限定[415,417]。

在使用相关系数时,图书馆研究者通常需要验证这些指数背后的统计假设。特别是二元关系中的自变量和因变量的正态性通常需要评估。如果两组数呈现正态分布,则应该使用皮尔逊积距相关系数;如果呈现非正态分布,则使用非参数技术,如斯皮尔曼(Spearman)秩相关系数 r 和肯德尔(Kendall)τ 系数[415]。此外,当计算超过 1 个相关系数时,图书馆研究者要注意控制第一型错误。控制第一型错误的通常做法是通过邦费罗尼(Bonferroni)校正[415]。此时,特别当显著性水平为 5% 时,通过除以二元关系的数目来调整。例如，如果对5个相关系数感兴趣，则0.05除以5得到的值为0.01，然后5个相关系数的任何一个都需要在1%的显著性水平下进行检验。

最重要的是，一旦发现统计上显著的关系时，图书馆研究者一定要记录该相关系数的效应量[395,419]。毫无疑问，记录效应量最流行的方法是科恩准则[88]。通过使用科恩准则可以解释r值，r值为0.1表示相关性低，0.3表示相关性适中，0.5表示相关性较大。记录效应量应避免使用诸如高度显著、密切显著和接近显著这样的不恰当语言，以及避免使用诸如统计学上显著的和统计学上不显著的这样常用短语来表示零假设显著性检验（Null Hypothesis Significance Test，简称"NHST"）结果[109,113,114,415]。奥韦格布兹和莱文建议，在记录效应量时，图书馆研究者每次都应描述尽可能多的设计、分析和心理特征，以帮助后续研究者确定在何种程度上与以前的效应量做比较。简单地说，图书馆研究者都应将效应量置于情境中研究，也就是说，应该在研究的具体参数范围内解释效应量[439]。

图书情报学研究中的调查应该始终考虑假设检验的效能，即研究者应尝试使用统计功效表（如科恩的功效表[88]）来确保样本量足够大，以便可检测到真正的关系。例如，科恩著作第92-93页中的表3.35显示，为了检验一个双尾零假设（即皮尔逊积距相关系数为0的假设），用显著性水平为0.05，效能为0.8，样本量为26来检测一个大的相关性［即$|r|$=0.5］，用一个样本量为82来检测一个中度相关［即$|r|$=0.3］[88](92-93)。对单尾检验（如统计上显著正相关或负相关r）来说，可用样本量为21来检测一个大的相关性［即$|r|$=0.5］，用一个样本量为64来检测一个中度相关［即$|r|$=0.3］。由于大多数研究者在进行二元关系双尾检验时，在科恩统计功效表中可能最值得注意的数字是在使用统计效能为0.80、信度为95%（即双尾α=0.05）检测中度相关时，最小采样量为82。所以，当确定两个变量的关系时，图书馆研究者不管何时使用双尾检验时都应力求获得最少82个实例。显然，需要验证的二元关系越多时，需要的样本量越大。

奥韦格布兹和丹尼尔提出了以下使用和解释相关系数的10条建议[415]：

1. 在使用皮尔逊系数r检验显著性水平前和相关系数计算出来后一定要评估统计假设。如果不符合正态假设，则使用非参数相关系数（如斯皮尔曼秩和系数r）。

2. 当进行相关性的多元零假设显著性检验（NHSTs）时一定要调整第一

型错误率。

3. 最好在数据采集阶段，至少在数据分析阶段，一定要注意相关性的零假设显著性检验的统计功效。

4. 当发现一个统计上显著的相关系数时，一定要说明它的效应量。

5. 不要检验信度系数和效度系数是否在统计上显著地大于 0。

6. 不要在没有原相关系数的情况下记录校正相关系数。

7. 不要在无理论框架下使变量关联。

8. 不管效应量多大，不要从相关系数推断结论。

9. 不要在比较相关联的相关系数时使用霍特林（Hotelling）t 检验。

10. 尽可能地进行外部核验（external replications），在缺乏外部核验时则要进行内部核验（internal replications）。

得分信度

信度，范围通常是 [0，1]，信度为 0 表示测量全部有误差，信度为 1 表示测量没有误差。信度是观测得分中方差所占的比例，不受误差的影响（信度系数可以为负值）。奥韦格布兹和丹尼尔注意到，得分信度影响到 NHST 的统计效能[416]。

遗憾的是，几位研究者注意到，在各个领域，只有较少的研究者报告自己样本数据的信度系数，而多达 86.9% 的作者没有提供关于基础数据的得分信度的任何信息[396,574]。研究者不报告当前样本的信度系数的倾向，某种程度上是源于从失败中认识到信度只是一个评分函数，而不是工具[563]。同样，在评估 LAS 得分信度研究中，焦群和奥韦格布兹发现 LAS 的得分信度并不是一直被报告[256]。这种关于信度评估报告的缺乏，使得美国心理学会建议报告这些指标[12]。

没有得分信度的相关信息，不可能准确地评估统计效能在何种程度上是有影响的。所以，图书馆研究者始终都应报告基础数据的信度系数。此外，提倡使用信度系数的置信区间，因为信度系数仅代表点估计。事实上，信度系数的置信区间就好比检验手册中评估普遍性的系数[416]。

当前样本的信度系数不可用时，图书馆研究者起码应该和引导组（即对照组）比较样本构成和当前样本得分的变异性[571]，并讨论对比结果。具体而言，正如瓦查-哈泽（T. Vacha-Haase）等人注意到的，如果两组样本的构成和得分变异性（即标准差）相似，那么先前的信度系数推广到当前样本的假设是略微合理的[571]。

独立样本和非独立样本的 t 检验

图书馆研究者在比较两个独立样本时，假设两个样本符合正态分布，必须在合并 t 检验和非合并 t 检验中选择一个。选择哪一种检验取决于两个样本的方差是否相等。当方差相等时选择合并 t 检验，反之，当方差不相等或者怀疑二者方差的相等性时，选择非合并 t 检验。在方差齐性的假设下，合并 t 检验仅比非合并 t 检验稍微有效（即较小的第二型错误率）。同时，在方差不齐的情况下，使用合并 t 检验，会极大地提高出现无效结论的可能性，特别是当样本量也不相等的时候。因此，合并 t 检验只用于先验知识、经验或者理论认为总体方差近似相等的时候。通常情况下，如果对方差相等有任何疑问，图书馆研究者应该使用非合并 t 检验。例如，奥韦格布兹和焦群假设方差不等，使用了一系列独立样本 t 检验，比较母语为英语和非英语人员关于图书馆焦虑和其他与图书馆相关的变量（如图书馆访问频率）[422]。（有学者批评奥韦格布兹和焦群在此没有详细说明假设的方差不等）。这些比较显示出这两个样本之间有许多不同之处。

方差分析检验

方差分析（简称"ANOVA"）已经被行为与社会科学的研究者认为是进行零假设显著性检验的最流行的统计方法[143,183,396]。遗憾的是，方差分析检验经常被滥用，特别是没有意识到方差分析检验代表了一般线性模型，许多研究者在非实验设计时不恰当地使用方差分析来划分变量，试图证明因果推论。然而，通过划分连续变量，结果是遗漏了有关的方差[81,448,459,543544,547]。有趣的是，科恩估算出变量和它的二分量（即均值处划分）的皮尔逊积距相关系数是 0.798，这表明在相关系数中二分法的估值减少了大约 20%[87]。皮特（M. W. Peet）发现在单因素方差分析环境下和连续变量相比，随着分类组数的减少（最小数为2），分类变量可以解释因变量中较小的方差[449]。例如，皮特注意到在 4 个分组中，用连续变量解释的方差中接近 90% 可以被分类变量解释；然而，在 2 个分组中，只有近 50% 的初始变量被分类变量解释。由此可见，当人为分类出现时，因子方差分析甚至会损耗更多的效能。

所以，正如克林格（F. N. Kerlinger）推荐的那样，图书馆研究者应该避免对连续变量的人为分类，除非数据表明这样做是合理的（如双峰分布的数据）[275]。事实上，在许多情况下，图书馆研究者应该使用回归技术（例如多元回归），因为这些方法已经表现出一贯地优于方差分析方法，而不是对独立变量进行分类[110,276,323,374,543]。

在使用方差分析时，图书馆研究者要时常验证假设，其中包括正态性和方差齐性。很遗憾，非正态性和方差不齐会导致第一型错误率和/或第二型错误率的失真，特别是当群组大小相差很大时[277]。尤其是不符合正态假设时，分析者应该使用非参数对应的方法，即采用曼-惠特尼（Mann-Whitney）U检验（两个组的情况下）或克鲁斯卡尔-沃利斯（Kruskal-Wallis）检验（三个或更多组时）。当不符合方差齐性假设时，可以使用诸如韦尔奇（Welch）检验、詹姆士（James）检验和布朗-福瑟（Brown-Forsythe）检验等技术，这是因为当方差明显不齐时，这些方法具有合理的鲁棒性[336]。焦群等使用方差分析对图书馆焦虑与学习年限的关系进行检验[261]。他们使用夏皮洛-威尔克（Shapiro-Wilk）检验[507,508]得出图书馆焦虑值的分布是非正态的，从而验证了使用方差分析的合理性。

协方差分析检验

教育研究领域的大部分对比都涉及那些可能存在先天差异的原始组。不幸的是，这些先天差异经常威胁到调查结果的内部效度[171,266]。因此，为了将这种威胁最小化，有4%的分析者使用协方差分析方法（ANCOVA），其特征在于试图从统计学上控制基础组之间的先天差异[141,183,593]。不幸的是，在大多数此类案例中，协方差分析被滥用，这是因为一个或多个假设要么没有评估，要么不符合要求——回归斜率齐性的假设尤其如此[177]。马克斯韦尔（S. E Maxwell）和德莱尼（H. D. Delaney）指出，协方差分析相当于调整一个协变量后的一个方差分析[336]。也就是说，协方差分析的目的是以因变量分配方差的比例，但这取决于普通方差分析中的误差，取决于潜在的混淆变量（即协变量）。这样，协方差分析中出现的误差项应小于方差分析中出现的误差项。在一定程度上是这样的话，后面的在协方差分析模型中误差的减少有助于阐明独立变量和因变量之间的关系[321]。

协方差分析必须满足的关键假设是证明回归斜率齐性是合理的。这个假设意味着协变量必须和因变量高度相关，但和自变量无关。然而，亨森（R. K. Henson）认为，通常情况下，在行为与社会科学中只有少数的协变量符合这些条件——当研究中受试者不是被任意分组时（即准实验设计）尤其如此。不幸的是，通常情况下，如果在协变量和自变量之间存在一个明显的关系，则协变量可以降低自变量的方差——最终降低统计功效和效应量。因此，如果单个合并的回归斜率可以在所有组中准确地使用，回归的齐性假设意味着每一组中协变量和因变量的回归斜率必须相同，或者至少相似。

在这个意义上，如果个别的回归斜率是不同的，则合并的回归斜率不能充分代表一些组或全部组。在这种情况下，协方差分析将偏差引入到数据中，而不是调整混淆变量[321]。具有讽刺意味的是，协方差分析通常更适合用于随机分配的群组（即实验研究）；而当群组不是随机分配（即准实验研究）时，协方差分析通常不适用[213]。最重要的是，图书馆研究者不应该把协方差分析作为不合并真正的实验设计的替代品[213,549]。简言之，即使再复杂的统计分析，也不能校正方法上的设计缺陷。

另外一种反对使用协方差分析的观点是，在使用协变量调整因变量后，残差是否可判断仍是不明确的[548]。因此，图书馆研究者要避免使用协方差分析。当一定要使用这个方法时，一定要慎之又慎。此外，一定要对回归齐性的假设进行评估并做记录。如果数据显示违反了这一假设（如通过统计上显著的莱文检验结果），说明研究者在使用协方差分析时犯了严重的错误。

多元回归

埃尔莫尔（P. B. Elmore）和韦尔克（P. L. Woehlke）认为，多元回归是第三个最流行的统计（推理）方法[143]。遗憾的是，绝大多数的研究者使用多元回归的方式是不当的和无效的。特别是一些分析者不正确地使用了逐步回归法（即前向选择、后向选择、逐步选择）。事实上，在行为与社会学研究中，逐步回归法的使用相当泛滥[234]，这可能是由于其在计算机统计软件中广泛使用。令人不安的是，正是由于逐步回归的广泛应用，"大部分公布的使用该方法得到的结果很可能出现数据不支持结论的情况"[81](120-121)。

有几位统计学家已经验证了逐步回归法存在三个问题[34,119,134,233,320,365,549,551,553,555,560,586]。第一，在逐步回归分析的每一步，统计软件在计算 p 值时使用不正确的自由度。遗憾的是，这些不正确的自由度使统计显著性检验所产生的偏差通常被认为对统计显著性的影响是微乎其微的。第二，执行 k 步分析后不一定得到大小为 k 的最佳预测集，而且很有可能没有预测因子进入第一次的 k 步分析，甚至在大小为 k 的最佳预测集中也没有预测因子。第三，因为回归模型中输入自变量的顺序受抽样误差的影响，在任何步骤，这一点可导致模型的误设，并且由于逐步回归通常包括多个步骤，所以这种技术经常产生非常难以验证的结果[551]。奥韦格布兹和丹尼尔提出了第四个问题，即逐步回归法因运用了一系列的统计显著性检验，因此更倾向于增加第一型错误率[417]。

此外，应该注意的是逐步回归比其他任何回归方法更倾向于运气，因为该方法经常在数据的过度拟合时终止[536]，并且得到的结果是随机性的，而不是经由现存文献选择的理论模型得到的结果[233,560]。

因此，像汤普森（B. Thompson）主张[551]的那样，使用一种所有可能子集（all‐possible subset，简称"APS"）（即集态）多元回归分析取代逐步回归分析。使用这种方法，可以分析和比较包括部分或全部自变量的所有可能模型。的确，在 APS 回归中，对全部自变量所有可能的双项组合、三项组合等等逐一地进行各自的回归计算，直到确定自变量的最佳子集。这种计算是按照某种（有实际意义）的标准（如表示效益量指标的最大解释方差比例 R^2）进行的[88]。

遗憾的是，虽然统计软件 SAS 的确允许运行 APS 回归分析[492]，但诸如 SPSS 这样的统计软件却不允许分析者直接运行这一分析[529]。应该指出的是，与模型检验程序截然相反，APS 回归分析是探索性模型建构工具的代表[536]。因此，APS 回归模型不能作为最终的模型，而必须要通过相应的内部核验（如交叉检验）和外部核验[550]。图书馆焦虑研究领域的 APS 多元回归案例可参看焦群、奥韦格布兹等的文献[261,247,251,252,421,423]。

其他可用的线性回归方法有分层（即按顺序的）多元回归和标准多元回归。分层多元回归，即通过分析将自变量指定一定的顺序输入到回归方程，然后根据每一个自变量自身的分布在其进入点进行评估。自变量一次进入一个集合或者根据特定的顺序进入整批集合，这个顺序是由研究者的主观经验来设定的[536]。标准的多元回归包括将全部变量输入到回归方程，同时（通过偏相关系数和半偏相关系数）评估每一个变量的贡献，就好像其他的全部变量输入后，评估的变量也输入了模型。在其他变量不变的情况下，标准多元回归计算每一个变量的贡献。分层多元回归和标准多元回归都是模型检验方法[417]，因此如果图书馆研究者的研究目的明确，应该使用这些方法。

和其他任何回归方法一样，不管使用哪种方法（即APS回归、分层回归、标准回归），回归变量的选择至关重要。此外，选择多元回归模型初始变量应基于理论、概念和实际情况。

在总结多元回归模型的结果时，图书馆研究者应报告未标准化和（或）标准化的回归系数（b值或β值），还要报告回归结构系数[558]。前者通常得到报告，而后者在分析过程中常常被漏掉。然而，描述观察变量值和潜在变量（即合成变量）值之间关系的结构系数，在分析标准化权重时，可以提供每一个回归变量相对重要性的关键信息[95]。具体而言，每个变量的标准化权重和结构系数相同的程度可表示预测变量的相关度如何[553]。其次，如果一个变量的标准化系数和结构系数都较小（即接近于0），则这个变量实际上对结果的测量不是一个重要的预测因子。再次，如果一个变量的标准化系数接近于0，而结构系数又相对较大，则表明这个变量可以解释因变量，但是至少有1个其他的预测变量与该变量共线。最后，如果一个变量的结构系数接近于0，而标准化系数很大，则表明该变量是一个抑制变量（suppressor variable）。由于抑制变量和其他自变量的相关性，因此可以用于因变量的预测（即它们使效应量增加）[536]。确切地说，抑制变量可以通过抑制方差提高其他自变量或预测变量在模型中的预测能力，而方差与这种作为抑制变量和其他自变量关系结果的预测是不相关的。

图书馆研究者不仅要报告解释方差比例（即R^2），还要报告调整后的解释方差的估量（即校正后的R^2）[308,523,600]。当样本量少，相关性低，同时预测变量数目较大时，调整后的R^2指标有助于降低R^2中固有的正向偏差（positive bias）[153,588]。此外，图书馆研究者应检验残差与选择使用的多元回归模型是否适合，以评估这个模型在何种程度上满足正态性和方差齐性的假设。

执行多元回归分析，图书馆研究者应尽量获得充足的自变量案例比率，特别要遵循格林准则（Green's criteria）[191]，围绕效应量为多元回归分析确定样本量。根据格林准则，样本量要大于或等于$(8/F^2)+(V-1)$，其中V表示预测变量数，$F^2=R^2/(1-R^2)$，R^2表示被预测变量集解释的因变量的方差比例。格林[191]建议下面3种情况下样本量应该大于这个值：①如果因变量是斜交的，②如果1个或多个变量的信度较低，③如果需要使用交叉验证技术来检验回归模型的普遍性时。

图书情报学领域的数据分析同样需要检验影响诊断量（influence diagnostics），以确定观察值是否对回归结果有过度影响[165]。这些额外的信息也为研究者提供了有价值的情报。迈耶斯（R. H. Myers）指出[370]，这些影响诊断量包括：（1）针对每一个回归系数的估计标准误差量（如果删除第 i 个观测值，该系数改变），即 DFBETAS；（2）估计标准误差量（如果从数据集中删除第 i 个观测值，该预测值改变），即 DFFITS；（3）估计回归系数广义方差的减少量（该系数大于删除第 i 个观测值后的值），即 COVRATIO。（影响诊断量的案例可以参看奥韦格布兹等于 2000 年发表的文献[426]）

此外，图书馆学研究者应评估所选模型的多元共线性在何种程度上超过回归变量。多元共线性导致极大的回归系数。评估多元共线性的技术有：（1）方差膨胀因子（variance inflation factors，简称"VIFs"），表示哪一个回归系数方差已经被存在的共线性人为地膨胀的程度；（2）条件数（condition numbers），表示基于回归系数的主成分分析的最大特征值和最小特征值比，并且可以测量回归变量的线性关系强度[505]。方差膨胀因子和条件数小于 10 表示多元共线性不会严重影响回归系数的精确度和稳定性[165,370]。

多元方差/协方差分析

多元方差分析（Multivariate Analysis of Varianc，简称"MANOVA"）被认为是很流行的统计分析技术[143,396]。然而，使用多元方差分析存在一些缺陷。特别是，一些研究者在进行多元方差分析时，随后使用一元分析（即一种多元方差分析-单变量数据分析策略）。然而，基泽尔曼（H. J. Keselman）等人指出，"支持这一策略的实证是很有限的。"[277](361) 实际上，基泽尔曼等陈述如下这样说的：

> 如果对单因素影响感兴趣，建议研究者直接使用一元分析，而绕过多元方差分析。……与其侧重于由多元方差分析产生多个一元分析结果，还不如只侧重于组对比分析结果而执行综合方差分析符合逻辑。[277](361-362)

而且，由于这项技术依赖于统计上显著的多元方差分析混合检验作为事后使用方差分析的保证，多元方差分析和方差分析的不相容性因其各自的均方误差和自由度误差导致的结果是，和只使用方差分析检验而不使用多元方差分析相比，事后的方差分析检验具有较低的统计效能。

汤普森也曾告诫使用一系列一元分析方法来分析多元数据的研究者[555]。他认为，由于一元分析被视为用来评估 1 个或多个预测变量对应单一因变量的贡献，在最佳意义上来说一元分析通常不被认可，这是因为大部分现象都会涉及多个变量，现实中大多数研究者热衷于检验。所以，图书馆研究者应当避免使用多元方差分析－方差分析分析策略，重点应放在执行能最充分反应感兴趣的潜在的多变量事实分析上。（关于多元方差分析和多重方差分析的进一步讨论可以参看参考文献 236）

研究者使用多元方差分析技术常犯的另一个错误是没有报告确定统计显著的标准。这些标准包括魏尔克（Wilk）的 λ（相似比率标准）、霍特林（Hotelling）的轨迹标准、皮莱（Pillai）的标准和罗依（Roy）的最大根标准。在标准条件下（如当自变量有两个水平），前面的三个标准会得到相同的 p 值。但是，有时候这些方法也会出现不同的 p 值。所以图书馆研究者通常应该明确使用哪一种标准。有趣的是，在图书馆焦虑领域，还没有使用多元方差分析技术的研究报道。在用 LAS 测量图书馆焦虑，确定其五个维度中两个或多个称名量表自变量（如性别、种族）效能时，可能会用到多元方差分析技术。这类的分析允许使用交互作用效果评估（如性别×种族），这些在行为与社会科学研究中都严重缺乏[399]。

最后，在协方差分析的情况下，图书馆研究者应避免使用协方差的多变量分析。因为协方差的多变量分析受到和协方差分析同样假设的支配。此外，协方差的多变量分析不仅基于多元正态分布，同样假设一组中的协变量和因变量的回归系数和其他所有组相同（即回归齐性），例如，使用均值回归调整所有组中的协变量是适当的和有意义的[536]。这是一个非常难以满足的假设。

描述性判别分析／预测性判别分析

根据胡贝蒂（C. J. Huberty）和他的同事所说[234,235,237]，描述性判别分析（Descriptive Discriminant Analysis，简称"DDA"）用来描述两个或多个等距量表或等比量表群组成员因变量的差异，即一种称名量表变量。相反，预测性判别分析（Predictive Discriminant Analysis，简称"PDA"）是指使用等距量表或等比量表反应变量预测群组成员的关系。在 PDA 中，研究者特别感兴趣的是正确分类的百分比,而在 DDA 中则是函数和结构系数,命中率却是无关的[553]。另外,汤普森推测[553],DDA 是一般线性模型的一种,而 PDA 不直接属于一般线性模型。在解释 DDA 结果时,最大的缺陷就是无法解释判别函数系数和结构系数。

不管使用 DDA 还是 PDA,图书馆研究者都要报告判断统计显著的标准(如魏尔克的 λ、皮莱的标准、霍特林的轨迹标准和罗依的最大根标准)。另外,分析者必须避免使用逐步判别分析方法,因为它和逐步多元回归一样含有严重的缺陷。确实,逐步判别分析不应使用。相反,应使用标准判别分析、典型判别分析、或者分层判别分析。标准判别分析的案例可以参看奥韦格布兹和焦群于 1997 年发表的研究[422]。他们使用判别分析来确定哪些使用图书馆的原因(所有的二分变量)能最好地预测学生的母语状况(二分变量,英语和非英语)。

PDA 和 DDA 都是基于多元正态分布的假设,研究者要尽可能地时常检验这个假设。如果有理由相信违反了这个假设,则使用逻辑回归方法[536]。逻辑回归比判别分析更通用,因为逻辑回归没有关于回归变量的分布特性的任何假设,特别是预测因子不要满足多元正态分布,也不要线性相关或者要求每个组的方差相等。另外,逻辑回归中,回归变量可以是离散的、连续的或者离散和连续结合的状态。尽管逻辑回归普遍地应用在健康科学领域,但它被行为与社会科学领域,特别是图书馆研究者如此少地使用是出人意料的。实际上,到目前为止,好像还没有图书情报学领域的研究报道使用逻辑回归。因为逻辑回归是用离散的反应变量来模拟多元回归,本章前面对后者提出的建议(如不使用分段法、检验假设和进行内部核验),在使用前者时也是适用的。

典型相关分析

典型相关分析是用来检测两组变量之间的关系,而每一组包含一个以上的变量[82,118,541,542]。其实,根据克纳普(T. R. Knapp)所说,"几乎所有经常遇到的显著性检验都可以视为典型相关分析的特殊案例"[281](410)。换句话说,典型相关分析可以用来进行所有的参数检验,参数检验是典型相关分析的特例,包括皮尔逊秩和检验、t 检验、多元回归、方差分析、协方差分析、多元方差分析和协方差的多变量分析[214,545]。

汤普森建议[546]，汉弗莱斯－沃兹沃思（T. M. Humphries – Wadsworth）又重申[239]，在执行典型相关分析时，图书馆研究者依照前面概述的多元回归和判别分析，应优先报告标准函数的 p 值和典型相关系数平方（即效应量）、标准函数系数、标准结构系数。典型相关分析的例子可以参看焦群和奥韦格布兹的相关研究报道[248,250,251,254,425,426]。

主成分分析和因子分析

主成分分析（Principal Component Analysis，简称"PCA"）和因子分析（Factor Analysis，简称"FA"）统计方法可以应用于一组变量集合，确定哪些变量构成统计上互相独立的逻辑子集或因子。特别是统计上彼此相关但和其他变量子集彼此独立的变量需要归为要素或因子，这些要素或因子被假定为代表着观察变量间相互关系的潜在现象。

主成分分析和因子分析是最流行的因子提取技术，目的是为了总结观察变量相关性模式，达到减少变量集合的维度，通过变量间观察到的关系描述潜在关系，或者检验关于潜在关系或构想本质的理论[536]。

因子分析主要有两种类型：探索型因子分析和验证型因子分析。探索型因子分析表示一种在研究过程前期的分析技术，基于原始变量间观察到的关系，将数量众多的变量缩减为较少的、可解释的变量集。研究者希望可以通过最小维度的数据集最大限度地了解观察数据的内部结构。也就是说，探索型因子分析方法是基于数学的解决方案，并不需要验证任何假设[111]。相反，验证型因子分析方法常常出现在研究过程的后期，目的是验证关于潜在关系的理论[279]。

一些研究者使用较少的样本来检验因子分析，即使用不当的受试者－变量比。奥韦格布兹和丹尼尔建议[417]，图书馆研究者，一个变量至少要有 5 个受试者。在可能的情况下，每个变量至少要有 10 个受试者[185]。当图书馆研究者使用的受试者－变量比小于 5 时，就应该在研究报告中指出这易威胁到内部效度。

主成分分析和因子分析的差别是主成分分析使用了每一个变量的总体方差（total variance）来确定变量间的共同变化。也就是说，在主成分分析中，使用 1 作为因子分析中的相关系数矩阵的对角线值。相反，因子分析在主对角线使用公共方差或得分信度的估算值。很可能是因子分析比主成分分析能更好地反映实际情况,因为主成分分析假设每个变量有完美的得分信度[279]。无论如何,分析者在分析图书馆相关数据时要指明所使用的因子提取方法并提供选择该方法的理论依据。

当使用斜交(非正交)旋转(oblique rotation,即因子空间中的因子转动,使得因子间的角度不是90度)时,图书馆研究者要同时报告因子型态矩阵和因子结构矩阵[218,552]。这样做的理由和前面介绍的在多元回归和判别分析报告标准化系数和结构系数是一样的。只报告两个矩阵中的一个提供的信息是不全面的[552]。与此相反,使用方差极大旋转(Varimax Rotation,即因子空间进行正交旋转,使所有的因子间都是90度)时,因子型态矩阵和因子结构矩阵是相同的,所以,只需要报告因子结构矩阵即可。

在进行验证型因子分析时,图书馆研究者要分析方差-协方差矩阵,而不是相关系数矩阵[559]。在验证型因子分析中使用相关系数矩阵相当于使用方差-协方差矩阵,其中显性变量已经被标准化为单位方差[49],这可能导致不能反映真实情况。

在进行探索型因子分析时,研究者应该有尽可能多的如下所述的统计量:样本量、初始变量数、相关系数矩阵(便于核验)、提取因子的方法、提取因子数目的标准、因子旋转程序、特征值、提取因子的相关系数矩阵、最终的共性估计、信度估计、旋转因子型态矩阵和旋转因子结构矩阵(如果使用斜交旋转)[279]。

在探索型因子分析中,使用方差极大旋转的一个案例是博斯蒂克[51]和耶扎贝克等[246]。但是,这些作者没有介绍全部的相关统计量。所以,关于因子分析的完整模型可以参看参考文献595,279和216。

对验证型因子分析,效应量应该和卡方值(chi-square values,χ^2)一起报告,因为后者受到样本量的强烈影响[496]。同样,由于没有普遍认可的指标来评价模型的适当性,图书馆研究者要报告几个拟合指数(即效应量测量),比如卡方-自由度比(χ^2/df)、修正的拟合优度指数、相对拟合指数(Relative Fit Index,简称"RFI")、增量拟合指数(Incremental Fit Index,简称"IFI")、塔克-刘易斯指数(Tucker-Lewis index,简称"TLI")、比较拟合指数(Comparative Fit Index,简称"CFI")和近似误差均方根(Root Mean Square Error of Approximation,简称"RMSEA")[40,41,48,49,61,496,532]。证明模型适当性的截止值(Cut-off values)建议在0.90(如参考文献41)和0.95(如参考文献232）之间。对RMSEA指数，截止值建议为0.06[232]。最后，关于χ^2/df，其值小于2.00表明充分拟合[67]。验证型因子分析在图书馆焦虑领域的一个案例是奥韦格布兹和焦群2002年发表的文献[431]。

路径分析①

路径分析由赖特（Sewall Wright）在20世纪20年代提出，用来获得基因理论的更好解释。在20世纪60年代，这个数据分析方法被推广到行为与社会科学领域[496]。路径分析是一种用来检验变量对多个结果中的1个结果的直接影响与间接影响的方法。直接影响涉及2个潜在变量的单一方向路径连接，而间接影响存在于两个非观测变量（即潜在变量），它们没有直接的连接箭头，但是第二个潜在变量可以经过1个或多个其他的潜在变量的路径与第一个潜在变量相连接。路径模型的路径系数（path coefficients）可以很方便地用皮尔逊内积相关系数或标准化偏回归系数衡量表示。另外，该路径表明，因变量是否与相互效应、中介效应和/或独立效应有关。而且，与多元回归分析不同，在预测1个或多个因变量时，路径分析模型允许研究者假设自变量的关系类型。

路径分析涉及将相关系数矩阵进行分块或分解，然后根据路径模型计算路径系数，并与原始系数相比较。任意两个变量间的相关性都可被分解为简单路径或复杂路径[496]。路径系数可以验证统计显著性（如使用 t 值）。同样，整体的路径模型也可以通过拟合优度检验（如卡方检验）验证统计显著性。很遗憾，正如CFA的情况，由于统计上显著的卡方值意味着模型不适合基础数据，样本量大于200时有拒绝模型的倾向[496]。

结构方程建模

和路径分析模型不同，结构方程模型（Structural Equation Model，简称"SEM"）使用潜在变量，而不是观测变量，并且整合测量模型（即验证型因子分析）和结构模型（即路径分析）来验证理论[496]，通过使用多个观测变量来定义一个特定的潜在变量或假设结构，测量误差可以被估计并且测量性

---

① 本小节原文标题为："Path Analysis and Structural Equation Modeling"（路径分析和结构方程建模）有误——译者注

能也可以通过参数估计进行评价。

和验证型因子分析一样，图书馆研究者在使用结构方程建模方法时应该同时报告多个拟合指数[556]。因为不存在单独的显著性统计检验能在样本数据中识别正确的模型［重点在最初的模型］[496](120)。然而，应该指出，虽然结构方程模型分析常常导致模型更接近地反映实际情况，但所选的模型并没有做出因果表述。事实上，和任何其他一般线性模型相比，结构方程建模是毫不逊色的相关性分析框架。第3章已经给出了结构方程模型的案例（即参考文献430）。

多层线性建模

多层线性建模（Hierarchical Linear Modeling，简称"HLM"）是一种用来对数据结构进行分层级的分析技术。事实上，已发现多层线性建模在教育环境的研究中特别有用，因为学生按照班级分类，而班级按照年级分类，年级根据体系分类，体系按照体制分类，体制按照区域分类等等[65,181,182,188,287]。由于有很多易于使用的多层线性建模软件，这个数据分析方法普及率一直在增长[396]。然而，由于多层线性建模相对复杂，只有相对较少的研究者使用该方法。

多层线性建模中，模型在不同层级水平含有一个或多个被测变量。模型可只有两个层级（如参加书目教育课程的学生），也可超过两个层级。最低层级的测量被称为是在微观层面上，而更高层级的测量被认为是在宏观层面上。由于多层线性建模的模型是多元回归模型的一般化[287]，使用多层线性建模时要符合与多元回归相关的相同假设，而且更加复杂。此外，当违反一个或多个假设时，第一型错误和第二型错误可能是严重的。

正如克雷夫特（I. Kreft）和德莱乌（J. De Leeuw）告诫的那样，多层线性建模不能用于数据研究[287]。实际上这样的研究应该在多层线性建模之前进行。另外，在使用多层线性建模时，图书馆研究者不要检验太复杂的模型，因为这些模型包含许多自变量，而这些自变量在所有的分层等级都可以测量，和/或包含许多多层级间的相互作用[287]。应该避免这样的模型，不仅是因为它们对系统的细微变化敏感，包含不稳定的参数估计，而且因为这些模型很难解释，并且很难从一个样本推广到另一个样本和从一个环境推广到下一个环境。毫不奇怪的是，在图书情报科学领域，还没有研究被认为使用了多层线性建模，但是在这些领域使用多层线性建模只是时间问题。例如，图书馆研究者可以使用多层线性建模技术检验图书馆焦虑同一系列的认知、情感、个性和人口统计学变量同时在个体（即图书馆用户）水平（即1级）与群组（如图书馆机构）水平（即2级）上的关系。

非参数统计

在分析数据时，特别是单变量层面上的数据分析，图书馆研究者既可以使用参数技术，也可以使用非参数技术。无论是参数技术或非参数技术，都适合检验一个特定的依赖于现成数据的假设。令人不安的是，一些研究者在分析数据时不检验数据假设[311]。相反，即使严重违反了参数假设（如正态性），他们经常进行参数分析。遗憾的是，大部分社会与行为学的数据不满足这些需要利用参数统计进行验证的假设[355]。

在使用参数技术时，如果严重违反了正态性假设，会产生严重的结果[516]。特别是大的偏态和峰态系数，会影响第一型错误和第二型错误的出错率。例如，一个非正态的峰态系数和正态分布相比，其分布形状特征既是更高峰（即高峰态）又是更小峰（即低峰态），常常出现低估变量方差的情况，而这反过来会增加第一型错误率[536]。此外，当子组很大且相等时，虽然参数 t 检验对第一型错误通常是稳健的，但当数据呈现正偏态或负偏态时，这个检验不会产生足够的统计效能。事实上，偏态条件下，对应 t 检验，可以使用非参数威尔科逊秩和检验，会产生三到四倍以上的效能[45,59,371]，其中许多研究者似乎不知道这一点。

由于一些研究者不验证他们分析的假设，也由于参数分析的不正确使用会导致严重的结果，现存文献的显著性比例源于参数统计的非法使用，这种情况是可能的。所以要扭转这种趋势，图书馆研究者一定要验证他们的分析假设。特别是图书馆研究者要评估数据在何种程度上保持正态性假设。

非参数统计代表了一类统计方法，即具有"关于数据的基础母体在相对温和的假设下保持期望性质"的特性[226](1)。此外，布兰得利（J. V. Bradley）定义了一个非参数检验，就是一个"自由分布检验……关于抽样母体的准确性态不做假设"[55](15)。换句话说，非参数方法常被称作自由分布是因为可以被用于表示特定分布的联合分布变量，包括二元正态分布，或未知的联合分布[175]。因此当不符合正态性假设时，非参数技术是更合适的选择[311]。

奥韦格布兹和丹尼尔为评估正态性假设提供了简单、客观的标准[415]。他们具体阐述如下：

> 此外，如果样本量足够大，可以利用一个事实来进行正式的统计显著性检验，即偏态系数和峰态系数与各自的标准误差比（即标准化偏态和标准化峰态系数）本身是正态分布的。大部分程序软件包选择输出偏态系数和峰态系数，而不是标准误差。但这些标准误差可以手工估计（偏态的标准误差约等于6/n的平方根，峰态的标准误差约等于24/n的平方根，n表示样本量）。不管样本量是大是小，标准可以被用来进行评估标准化偏态、标准化峰态是否大得不可接受，而不是进行统计显著性检验。我们提供的标准法则是：（1）标准化的偏态和峰态系数小于2或大于 -2，表明没有严重偏离正态性；（2）系数在[2，3]或[-3，-2]之间，意味着轻度偏离正态性；（3）标准化系数大于3或小于 -3 表明严重偏离正态性。这样的法则提供了一个客观的基于效应量的正态性评估方法[415](75)。

使用非参数方法有很多优势。霍兰德（M. Hollander）和沃夫（D. A. Wolfe）概述了使用非参数技术特别是假定使用非参数程序的6条原因[226]：（1）对收集数据的基础母体需要很少的假设；（2）不需要正态性假设；（3）非参数技术容易理解；（4）和它们的参数选择相比，非参数技术通常更容易使用；（5）当参数方法不能使用时，非参数技术却适于使用；（6）在正态性情况下，非参数方法的效能略低于参数方法，但在非正态情况下，非参数方法具有更好的效能。

西格尔（S. Siegel）[516]也概括了非参数技术的6个主要优点：（1）概率表述的精确度不依赖于母体的状态[516](32)；（2）非参数统计中，样本量的大小不像参数统计那么重要。和参数统计受小样本量的影响不一样，非参数统计不会因为小的样本量而导致误导性的结果；（3）当数据来源于不同的母体时，可以使用非参数统计；（4）非参数技术可以使用顺序量表、等距量表和等比量表数据；（5）非参数统计也可使用称名量表数据；（6）对大部分研究者来说，至少在单变量层次上，非参数技术更易于学习和使用。事实上，一些统计学计算机软件包，如SPSS和SAS，都含有非参数统计功能。

麦克斯尼（M. McSeeney）和卡茨（B. M. Katz）确定了几条使用非参数统计的原因[345]，包括：（1）非参数统计需要较少的假设；（2）非参数统计可以用于顺序数据（rank – ordered data）；（3）非参数统计可以用于小样本量分析；（4）数据不需要满足正态分布；（5）非参数分析允许适度的异常值存在。

此外，当符合近似正态性时，非参数检验效率依然很高。实际上，非参数检验的渐进检验效率与参数检验相比，可以高达95.5%[175,226]。也就是说在多数情况下，对每100个样本成员，图书馆研究者只要额外取样5个受试者，非参数检验就会和参数检验有同样的统计效能。所以在大多数情况下，如果是正态分布，研究者不需要为使用非参数检验承担不合理的风险。此外，如果不是正态分布，选择非参数检验比选择参数检验更有效。利奇（N. L. Leech）和奥韦格布兹注意到[311]，令人惊讶的是越来越多的研究者不使用非参数技术。事实上，在已发表的研究文章中，非参数统计并不常出现，包括发表在最负盛名的期刊的论文[142,244]。另外，许多研究者不报告是否验证了假设或者数据是否符合假设。例如，基泽尔曼等人报道指出，不到五分之一（即19.7%）的文章表明有些担心违反了分布假设[277](356)。同样，奥韦格布兹也发现[396]，只有11.1%的研究者讨论方差分析、协方差分析、多元方差分析、多元协方差分析所依据的假设在何种程度上被违背。

有大量的非参数统计方法用于自由分布（distribution-free）检验。主流的统计软件都包含这些主要的检验方法（如SPAA、SAS）。表5.1选择列出了大部分常见的检验方法。利奇和奥韦格布兹注意到[311]，参数检验和相对应的非参数检验并不是完全检验同一个假设。例如，参数独立 t 检验验证零假设，即两个母体的平均值相等，非参数独立 t 检验（如曼 – 惠特尼 U 检验）也验证零假设，即同一母体的两个样本违背位置备择假设，即一个样本以特定的量做了移动（即两个母体的中位数不同）。然而，这两种方法都是验证两个样本是否来源于同一母体，这通常是图书馆研究者最终感兴趣的。

表5.1　非参数统计类型

方法	检验
关系测量法：	
斯皮尔曼秩相关系数	一致性
肯德尔秩相关系数	一致性
独立卡方检验	一致性/不和谐性

续表

方法	检验
肯德尔 τ 检验	一致性
泰尔检验	回归线的斜率
科克伦检验	一致性
费希尔精确检验	关系
单母体的检验：	
二项分布检验	比例
柯尔莫戈洛夫——斯米尔诺夫拟合优度检验	连续数据的拟合优度检验
符号检验	配对复制
威尔科克逊符号秩检验	位置的对称性和相等性
古普塔检验	对称性
霍奇斯——莱曼单样本估计量	中位数
两个母体的比较：	
齐性卡方检验	比例差异
威尔科克森（曼-惠特尼）检验	位置差异和扩展差异
柯尔莫戈洛夫——斯米尔诺夫二样本检验	母体分布间的差异
罗森鲍姆检验	位置差异
图基检验	扩展差异
霍奇斯-莱曼二样本估计量	中位数差异
萨维奇检验	中位数相等时的扩展差异
安沙里布雷德利检验	离散差异
摩西置信区间	位置差异
多母体的比较：	
克鲁斯卡尔——沃利斯检验	位置的对称性和相等性
弗里德曼检验	对称性和位置（二维数据）
约恩克海勒-特普斯特拉检验	中位数相等 VS. 中位数改变
佩奇检验	次序替代
次序替代的匹配检验	中位数对等 VS. 中位数次序
米勒刀切法检验	量表未知的比率平方不等于1
霍兰德检验	变量 X 和 Y 可互换

133

此外，非参数方法可以精确计算概率水平，尤其是当样品量小时。事实上，准确概率（非参数）检验是验证假设的最可靠的方法。因此图书馆研究者应尽可能地使用非参数准确性检验。例如，利用超几何概率的两个母体比例相等的费希尔精确检验（Fisher's exact test），比其任何大样本的类似检验（比如卡方统计）都更准确。卡方统计需要预期量大于5。可以使用许多领先的统计软件（如SPAA、SAS）进行费希尔精确检验。

和发现统计上显著的参数一样，对统计上显著的非参数的结果，报告和解释效应量同等重要。事实上，统计上显著的非参数统计总是应该进行效应量的测量。然而应该指出的是，就像参数检验受到违背一般线性模型假设的不利影响，参数的效应量（如科恩d值）也受到相同的影响。比如，奥韦格布兹和莱文注意到[439]，参数效应量受到数值的非正态性和非均匀性的影响。因此，违背任何假设，导致使用了非参数方法，同样也会使效应量失真。与此论断相一致，霍格蒂（K. Y. Hogarty）和克罗梅雷（J. D. Kromrey）使用蒙特卡罗方法演示了最常用的效应量评估（如科恩d值）都对正态性和齐性的偏离非常敏感[225]。

因此，只要可能，图书馆研究者应遵循统计上显著的非参数p值与非参数效应量。非参数效应量包括克莱姆的V系数、Φ系数和优势比（odds ratio，又名"机会比"、"比值比"、"交叉乘积比"——译注）。这些适合用于卡方分析的效应量指标可以使用SPSS和SAS方便地计算。

观察发现的显著性

目前本书已经讲述并提倡两种类型的显著性：统计显著性和实践显著性。当一个观察发现碰巧是"显著"大于或小于预期时，它就被认定具有统计显著性[89]。在零假设为真的条件下，P值表示观察发现作为极端结果或者更极端结果的概率。但P值不代表效应大小或重要性[12,591]。历史上，统计显著性一直是大多数期刊论文中报告显著性的唯一类型[557]。遗憾的是，统计显著性检验的使用有一些缺点，包括受到样本量的过度影响；样本越大，越容易找到统计显著性[1]。更具体地说，当样本量小并且相应观察到的发现大时，P值往往是无解释的。另一方面，当样本量大且相关观察到的发现小时，P值往往是过度解释的[113,114]。

这本书提到的显著性的第二种类型是实践显著性。P值仅表明结果发生的可能性大小，不表示结果重要性的数量（即实践显著性）。结果的实践显著性同样也需要报告[557]。实践显著性代表着一个结果所具有的重要性[280]，换句话说，实践显著性代表着关系或差异的大小。虽然效应量有助于解释研究结果的意义，如 p 值一样，但效应量指标有几个局限性。奥韦格布兹和莱文指出了效应量指标的 9 个局限性[439]：（1）效应量随着研究目标的变化而变化（即理论应用或结果应用）；（2）效应量根据研究设计的变化而变化；（3）许多研究者不指定使用的效应量指标；（4）解释效应量的指导方针不一致，一般都很随意；（5）效应量随着样本量和样本变异性的变化而变化；（6）效应量对方差齐性和正态性敏感；（7）效应量随着相关测量的变异性值的变化而变化；（8）效应量随着得分信度的变化而变化；（9）效应量随着使用的量表（即称名量表、顺序量表、等距量表、等比量表）的变化而变化。

临床显著性是第三种类型的显著性，它已被推荐需定期报告[557]。卡赞丁（A. E. Kazdin）定义临床显著性为"干预效应的实践或应用价值或显著性——即在日常生活中，对客户或者与客户相互作用的人的干预是否会产生实在的（如真正的、明显的、实用的、引人注目的）影响"[270](332)。根据卡赞丁的定义，即使缺乏实践显著性，也可以发现临床显著性。在图书馆环境中，一个旨在减少图书馆焦虑，使学生受试者和未接受干预的对照组成员的焦虑程度有（统计学显著或实践显著）区别的干预，可能会没有明显的影响。尽管这样，这个干预可能对帮助学生在焦虑水平升高时如何更好地应对。在这种情况下，干预被认为已经产生了临床上的有意义的发现。所以，图书馆研究者在报告统计显著性（即 p 值）和实践显著性（如效应量）指标时，考虑增加报告临床显著性的测量。很遗憾的是临床显著性由于其定性的特点而很难被预测。

最近，利奇和奥韦格布兹主张[312]，即使显著性的三种类型全都用于社会与行为科学，研究者也不能表达做出决策的全部信息。所以，他们提出显著性的第四种类型：经济显著性。他们认为经济显著性客观上有更大的机会来推动决策。根据利奇和奥韦格布兹的观点，经济显著性是指干预效应的经济价值。例如，一个关于防止儿童辍学的干预，则它的经济显著性是指儿童对社会的经济贡献，可以用选定的风险因子的概率来衡量（如无未来监禁的概率）。

利奇和奥韦格布兹同时也提出了进行经济显著性分析的框架[312]。他们讨论了经济显著性分析（Economic Significance Analysis，简称"ESA"）和经济显著性指数（Economic significance indices 简称"ESIs"）。经济显著性分析可以概括定义为推导、计算和使用一套广泛的基于成本的便于评估和决策的指标。经济显著性指数基于经济显著性分析，可以做为任何一个现有显著性类型的补充，也可以单独使用。利奇和奥韦格布兹提出了经济显著性指数的类型学，包含成本效益测量、成本收益、成本效用、成本可行性和成本敏感度。根据这些方法学家所说，成本效益经济显著性指数提供了关于成本的每一等级或者每个效益等级的成本的干预效益的信息。即成本效益经济显著性指数同时考虑成本和效益。成本收益经济显著性指数得出成本和收益比较的估值。成本效用经济显著性指数提供了干预成本的相关信息，相对于估算观察结果的效用。成本可行性经济显著性指数提供了关于为了确定是否在预算范围内或其他可用资源的干预成本。成本敏感度经济显著性指数表示经济显著性的概率将不确定性纳入效益、成本、收益、效用和/或可行性的判断。所有这些经济显著性指数的类型提供了基于货币单位的指数。此外，利奇和奥韦格布兹为5个经济显著性指数的每一个类型都讨论了几种指数。例如，对成本效益经济显著性指数，利奇和奥韦格布兹用经济学术语定义了成本/效应量指数，即干预成本和效益量的比值。另外利奇和奥韦格布兹还概述了如何构建经济显著性指数的置信区间。

利奇和奥韦格布兹注意到[312]，经济显著性提供了显著性的第四种类型，和其他三种类型相比，决策者及相关人员更容易理解，从而对显著地影响政策具有巨大的潜能。因此，图书馆研究者应考虑计算和报告经济显著性的测量。的确，在图书馆预算缺口不断增加和图书馆人员需要比以前更大程度地调整自身角色的年代，经济显著性指数可以用来解决无数的重要研究问题，包括：什么是好的图书馆技能的社会经济效益？大学图书馆员的经济影响是什么？对图书馆预算每增加或减少1000美元，它的经济显著性是什么？到目前为止，在图书馆焦虑领域还没有含有经济显著性测量的研究。因此，经济显著性指数是将来图书馆焦虑研究的一个主题。

定性研究范式

描述数据分析技术

正如奥韦格布兹和特德利所说,和定量研究者相比,定性研究者倾向于更大程度地在社会文化背景下介绍其研究结果[441]。此外,与统计学家相比,解释主义者通过收集更多、更详细的数据,通常能够从他们的分析中提取更多的含义。

然而,当对一组结果给出的含义是定性研究的特定说明时,关于使用的分析方法和分析的主要特征的具体说明信息是一个特有的劣势[93,441]。比如,当梅隆的开创性研究[349]为图书情报学领域提供了重要的含义信息时,有人提出缺乏关于期刊是如何分析的细节,特别是没有清楚地指出这个题目是如何出现的,以及没有提供梅隆是如何得出学生在使用图书馆感到疑惑的 4 个原因的解释。同样,奥韦格布兹在对研究生学术期刊进行主题分析[382]时,关于这个浮现的主题是如何发展的信息也是不充分的。

为了帮助定性分析研究者提供更多的使用的分析方法的信息,康斯塔斯(M. A. Constas)总结出一个描述类型学开发(即主题创作)的框架[93]。根据康斯塔斯的框架,在创建一类型学时,至少有 5 个来源可以使用。这 5 个来源是调查(直接由研究者建构)、文献(来源于现存文献的发现和结论)、受试者(受试者自己判定范畴)、说明(从已存的分析思想中开发)、计划(由一组在计划声明规定的目标或对象构成)。定性研究者应该在数据分析前决定类型学开发权属的职责和权力。一旦作出决定,图书馆研究者在进行定性分析时要在最终的报告中描述使用的是哪一个来源。

此外,图书馆研究者应该解决用于识别给定类别、主题或类型学的名称的来源。和起始来源一样,用来识别分类的名称的来源由以下几个组成:调查(研究者直接提供)、文献(引起范畴命名的文献中的现有理论)、受试者(受试者自己命名范畴)、说明(从一组已存的分析思想中命名)、计划(直接从计划目标中得到)。

当通过定性数据分析创建出一个分类体系后,图书馆研究者要尝验证它的结构。根据康斯塔斯的框架,在分析者的处理中至少有 6 个正当来源:经验验证（通过检查覆盖面、独特性和基础性范畴的排他性验证一个类型学）、理性验证（利用逻辑和理智验证给定的类型学）、技术验证（研究者使用语言、思想和概念验证一个类型学，如评判者间信度）、受试者的验证（要求受试者评论，然后验证或者修订一个或多个范畴）、参考验证（通过进一步的证据，用研究发现或者理论框架来验证一个特定的类型学）、外部验证（使用和研究不相关的专家小组来验证和证实给定的类型学）。需要指出的是，图书馆学研究者可以同时使用多个来源验证一个类型学。

时间指定（Temporal designation）是指数据分析过程中的时间特性。关于这个要素，图书馆学研究者应该决定一个类型学发展是否后出现、先出现、或者反复出现[93]。在一个后出现例子中，范畴会在所有定性数据收集完成后创建。在一个先出现例子中，范畴会在数据收集前出现。最后，在反复出现例子中，范畴会在定性研究过程的不同阶段出现。

综上所述，为了让定性数据分析更像一个"公共事件"[93]，图书馆研究者应该为读者提供关于类型学发展的来源、命名源和验证源，以及数据分析过程的时间设计尽可能多的信息。这样的细节会引导图书馆研究者进行定性研究报告习惯的改善。一个关于类型学开发定性研究的很好的例子是克雷克尔和王2002年发表的文献[285]。

样本外的结果推广

通常，在人类行为学研究中，定性分析的总体目标是洞悉特定地域内的特定行为、社会、教育和家庭的过程与实践[92]。此外，定性研究的目的通常是最大程度利用个体信息，而不是使结果充分泛化。在这种情况下，相对于定量研究设计，定性研究需要较小数目的受试者。进一步说，随机样本很少，定性研究者常常更喜欢选择目的性抽样。

就其本身而言，定性分析中所使用的样本通常不是设计为代表抽取样本的母体。因此，令人不安的是许多定性分析者尝试将样本结果（如主题陈述）推广到母体上[404,441]。事实上，只有当使用的样本相当多且具有代表性时，才足以将从样本中得到的研究结果推广到母体上。例如，梅隆就有理由将样本发现推广到母体，因为她从数量相当大的大学生样本（样本量为6 000）中获得定性数据。即使选择了1个非随机样本，通常这样大的样本是可能代表大学生的。有趣的是，尽管在本质上是定性的，到目前为止，在图书馆焦虑研究中,梅隆1986年发表的研究中使用的样本量是最大的,这也是为什么梅隆被普遍认为在图书馆焦虑研究领域做出了无与伦比的贡献。

未估算和解释效应量

美国心理学会最近出版的《APA格式手册(第五版)》规定,向读者提供的"不仅是统计显著性信息,而且也需足够的用于评价观察到的效益或关系大小的信息"[12](26)。另外,美国心理学会还规定:"为了让读者充分理解结果的重要性,在结果段落包含一些效益量指标或关系强度几乎是有必要的。"[12](25)很明显,这些规定是为定量数据制定的。然而,根据奥韦格布兹和特德利的观点[404,441],在分析定性数据时,效应量同样需要报告和解释。据奥韦格布兹所说[404],为定性数据报告效应量常常会使意义增大。显然,至少一部分定性研究者未利用效应量是源于研究者将效应量和定量模式联系起来[404]。

奥韦格布兹为定性数据提出一个效应量的类型学[404],这个类型学被奥韦格布兹和特德利进一步地发展[441]。他们提出的类型学分为显性效应量(manifest effect sizes,即有关可观察内容的效应量)和隐性效应量(latent effect sizes,即有关观察不到、潜在研究现象方面的效应量)。奥韦格布兹注意到[404],在执行主题分析时,定性研究者通常只对浮现的主题进行分类和描述。但他认为可以确定更多与这些主题有关的信息,特别是这些主题可以通过计算出现频率(如最少的主题/最普遍的主题)和计算每一个确定主题的强度来量化。即对每一个研究受试者,如果一个主题代表重要的陈述或者与该个体有关的观察,则该主题打分为"1";反之,打分为"0"。对每一个样本成员,每一个主题被二值化为1或0。因此,二值化最后形成一个矩阵,奥韦格布兹称之为不同应答者矩阵(受试者×主题矩阵)和同一应答者矩阵(群组×主题矩阵)[404]。这些矩阵可以用来确定出现频次和普遍性的次序。

奥韦格布兹论证了怎么对这些矩阵进行探索型因子分析(定量研究者通常使用的方法),分析主题的层次结构(即元主题)和判别它们的相互关系[404]。奥韦格布兹同样举例说明效应量(如特征值、迹和被每一个主题解释的方差的比例)如何和主位结构、主题相互关系和可估算的元主题相关。

奥韦格布兹和特德利讨论了定性研究中的校正效应量(adjusted effect sizes)概念,认为主题的概率和强度会调节分析群组的长度(如文本、观察、采访）和发生频次[404,441]。例如，对于群组分析的长度，图书馆研究者应通过单词量、句子、段落和/或页码对浮现的主题加以划分。奥韦格布兹认为[404]，校正效应量有助于数据中固有的偏差最小化。克雷克尔和王为他们的定性数据提供了几个效应量的测量，尽管他们没有给出专门的术语[285]。例如，他们报告如下：

> 根据认知维度（表2），所有的分类至少含有6个受试者。被60或多余60个受试者提到的分类有：任务开始（ISP第1步，59%的受试者提到），总的方面（ISP模型；55%受试者提到），信息收集（ISP第5步；47%受试者提到）和写作（ISP中没有明确表述；42%受试者提到）[285](299)。

未使用计算机数据分析工具

虽然定量研究者几乎总是使用计算机来分析经验数据，但定性研究者未必能充分使用计算机[98]。然而，正如克雷斯韦尔（J. W. Creswell）所说[98]，当文本数据库很大时，计算机比传统的手工数据分析有许多优势。这些优势包括定性的计算机程序提供容易且快速访问的电子数据。然而，定性的计算机程序不能为了使意义最大化而取代综合性阅读。选择使用最合适的定性软件类型取决于计算机分析人员的经验，不管是单个情况或多个情况，数据是有组织的还是无组织的，数据是固定的还是变化的，数据库的大小是否变化[356]。如同密利斯（M. Miles）和休伯曼（A. M. Huberman）所说[356]，定性软件的选择同样取决于预期数据是探索型还是验证型的，不论编码方案是固定的还是变化的，不论是单一编码还是多样编码，不论数据分析是迭代的，数据背景下的感兴趣水平，分析的特异性，数据展示的复杂程度。无论如何，克雷克尔和王都应该被赞许，因为他们用计算机对定性数据进行分析（即QSR NUD∗IST）[468,285]。

5.4 混合方法研究范式

奥韦格布兹和特德利精确地解释了"在开始数据收集过程的某个阶段同时或顺次使用定量和定性分析技术的混合方法数据分析的基本原则，其解释方式为并行或综合或迭代方式[441](352)"。根据他们的说法，混合方法数据分析给研究者提供了弥补定量和定性研究相关缺点的机会,因为定量和定性研究综合了通常与这两个范式相关联的数据分析技术的长处。但是,图书馆研究者在进行混方法分析之前,必须认识到作为该类方法基础的重要的考虑因素。

在过去几十年间,混合方法数据分析方法应运而生。值得一提的是,卡拉切利(V. W. Caracelli)和格林(J. C. Greene)总结了如下应用于行为与社会科学的混合的数据分析策略[75]:(1)数据转换(即一种类型的数据转换为另一类数据,以便两种类型的数据可以同时分析);(2)类型学开发(即一种类型数据的分析产生一个分类体系,随后这个分类体系作为分析和对比数据类型的框架使用);(3)极端案例分析(即从一个数据类型的分析判断极端案例,并通过额外的其他类型的数据的收集和分析进行跟踪,目的是检验和修正极端案例的最初解释);(4)数据整合或数据合并(即两种类型数据的联合评审来创建新的或组合变量或数据集,这些变量或数据集在未来的分析中可以定量表达或者定性表达)。

同样,塔什亚考里(A. Tashakkori)和特德利(C. Teddlie)认为[537]:(1)并发的混合数据分析由并行混合分析组成(即三角组合),同一定性数据的并发分析同时使用定量和定性技术,且同一定量数据的并发分析同时使用定量和定性技术;(2)顺次分析由定性数据分析,然后是验证型定量数据收集和分析组成,也由定量数据分析,然后是定性数据收集和分析组成。

奥韦格布兹和特德利指出,图书馆研究者在进行混合方法数据分析前应考虑下面的12种因素[441]:(1)混合方法研究的目的;(2)是否执行以变量还是以案例为目标的分析;(3)是否使用探索型还是验证型数据分析技术,或者同时使用;(4)使用哪一种数据类型(即定量或定性);(5)如果定量数据类型和定性数据类型都使用,它们间的关系是什么;(6)成为分析基础的数据分析假设是什么;(7)类型学开发的原因是什么;(8)类型学开发指定的原因是什么;(9)类型学开发的验证原因是什么;(10)数据分析过程的临时名称是什么;(11)计算机软件是否应该用于分析数据;(12)使用什么样的合法化流程。这12种考虑的因素可以为图书馆研究者的定性数据分析提供一个框架。

奥韦格布兹和特德利确定了混合方法数据分析过程的7个阶段[441]:(1)数据简化;(2)数据展示;(3)数据转换;(4)数据关联;(5)数据整合;(6)数据比较;(7)数据集成。数据简化是第一个阶段,包括降低定量数据的维度（如通过描述性统计、探索型因子分析）和定性数据的维度（如通过探索型主题分析、备忘录）。数据展示是第二阶段，包括形象地描述定量数据（如表、图）和定性数据（如矩阵、图表、图、网格、清单和文氏图）；数据转换是第三阶段，包括定性数据转换为可以统计上描述的数字编码（即量化[537]）和数值数据转换为可用于定性分析的描述数据（即质化[537]）。第四阶段以数据相关为特征，在这个阶段定量数据与定性数据相关联；第五阶段是数据整合，此时定量数据和定性数据被整合，以创建新的或组合的变量或数据集。第六阶段是数据比较，包括从定量和定性数据源中比较数据。奥韦格布兹和特德利模型的第七阶段的特性是数据集成。在这个阶段定量数据和定性数据都被统一为一致的整体或者一致整体的两个单独集合（即定量集和定性集）。但是，奥韦格布兹和特德利推断，尽管这7个阶段有一定顺序，但它们不是线性的。在奥韦格布兹和克雷克尔等的混合方法学研究[284,285,382]中，定量和定性数据都会经历下面的步骤：数据简化、数据展示、数据转换、数据比较和数据集成。

5.5 本章概要和结论

本章为进行定量的、定性的和混合方法的数据分析提供了一个框架。对于定量数据分析，在现存文献的基础上，对每一个主要数据分析方法的良好实例进行了推荐，包括二元相关分析、多元回归、方差分析、协方差分析、多元方差分析、多元协方差分析、判别分析、探索型因子分析、验证型因子分析、结构方程建模和多层线性建模。另外，还提供了报告得分信度和效应量的推荐规范，进一步促进了非参数统计的使用。

对于定性数据分析，本章概述了一个帮助图书馆研究者提供更多关于所用分析方法信息的框架（即康斯塔斯1992年发表的文献[93]），包括一些事务的构思，如怎样描述类型学开发，怎样描述用来判别给定范畴所用名称的来源，怎样描述类型学开发的基础和数据分析过程的时间特性。另外，还介绍了定性数据效应量的类型学。

对于混合方法数据分析方法，介绍了12种事前分析策略。具体地说，建议图书馆研究者在执行混合方法数据分析前考虑如下12种因素：（1）混合方法研究的目的；（2）是执行以变量还是以案例为目标的分析；（3）是使用探索型还是验证型数据分析方法，或者同时使用；（4）使用哪一种数据类型（即定量或定性）；（5）如果定量数据类型和定性数据类型都使用，它们间的关系是什么；（6）成为分析基础的数据分析假设是什么；（7）类型学开发的原因是什么；（8）类型学开发指定的原因是什么；（9）类型学开发的验证原因是什么；（10）数据分析过程的临时名称是什么；（11）计算机软件是否应该用于分析数据；（12）使用什么样的合法化流程。此外，还总结了奥韦格布兹和特德利的混合方法数据分析过程的 7 个阶段，即数据简化、数据展示、数据转换、数据关联、数据整合、数据比较和数据集成。

最后，本章讨论了显著性的 4 种类型。特别是建议图书馆研究者尽可能地计算、报告并说明经济显著性指数。根据利奇和奥韦格布兹所说[312]，经济显著性提供的指数比其他的 3 个显著性的测量更容易被决策者及其相关人员理解，从而拥有显著影响决策的巨大潜能。

整个这一章推荐的数据分析是最新的和前沿的。因此，本章为图书馆研究者提供了关于进行定量、定性和混合方法数据分析的综合框架。就像研究范式、研究设计和数据收集策略的选择要源于研究对象和研究目的，数据分析过程的选择也是这样。然而，不管怎么复杂和高深，当务之急是图书馆研究者要谨慎地进行定量、定性和混合方法论的数据分析。事实上，奥韦格布兹和丹尼尔已注意到[417]，复杂而精巧的数据分析方法和计算机软件的使用不应该成为真正了解基础数据和认真验证所有分析的假设的替代品。

第6章 多方法研究框架：
数据解释阶段

6.1 综述

在第 5 章，介绍了研究程序的第二个主要阶段（即数据分析阶段）的框架。一旦数据分析完成，定量、定性和混合方法研究程序的下一步就是解释这些数据。解释部分包括评估发现结果的效度或真值（truth value）。使用一个恰当的数据分析技术是十分重要的，而数据的合法性则更加重要，因为不管使用的分析方法多么恰当或者多么精致，如果数据是无效的，则任何解释也都是无效的。

所以，本章的目的是讨论在已发表的研究中出现的主要的解释性错误。特别是介绍定量、定性和混合方法研究范式中效度的概念，并为每一个定量和定性范式介绍了一个评估研究结果可信度的模式。

6.2 定量研究范式

在定量研究中，研究者力求使内部效度和外部效度（external validity）最大化。确实，在研究结果被称为是科学之前，实现这个目标被认为是至关重要的。盖伊和阿来萨将内部效度定义为"一种条件，该条件下在因变量中观察到的差异是自变量的直接结果，而不是一些其他变量的结果。"[171](345) 所以，内部效度在竞争假设不能消除时会受到威胁。约翰逊和克里斯滕森将外部效度定义为"研究结果可以被推广到母体，其他背景和时间的程度。"[266](200)

内部效度和外部效度是截然不同的两个概念。一个研究结果的内部效度很高但外部效度不一定高。换句话说，即使一个特定的发现拥有高的内部效度，并不意味着这个发现可以推广到研究背景之外。例如，在一个较小的农村大学，实验研究经过严格的控制，发现书目指导可以大大降低图书馆的焦虑水平，这个研究发现可能不能推广到其他的高校，特别是大城市的高校。

同样，一个结果有高的外部效度不一定有高的内部效度。例如，一项进行了为期4年的调查（高的外部效度）发现随着时间的推移，图书馆焦虑会降低，但该项调查的内部效度可能是低的，因为缺少充分的控制（即研究者无法控制4年间无法预见的可能影响图书馆焦虑的事件发生）。事实上，内部效度与外部效度在一定程度上呈负相关，因为研究者控制研究越多（即内部效度增加），反映事件正常状态的可能性就越小（即外部效度降低）。反之亦然，即增加普遍性（即外部效度增加）可能导致研究者对研究控制的降低（即内部效度降低）。

坎贝尔（D. Campbell）[68]和斯坦利（J. Stanley）[72]的开创性工作，给出了有关效度威胁的最权威解释。他们确定了和实验研究有关的内部效度的8种威胁：历史、成熟、测试、测量工具、统计回归、受试者的选样差异、中辍和交互作用（如抽选－成熟交互作用）[68,72]。在坎贝尔和斯坦利工作的基础上，史密斯（M. L. Smith）和格拉斯（G. V. Glass）将与试验研究相关的外部效度的威胁分为三个方面[522]：母体效度（即抽选—处理交互作用）、生态效度（即实验者效应，多重处理干预、引起反应的安排、时间和处理交互作用、历史和处理交互作用）、操作的外部效度（即变量的特异性、前测敏感性）。

奥韦格布兹扩展了坎贝尔和斯坦利的效度威胁来源框架，提出了出现在定量研究程序的研究设计/数据收集、数据分析、数据解释阶段的内部效度和外部效度的50个威胁[399]。图6.1中列出了这些威胁，从中可以看出奥韦格布兹的模型比之前的模型更全面。下面对这些威胁中的每一个进行概述。

研究设计/数据收集阶段的内部效度

从图6.1可以看出，在研究设计/数据收集阶段出现了22个内部效度的威胁。这些威胁由坎贝尔和斯坦利的8个威胁加上另外的14个威胁构成。每一个威胁在下面都会论及。

历史（History）威胁是指和干预无关，但是会在研究过程的某一时刻发生并使结果测量产生变化的事件、环境或性格的变化。成熟（Maturation）威胁是指随着时间的推移,研究受试者之间的作用过程。这些过程导致诸如老

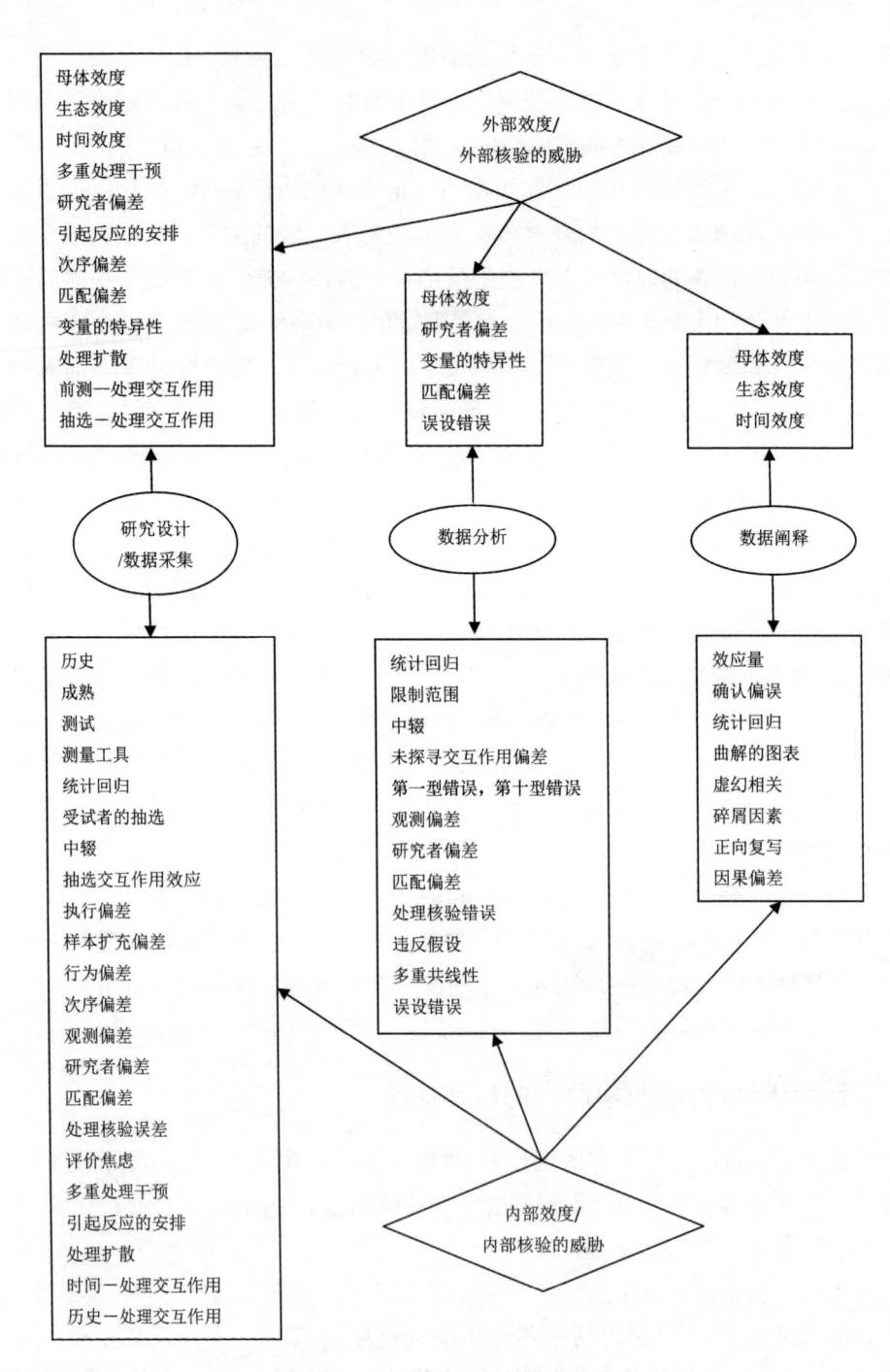

```
┌─────────────────┐
│ 母体效度          │
│ 生态效度          │                    ◇ 外部效度/    ◇
│ 时间效度          │                      外部核验的威胁
│ 多重处理干预       │
│ 研究者偏差        │
│ 引起反应的安排     │
│ 次序偏差          │
│ 匹配偏差          │         ┌──────────────┐      ┌──────────┐
│ 变量的特异性       │         │ 母体效度       │      │ 母体效度   │
│ 处理扩散          │         │ 研究者偏差     │      │ 生态效度   │
│ 前测—处理交互作用  │         │ 变量的特异性   │      │ 时间效度   │
│ 抽选—处理交互作用  │         │ 匹配偏差       │      └──────────┘
└─────────────────┘         │ 误设错误       │
                           └──────────────┘

       (研究设计            (数据分析)           (数据阐释)
       /数据采集)
```

┌─────────────────┐   ┌──────────────┐   ┌──────────┐
│ 历史   │   │ 统计回归   │   │ 效应量   │
│ 成熟   │   │ 限制范围   │   │ 确认偏误   │
│ 测试   │   │ 中辍   │   │ 统计回归   │
│ 测量工具   │   │ 未探寻交互作用偏差│   │ 曲解的图表 │
│ 统计回归   │   │ 第一型错误，第十型错误│   │ 虚幻相关   │
│ 受试者的抽选   │   │ 观测偏差   │   │ 碎屑因素   │
│ 中辍   │   │ 研究者偏差   │   │ 正向复写   │
│ 抽选交互作用效应   │   │ 匹配偏差   │   │ 因果偏差   │
│ 执行偏差   │   │ 处理核验错误   │   └──────────┘
│ 样本扩充偏差   │   │ 违反假设   │
│ 行为偏差   │   │ 多重共线性   │
│ 次序偏差   │   │ 误设错误   │
│ 观测偏差   │   └──────────────┘
│ 研究者偏差   │
│ 匹配偏差   │
│ 处理核验误差   │
│ 评价焦虑   │
│ 多重处理干预   │   ◇ 内部效度/   ◇
│ 引起反应的安排   │   内部核验的威胁
│ 处理扩散   │
│ 时间—处理交互作用 │
│ 历史—处理交互作用 │
└─────────────────┘

图 6.1　内部效度和外部效度的威胁

化、疲劳、欲望、厌倦、学习和疾病等身体、情感、精神、智力的变化，而这些会被错误地归因于独立变量。测试（Testing）也称为预测（pretesting）和前测敏感性（pretest sensitization），包含受试者得分可能发生的变化，而这些变化是在第二次进行，或者作为因应干预前措施的干预后手段所获得的。也就是说，无论干预是否在两个干预措施之间发生，被允许的干预前措施可能会提高干预后措施的得分。测量工具威胁是在当工具产生的得分缺少信度和效度（即缺乏内容效度、效标效度和/或结构效度）时出现。统计回归威胁经常出现在当研究受试者的选择是基于一些前干预措施的极低值或极高值。这种威胁属于极值回归趋势或走向，属于后续测量行为的平均值。应该特别指出的是，许多图书馆研究者研究诸如具有高程度图书馆焦虑的图书馆用户这样的特殊群体。因为这些群体在量表（如 LAS）测量中的一些极值，图书馆研究者往往让这些特殊的子组参与试验。因此，研究者不能确定任何观察到的干预后差异是否是真实的或者是否是统计学上的人为结果。

受试者的选样差异也称为选择偏差（selection bias），是指在实施干预前，两个或两个以上的对照组之间一直呈现出的重要差异。这种威胁通常在比较完整（即定型）组时出现。可能出现的组差异让人以为是由干预引起的假象，相反，它们实际上是认知、情感、个性、和/或实验组和对照组之间的人口统计学特征差异的结果。中辍（Mortality）也称为损耗（attrition），是指被选中的受试者参与一项研究时，要么无法参与或不能每个阶段参与调查的情况（即退出这项研究）。中辍本身并不一定混淆结果。当受试者退出研究而导致组间差异不能归因于干预就会出现这样的偏差，当一个组的损耗明显高于其他组的损耗时会经常出现这种情况。抽选交互作用效应（Selection interaction effects）包含上面内部效度的任何一个威胁与受试者选样差异威胁的相互作用（例如抽选 - 中辍、抽选 - 成熟），其产生的效果类似于干预的效果。例如，如果一个组比其他组有明显的高损耗，可能产生一抽选 - 中辍交互作用威胁，这样组之间发现的任何差异至少在一定程度上反映其不同的损耗。类似地，如果一个组的成熟高于其他组，会产生一抽选 - 成熟交互作用威胁。

奥韦格布兹概述了数据收集阶段另外的 14 个内部效度的威胁[399]。根据奥韦格布兹的描述，执行偏差（implementation bias）是干预研究中，在数据收集阶段对内部效度最频繁和最普遍的威胁之一。执行偏差源于没有完全遵循干预的协议设计。它的出现通常是由于指导教师的选样差异，而指导教师执行对组的干预。奥韦格布兹指出，随着参与到创新干预的指导教师（即书目指导教师）的数量的增长，那么可能至少有一些教师不能非常充分地实施计划。这种缺乏遵守干预协议的一部分指导教师可能源于缺乏时间、精力、激励、培训、或资源，缺乏知识或能力不足，较低的自我感知能力，执行焦虑，不妥协，或不好的态度[399]。

不管什么原因，执行偏差导致为干预而定的协议不能以预期的方式那样去执行（即协议偏差）。例如，一些图书馆员对新书目指导课程的不好的态度可能导致违反了干预协议，然后传送给参加这个课程的潜在图书馆用户，最后掩盖了实验组和对照组之间的真正差异。与时间相关的实施威胁尤为常见。许多研究涉及短时间内（如1小时或较短的书目指导课程后）的创新性评估，并没有提供机会去评述积极的结果[468]。在干预组和非干预组的指导教师的图书馆用户教育工作经验的差异是另外一种方式，执行偏差可能会威胁到内部效度。

样本扩增偏差（Sample augmentation bias）本质上是中辍的对立面，多出现在研究开始后，1人或多人加入到干预组或者非干预组（如研究之外的学校的学生转到实验组或对照组的学校）。行为偏差（Behavior bias）发生在一个个体在研究开始前对干预是支持或反对具有强烈个人偏见的时候。次序偏差（Order bias）出现在一项研究中存在多个干预比较的时候，且该研究中所有的受试者在每一个干预条件下进行测量。当干预条件次序的影响不能从干预条件的影响中分离时，次序偏差会威胁到内部效度。

观测偏差（Observational bias）在当数据收集者不能获得足够感兴趣的行为的抽样时会出现。这种偏差出现在研究者的数据收集不涉及持续观察和/或长期参与时[311]。在数据收集阶段，当研究者个人倾向于一种干预超过其他剩余技术时，可能出现研究者偏差（Researcher bias），它可以是主动的（例如研究者作出的表述或特殊习惯表明了他/她的偏见），也可以是被动的（例如研究者的个性特点或禀性）。当存在研究者偏差时，研究者可能会下意识地影响研究结果。当抽样范围内的个体无法找到相应的匹配而被排除在研究之外时会出现匹配偏差（Matching bias），这样在这些被选择个体和被排除个体之间的任何差异可能导致统计上的人为结果。

处理核验误差（Treatment replication error）是指研究者收集数据并不代表着正确的分析单位（如一种干预对每个受试者组施行一次，但只收集个别的结果数据）[337]。这种做法严重违背了不管分组如何，每个个体的输出值不依赖于其他个体的假设。这是因为在同一组背景下个体通常相互影响，从而混淆了结果[394]。许多图书馆用户都经历过的评价焦虑（Evaluation anxiety），通过将系统错误引入测量来威胁内部效度。当同一个受试者在研究过程中接触一个以上的干预时会出现多重处理干预（Multiple-treatment interference）。在这种情况下，早期的一个或多个干预的滞后影响可能导致很难确定后续干预的效度，一直影响到最后的结果（即竞争性假设）

引起反应的安排（Reactive arrangements）　［即霍桑效应（Hawthorne effect）、约翰亨利效应（John Henry effect）、怨恨性怠工（resentful demoralization）、新颖性效应（novelty effect）和安慰剂效应（placebo effect）］属于个体的反应变化，可以作为意识到的一个个体参与一项研究的直接结果出现。当人们将接受干预解释为接受注意事项时，很难从真实的干预影响中区分他们的反应，就会出现霍桑效应。亨利效应也叫补偿性竞争，是指研究过程中对照组受试者通过付出额外的努力与对实验组成员执行新的干预进行竞争的结果。这个效应往往会减少实验组和对照组之间所观察到的差异，这是因为对照组成员付出了额外的努力。与之相反，怨恨性怠工（resentful demoralization）是对照组成员由于没有被实施干预而变得越来越不满，导致士气损失和精力消耗的结果。因此，实验组和对照组间的差异变大。新颖性效应（novelty effect）是指受试者仅仅是因为研究包括不同的或新奇的任务或干预而增加参与的动机、努力或兴趣。新颖性效应威胁内部效度是因为对新奇任务的反应无法从真正的干预反应中分离出来。当对照组个体仅仅是因为他们相信是在干预组而获得更多有利的结局（如降低焦虑水平、更高水平的性能），就会出现安慰剂效应（placebo effect）。这种效应常常以否定基础理论的方式颠倒实验组和对照组之间的差异。

处理扩散（Treatment diffusion）也称为渗流效应（seepage effect），当调查过程中的不同的干预组成员间的相互交流时普遍存在处理扩散，例如一些处理渗出到对照组中。因此处理扩散降低了实验组和对照组间的差异，这是因为一些对照组成员确实接受到了一些干预。时间-处理交互作用（Time × treatment interaction）是指一个组内的个体接受一项干预比另一项干预更长的一段时间，这样这项干预差异性地影响组成员的反应。最后，历史-处理交互作用（history × treatment interaction）出现在当比较这些组成员经历的不同的历史事件时，这些事件差异性地影响组成员对干预的反应。

研究设计/数据收集阶段的外部效度

根据奥韦格布兹所述，在研究设计阶段和数据收集阶段会出现下面12种对外部效度的威胁。母体效度（Population validity）是指研究受试者得到的结果在多大程度上可以推广到选择样本成员的总体上。使用非随机样本或小样本往往减少了结果的母体效度。生态效度（Ecological validity）是指研究结果在多大程度上可以推广到其他的背景、条件、变量和环境。将一项研究限制在一个背景、条件、变量或环境下往往减少了生态效度。时间效度（Temporal validity）是指研究结果在多大程度上可以推广到不同的时间。不考虑时间在产生结果中的作用可能威胁到研究者的推广能力。多重处理干预，如上面所述，当同一个受试者经历过1个以上干预的时候会出现。实施干预的特定次序会降低研究结果的普遍性。

研究者偏差（Researcher bias）也称为实验者效应（experimenter effect），之所以威胁外部效度，是因为研究结果至少在某种程度上依赖于研究者的特性和价值观。如前面内部效度部分所讲，引起反应的安排，更是历来被认为威胁外部效度。确实，引起反应安排的5个方面（即霍桑效应、约翰亨利效应、怨恨性怠工、新颖性效应和安慰剂效应）之所以降低了外部效度，是因为结果对这几方面起了作用。作为引起反应安排的实例，次序偏差（Order bias）威胁外部效度，是因为它的存在使观察到的结果依赖于多重干预实施的次序。因此，得到的结果不一定能推广到不同的实施次序情形下。

匹配偏差（Matching bias）在一定程度上威胁外部效度，源于匹配受试者得到的结果不能推广到代表母体的人们间已出现的结果，这些人虽然在抽样框架内但并没有被选择来进行研究，从而这些人无法获得匹配。变量的特异性（Specificity of variables）几乎在每一项研究中都会威胁到外部效度。事实上，越特别的受试者、背景、条件、时间和变量，发现的结果越不能广泛推广。处理扩散（Treatment diffusion）之所以威胁外部效度，是因为它引起干预扩散到其他的处理条件下，从而威胁了研究者推广结果的能力。前测－处理交互作用（Pretest × treatment interaction）是指该情况下，执行前测增加或减少受试者对干预的响应能力或敏感度，从而使前测组的观察结果对为进行前测的选择研究样本的母体的自变量的影响不具有代表性。在这种情况下，研究者可以将研究结果推广到前测组，而不是推广到未进行前测的组。最后，抽选-处理交互作用（selection × treatment interaction）与受试者的选样差异对内部效度的威胁类似，因为它引起干预组间的重要的前期干预差异，而出现这种差异是因为这些干预组不代表相同的基础母体。这样，不能将结果从一个组推广到另一个组。

数据分析阶段的内部效度

如图6.1所示，下面所述的21个内部效度威胁出现在数据分析阶段。统计回归（Statistical regression）可能在数据分析阶段出现，该阶段研究者试图(1)统计等同组，(2)分析差异得分，或者(3)分析纵向数据。所有这些技术都影响内部效度，因为它们很容易向均值回归。限制范围（Restricted range）通常出现在研究者人为地对连续变量加以分类，导致统计功效减少。事实上，将受试者人为分组常常造成一定程度上的误分类，而这威胁到内部效度。此外，内部效度越来越多地受到分组数量减少的威胁，这样连续变量的对分常常会对内部效度带来最大威胁。当研究者试图分析样本量相等或近似相等（即进行所谓的均衡分析）的组而从最终的数据集中丢弃一些受试者的打分时，会出现中辍威胁。未探寻交互作用偏差（Noninteraction seeking bias）源于研究者在验证假设时没有检查交互作用的存在，而忽略交互作用影响不足以代表真正的关系。

丹尼尔和奥韦格布兹列出了与统计显著性检验相关的使结果失真的10类错误：第一到第十型错误[115]。前4类错误被统计学家分别称为第一型错误（错误地拒绝零假设）、第二型错误（错误地不能拒绝零假设）、第三型错误（错误地推断结果的指向性）和第四型错误（错误地用一个简单的效应分析跟踪一个交互作用效应）。接下来的另外6类统计学错误是由丹尼尔和奥韦格布兹确定的[115]：（1）第五型错误，即内部核验错误，在进行内部核验（即重新取样相同的数据来评价系数的稳定性）时，通过检测第一型错误或第二型错误的发生率来测量第五型错误；（2）第六型错误，即可靠性推广错误，通过统计结果和用来产生结果的测量的特殊值的联系来测量（当研究者对数据集内的子样本没有考虑差分可靠性估计时，这是一个十分严重的错误类型），（3）第七型错误，即方差不齐/回归不齐，通过方差/协方差分析处理的数据不能正确甄别以确定它们在组比较统计分析前是否满足齐性假设的程度来测量第七型错误；(4)第八型错误，即检验指向性错误，研究者将备择假设表达为带有方向的，但用双尾检验评估结果的程度来测量第八型错误；(5)第九型错误，即抽样偏差错误，通过从大量相似研究的众多便利样本产生的结果的差异来测量第九型错误；(6)第十型错误，即自由度错误，以研究者使用某些统计方法（主要是逐步法，参看第5章）错误地计算在这些方法使用的自由度的倾向来测量第十型错误。

当编码方案的评判者间信度低于100%时会出现观测偏差（Observational bias）。研究者偏差特别是光环效应（halo effect），普遍存在于当研究者正在评估随意的回答并允许受试者的先验知识影响他们打分的时候。匹配偏差出现在收集完全部样本数据后的被匹配的组。偏差是由于省略了不匹配的受试者引起的，从而威胁了内部效度。处理核验误差出现在即使数据可供研究者做更加合适的分析，研究者仍使用了不适当的分析单元时。违反假设（Violated assumptions）在数据分析阶段威胁内部效度，此时研究者没有充分检查某一特定的统计检验的基础假设（如正态性）。当2个或2个以上的独立变量彼此相关而干扰了研究者试图预测因变量时，多重共线性（Multicollinearity）就会威胁内部效度。最后，误设错误（misspecification error）是指在最终的模型中省略1个或多个重要的变量。该错误常源于一个不中用或不存在的用于开发和验证统计模型的理论框架。

数据分析阶段的外部效度

如图6.1所示，下面的5个外部效度的威胁出现在数据分析阶段。母体效度在研究者每次分析数据集的一个子集时出现，它使在这个子集发现的结果比分析母样本发现的结果具有较小的普适性。研究者偏差，比如光环效应，在数据分析阶段不仅影响内部效度，也影响外部效度，因为特定类型的研究者的独特性使结果不可推广。变量的特异性（Specificity of variables）作为外部效度的威胁是通过自变量和因变量的可操作化的方式（如使用局部标准）而实现的。如果数据集中未被选择来进行匹配的受试者与匹配的受试者相比，在某种重要意义上是不同的，以致从被选择的个体中得到的结果不能推广到未被选择的个体上，这时匹配偏差会成为数据分析阶段的外部效度的威胁。最后，误设错误指的是有意或无意地省略分析中的1个或多个重要的变量（如相互作用项）。虽然选择的最终模型可能接受内部效度，但如此的省略降低了研究结果的外部效度,这是因为如果包含省略的变量,就无法确定两种结果是否完全相同。

数据解释阶段的内部效度

如图 6.1 所示,在数据解释阶段会出现下面的 8 种威胁。效应量威胁发生在研究者解释统计显著性而没有考虑实践显著性(即效应量)时。如第 5 章所讲,不考虑实践显著性会导致对统计显著性结果的过度解释,也会导致没有将结果放在合适环境中的能力。确认偏差(Confirmation bias)指的是基于与初步假设过度一致的新结果的解释和总结的倾向。因此,研究者在试图检验理论时,比建构理论更容易发生确认偏差,这是因为检验理论能"以使研究者无视潜在的有益的结果的方式控制研究"[194](217)。当不支持研究假设时,存在确认偏差的分析者常常继续进行分析,仿佛基于假设的理论很有可能仍然是正确的。以这种方式继续分析,这些分析者没有意识到他们的研究方法不再是理论检验,而是理论证实[399]。

尽管如此,确认偏差本身不一定威胁到内部效度。它只在数据解释阶段威胁到内部效度,而此阶段 1 个或多个可信的对基础研究结果的竞争解释有机会被证明是更优越的。另一方面,如果不存在竞争性解释,确认偏差有助于为最佳的或仅有的解释提供支持[194]。然而,由于竞争性解释在行为与社会科学研究中是普遍存在的,图书馆研究者要意识到确认偏差在数据解释阶段扮演着降低内部效度的角色。

统计回归威胁源于回归趋向于可能影响到解释的均值。曲解的图表威胁(Distorted graphics)源于图表的不恰当解释产生的误解。虚幻相关(Illusory correlation)指的是变量间关系被高估的倾向,而这些变量仅仅弱相关或根本不相关,从而在数据解释阶段威胁到内部效度。碎屑因素(Crud factor)是指在不重要的关系前拒绝零假设。当检查的关系的数量和样本量特别大时,通常会发生碎屑威胁。碎屑因素导致一些分析者识别和解释不真实的但在统计上有价值的关系,而这在数据解释阶段威胁到内部效度。正向复写(Positive manifold)是指一种现象,即一些个体在一种能力或态度测量中表现良好,往往在同一领域的其他测量中也表现良好。这可能会导致结果的过度解释。最后,因果偏差(causal error)是指从非实证研究中推断一种因果关系。显然,这种推断在数据解释阶段构成了对内部效度的威胁。

数据解释阶段的外部效度

如图 6.1 所示,在数据解释阶段会出现 3 种外部效度威胁。母体效度、生态效度和时间效度通常发生在小样本或者非随机样本中。因此,图书馆研究者一定要十分小心,结论不要以偏概全,而应该将得到的结果与尽可能全面的现有文献的结果进行比较,以便结果可以在更加真实的环境中进行解释。此外,图书馆研究者与其注重得到最终的结论,不如注重推荐外部核验和为未来研究指引方向[399]。

6.3 定性研究范式

定性背景下的效度取向

根据登青(N. K. Denzin)的观点[123],定性研究中普遍存在效度危机。登青说,这种危机需要回答如何评价定性分析结果的问题。过去的几十年里,社会科学领域关于效度危机出现了 4 种学派,归根结底主要分为实证主义、后实证主义、后结构主义和后现代主义。

在定性研究中使用实证框架解释结果效度的研究者和定量研究者使用的准则相同。具体来说,这些提倡者使用内部效度和外部效度来评价定性研究结果。例如,认为自己是"右翼定性研究者"和"软鼻实证主义者"[357](23)的迈尔斯和休伯曼宣称:"内部效度问题是主要的。"[357](22)除了评价内部效度和外部效度,这些方法论者还评价定性研究结果的可靠性和客观性。简单地说,定性研究中,实证主义者关于效度的观点是相信同一套标准适用于所有的社会与行为科学研究,而不管它是否代表定量研究或定性研究。

后实证主义是定性研究的第二个效度取向。后实证主义者断言,应使用一套对定性范式独一无二的效度准则。然而在现实中,这些准则通常代表为定性研究背景改良的实证准则。特别是,有一些后实证主义者主张,鉴于研究者和研究方法对研究结果的影响要被检验,定性研究结果的效度应通过其建构理论、基于经验、科学上可靠、产生可推广的结果和内部自反的能力来评价[123]。

定性研究中第三个效度取向是后结构主义。后结构主义者相信,需要制定一套全新的准则，这些准则完全不受实证主义者和后实证主义者的影响。登青指出，这些准则应涉及"强调主观性、情绪性、感情和其他的反基础的准则"[123](298)。登青推测，政治是表示效度重要的动力之一。为此，拉瑟（P. Lather）将催化效度（catalytic validity）定义为一特定研究授权和解放一研究共同体的程度[303]。同样在这个背景下，拉瑟描述了效度的4个类型：讽刺效度（ironic legitimation）、超逻辑效度（paralogical legitimation）、根茎效度（rhizomatic legitimation）和沉醉效度（voluptuous legitimation）[304]。讽刺效度依赖于假设——同一现象的多重现实存在，以致研究的真值取决于揭示对立共存的能力。超逻辑效度是指效度的识别悖论方面。根茎效度不仅仅源于描述数据，也源于测量数据。沉醉效度也称为表征效度（embodied validity）或情境效度（situated validity），是本质上的解释。这种效度形式评价研究者解释水平的程度超出了他/她的数据知识库。总之，拉瑟关于效度的四种类型为阐述反对相应真理论的真相提供了一个框架[375]。

第四个效度取向是后现代主义。后现代主义者严肃地质疑准则是否能被指定用来评价定性研究结果的效度。根据该学派的思想，评价定性研究的理念是和"定性研究的性质以及试图研究的世界相对立的"[123](297)。因此，许多后现代主义者认为效度和定性研究是矛盾的。然而，一些后现代主义者也认为准则是必需的，虽然他们强调的准则完全不同于定量研究中的准则（如内部效度、外部效度）。例如，批判理论家认为，如果不采取措施保证以民主的形式来设计研究，那么控制谁来研究，研究什么，如何进行调查以及研究者和受试者的关系，则是由代表全社会的权力关系确定的。所以，批判理论家的目标是使研究"民主化"[135]。另外，女权主义研究者认为，有有效结果的研究可用以下几方面表示：（1）研究中的受试者的生活经验是描绘出来的，（2）受试者能够理解和改变他们所代表的人的体验，（3）受试者对其体验的解释与研究者的描述之间的差异是最小的，（4）研究者先前的理论和政治承诺允许通过源于受试者体验的知识和理解来告知和改变[474]。

夸勒（S. Kvale）同样简要介绍了一后现代主义的效度观点。有趣的是，夸勒认为自己的观点代表了"温和的后现代主义"或"积极的后现代主义"[300](21)。根据夸勒的观点，源于定性研究的知识是社会建构的结果。因此，他反对普遍真理的观念，同时承认真理特定地域、个人化和社区的维度，而这些维度都关注日常生活和当地故事。

夸勒将自己的效度构成分为研究效度（investigation validity）、沟通效度（communicative validity）和行为效度（action validity）。研究效度是研究者的品质，其中效度表示研究者的质量控制。因此效度不仅是所用方法的应变量，也是研究者的属性、个性特点和道德的应变量。也就是说，效度是一个构建并包含不断检查诚信、信誉和真实性的研究性学习的验证过程，而不是表示一些终极的结论。此外，研究过程的每一步包含效度的一个具体方面。因此效度的研究概念是扎根理论所固有的[176]。夸勒的研究效度适合于如何从基础数据中推导理论，也适合于研究者如何将研究主题概念化。这种效度形式表明，理论同研究目标、目的和数据相一致的程度，代表效度的高低。

夸勒的沟通效度是指评估论述中所主张的知识的效度。或者说，如果结果被研究人员的共同体赞同，则这些结果就有沟通效度。夸勒声称："当关于一概念及其测量关系的论述令研究人员的共同体信服时，那么这个概念及其测量就是有效的。"[300](22)最后，夸勒的行为效度是指研究效度的证实取决于研究是否奏效——也就是说，研究结果是否被决策者和其他利益相关者使用。综上所述，夸勒关于效度的三维概念包括质疑、理论化和检验。

最极端的后现代主义学派代表是建构主义者，如沃尔科特（H. F. Wolcott），他曾质疑效度是否是恰当的、合理的，或者甚至在定性研究中效度是否有用[597]。此外，沃尔科特宣称，效度没有抓住他探索的真髓，因此"效度既不指导也未渗透到"他的研究[597](136)。相反，对沃尔科特来说，效度干扰了他理解潜在现象的目的。然而，沃尔科特并没有完全不接受效度，而是把效度放在更一般的环境中。特别是沃尔科特试图根据效度确定"关键元素"和给出"貌似可信的解释"[597](146)。沃尔科特留意到，对定性研究而言，理解是一个比效度更基础的概念。所以，他致力于理解正在发生什么，而不是使他的读者相信他的研究结果。

探索确定效度

根据艾森哈特（M. A. Eisenhart）和霍韦（K. R. Howe，）的研究，在定性研究中探索确定效度，主要有如下3种情形：（1）采用常规方法；（2）常规方法的二中择一；（3）折衷主义[135]。如上所述，一些定性研究者采用常规方法，即实证主义或经验主义对内部效度和外部效度进行概念化。例如，登青基于坎贝尔和斯坦利内部效度的8个威胁和外部效度的4个威胁[68-70,72]，曾比较了7种研究方法（即实验、受试者观察、调查、非强加于人的方法、个人经历、采访和拍摄）[122]。登青证实，这些方案在使内部效度和外部效度的威胁最小化方面都有相对的优势和劣势，实验和受试者观察被评为最稳健方案的代表。然而登青指出，在每个研究方案中不能以同一方式使效度的威胁达到最小的程度。

戈茨（J. P. Goetz）和勒孔特（M. D. LeCompte）还在传统的内部效度和外部效度的小框架内讨论了定性研究的效度，同时也讨论了构想效度[179]。戈茨和勒孔特认为，漂亮的定性研究特征包括完整性、清晰性、适当性、范围的全面性、可信性和重要性。然而，鉴于登青考虑了在同一框架内如何同时使用各种研究方案，以满足传统方法的条件[122]，戈茨和勒孔特将效度的传统意义转化为定性的风格[135]。

艾森哈特和霍韦模型下的定性研究中，挑战效度的第二个举措是替代效度的传统（实证主义）概念。这个观点的特点是极度怀疑（如埃里克森1986年发表的文献[149]）或直接驳斥（如林肯和古帕1985年发表的文献[315]）效度的传统定义可以被移植到定性研究中的说法。埃里克森（F. Erickson）宣称，定性研究"从演员的角度定义［强调原型］"，基本的效度标准是"行为的即时即地意义"[149](119)。根据埃里克森所述，民族志研究中效度至关重要的方面是以何种方式讲述故事和提供故事真实性的证据。埃里克森还主张，定性研究的效度也涉及研究结果如何被不同的读者理解和使用。

林肯和古帕关于定性研究中的效度采取了一个更加极端的立场，倡导发展一套和定量研究者使用的效度标准完全不同的标准[315]。林肯和古帕的立场同埃利（M. Ely）、安祖尔（M. Anzul,）、弗里德曼（T. Friedman）、加尔内（D. Garner）和斯泰因梅茨（A. C. Steinmetz）的立场相似，他们都宣称，采用定量风格往往是一种保守方法，从而导致将定量研究看作是一个评价定性研究的标准[144]。

林肯和古帕得出结论，符合这种标准应包括：（1）以增加受试者而不是研究者类别出现的可能性方式进行定性研究；（2）让受试者赞成研究者的解释[315]。这些解释主义理论家也推动了持续观察、长期参与和三角校正这些作为评估数据信度方法的使用。林肯和古帕提出了定性研究中的4种可信度类型，具有讽刺意味的是这些类型和坎贝尔和斯坦利的主要概念相似。具体地说，林肯和古帕的可信度类型是真实性、适用性、一致性和中立性[315]，这些分别和坎贝尔和斯坦利的内部效度、外部效度、信度和客观性的概念[72]相似[135]。在讨论定性研究效度中，林肯和古帕使用的其他术语包括可信性、可靠性、可确定性和可转移性。不过，这些概念分别和定量研究者提出的内部效度、信度、客观性和外部效度的概念相似[117]。

艾斯纳（E. W. Eisner）讨论了定性研究的信度，而不是效度[137]。他概述了诸如结构验证（structural corroboration）、同感效证（consensual validation）和参考资料的充分性（referential adequacy）标准。在结构验证中，定性研究者使用多种类型的数据来支持解释或否定解释。艾斯纳称之为"证据融合"的三角校正法[137](110)。同感效证源于他人的观点，即"在有能力的他人中达成共识——描述、解释、评价和主题教育情境是正确的"[137](112)。最后，参考资料的充分性强调了批判主义的重要性。根据艾斯纳的观点，批判主义的目的是强调主观性，而一更综合的理解（verhesten①）就源于这种主观性。

第三个也是最后一个在艾森哈特和霍韦模型下挑战定性研究效度的标准是他们所谓的折衷主义。这种形式的标准综合了效度的定性取向和定量取向的思想。显然，折衷学派认为标准通常适用于所有的研究设计。因此这种形式的效度是最具有兼容性的。折衷主义的效度概念化的一个例子是马克斯韦尔（J. A. Maxwell），他确定了效度的5种类型，称之为描述效度（descriptive validity）、解释效度（interpretive validity）、理论效度（theoretical validity）、普遍性（generalizability）和评价效度（evaluative validity）[334]。描述效度是指研究者描述事实的准确性。根据约翰逊（R. B. Johnson）所述，解决描述效度的关键问题包括：研究者报道的研究组内发生的结果发生了吗？研究者准确记录他们观察到的、看到的和听到的了吗？即描述效度是指报道描述信息（如人物、状态、目标、事件、行为、背景、地点和时间的描述等）的准确性[265]。根据马克斯韦尔所述，描述效度会涉及疏忽错误（errors of omission）和委托错误（errors of commission）。描述效度也可以指报告的统计描述特性[334]。

马克斯韦尔将解释效度定义为研究者对报告的解释反映在研究组角度的理解和附加在他们言行中的含义的程度。也就是说，解释效度是指受试者意

---

① "verhesten"一词的含义可参看 Jac Saorsa 的 *Narrating the Catastrophe: An Artist's Dialogue with Deleuze and Ricoeur*（Intellect Books 2011 年出版）第 73 页。——译者注

见（如观点、信念、思想、意图、感情、经历、行动）被研究者准确理解和在研究文章中正确表现的程度。了解受试者的内心（即现象的）世界是解释效度的核心，而解释效度指的是描述这些内心世界的准确性[265]。

理论效度表示从研究结果得到的理论解释与基础数据的恰当程度，因此是可信、可靠和正当有理的[265]。马克斯韦尔认为，理论效度是效度的最大威胁。根据马克斯韦尔所讲，理论效度的威胁会在研究者没有收集或注意差异数据，或没有考虑所有的潜在现象的竞争假设时出现[335]。

马克斯韦尔讨论的第四个效度类型——普遍性，是指研究者可将个别的行为、情境或者母体推广到其他个体、群组、时间、背景或环境的程度[334]。马克斯韦尔区分了内部普遍性（internal generalizability）和外部普遍性（external generalizability）。内部普遍性是指一个结论如何在背景或研究组范围内推广，外部普遍性是指结论可推广到其他群组、背景、时间或环境的程度。马克斯韦尔认为对定性研究者来讲，内部普遍性通常比外部普遍性更加重要。最后，评价效度是指一个评价框架应用到研究对象的程度，而不是描述性的、解释性的或说明性的[334]。

艾森哈特和霍韦对效度的三种方法（即采用常规方法、常规方法的二中择一、折衷方法）都提出了批评，因为他们提倡的信念是所有的研究，不管何种范式，要么必须使用同一准则（适用性）评价，要么必须存在效度的不同类型（二者择一、折衷主义）[135]。与之相反的是，艾森哈特和霍韦用"不同的专门设计实例"提出一个效度的统一概念。他们还为进行和所有的研究设计相关的社会与行为科学研究归纳了5个通用标准。具体地说，这5个标准是：（1）在研究问题、数据收集技术和数据分析技术间有一个适当的组配；（2）适当和有效地使用特定的数据收集和分析法方法；（3）研究和前期的工作相一致；（4）研究代表着必要的和伦理上的工作；（5）研究是全面的[135](656)。

除了少数的定性研究者，如质疑效度在定性研究中是否合适或有用的沃尔科特[597]，似乎多数解释主义者承认和接受效度概念的合法性。事实上，一些定性研究者拒绝使用效度的原因很可能是源于他们认为效度（如内部效度、外部效度、构想效度、结构效度、效标效度）的实证主义体系通常被用作概念化和评估所有其他标准所依据的标准。所以他们认为反对实证主义必须反对使用效度。然而，实际情况不应该是这样的。事实上，康斯塔斯认为，除非定性研究中检查竞争假设的方法是成熟的,"研究共同体有权质疑定性研究分析的严谨性"[93](255)——这里的严谨性是指使数据和解释尽可能地公开和可重现的尝试[121]。

遗憾的是,相当多的定性研究者采取一种"听之任之"的相对主义态度,而不重视为解释数据提供充分的依据。例如,许多解释主义者不充分记录他们是如何识别浮现的主题的。然而,如同奥韦格布兹主张[397]的那样,如果没有定性研究的标准(即效度),定性期刊的编辑如何确定哪些研究应该发表?当然,编辑使用标准来判断定性研究文章的质量。所以很明显,研究的严谨性总是必不可少的,不管使用定量研究方法还是定性研究方法。对于定性研究,研究者评估结果的真实性是非常重要的,这可以通过重构定性研究的效度来实现。例如,通过将效度视为竞争性解释的选择问题和视作为相互矛盾的知识的相对可信性进行研究并提供论据的问题,或者将效度重新定义为具有多元标准(如可信性、可靠性、可证实性、可转换性[315])。

在定性研究中确定特定设计的效度

如奥韦格布兹和丹尼尔所说[417],定性研究者最常犯的错误之一是不能通过记录效度(如可信性、相对性、内部批评、外部批评)和信度(如评判者间信度)来使研究结果和解释合理化,这种错误经常是哲学意义上的。尽管效度的重要性早已被定量研究者所接受,但这个概念一直是定性研究者争议的问题。在定性连续统一体的一端是研究者(如戈茨和勒孔特[179]、迈尔斯和休伯曼[357]),主张定性研究的效度应该像定量研究的效度那样以同样的方式解释。另一端是后现代主义学家(如沃尔科特[597]),对将效度引入到定性研究中的基本原理提出质疑,并声称记录效度证据的目的是不现实的,甚至是不必要的。令人不安的是,在相对论者之间,效度的一个共同定义是指它代表着研究共同体赞成它应代表什么,它就代表什么。很遗憾,这样的定义是模棱两可和误导性的,因此它不利于定性研究者设计研究和评估研究发现的效度和信度。

然而,为了让利益相关人员像对待定量研究结果那样认真对待定性研究结果,定性研究者必须在研究的每个阶段(包括数据收集、数据分析和数据解释阶段)进行充分的解释。这种解释只有通过提供合理性证据才能实现。因此,为了尝试整合定性研究领域较多的效度,奥韦格布兹提出了一个定性效度模型（Qualitative Legitimation Model）[393]。如图6.2所示，该模型尝试整合由定性研究者确定的效度的多种形式。奥韦格布兹在2000年和2003年发表的文献[393,399]中，对定性研究过程的研究设计/数据收集、数据分析和数据解释阶段出现的效度进行概念化。然而，奥韦格布兹指出，数据收集、数据分析、数据验证和数据解释阶段不是线性的，而是代表研究链条中的迭代的、周期的、交互的步骤[393]。

定性效度模型由内部信度的威胁和外部信度的威胁组成。奥韦格布兹将内部信度定义为特定背景或组群的解释和结论的真实性、适用性、一致性、可靠性、中立性和/或可信性[393]。内部信度对应奥韦格布兹在定性研究中所称的内部核验[399]。相反，外部信度是指研究结果在不同的人群母体、环境、背景和时间中推广的程度。换句话说，外部信度是指结果和结论的可确定性和可移植性。定性效度模型中所有的威胁要么归类为内部信度的威胁、外部信度的威胁，要么归类为内部信度和外部信度两种威胁。图6.2中所示的各个威胁将在下面表述。

定性研究中内部信度的威胁

如图6.2所示，下面是关于定性研究的内部信度的威胁：讽刺效度、超逻辑效度、根茎效度、沉醉（即表征）效度、解释效度、结构验证、理论效度、观察偏差、研究者偏差、反应性、确认偏差、虚幻相关、因果偏差和效应量。前7个效度来源已在前面的定性部分描述过；后6个来源在本章前面的定量部分讨论过。效应量在定量研究（本章前面的定量部分）和定性研究（第五章）中都描述过。

定性研究中外部信度的威胁

如图6.2所示，下面是关于定性研究的外部信度的威胁：催化效度、沟通效度、行为效度、研究效度、解释效度、评价效度、共识效度、母体普遍性、生态普遍性、时间普遍性，研究者偏差、反应性、次序偏差和效应量。前面7个效度来源在前面定性部分已描述过；接下来的3个（即母体普遍性、生态普遍性、时间普遍性）在定量研究（本章前面的定量研究部分）和定性研究（第五章）中都已讨论过。再接下来的3个威胁（即研究者偏差、反应性、次序偏差）在本章前面的定量部分已描述过。最后一个来源，效应量在

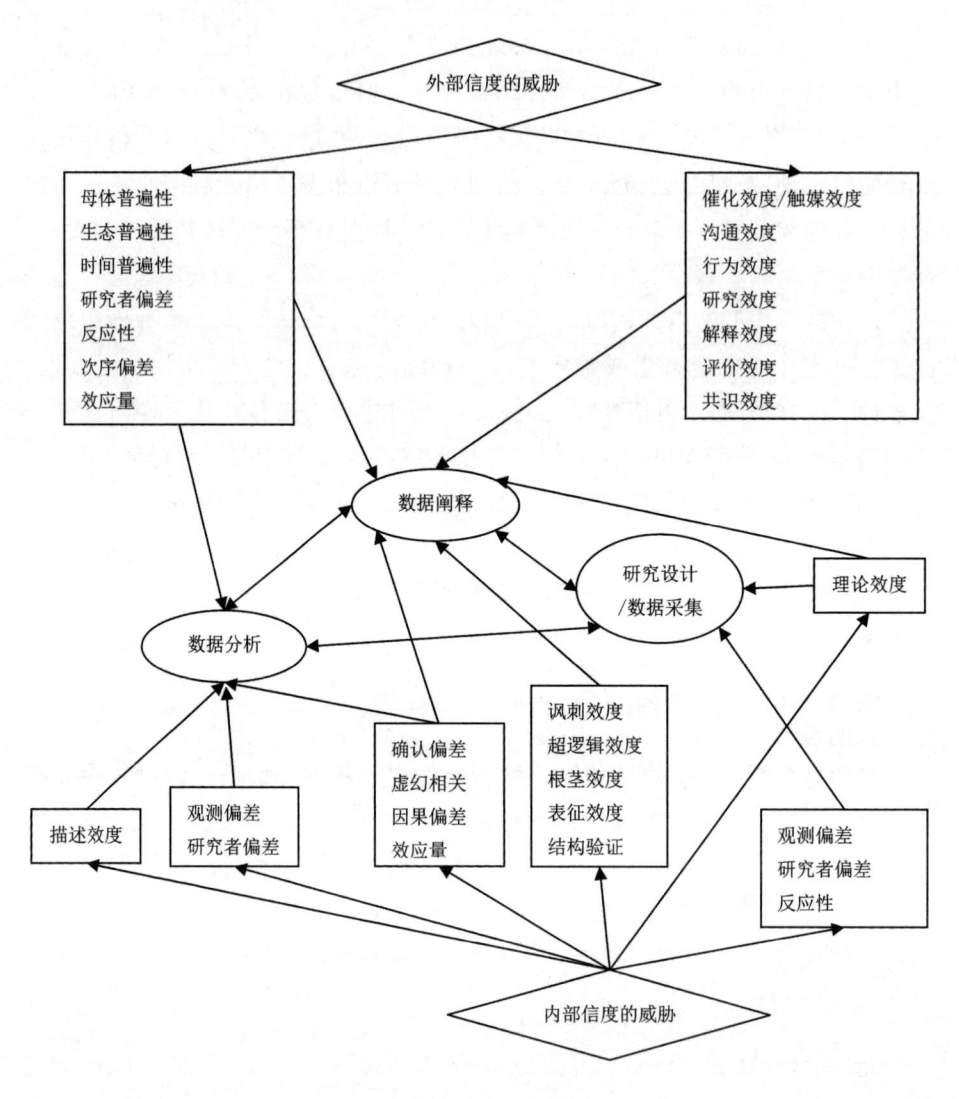

图 6.2 定性效度模型

定量研究（本章前面的定量研究部分）和定性研究（第五章）中都已描述过。

评估或增加效度的方法类型学

正如奥韦格布兹所指出的那样，定性研究不能用效度（如真实性、合理性、可靠性、可信性和普遍性）来评估[393]。相反，效度是同"目的和环境相关的"[60](13)。此外，评估效度虽然不会导致二分结果的出现（即有效－无效），但代表了水平或程度的评估。

尽管没有办法能保证得到有效的和可信的数据或可靠的结论[453]，不过，图书馆研究者为了接受或排除数据的竞争解释而评估定性研究中所用的方法是至关重要的。这样的策略要么有助于评估效度或增加效度，要么两种情况都有[393]。因此，接下来是一全面、评估定性研究真实性方法的类型学和描述。一些研究者已经编制了这样一个方法列表[35,98,161,201,278,315,335,357,375,393,446]。接下来对下述策略分别进行叙述：长期参与、持续观察、三角校正法、保留审计跟踪、成员查验/被访（试）者信息的反馈、权衡证据、数据来源的代表性检查、检查研究者效应/阐明研究者偏差、进行对比/对照、理论抽样、检查异常值含义、使用极端案例、排除虚假关系、核验研究结果、参考资料的充分性、意外结果的跟进、架构关系、同行检验、丰富/深度描述、运作方法、评估竞争解释、反面案例分析、验证性数据分析和效应量。

长期参与

长期参与是指进行足够时间的研究以获得研究中有足够代表性的"声音"（即"捕获声音"）。长期参与包括理解文化、建立与研究受试者间的互信关系和检查由研究者或受试者引入的异常现象中出现的错误信息[144,178,315]。

持续观察

持续观察的目的是鉴定性状、特点和属性，这些都是和实验中的现象最相关的，要全面地关注它们[315]。正如林肯和古帕所述，持续观察"向在其他方面可能表现和盲目专心一样的那些东西增加了重要的维度。[315](304)"在进行持续观察时，图书馆研究者必须能从不相关的观察结果中区分并分离出相关的结果。鉴于长期参与提供了广度，那么持续观察则提供了深度。

许多解释主义者（如林肯和古巴）建议[315]，持续观察和长期参与结合起来以使研究结果的信度最大化（参阅奥韦格布兹等 1997 年发表的文献[420]）。像费特曼（D. M. Fetterman）声明的那样，"与人长期的夜以继日地共事就是给予人种学研究效度和生命力。[160](46)"但是，图书馆研究者要防止"入乡随俗"，由于在这个领域时间过长，这样研究者变得太过接受和欣赏在研究中的思维定势，从而导致他们的专业判断容易过度妥协[315]。不管使用持续观察还是长期参与，研究者必须在提前封闭和"入乡随俗"之间找到平衡点。

三角校正法

三角校正法是指使用多个和不同的方法、研究者、资源和理论来获得确凿的证据[144,178,315,352,356,357,446]。三角校正法降低了偶然关联的可能性，同样降低了系统性偏差的可能性。由于特定方法的使用，从而在作出的任何解释中允许更大的置信度，导致系统性偏差普遍存在[161,334]。（关于三角校正法更多的信息，读者可以查阅第4章的"混合方法研究框架"一节。）

保留审计跟踪

保留审计跟踪是指研究者收集和维护来自查询记录和数据的大量文档。哈尔佩恩（E. S. Halpern）开创性地确定了6类原始记录[205]：（1）原始数据（如录像带、笔记、调查结果）；（2）数据处理和分析的产品（如现场记录的评论、总结、统一化信息、定量总结、理论笔记）；（3）数据重构和集成产品（如分类结构、发现和解释、最终的报告）；（4）过程说明（如方法说明、信度说明、审计跟踪说明）；（5）目的和部署的相关材料（如研究计划、个人笔记、反省日志、期望）；（6）工具开发信息（如试验的形式、初步时间表、观察形式、调查）。哈尔佩恩进一步细分了这6个类别的每一个，以提供原始数据可能产生的每个类别证据种类的例子。

哈尔佩恩建议，审计者检查原始数据的有效分类是为了评估数据是否可以充分支持研究结果和解释。哈尔佩恩概述了一个审计过程本身的方法。该方法包括下面5个步骤：（1）加入前（以审核员和被审核方之间一系列的讨论决定是继续、有条件继续或中断相关审计为特征）；（2）可审计性的确定（包括理解研究、熟悉审计跟踪和评估研究的可审计性）；（3）正式协议（包括审计双方完成事项的书面协议、建立期限、不同当事人各自的角色、决定后勤保障、确定产品的可交付成果和格式、确定如果审计跟踪不一致的重新谈判标准）；（4）信度的确定（建立可靠性、可信性和可证实性）；（5）终止（包括反馈、可能的重新谈判和撰写最终报告）。林肯和古帕将审计跟踪等同于财政审计[315]。

成员检查/被访（试）者信息的反馈

成员检查也称为被访（试）者信息的反馈，是指从样本成员中系统地获取关于成员数据、分析类别、解释和结论的反馈信息[201]。成员检查，贯穿整个调查过程，即可以是正式的也可以是非正式的[315]。这种效度类型可以出现在定性研究过程的数据收集、数据分析或数据解释阶段。在成员检查中，受试者有机会在评估解释的信度上扮演重要角色[531]。根据马克斯韦尔所说，成员检查是消除"声音"误传和误解的可能性的最有效方式[335]。同样，林肯和古帕认为，成员检查是"确定信度最关键的技术"[315](314)。一些研究者——如斯塔克（R. Stake）[530]——甚至主张，成员检查的正当性是准伦理的，因为被调查者有权知道研究者的研究发现和解释。遗憾的是，相对较少的解释主义者使用成员检查来核对或确定效度[356]，可能是因为成员检查潜在的耗时特性将被添加到一个已经很耗时的研究中。

三角校正法是一个数据处理的过程，成员检查则是一个建构或解释的过程。也就是说，三角校正法是数据的特定单位准确性的判断，而成员检查是整体信度的判断[315]。作为采访的后续过程，成员检查能（1）为评估意图提供机会，（2）为受试者提供纠正事实错误和质疑调查者解释的直接机会，（3）给受试者一个澄清误解的机会，（4）为受试者提供补充其他信息的机会，（5）记录受试者已经验证解释的准确性，（6）为研究者提供一个捕获"声音"的机会[315]。然而，林肯和古帕指出，研究者需要更多正式的成员检查来建立一个对信度有意义的断言[315]。这个可以采取受试者接收研究报告草案并提供反馈的形式。

权衡证据

因为数据的性质从一个样本到另一个样本、一个组到另一个组、一项研究到另一项研究各不相同，定性研究者和定量研究者应该更重视较强的数据，而不是较弱的数据。正如迈尔斯和休伯曼所描述的那样，可靠的数据比其他数据强的原因与马克斯韦尔所的描述效度和解释效度有关[356]。根据迈尔斯和休伯曼所讲，数据较强的情况通常包括：（1）这些数据是较晚地收集或者是长期参与和持续观察的结果；（2）第一手观察或第一手报告的数据；（3）非正式场合收集的数据；（4）实地考察工作者是可信的。

代表性检查

代表性是指马克斯韦尔的内部普遍性和外部普遍性[334]。迈尔斯和休伯曼认为以下情况会发生不准确的归纳[356]：（1）抽样包含了无代表性的被调查者，这通常是由于过度信赖易接近的优秀的被调查者；（2）从无代表性的事件或活动中进行归纳，这通常是因为研究者没有持续参与该领域研究，或因为高估了显著事件；（3）从无代表性的过程中作出推论，这通常是源于无代表性的被调查者和事件、整体偏差，过分依赖于貌似合理的解释以及数据与新解释的充分契合。在定量研究情况下，可以通过增加受试者数量、分层抽样、有目的地对比受试者和获得一个随机样本来增加代表性[356]。

223 检查研究者效应/阐明研究者偏差

如前所述，研究者偏差是一个对定性研究的效度极其严重的威胁。迈尔斯和休伯曼确定了2个研究者偏差的来源[356]：（1）研究者对受试者的影响（即偏差A）；（2）受试者对研究者的影响（即偏差B）。这些偏差可能弥漫在研究过程的任何阶段。根据迈尔斯和休伯曼所说，当研究者打乱或者威胁到现有社会关系或制度关系时，会发生偏差A。在这种情况下，受试者通常将"转变为一个舞台角色或特殊人物，一个对局外人的自我介绍"[356](265)。同样，受试者可能给出令研究者认同和服从的回答（即提供社会所需要的回答），并保护自己的私利。偏差A也可能导致受试者含蓄地或明显地抵制研究者，视研究者为滋扰、间谍、不道德、偷窥或敌人。另外，偏差A能约束受试者。相反，偏差B能导致研究者入乡随俗。

迈尔斯和休伯曼推测，要降低偏差A，可以通过（1）长期参与，（2）持续观察，（3）尽可能使用无干扰测量，（4）明确指定研究者的目的，（5）指派一名受试者，（6）以中立的立场进行一些采访和焦点小组讨论，（7）小心不要加剧任何潜在的问题[356]。此外，使偏差B最小化，可以通过（1）花费时间远离现场来避免入乡随俗，（2）选择不均匀样品避免精英偏见，（3）包含非典型的受试者，（4）维持基本框架，（5）使用受试者提供的背景和历史材料，（6）对数据进行三角校正，（7）检查潜在的受试者偏见，（8）给同行看现场记录，（9）坚持将研究问题牢记在心。

研究者也应该从研究一开始就检查自己的偏见，以及他们的偏见可能过度影响数据的收集、分析和解释的方式。此外，研究者还要明确自己在最终报告中的立场、一切偏差、假设、经验、偏见和取向，这些可能已经影响了研究结果和解释[352]。

进行对比/对照

尽管一般都是在定量研究中使用对照组，但在定性研究的某些场合进行对比也是合乎情理的。定性研究中，多组研究是非常有启发意义的。例如，威彻（A. E. Witcher）、奥韦格布兹和米诺尔（L. C. Minor）进行了两组定性研究来确定两所不同大学中有影响力教师在任职前的认知特征[360,595]。比较了两项调查中浮现的主题，这些主题的相似性有助于增加两组结果的信度。定性研究结果也可以与现有文献以及研究者的经验和知识库进行比较。

理论抽样

如纽曼（I. Newman）和本茨（C. R. Benz）提出的那样，理论抽样是指研究者跟随数据的引导并且不主导数据。当定性研究的目的是发展理论，研究者应该"试图获得解释数据的最佳理论"[375](53)。

检查异常值含义

定性研究通常就是这样，定性数据包含极端观测值是很常见的。遗憾的是，研究者往往忽略这些异常值或者试图忽视这些异常值[356]。然而，异常值可以非常有价值地洞察潜在现象。特别是对异常的观测、情况、群组、背景、时间或处理的认真检验，不仅有助于通过检验结果的普遍性来强化结论，还有助于通过最小化确认偏差、虚幻相关和因果偏差来强化结论[397]。此外，详细检查极端结果促进了"条件探索"（condition – seeking）方法的使用，该方法使条件达标的进展是基于现有研究结果做出的[194]。事实上，根据奥韦格布兹所述，"条件探索方法会引起研究问题的演进，如果在未来研究中得以解决，这将提供日益准确和可推广的结论"[399](87)。

使用极端案例

根据迈尔斯和休伯曼所述，极端案例对评价解释和结论的效度非常有益[356]。通过确定极端案例，研究者可以检验案例中缺少的东西是否存在或者与其他受试者是否不同，反之亦然。

排除虚假关系

在定量研究情况下，图书馆研究者要十分仔细地检查数据中两个变量间的关系是否代表着因果关系，或者一个或多个干预因素是否起到真正作用。后者情况意味着前面讨论的一个虚幻相关的存在。为了尽量减少这种情况的发生，研究者要谨慎行事，然后再决定两个变量是否有因果关系。因此，图书馆研究者应考虑使用一个不是研究团队成员的知识渊博的同行或非利益相关者来承担寻找调节变量时"魔鬼代言者"的角色。

核验研究结果

研究者可以将特殊情况或母体的解释推广到其他个体、时间、环境或背景（即内部普遍性[334]）的程度越大，他们对观察到的结果越有信心，相应效度的证据也就越好。同样，如果结果可以在不同组群、环境、时间或背景之间推广（即外部普遍性[334]），则提高了信度。因此在适当的场合，定性研究者应核验研究结果、解释和结论的内部普遍性或外部普遍性。

参考资料的充分性

艾斯纳因引入参考资料的充分性概念[136]而受到称赞。这个术语最初是用来表示使用录像带和录音带记录观察的过程，这可以在以后检查和比较从所有收集数据中得出的评论。换句话说，记录被用来建立书面评论的充分性。因此，这些记录下来的支撑性材料提供了评估以后的数据分析、解释和结论（即评论）充分性的一种标准[315]。

参考材料不限于电子记录的数据，也可以利用其他类型的材料，如照片和文字。然而，不管使用什么样的材料，最重要的是它们代表了原始数据的组成，研究者不是为了数据解释目的来分析它们，而是为日后参考和比较而进行的存档。或者说，参考资料必须为进行充分性检验而专门保存。遗憾的是参考资料的充分性可能会给定性研究者造成困难，因为很难保证参考资料典型地代表了数据，同时因为存储，在不妨碍资料具有准确解释数据能力的前提下而放弃这些资料。尽管如此，使用得当的话，参考资料的充分性有助于建立信度（即证实不同的分析者对浮现的主题能获得相似的解释）和效度，从而为证明原始数据的信度提供了有力的方法[315]。

意外结果的跟进

由于其自身探究性的本质,解释主义者的研究把自身带到意想不到的发现中,其中一些发现对分析者来说可能是非常惊讶的。定性研究者应该进一步探索这些意外的发现,而不是忽略或者拒绝它们。迈尔斯和休伯曼已经确定了跟进意外结果的3要素:(1)反思违反理论出现的意外,(2)考虑如何修改违反的理论,(3)寻求证据以支持改进的理论[356]。

架构关系

纽曼和本茨建议比较数据集的一致性[375]。因此,在试图解释数据并得出结论的时候,建构主义者应该通过比较和对照不同的数据集,以让他们的见解获得支持。这些数据集可能来自不同的研究目标,可以大致相同的方式进行比较,调查结果可以和现存文献、研究者经验和知识库进行比较,这些在前面都已讲述过。

同行检验

同行检验提供了一个关于研究程序的外部评估[144,178,315,335,352,375]。这种检验方法本质上是评判者间信度的另一种形式,主要区别是它是基于逻辑的,而不是基于经验的。林肯和古帕形容同行检验者的角色为"魔鬼代言人"[315](308),即表示一个使研究者保持"诚实",对方法、意义、解释和结论提出难题,并通过体会研究者感情为研究者提供"精神宣泄"机会的人。同行检验者可以是同行,也可以是不直接参与这项研究的其他任何人。理想情况下,同行检验者不应该是利益相关者,即这个人一定程度上取决于调查发现、解释和结论。更确切地说,同行检验者应该担任一个"无私的同行"[315](308)。然而,重要的是同行听取汇报的人员关于调查的实质领域应该是精通的,并且在地位上既不是研究者的下级人员,也不是上级人员。林肯和古帕建议,研究者和同行检验者都保持分析讨论报告会(即审计跟踪)的书面报告,他们称这个会为"同行检验会议"(peer debriefing sessions)[315]。

如果使用得当,同行检验应该导致研究者偏差的探查、意义的探讨和解释的阐明。研究者的主要目标应该是保证解释主义者充分意识到自己的偏见。另外,同行检验通常为研究者提供一个检验最初假设的机会。通过尝试给同行检验者检验这些最初的假设,研究者应该能确定它们的真实性。正如林肯和古帕宣称的那样,"检验如果是冷静的话,对主体自身是有用的体验;当操作正确时,它的功用是毋庸置疑的"[315](309)。

丰富/深度描述

一个提供结果信度的重要方式就是收集丰富而详尽的数据,相对应的数据足够详实而完整,可以使其提取意义的能力最大化。贝克尔(H. S. Becker)主张,作为节选记录的对立面,丰富而详尽的数据使访谈的逐字抄录成为必需[35]。为了观察,关于事件和行为的具体的、明确的、详细的描述性记录成为丰富而详尽的数据的基础。贝克尔宣称,通过促进新兴理论的检验,提供这些数据可以使确认偏差最小化,而不是仅仅提供支持数据点的来源。此外,丰富/深度描述也向读者报告了数据的可移植性。换句话说,有了如此详细的信息,读者能够将信息移植到其他的环境和背景下,以确定调查结果"由于共享特性"是否可以移植[150](32)。

运作方法

在斯克里文(M. Scriven)提出的"运作方法"中,效度的威胁被视作事件,而不是被控制的要素[502]。在使用这个方法时,分析者寻找关于效度的威胁是否发生的线索[335]。同行检验者在这里扮演着重要的角色,他们能够确定哪些无效的资源可能已经占了上风。

评估竞争解释

由于定性数据分析的耗时性质,解释主义者将自己从自己最初的数据解释中分离出来是很难的。迈尔斯和休伯曼指出,定性研究者倾向于"跟随他们正在形成的解释,并通常选择将不足的时间投给支持他们的解释,而不是推翻他们的解释"[356](274)。因此在数据分析阶段,研究者疲于评估研究结果的竞争解释。事实上,几乎没有博物学者进行竞争假设检验,或许也是因为假设检验被视为属于定量范式和经验主义者思想体系。

然而对所有类型的研究来说,竞争假设检验都是极为重要的,它是评估解释和结论信度的重要方法。在检验竞争解释中,定性研究者应该考虑几个竞争解释,甚至收集更多的数据,直到出现一个最有说服力的解释。然而,研究者应该只考虑"看似可信"的解释，而不是比较和对比几种"可能"的解释。过早地排除竞争解释一般会导致确认偏差，特别是虚幻相关和因果偏差。相反，过晚排除非正统的解释最终通常出现的情形是因为已收集了具有压倒性数量的竞争假设检验数据，从而给已选择的解释建立一个弱相关的实例。因此，竞争假设数据的收集应该在达到饱和点时停止，即当竞争解释被证明比目前的解释糟糕或比目前的解释好的时候。迈尔斯和休伯曼建议，研究者应该考虑请同行或者其他的非利益相关者来帮助他们评估竞争解释[356]。检查异常值含义、使用极端案例、排除虚假关系、意外结果的跟进和反面案例分析都是可以用来评估竞争解释的方法。

反面案例分析

反面案例分析是指利用过去和将来的观测不断修改形成的假设，直到所有的已知数据被这个假设解释支持[278,375]。也就是说，反面案例分析是拓展和校正一个解释，直到能够解释所有异常值的过程[98,144,315,335,356]。一个反面（即矛盾的）案例就足以使研究者修改假设[278]。对于不符合最终假设或模型的任何案例，沃尔科特建议在最终的报告中要记录这些案例，以便读者来评估它们并得出自己的结论[597]。林肯和古帕指出，反面案例分析提供了一个通过尽量减少反面案例数量使数据更加可信的方法[315]。

验证性数据分析

如奥韦格布兹概述的那样，在合适的时候可以进行验证性主题分析（confirmatory thematic analyses），其中，进行核验性定性研究来评估先前浮现的主题（即研究内驱力）的可复制性（即外部普遍性），或者检验现有理论（即理论内驱力）[393]。这样的验证技术可以帮助提供先前的定性结果、解释和结论的效度。

例如，威彻等人的研究确定了经由职前教师指出的现职教师的六大特征（即主题）：以学生为中心、教学热情、道德性、教室和行为管理、教学方法和学科知识[595]。在随后的研究中[360]，证实了同样的六个主题，另外还新出现了一个名为"亲和性"（personableness）的主题。这六个主题的确认有助于提高职前教师关于称职教师观念的理解信度。

效应量

如色彻热斯特（L. Sechrest）和斯达尼（S. Sidani）所述，"定性研究者经常使用诸如'许多'、'大多数'、'频繁地'、'多个'、'从不'等术语，这些术语本质上是定量的。[503](79)"事实上，通过获取数据，定性研究者可以量化这样的表述。迈尔斯和休伯曼指出，在定性研究中，数字往往被忽视[356]。但是，浮现的主题源于将一个事件、行为或单词孤立，它们以特定次数和固有的特定方式出现[356]。"次数"和"一致性"两者的判断都是基于计算[356](251)。这些计算构成了效应量的基础。

在定性研究中，效应量的概念在第 5 章中已描述过，它使用了奥韦格布兹的概念[404]。有趣的是，和奥韦格布兹的定性研究中效应量的概念一致的是，在 30 多年前，贝克尔就提出在定性研究中使用"准统计数据（quasi-statistics）"[35]。根据贝克尔的描述，准统计数据属于描述性统计的使用，可以很容易地从定性数据中提取。贝克尔声称："在大多数观测案例研究中，一个最大的缺点是一直未能为他们的结论建立明确的准统计数据基础"[35](81-82)。正如马克斯韦尔指出：

> 准统计数据不仅可以让你检验和支持是固有定量的断言，也可以让你评估数据中与某个结论或威胁所依靠的证据的数量，如存在多少个矛盾的实例和这些实例是从多少个不同的来源获得的。[335](95)

[原文中加着重号]

事实上，贝克尔等人的定性研究工作含有数量超过 50 幅定性数据和分布图表用于支持他们的解释和结论[36]。另外，准统计的概念可以进一步追溯到差不多半个世纪前的拉扎斯菲尔德（P. F. Lazarsfeld）和巴顿（A. Barton）的工作[306]。定性研究中的效应量不仅有助于提取含义，而且有助于为解释提供效度，特别是那些含有诸如"重要的"、"有意义的"、"普遍的"、"占主导地位的"、"周期性的"言语或类似言语的解释。正如迈尔斯和休伯曼所说，"采用数字有 3 个好的理由：可以立即看到你在大批量数据中所拥有的东西；核实一个直觉或假设；保持自身分析时的诚实，防止偏见"[356](253)。所以效应量是一个提供效度极为有力的方法。

6.4 混合方法研究范式

因为混合方法研究结合了定量方法和定性方法，图书馆研究者进行这种形式的研究时应该评估图 6.1 和图 6.2 介绍的效度和合法化概念。显然，采用混合方法的图书馆研究者比定量研究者和定性研究者的任务更艰巨。尽管如此，通过进行一个全面的合法化处理，采用混合方法的图书馆研究者不仅会拥有更详尽、更丰富的数据，也会获得可以为图书情报学领域做出巨大贡献的研究结果。

6.5 本章概要和结论

本章介绍了在已发表的研究中出现的主要解释性错误。具体地说，在定量研究范式、定性研究范式和混合方法研究范式中介绍了效度的概念。

关于定量研究，为所有的定量研究设计（即描述性的、相关的、因果比较的、试验性的），介绍了一些确定和讨论内部效度和外部效度威胁的基本原理。然后，对出现在研究过程的 3 个主要阶段——即研究设计/数据收集、数据分析和数据解释阶段——的内部效度和外部效度的威胁进行概念化。使用奥韦格布兹的定义[399]，提出了一个综合的效度来源模型。这个模型用 3（研究过程的阶段）×2（内部效度、外部效度）的矩阵表示，含有 50 个独特的内部效度威胁和外部效度威胁元素，其中一些元素含有子元素（见图 6.1）。

希望通过这个模型可以清楚地表明，每一项研究都包含多种内部效度和外部效度的威胁，故图书馆研究者在基于 1 个或者几个研究得出结论时要十分谨慎。另外，也希望通过这个模型强调在每一项研究和研究过程的不同阶段，评估有效/无效的来源的重要性。

尽管效度的重要性一直被定量研究者承认和接受，但这个概念在定性研究者中一直是一争论的话题。因此，在本章的定性研究部分，给出了一个全面的关于效度的不同定义方式的讨论。其次，为了引起重视，定性研究者有责任对他们的数据收集、分析和解释的过程全面负责。另外，有人主张定性研究需要严谨，解释主义者通常应该评估他们研究结果的真值。这可通过重构定性研究的效度概念来进行，如视效度为在竞争解释中选择的问题，视效度为竞争的知识断言的相对可信性考查并提供论据的问题，或者通过将效度重新定义为具有多方面的标准。再次，介绍了定性效度模型，该模型试图整合定性研究者确定的效度的多种类型。最后，介绍了评估定性研究真值的 24 种方法。

在概述定性效度模型部分，其目的是方便标准的共享，这为越来越多的定性理论家所推崇[231,356,592]。正如马克斯韦尔所述，诸如定性效度模型的效度框架的使用，不依赖于一些可以和报告相比较的绝对真理或事实的存在，只依赖于评估报告的方法，而这些报告不完全依赖于报告自身的特点，只在某些方式上和报告所主张的内容相关[334](283)。

尽管定性效度模型是相当全面的，但绝不是详尽无遗的。同时，应该注意到在任何特定的定性研究中，并不会和模型中所有的威胁都相关。不像在定量研究（目的是尽可能减少所有的无效来源）中，定性效度模型的不同效度元素会与不同的定性研究相关。所以这个模型是非常灵活的。事实上，随着定性研究中其他效度的威胁被理解和认识，这些都可以添加到定性效度模型中。

上述3章介绍了一个进行定量、定性和混合方法研究的综合框架。具体来说，这几章试图传播在研究过程的3个主要阶段（即研究设计/数据收集、数据分析和数据解释阶段）进行全部3种研究方法的最佳实践。的确，希望这几章可作为图书馆研究者能在研究中使用的迷你研究版（miniresearch text）。另外，这几章包含了大量的参考文献，其中很多是非常新的，读者可以查阅以扩展进一步研究的知识。目前进行更多的关于一般图书馆学研究的时机已经成熟，图书馆焦虑研究尤其如此。

第7章 图书馆焦虑的预防、缓解和干预

7.1 综述

前几章的研究表明，图书馆焦虑是一种情境焦虑，它产生于个体使用或考虑使用图书馆的过程中。这意味着无论是打算使用还是真正使用图书馆时，图书馆焦虑都会发生。图书馆焦虑程度较高的人通常会表现出一些在认知、情感和生理上的表征，如不舒服、害怕、紧张、不确定感、习得性无助感、挫败感、精神错乱等[261]。这些表征产生的负面影响导致实际的或潜在的图书馆使用者将注意力从预期任务中转移出来，直至最终出现回避图书馆的行为。而由于心理负强化机制的作用，这些行为使得图书馆焦虑一直不正常地存在。

有图书馆焦虑的用户要么是夸大他们之前在图书馆负面体验中产生的畏惧感，要么是低估他们自身在浩瀚的图书馆环境中获取所需信息的能力。这两种情况，都是用户对图书馆环境恐惧和危险夸大的意识。研究显示，图书馆焦虑是大学生中普遍存在的一种现象[349]。尽管还没有在其他类型图书馆展开广泛研究，但是我们已经认识到，有必要制定相应的干预手段，以帮助读者们克服各种图书馆焦虑反应[587]。

许久以来，图书馆员面临最困难的挑战之一就是确定对怎样的焦虑现象和对谁采取干预措施。不是每一项跟图书馆有关的任务都会产生焦虑，也不是每一个用户的请求都会进入死胡同而需要馆员介入。实际上，用户利用图书馆馆藏和资源的最常见方式是自助服务，即用户在没有馆员的帮助下，通过现有的书目系统、工具和服务自行完成图书馆任务。在参观图书馆或者图书馆检索过程中，用户有可能经历，也有可能不会经历挫折和焦虑。这取决于很多因素，包括用户的先备知识、先前经验、检索能力和任务的难易程度。图书馆利用是一种个人的、动态的复杂体验,涉及一系列的情感、思想和行

为[296]。图书馆利用形式多种多样,图书馆信息需求也呈现多层次性。

图书馆员如何区分在自助服务为主的图书馆环境中,哪些用户存在图书馆焦虑,哪些用户不存在焦虑以及如何为前者提供必要的帮助?在用户获取信息的过程中,馆员需要在哪一阶段进行干预?至少,就目前而言,针对有图书馆焦虑的用户,图书馆员还不具备像临床心理学家或学校心理学家等心理健康专业人员一样治愈各种心理焦虑患者的素养和训练。临床心理学家能对焦虑症进行各种治疗,并可利用先进的诊断技术和治疗方法。尽管图书馆焦虑和其他焦虑症都是可治愈的情境焦虑症,但是如果没有正确的诊断方法和临床经验,图书馆员就不可能为有图书馆焦虑的用户提供医学意义上的治疗[526]。

抛开对图书馆焦虑的治疗并没有使尽职尽责的馆员丧失制定预防、缓解和干预图书馆焦虑对策的信心。医学史上重大进步的例子往往并不是治疗上的突破,而是预防疫苗的发展,这恰好论证了预防胜于治疗的重要性。医疗一般意味着使人们由病态恢复健康,而接种疫苗则是指由于疫苗的作用,人们提高对疾病的免疫力,从而保持良好的健康状态或防止染病[514]。将接种疫苗案例应用于图书馆焦虑中,馆员提出并实施了针对所有用户的预防措施,以期抑制诱发焦虑的刺激并提高图书馆的有效利用。这种基于研究文献和实践经验的假设认为,大部分用户在图书馆利用或可能利用的某些阶段也许会经历图书馆焦虑。在现实图书馆情境中,馆员不可能事先根据焦虑等级和类型对用户进行识别和区分,只能在不同阶段对所有潜在的用户实施干预策略。

在过去的20年中,各类图书馆,尤其是高校图书馆,提出并实施了许多针对图书馆焦虑预防和干预的计划和措施。虽然不同措施在防止或缓解用户图书馆焦虑方面都有相同的目的,但每一种措施都有不同的侧重点。一些侧重于直接尝试在图书馆物理环境中减少焦虑反应,另一些则侧重于认知取向,试图通过实施图书馆用户教育计划去提高用户调研的技能和知识。还有一些措施涉及图书馆焦虑的情感方面,即注重通过训练、教育和个性化服务进一步地理解用户的各种态度、感觉和引起焦虑的思想。这些措施旨在向有图书馆焦虑的用户逐渐灌输一种自信感,使其可以应对图书馆情境,并拥有一种自我掌控焦虑反应的感觉。这些不同方法的共同作用,可以帮助不同类型的用户防止或缓解某些特定方面的图书馆焦虑,提升他们利用图书馆的能力。

一般可以从三个方面对图书馆焦虑进行预防和干预。首先是基于设施和资源的预防，即注重图书馆环境的改良和自助服务式图书馆馆藏和资源的功能型组织。其次是基于知识的预防，即强调通过培训提高信息的智力获取能力、搜索技巧和策略、解决问题的能力以及学习能力。再次是人工辅助，即在图书馆利用和信息搜索过程中的特定阶段介入馆员的干预。本章围绕上述三个方面，概括介绍了现有的图书馆焦虑干预的措施和策略。便于简单快速参考的图6.1也概括了主要的干预措施和策略。

7.2 物理环境下图书馆焦虑的预防和缓解

图书馆焦虑一方面来自于图书馆物理环境下感知到的威胁。尤其是，图书馆建筑由于其规模、复杂性和模糊性可能威胁到潜在用户[349,350]。用户对数量和无知的感知似乎是焦虑和不确定感的决定因素。数量的感知跟图书馆的物理环境有关，因为那里的馆藏规模和设施布局经常过于庞大和令人窒息[296]。几乎所有具有相当规模的图书馆都会在一开始就引发用户的迷失和恐惧感。例如，用户在图书馆试图寻求问题的解决方法所遭遇的失败会降低图书馆利用的有效性。最初经历所受到的负面情绪和焦虑会影响造访图书馆的频率以及对图书馆馆藏、资源和服务的利用[421]。

出现这种情况确实很遗憾，因为图书馆的设施、馆藏和服务都是为读者毫无障碍地利用图书馆而设计的。图书馆服务及其用户被看做是一个相互作用的统一体[519]。当用户来使用图书馆时，他或她可以自由地与图书馆的一个或多个部分互动，但事实上许多图书馆明显并不如此。尽管照明、设备摆设、馆藏组织、服务点、标识、噪声等级、通风、湿度和研究区域都会有助于用户积极地学习，但是很多图书馆在建筑完成后很少考虑这些因素[50]。因为图书馆是建筑师根据自身的专业训练和实践所做的物理设计和布局，没有充分考虑图书馆用户在使用中可能遇到的困难，所以适应图书馆环境的重担就落在用户的身上了。竣工的图书馆建筑虽然会有些不足，但是后来使用它并在其中工作的人会暂时接纳它。当用户在图书馆物理环境中遇到困难时，真正关注的是图书馆员，因为是他们负责处理问题，即通过使用可视化导向和测试人体工程学概念作为干预策略来试图营造一个舒适友好的氛围。

标识和指示图

图书馆需要一定的物理空间容纳其馆藏、资源和服务。读者进入图书馆，需要依靠指示寻找他们所需的信息和服务。理想状态是在用户和信息之间不存在物理上的、技术上的或经济上的壁垒。虽然这并不意味着理想的图书馆就是自助服务式的，但是用户确实有权在不需要帮助的情况下使用图书馆[467]。实际上，库尔梭曾提出，"许多人将图书馆作为一个自助的收藏点来使用。所以，在大多数情况下，（图书馆）系统的使用将以自主获取为主"[296](178)。如果用户通过了解现在的馆藏布局，能知晓所需的不在眼前的那些东西，那么可以认为他们在利用图书馆时是有方向感的，反之，则可认为他们是很难有效地利用图书馆的[322]。

陌生的图书馆环境对用户提出了特别的要求。即使再简单的图书馆陈设也可能包含很多环境指示，它们需要用户破译、解密和处理才会有意义。用户必须从大量的建筑指示、标识与其他图形资料、人工辅助，以及她或他自身对图书馆使用的先验知识中选出相关信息，然后在此基础上选择后续活动[456]。图书馆标识和图形可以简便形式将信息汇集给用户，帮助他们拥有更好的方向感，并有助于那些不熟悉某个特定图书馆的建筑风格和馆藏资源及服务布局的用户确定其位置。标识可起到定位、通知、警告或禁止用户的作用。直观的视觉信息为图书馆用户提供保证，激发他们有宾至如归的感觉。同时，标识丰富了他们所处的环境，有助于消除潜在的建筑恐惧，也可以减少读者在请求帮助时的不适感。

斯沃普（M. J. Swope）和卡泽尔（J. Katzer）指出[535]，据估算大概3/5～2/3的图书馆用户因顾虑而不愿意向馆员求助。这些用户因为不想暴露自己的无知而没有足够的自信提问[349]，甚至反感这一做法。陌生图书馆环境中的陷阱会威胁到用户的自尊。而且，越是学业自我观念差的用户在图书馆越是可能产生更多问题[250]。有效的标识也会帮助馆员从指导用户中节省宝贵的时间。随着馆藏规模日益增大，服务日渐复杂多样，标识和可视化导向变得更加重要了。

尽管图书馆的内部建筑结构会给安装标识带来很多困难[573]，但是馆员们会努力做到使整个环境对用户来说更加易于理解和访问。图书馆标识可以采取多种形式。最常见的物理定位图可能就是设在靠近图书馆入口处显著位置的楼层指示牌。指示牌一般包含楼层平面图、简单的书架结构和一系列的服务点。楼层平面图应该包括饮水机、电话、复印机以及缩微阅读机等设施和设备的位置。图书馆用户经常提到的问题是难以找到洗手间,这些设施应该在图书馆的各个楼层和位置都有标识。复印机和零钱换取机一般设在昏暗、不合人意的地方,必须明确地标明这些设备的位置。复印机数量有限且机器失修会带来负面影响,引发或加剧图书馆用户的焦虑[51],或会导致用户以后对图书馆的逃避行为[425]。

指示牌的功能是以简洁的方式让读者清楚了解整个图书馆的环境,它可以镶在墙上或者做成独立的指示牌框。楼层指示牌能帮助读者减少初始恐惧和缓解焦虑。同样,俯瞰图书馆建筑中心点的报亭,也可以被有效地利用作为一种路标和中心信息源。导向标识在指引用户方面发挥着重要的作用。它们可以镶在墙上或悬挂于天花板上。其他的重要标识用来指示服务点。这些区域一般采用悬挂式的标识。开架图书馆通常在书库没有工作人员辅助。一旦用户离开一个服务点,他们需要自己确定所需资料的位置。实际上,在书架和图书馆家具上分别印上各种标记符号是很有必要的。

在图书馆的物理环境中,标识和指示图在帮助用户克服原始恐惧和焦虑方面是很重要的因素。但是这一观点还没有被完全认可,相关的干预手段也还没有被完全理解和支持。有些馆员并不喜欢图书馆内有诸如标识和指示图的可视化导向,在他们看来,这些标识和指示图显得杂乱无章,会直接破坏图书馆设计的一体性。通常,那些负责图书馆建设和维护的人员也不喜欢图书馆内的标识。因此,在一些图书馆内只设有最基本的法定符号,如出口等,而没有导向或识别类的标识。

一些图书馆虽然意识到可视化导向的必要性,但是请不起专业的图形设计师。结果,他们或者将就使用临时标志,或者认为与其使用非专业的东西还不如完全不用标识。如果这些临时标志未被读者辨识出来,反而会使他们更加不安。有些图书馆虽然安装了符号标识,但是一般比较隐蔽,因为它们配以特定颜色和材料,与建筑装潢融合在一起。这样的标识一旦固定位置,其所传达的信息很难被发现,甚至更难被看到。另一个影响馆员投入资源去设置标识的因素是物理定位问题的尺度很难把握。图书馆环境对图书馆使用的影响,至今还没有统一的直接评估方法。很难确定图书馆环境对一个没有或只有一点图书馆使用经历的人以及有丰富图书馆先验知识的人会产生怎样的威胁。尽管图书馆的标识和指示图还存在很多担忧和问题，但是对于图书馆来说，很有必要继续努力，找到能向用户传达图书馆空间背景信息的各种可视化导向，如标识、指示图、图书位置图、建筑示意图等。的确，这里的研究很重要。然而，对标识和指示图的利用必须保持平衡，使其因杂乱而带来的潜在影响降到最低。

空间和布局

无论是图书馆的管理维护者还是用户，都认为图书馆的空间布局很重要。即使图书馆的物理布局和管理布局是建立在用户行为的过时观念上，用户一般也都会接受。图书馆空间布局和用户行为之间的关系不论是否具有有意识的理念或明确的认识，图书馆内部布局实际上都在以某种方式塑造或重塑着用户的日常行为。一般而言，图书馆物理环境及图书馆服务应该反映其所属机构的教育使命或所服务群体的兴趣。但是图书馆的内部空间布局，从家具、书架到计算机、复印机、缩微阅读机、打印机等设备的位置，经常会使用户感到迷惑、困难和焦虑，从而危害到图书馆的使命。很多图书馆甚至没有内部墙壁，只围绕技术区、行政办公室和卫生间有屏障。室内摆设构成主要的走廊和通道，引导用户按照预设的角度和路线穿行图书馆，再通过重新安排陈设形成清晰的移动路线。空间布局影响用户能否在特定区域成功找到相关书架和所需的图书。标识和指示图或许无法提供足够的导向功能，在大型复杂的图书馆内尤其如此。

很久以来，图书馆员就已经意识到用户在寻找所需要的图书馆资料时经常遇到困难。期刊和图书的馆藏位置对图书馆和它的用户来说都是一大麻烦。在许多图书馆内，目录（查询）终端或咨询台与书刊馆藏位置之间的距离对于馆藏资源的定位和传递来说是一种心理和空间的双重壁垒。无论是散页还是装订的书刊，克服查找它们的困难这一历史问题不仅需要明晰的关于馆藏位置的书面说明，而且还需要为打破一切障碍而对家具设施进行重新安置和布局。克服感知障碍的一种方法是，无论书架各层尺寸和形状是否相同，都按照相同或尽可能相同的模式布置每一个开架书库。这样的布局可以让那些即使不熟悉图书馆整体布局的用户也能了解书库的布局格式，并且以此类推而知晓其他相同布局的书库的模式。由于很多用户对图书馆建筑的认知都比较迟钝，所以在所有藏书区重复相同的布局对用户是有很大帮助的。

一直以来，心理学家都把个人空间理论融入到公共环境中。这一理论应用于图书馆情境中的空间设计和家具的选择与摆放，形成两种图书馆焦虑预防策略。个人空间指"不允许别人打扰、具有包围个人躯体的无形边界的空间"[525](26)。无形边界不一定呈圆形，身体前方的个人空间达到最大，两边和身后的个人空间相对较小。一些心理学家认为，"人们可以允许两边和后面的人比前面的人更接近自己，而焦虑似乎会增加人们之间的这种距离"[84](19)。两位用户除非互相认识，否则他们不会并排坐在一张学习桌边，陌生人之间会坐得尽可能远以避免眼神接触。这意味着图书馆内桌椅、沙发的摆放方式会影响用户焦虑程度的增减，而且家具的尺寸和形状也会影响焦虑程度。研究表明，方桌应该更适合工作和学习，而圆桌最适合于谈话和社交场合。对于用户来说，方桌可以较为明确地划分出自己的区域，而圆桌则较难划分边界[84]。图书馆员可以应用个人空间心理学原理重新布置图书馆家具，从而为用户提供一个更加舒适、少有压力的图书馆环境。

总之，图书馆的类型及其服务理念直接影响图书馆建筑的内部设计。公共图书馆必须迎合所属社区的各年龄层、各文化背景和种族的用户需求，其内部布局往往反映信息需求的多样化，体现社区中心的角色，也可作为查找记载性知识和技能开发的地方。学术和研究型图书馆一般具有传统图书馆的设计特色，它强调记录性知识的实体馆藏和存取，并提供充分的私人学习空间，而且具备现代电子网关设备，如供图书馆技能教学的电子教室、配有电源线的小单间、网络连接线、网络打印和计算机房等。

对所有图书馆来说，极为重要的一点是努力创造一个舒适的环境和学习空间，这需要以人体工程学概念为基础，仔细地选择和布置家具、书架和设备。据悉，现在电子聊天室、电子邮件和电话等快捷高效的通信方式日渐增多，但用户对面对面交流的兴趣并未减弱。实际上，"通过电话和网络进行的查询和参考咨询行为只是增加了实体图书馆中的用户数量"[301](9)。如果图书馆要为用户提供一个舒适的社交空间，那么就应该以此为基础进行空间和家具布置。大小圆桌相间的布置方式方便人们交谈，也可使彼此身体互相靠近。如果图书馆打算作为一个高度集中的研究机构，那么在布局上至少应设置一些小方桌以便为用户保留个人空间。

除了家具布置，还有很多会引起图书馆用户不安和焦虑的环境或政策方面的因素，如对图书馆内人身安全的担忧、对不良分子的恐惧、个人财产被盗、不良的照明和通风环境、有限的停车位、高噪音、有限的借期、馆员解决计算机和设备问题方面的能力不足、有限的机房和开放时间的限制。这些问题已经通过各种管理手段解决了，其中一些收效甚佳，还有一些尚未取得完全成功，需要进一步改进以更好地应对不断变化的环境对管理的挑战。例如，控制图书馆内的噪音从以前到现在一直都是一个管理的挑战。移动通信设备带来的快节奏的现代生活，使用户的手机铃声也被带进了图书馆。虽然有规定用户入馆时需要关闭铃声或调成振动，但是手机的使用已经泛滥，很难控制。

用户的图书馆焦虑与图书馆的安全策略也是有关联的[51]。有些用户会担心当他们离开座位的时候，他们的私人财产会被盗。图书馆内的盗窃是一种常见的犯罪，很难破案，而且执法者一般也不会重视这类盗窃[5]。图书馆需要对现行政策进行评估，并制定新的安全策略。舒曼（B. Shuman）提出了很多对建立这种策略有益的步骤，其中包括评估图书馆保安人员，分析潜在的未经授权的访问点，分发最新的安全检查表，工作人员对可能有问题的用户进行讨论，与警方密切合作，对新员工进行安全培训[513]。

合作资源开发

一般认为图书馆的馆藏是指图书和期刊，但实际上它还包含很多资料，如缩微胶片、照片、绘画、录像带、影片、录音、文件、手稿、档案、工艺品、数字资源、电子书目和全文数据库、电子书和电子期刊。其实，馆员很大一部分精力都花费在这些增值服务上，涉及资源的选择、采集、组织、保存、推广和存取。从宏观的图书馆利用来看，信息检索的第一步是组织馆藏并使其容易获取。大多数情况下，用户是自主获取组织好的馆藏的。但是，在过去的10年中，图书馆由于购买印刷资料的预算限制，几乎很少购买复本，而且只有通过使用证实有价值的期刊才会被订购。

对于资金短缺的图书馆来说，提供专著和纸质期刊的实体存取面临着越来越严峻的考验。由于经济和其他原因，实体馆藏的减少使图书馆资料获取遇到了瓶颈。所需图书或急需期刊的可用副本的缺乏会导致图书馆忠实用户的失望、失意和焦虑等情绪，甚至出现回避图书馆的行为[382]。解决文献提供问题的一个可行、但未必是最经济的方案是通过更有效的文献传递服务，实现专著、纸质或电子期刊复本的馆际互借。另一方案是通过形成各类图书馆馆藏的共享联盟,让各图书馆用户拥有现场阅览和外借的特权。资源共享使一个图书馆或图书馆系统的用户可以使用其他图书馆馆藏文献。

馆际互借、文献传递、图书馆联盟和转介服务在一定程度上有助于减少用户因文献获取问题而产生的焦虑,但是不适用于因紧急需要而产生的焦虑。文献传递途径正越来越快,用户也正逐渐认识到了这种电子邮箱或传真传递的效率。然而,仍有许多用户不熟悉文献传递服务,故需要发掘新的宣传方式去提醒用户可选择快速的文献传递服务。

参观和开放日

对高校图书馆的研究表明,很多大学生有图书馆焦虑[349]。梅隆认为,这些学生把他们的焦虑归因于不知道东西摆放位置,该做什么,怎样开始图书馆查询[349]。至今,图书馆一直被看做是一个由建筑和一定馆藏构成的物理实体。要成为一个有图书馆素养的人,学生需要了解如何通过物理建筑及其资源导航找到自己所需的信息[331]。这个在很大程度上仍然是客观存在的,甚至在不断发展,许多馆藏资源在图书馆物理建筑外收藏和获取,服务突破图书馆空间限制的数字图书馆环境下,亦是如此。实际上,虽然有观点认为因特网将最终取代传统图书馆,但是图书馆专家认为图书馆将在不断发展的数字革命时代继续发挥作用。

尽管信息技术已经大大地改变了图书馆活动和功能,但是图书馆作为重要的"空间"源,对社区来说仍然是非常重要的通向全球信息的大门和自由获取信息的唯一机构。拉瓜迪亚（C. LaGuardia）等指出,"即使我们都相信将来某一天不再储存实体馆藏,但是在可预见的未来,图书馆仍将是一个实实在在存在的物理建筑[301](8)。"当读者打算去图书馆时,他们的犹豫和焦虑在一定程度上是缘于他们对图书馆资源和服务的无知。对公共图书馆用户的调查也显示,不论是用户还是非用户似乎对公共图书馆提供的基础服务都不太了解[332]。

新用户或潜在用户不了解图书馆内事物的存放位置和服务模式,所以参观图书馆可能会帮助他们防止或缓解因不了解而带来的焦虑。引领读者现场参观图书馆可能是所有类型图书馆最普遍采用的向广大用户提供图书馆指南的方式。一个知识渊博、举止优雅的参观领队通过重点介绍图书馆的主要服务和馆藏,能建立起与新用户群的良好关系。图书馆呈现的良好印象可能会使新用户感到很舒服,所以他们在以后的图书馆访问过程中如果有信息需求,可能会向服务台寻求帮助。奥林(L. Oling)和马赫(M. Mach)发现:"虽然现代技术已经渗透到图书馆的各个领域,但是最流行的参观仍然是传统的引导式参观"[380](22)。有效的现场参观的关键是控制所提供的信息量和选择积极向上的参观领队。领队通常想在很短时间内提供过多不相关的信息和指导。信息过载会使用意良好的参观收效甚微,而目标不明确的参观领队也会削弱参观的预期效果。

很多图书馆在入口、咨询台或其他服务台,或信息台附近提供各种型号和颜色的印刷精美的传单,让读者利用这些书面信息自行参观。用户可以根据传单上的步骤指导自己进行参观。这种自导式参观模式要求用户具有在实践中学习的信息处理能力。奥林和马赫在对美国研究图书馆协会(ARL)的100多所高校图书馆进行调查后称[380],自导式参观是位于引导式现场参观之后的第二大参观模式。据称,录像模式的图书馆参观对缓解图书馆焦虑很有帮助[562],但是这些依靠诸如盒式录音磁带、幻灯片/磁带、光碟和录像带等现代流行技术而存在的参观模式,"只是一时的流行,将来必将被其他模式所取代"[380](22)。

很多学院和大学针对新生做出全面的指导计划。这些计划分自愿性和强制性两种。一些计划就是一套课程,包括先参观图书馆建筑,然后在电子教室体验联机书目检索,并听取如何使用图书馆及其服务和政策的讲解。为了使体验更加有趣和有效,图书馆员尝试使用合作学习方法,设计各种练习题,然后让学生分组完成。大多数学生喜欢参与完成这样有意义的任务,并且他们可以同时观察到未曾留意过的图书馆的各个方面。

尽管并非有意要取代现场参观,但是大多数图书馆都在其主页设有自导交互式多媒体虚拟参观。虚拟参观可根据服务点或图书馆楼层有选择性地进行观看,其优点在于用户可以随时随地对图书馆进行参观。自导式虚拟参观引导用户参观图书馆的各个楼层,使用户对实体图书馆不同区域的重要场所有一个概括的了解,并通过全景图、图形、图片、地图、文本说明或多种语言选择等方式加深对图书馆的资源、服务和馆藏的了解。这种自导式参观尤其能满足远程用户的需求。

向导式现场参观模式通常由一个向导带领一群用户参观图书馆设施,而且有时会聚集在电脑终端前观看获取电子资源的演示。但是这种参观往往是片面、零碎的，对满足用户需求只是隔靴搔痒，并不适用于即时图书馆使用的具体查询，而是为以后的潜在图书馆使用而设计的。即使用户没有经过长期的学习或体验，参观也会使现有的和潜在的用户感到舒适，并且对图书馆物理环境有所了解。这种短暂的体验可能有助于预防或缓解因图书馆物理环境而引起的潜在焦虑，同时使潜在用户"将图书馆看做是一个提供信息，拥有热情、友好馆员可以求助的好地方"[349](164)。

除了参观，一个精心设计并实施到位的图书馆开放日活动也是向用户介绍图书馆物理环境及其资源和服务的有效途径。开放日期间，整个图书馆将会被展示几小时或一整天。开放日活动通过最棒的展示、参观、演示和与馆员互动等形式，为新老用户提供一次最好的图书馆体验。

信息宣传册和传单

制作精良的标牌、舒适的空间布局以及友好的向导式参观只是物理环境中图书馆焦虑预防和缓解策略的一部分。图书馆信息方面的小册子、活页和传单为用户提供在以自助服务为主的环境下的指导，可将用户从盲目查找和询问琐碎问题的挫败感中解救出来，有助于缓解读者的初始焦虑和迷茫。这种关于图书馆环境的简单信息传递在预防图书馆焦虑方面的作用虽然会被忽视，却是最基础的部分。这些出版物详细介绍了图书馆程序或政策方面的相关规定，如入馆须知、开放时间、服务、设备使用、平面图、办公电话、个人电脑、借阅期限、馆藏、信息资源、索书号、专业检索，关于使用手机、储物柜、寄存处、饮食的相关规定以及其他方面的规章制度。用户个人经常需要一些可以带回家再参考的纸质资料，所以这些图书馆宣传册或手册便起到了这样的作用。这些出版物可以在向导式现场参观期间的新生介绍课时，在咨询台发放，同时也挂在图书馆网页上，这些对现场和远程用户来说已是必不可少的。图书馆网页也起到宣传图书馆现有资源、提高图书馆形象和宣传图书馆服务的作用。

读者挫败感和焦虑的一个常见来源是在指定地方找不到他们所需的图书、期刊或报纸。对高校图书馆的研究表明，能找到一本需要的馆藏图书的几率仅仅是60%左右[62]。因此，当找不到所需资料的时候，用户需要知道采取怎样的措施，知道找不到的资料是否在别处被使用，知道要等多久所需资料才会归还。这些信息都应该在信息宣传册里清清楚楚地标明。

一些经验丰富的图书馆用户担心,如果向"不熟悉自己专业的人"[63](146)说明自己专业的需求,会浪费宝贵的时间,因为他们怀疑值班馆员可能不理解他们。因此,在信息宣传册中应该包含图书馆或图书馆联盟中可以提供专业性或技术性问题的查询帮助的学科专家名录,以节约这类用户以及馆员的时间。

与用户的期望或先前经验不一致的图书馆政策或惯例会导致读者潜在的反感和焦虑。例如,有些用户希望在利用图书馆的时候能有一个安全储存随身物品的地方。如果能事先得知图书馆有没有储物柜或储物室,这将会帮助用户预防以后的挫败感。还有一些信息也应当在宣传册中加以明确的说明,如图书馆是否提供个人笔记本网络接口、扫描仪、复印服务、传真机、广播寻呼、文字处理设施、停车位,以及关于图书馆内食物和饮料、手机使用等的规定。为了避免信息过载,还要将信息分类做成小册子或传单形式。

能帮助自助服务的用户在图书馆物理环境中找到方向的有效方法是需要各种策略协调一致的,包括有效的标牌、详细的信息宣传册和传单、合理且实用的空间和家具布局、高效的文献传递服务、功能齐全的图书馆联盟、适量的现场参观、完美实施的图书馆开放日。在向用户介绍图书馆环境的关键时期,这些因素组合在一起将会大大提高他们成功找到信息的概率,而且还可以预防或降低他们的焦虑程度。

7.3 基于培训的图书馆焦虑预防

用户的挫败感很多是因为虽然知道所需信息可以从图书馆或其网上数据库获得,但是却不知道如何获取。在面对大量的检索工具和资源时,用户信息检索能力和图书馆查找策略的欠缺是图书馆焦虑的来源之一。这种能力的欠缺跟几方面因素有关:用户没有图书馆利用经验,不懂图书馆信息检索系统的功能和范围,缺乏主题检索和图书馆查询流程的相关知识[289-298]。预防因经验和技能不足而引起的图书馆焦虑的最常用方法是通过传统的书目指导提高用户的信息检索技能[603]。馆员们通过各种形式对用户进行教育,包括从参考服务台或信息咨询台的快速一对一指导到有组织的团体指导课。尽管各类图书馆都会提供这种用户教育,但是中小学和高校图书馆尤其强调发展学生的图书馆能力和独立探索的技巧。

书目指导被定义为"通过演示图书馆探索方法、检索策略和说明指定的学科文献的书目结构,集中讲授如何快速有效地利用图书馆"[470](1)。书目指导作为图书馆焦虑预防的一种工具,看似简单,但是在付诸实践的过程中却面临很大的挑战,存在很多问题和争议。

如果用户是因为缺乏信息检索技巧而检索不到所需的信息导致了图书馆焦虑,那么最有效的缓解这种情境图书馆焦虑的方法可能就是图书馆员只要在参考咨询台或通过虚拟参考服务为用户提供信息即可。既然这样,为什么图书馆员有时却讨厌教用户如何自己检索信息?图书馆员一直被看做是能从馆内外资源中检索和获取信息的专家。用户为了完成手头的任务,一般希望馆员能帮助他们获取所需信息。馆员们有时会天真地以为,有特别信息需求的用户会真正需要速成迷你指导课的学习,但是实际上,很少有用户期望从馆员的速成课那里学习如何自己查找信息。大多数情况下,虽然馆员希望把用户自主查询培养到某种水平,但是很多用户不想学习如何在图书馆查询信息。有些用户认为问题不是因为自己查询能力的不足,而是图书馆馆藏不足[129]。他们在检索遇到困难时,通常不会认为是需要了解查询步骤,而是归因于他们的时间不足、安排的任务不合理或没有足够的帮助。

哈里斯(R. M. Harris)对不同类型的图书馆工作人员进行了调查,发现高校图书馆员认为用户教育是很有必要的,专业图书馆工作人员则持相反态度,公共图书馆员则是模棱两可的态度[210]。一个公共图书馆员指出,"很多读者喜欢接受图书馆的用户教育以便他们在下次进图书馆时会懂得更多技巧,但是也有很多读者对图书馆如何运作并不感兴趣,他们需要的只是信息。我把这种情况比作我与商店的关系:我想知道的是猫粮在哪里,而不在乎商店为什么或怎样把它摆放在那里"[210](254)。

大多数公司和专业图书馆采取全面服务模式,其主要功能是用户不必自己动手也可获得准确信息,但是这种模式也是存在问题的。例如,在医院图书馆会出现这样的情况:有些信息是急需的,但是馆员却无法立刻提供信息检索,而医生自己又没有检索专业数据库的技能。在高校图书馆里,参考服务通常只限于某些时段。当找不到馆员咨询时,学生们要么自己随便摘录些信息,要么干脆拖延,甚至完全放弃信息检索的任务。花费时间学习图书馆查询的检索技巧和策略对学生来说很有意义,因为他/她的大部分学习都取决于所搜集的信息的质量。

尽管不同类型图书馆对图书馆用户教育持不同态度，但是很多图书馆馆员和管理者，尤其在高校图书馆，认为随着新兴信息技术的发展，图书馆和信息环境都已发生了深刻的变化。从书目指导先于自动化电子图书馆来看，技术本身并不足以提供用户教育，但是信息技术已经使图书馆用户教育显得更加重要和显著。米勒（W. Miller）指出，"当馆藏建设变得不那么重要时，图书馆界将重点转移到图书馆用户教育上来似乎是势在必行的"[359](153)。

技术一直是改变图书馆对用户教育态度的动力。在不断变化的信息技术的推动下，高校图书馆甚至投入大量时间和资源为每一个用户创造学习机会，通过各种形式提升用户不同层次获取信息的能力。可以相信，用户将会喜欢这种通过提高当前的信息检索能力以应对将来可能出现的问题的长效措施。将信息直接提供给用户或许会缓解其一时的焦虑状态，但是不能有效地预防或缓解其以后的焦虑反应。在信息时代，只有具有自助查询能力或具有信息素养的用户"才能作为独立的学习者，在正规学业体系和要求之外更有作为，并不断地促进其智力成长"[567](59)。

何时提供图书馆用户教育也是有讲究的。当用户前来请求帮助的时候，馆员们在咨询晤谈中趋向于提供更多的即兴指导。当用户被一些事物吸引或只是想知道一些事物时，他们通常会提出问题。对他们来说，"受教时间"通常是从一个能引起强烈个人兴趣和好奇的问题开始的。尽管这个受教时间一般很短，但是以后在其他地方它得花好几个小时。如果用户自己提出问题，那么他们学习信息检索技能时的接受能力就会更强。中小学和高校图书馆往往会提供即兴指导和计划性的教育活动。

很多情况下，有组织的图书馆用户教育可能更适用于因特殊任务需求而需要相同建议或图书馆经验的学生群体。有效的图书馆用户教育经常配合提高学生的学习动机而去进行定期的图书馆研究，以完成学期论文或研究项目。将班级教学与学生对图书馆使用的迫切需求相结合，可以充分利用"受教时间"。但是学生们一般不会参加这种由馆员主动提供的、不属他们的课堂教育的图书馆用户教育项目，因为他们还没有发现任何迫切需要。研究表明，单独的以技术为导向的教育效率不高，甚至即使其跟某个研究主题有关也是如此（见参考文献57，309，367，575）。这种教育需要以一种系统的灵活的方式融入到课堂教学中去。信息技能的学习应随着时间的推移渐渐地进行。

这种单独的、以工具为导向的一次性图书馆用户教育，往往给用户提供过多的资源和超负荷的复杂检索指令,因为对大多数负责图书馆用户教育的馆员来说,课堂时间是他们唯一与用户接触的机会。根据霍普(C. B. Hope)、梶原(M. B. Kajiwara)和刘(M. Liu)的观点,"要在有限的课堂教学中,涵盖学生成功研究所需的所有信息,对图书馆员来说具有很大的压力"[228](24)。馆员们往往会通过内容填充式的讲座或演示把他们所知道的内容一次性全部教给所有学生,而预留很少时间给学生提问[228],而且希望用户可以进行独立检索。以工具为导向的图书馆用户教育方法"还有很多局限性,致使图书馆用户教育不能让用户具有自行检索的能力"[567](59-60)。在一些高校图书馆,图书馆用户教育课程已被作为学分制选修课,由图书馆员进行讲授,这样虽然有充分的时间详细讲解信息结构概念和信息检索技能,但是这些课程的讲授呈现不同层次。学分制图书馆用户教育课的内容和学生的高度期望会使少数需要了解专业学科信息结构和检索技巧而认真学习的学生受益,但会让其他学生感到迷茫。

图书馆用户教育课程"教什么"的问题引起了一系列的辩论和讨论。一些观点认为,图书馆用户教育应该侧重于基于现有图书馆目录组织的信息检索技巧,如怎样打印、如何利用联机书目检索、电子索引和文摘、电子全文数据库、公共网页搜索引擎、其他相关书目参考工具以及分类系统的基本原则。但是,网络通信技术不仅改变了图书馆的物理空间,而且也改变了图书馆的资源。由于大量图书馆资源迁移到因特网,从这个万维网可以获得更多的信息,包括在别处还未发表的资源和材料,图书馆作为印刷信息的存储库功能也在明显的扩大。"即使图书依然是展示大量智力成果的最优雅和最令人满意的方式"[33](xiii),但是在很多用户忙碌的生活中,图书馆中以建筑为中心的资源正在逐渐缩小。

"'图书馆信息资源'和'网络资源'的差别是很小的,而且随着越来越多的馆藏和服务在线化,这种差距更会是越来越小"[228](22)。在许多情况下,图书馆用户不需要到图书馆就可以获得信息服务。在平衡传统图书馆服务和不断发展的技术需求之间的关系方面,图书馆面临着很大的挑战。这正如霍普等人所言:"网络信息环境下资源的数量和种类,大大地增加了图书馆用户教育的内容"[228](19)。用户所需的教育越来越与获取虚拟资源的技巧和能力相关。

一些馆员认为,不论是纸质资源还是电子资源,图书馆用户教育都不应该只注重图书馆使用的只鳞片甲,"因为学生们只被教给如何使用某一或某些特定参考工具,他们通常不能触类旁通地进行信息检索"[567](59-60)。对于一些图书馆员来说,工具导向的图书馆用户教育无疑能在一定程度上帮助用户,但是他们却无法塑造一位有信息素养的公民,使其可以在信息社会自主地追求他或她一生的目标。而且,不断变化的电子信息环境对工具导向的、有用性昙花一现的图书馆用户教育提出了新的挑战。正如H·萨格尔(H. Sager)所写:"如果新技术带给我们新的教学技巧,那么其中很多技术的有效期是多么短暂也是很清楚的"[485](56)。图书馆员主张,图书馆用户教育应当通过指导用户进行图书馆研究将专业技能和抽象概念结合起来,从而达到支持其终身学习的目的。

在这一过程中,用户应当接受观念、结构、角色(功能)、信息组织以及重要思考方法和解决问题技巧的教育,包括对检索到的信息进行评估[10]。以知识传播为导向的馆员通常认为,教给用户如何使用图书馆资源以解决他们的眼前问题还是远远不够的,因为用户遇到新问题时必须再次求助于馆员。在这种传播过程中,特定技巧的暂时获取,其功能是有限的。更确切地说,这些以知识传播为导向的图书馆员认为,图书馆课程教给用户的不是译解某一特定参考源所需的技巧[167]或检索某一特定书目数据库所需的专业技巧,而应该是在这些个别技巧之上的能力。显然,用户应该学习能适合各种检索问题的技巧。根据知识传播导向的图书馆员的观点,图书馆用户教育的目的应该是打造独立的图书馆用户,使他们形成良好的信息能力和有效的图书馆研究策略,并能依靠这些能力和策略解决眼前和未来的信息检索问题。

知识传播导向的图书馆员发现,独立的图书馆用户往往最不易产生焦虑。似乎不同观点的分歧只是在于侧重于短期需求还是长期效应。但是,这两种情况彼此之间不是必然矛盾的。实际上,单个的数据库检索技巧和抽象的批判思维都是很重要的,而且根据用户的需求和可获得的资源,它们都可以而且应当在图书馆用户教育中被教授。拥有长期的信息素养必须具备的要素包括学习和积累足够的短期专业技能和知识,从而使用户能成功地了解图书馆资源,解决他们的即时信息需求,并帮助他们逐渐形成独立的信息能力。有效的图书馆研究包括分层次的信息问题处理技巧,而这些技巧是在一段时间内通过系统的图书馆用户教育课程习得的。

如果图书馆用户教育在发展技能和缓解焦虑方面是行之有效的,那么它必须按照用户的现有知识、技能和情感水平进行设计和讲述。用户的情感与感觉是"与图书馆、图书馆员和信息查找程序的第一个接触点"[574](75)。用户最初的感觉将决定他们最终采取的执行信息检索任务的行动方针。图书馆用户教育如果不能解决"不确定感、焦虑以及犹豫的态度,那么它也将无法达到预期效果"[574](75)。

图书馆用户教育课程设计中要考虑的一个重要因素就是用户为理解认知导向下的信息检索技巧的相关知识而有的情感准备。维德马(D. J. Vidmar)研究发现,短暂的10~20分钟的课前热身效果比正常的50分钟的基于技能的图书馆用户教育课程效果要好[574]。课前热身只是通过建立与用户的关系,解释图书馆检索过程中的典型情况和感觉来调整学生的情感状态,就像在教授更具挑战性的学科之前先让其做好心理准备。维德马报告称"有课前热身经历的学生一般对图书馆员和图书馆研究感觉会更好一些。"[574](76)

克雷克尔和王曾经研究了一场30分钟、关于库尔梭信息检索过程(ISP)模型的报告对大学生认知研究焦虑的影响[284,285]。他们发现,30分钟的报告确实可以强化与研究相关的情绪状态和情感方面的意识,并且可以大大地降低焦虑程度。约瑟夫(M. E. Joseph)认为,在许多情况下,帮助学生培养积极的态度比教给他们特定的信息检索技巧更为重要[268]。实际上,约瑟夫主张,"传统的教育实践就是影响学生态度的媒介"[268](112-113)。另一个抛砖引玉、缓解初期图书馆焦虑的策略是在课堂上借助幽默帮助解释图书馆研究的概念[491]。

尽管没有一个完全正确的学习方法,"但是却有某些更加适合特定情境的方式。例如,当某个人学习时,其方式应是唯一的,否则将会产生负面效应"[423](238)。理论上,图书馆用户教育是面向个别的用户,帮助他们理解信息需求,基于适合他们自身的学习模式培训他们不断地自我评价思考。近几年来,越来越强调更加个性化的在线图书馆用户教育。创新教育方法带来的坊间经验表明,这些方法会为初学者带来更重要的情感效益。然而,目前这一领域还没有系统的研究。

基于网络的教育项目作为自主学习的一种教育方式是独一无二的。一套精心设计的教育项目通过讲述日益复杂的概念帮助用户了解检索主题。一些高校图书馆开设了以研究为导向的灵活通用的教学课程模块,其中包括带文本的教学屏幕和互动式图像,内容涉及对所有不熟悉图书馆研究流程且不方便参加在校图书馆用户教育课程的新用户都有重要意义的广泛课题。其中一些模块使学生们可以组织并检测他们的经验和成就,并通过向该模块新增互动评估工具,批判性地反思他们目前信息能力的发展水平或阶段。鲍灵格林州立大学杰罗姆图书馆(Bowling Green State University Jerome Library)推出的网络教育,如猎鹰(FALCON),提供了关于如何使用图书馆在线目录的图书馆用户教育课程的示范[120]。

这些网络课程尤其适用于有大量学生的时候。互动的程度和课程的设计依赖于设计者和预期受众的目的。猎鹰的交互性、独立性和强调单个资源的特点使其具有独特性。交互性是不依靠脚本或格式进行的。独立性是依靠一套复杂的文件系统和一个实时目录连接实现的,它使用户可以学会如何根据自己的情况在某一时间地点进行目录检索,而不必担心冒闯进网络空间的危险[120]。

因为信息处理过程需要一定的抽象技巧,所以用户的认知发展对设计有效的图书馆用户教育课程也是有现实意义的。为了促进学习,图书馆用户教育课程需要设计成一个闭联集,包括从具体检索策略到更多灵活可选的信息访问利用的方法,以便适应读者的不同认知发展水平。高校图书馆员经常引用的一个认知发展理论是小佩里(William G. Perry, Jr.)提出的学说:大学生的智力和道德发展具有四个基本阶段,即二元性、多重性、相对主义和担当[450]。

梅隆在她的著作中概述了发展的四个阶段[348]。根据梅隆的观点,在二元性阶段的大学生将世界简单地分为对与错。因此,为这类学生设计的图书馆用户教育课程内容应当是简单直接、易于理解。尽管在多重性阶段的学生依然将部分世界划为对与错,但是他们开始认为有些时候对于一个问题可能不止有一个答案或观点。为这一阶段的学生设计的课程可以稍微复杂和抽象一些,并注重解决问题的技巧。处在相对认知阶段的学生开始意识到很多事情是不可以被完全认识的,这是抽象思维和推理阶段。他们在形成自己的观点和作出决定之前会先收集信息和证据,他们更愿意用自己的图书馆研究方式。对于这一阶段的学生,图书馆用户教育应该侧重于复杂的信息检索概念,与信息需求相关的各种书目或电子工具的对比和评估,各种不同的研究策略。在担当阶段,学生们逐渐认识到世界上似乎没有事物是确定的。为了取得进步,他们必须在价值观不断变化的相对世界里明确立场或做出选择。因为学生们愿意努力投入到他们所选的适合自己兴趣和需要的图书馆研究策略，所以这一阶段的学习更加个性化。

斯莫利（T. N. Smalley）和普卢姆（S. H. Plum）比较了人文社科文献和自然科学文献的结构，总结出了研究过程的显著特点和学科的连续报告格式"对他们的文献和书目检索工具的使用都有重要的影响"[517](141)。他们提出了书目指导的语境法，这一方法是将特定学科的文献结构作为教学框架。这又带来了学科专家的另一个问题和授课馆员的另一种准备。随着参考资料的数量越来越精确，用户越来越复杂，是由全能馆员教授学科领域中特定研究资料的书目结构？还是图书馆要聘用更多熟悉不同学科特征问题的学科专家？在减少人员预算和快速变换的信息需求下，图书馆如何处理这一问题呢？

将所有问题、争论和观点集中在一起，授课馆员们在设计和实施图书馆用户教育课程上面临着一个很大的挑战，即他们不仅需要满足用户的信息需求，而且需要提高和优化他们的信息素养水平以及展示他们最适合用户自己学习模式的可转换性的信息检索策略。然而，谁又会是这些图书馆用户呢？是那些从未到过实体图书馆而远程访问图书馆数据库的远程用户？那些既经常到图书馆又远程访问数据库和网络资源的是图书馆的典型用户吗？我们对他们的困难、技能和需要又知道多少呢？图书馆员如何辨别他们是否需要指导呢？

通过图书馆用户教育进行的图书馆焦虑预防是以广大的现有和潜在用户为目标的，现在正处于广泛的实验阶段。尽管我们已经知道信息素养的重要性和高校图书馆员与教学人员合作的重要性，但是很多图书馆还是因为各种原因而坚持认可传统教育方法，如面对面指导性辅助，一次性演讲和研讨会，新生培训课，相关课程教学，印刷品指南和在线教程。霍普（C. B. Hope）等曾指出，"图书馆员一直都明白积极参与到信息活动中的意义，但具有讽刺意味的是，我们历来都是自上而下以讲座为主的一刀切灌输式教学的罪魁祸首[228](24)"。

就图书馆焦虑预防而言，这些传统的教育方式比长期的信息素养培养更加有效，因为图书馆焦虑是一种情境焦虑，只要这种情境本身不消失，焦虑就存在。虽然图书馆焦虑可能出现在思考过程和判断中，扰乱精力集中，混淆概念，但都是暂时的。处理这种焦虑，特定的即时干预政策更有效，如咨询台的面对面指导，以培养熟练地利用特定的图书馆工具和所需资源——尤其是那些传统的图书馆资源和有效的检索策略——为目的的一次性讲座或研讨会。

随着人口统计学特征的变化发展和计算机通信技术的普及,在利用图书馆电子工具的准备和技巧方面,当今的图书馆用户更加多样化。用户的观念在电子时代发生了实质性的变化。根据惯例,高校图书馆的书目指导往往根据学生的学术水平或外国学生的文化语言背景对学生进行分类。现在的图书馆用户教育举措更多关注各读者群的计算机技能和电子使用习惯,而不论其年龄、性别、学习水平和社会经济背景。图书馆焦虑的三个潜在来源需要通过图书馆用户教育计划进行干预。来源一是各个订购数据库和其他检索系统的界面设计,来源二是传统的以纸本文献为主的图书馆材料的获取,来源三是对图书馆研究过程缺乏了解。

图书馆的新技术和电子数据库对我们的适应能力依然是一种挑战。对许多读者来说,各个数据库的检索界面尤其令人困惑和感到不合逻辑,使他们经常感觉挫败和焦虑,但这并不是因为他们没有检索的能力,而是因为他们无法区分这众多的数据库及其各异的界面设计,他们只是淹没在了这些选择中,不知道从哪里开始。正如H·萨格尔所指出:"界面设计的改善远远落后于搜索引擎的发展或信息的电子获取和传递的进步"[485](55)。

参考或信息服务台的面对面指导以及一次性的讲座或研讨会等传统书目指导可以很好地教育指导用户通过像迷宫一样的数据库和系统选择,并且向他们讲解共有的特征以及与个别检索工具相关的独特特征。通过这种指导而获得的知识可以帮助用户预防和缓解潜在的图书馆焦虑。在可预见的未来,这种关于图书馆系统或特定数据库的指导在电子资源结构和用户信息需求之间将继续发挥重要作用。但是随着数据库和图书馆系统设计的不断改进,我们更加注重统一的一站式解决方案,使用户在一个检索界面能更加容易获取多个数据库的信息,所以传统的指导将最终失去意义。当用户开始习惯了改进后的界面时,图书馆员"在教育过程中将不必再那么强调利用技巧概念"[228](23),而且"教育的重点将转移到材料的内容和使用上"[539](278)。

图书馆书目数据库商完全意识到满足最终用户需求的重要性以及他们对更好的设计和更灵活的搜索命令的喜好,如引导式搜索和自然语言搜索。数据库商将他们的数据库与万维网协议相结合,并通过因特网进行传播。这一改进缩小了用户使用国际互联网搜索引擎与利用图书馆书目数据库的操作习惯差距。相对于评估和使用已发现的信息,用户们操纵各种网络资源的能力越来越强。正是对诸如专著、印刷刊物、缩微胶片、历史文献以及统计材料等传统图书馆资源的获取,才日益导致新一代电子化用户的焦虑和挫败感。图书馆员最喜欢的联机书目检索却被这些用户认为是又难又令人困惑的事情,且不如商业数据库简单易用。自20世纪80年代起,我们就已经开始了如何利用图书馆联机书目检索的教育。今天,在高校图书馆中,它依然是图书馆用户教育的最重要组成部分之一。然而,在书目指导兴起的20多年后,虽然图书馆联机书目系统设计已有许多改进,但是图书馆联机书目检索对用户来说依然具有很大的挑战性。在教育如何使用传统图书馆资源方面,图书馆员具有丰富的知识和多年的经验可供借鉴。在利用传统图书馆资源的过程中,通过书目指导进行图书馆焦虑预防是许多图书馆员日常工作的一部分。

传统图书馆用户教育能有效地缓解读者因不熟悉检索界面和各种图书馆数据库、系统的远程访问步骤而引起的焦虑反应。然而对于在图书馆研究过程中,由用户的态度、情感、研究策略和信息的利用等因素造成的图书馆焦虑,这些教育计划可能不会有效地铲除其真正根源,因为当用户一开始被规定在一定时间内完成不熟悉的任务时,他们的焦虑可能已经达到了最大程度。

各类学生在他们整个上学期间都会面临这种情形。格罗斯(M. Gross)认为,课后作业是最常见的强制性图书馆信息搜寻行为。她发现高年级的小学生和青少年不仅表现出高度强迫的信息搜寻行为,而且表现出自发需求的图书馆利用较少[199]。在典型的图书馆研究过程中,有这么多的未知和不确定因素,学生们不仅仅对关于期望获得什么,而且对从哪里开始以及如何进行搜索往往会感到很焦虑。在强制性的信息搜索的初始阶段,用户们最需要从馆员那里获得情感方面的帮助以及建设性的指导。

在探究和综合新思路、新观点时,老师会给学生布置作业,让他们练习信息存取和使用。对学生来说,图书馆是一个最理想的地方,他们可以在这里完成学期论文和研究项目,审视不同观点并且习得信息素养技能[339]。但是,"很多学生会被基于研究的作业需求吓倒"[339](30)。他们没有意识到他们所经历的焦虑、恐惧和不确定感是因为不熟悉要求严格的图书馆研究过程而产生的自然反应,这一反应不仅仅是存在于搜集信息和记录观点的阶段。他们也没有意识到图书馆研究这一过程对他们来说是一次很重要的机会,可以帮助他们习得和锻炼决策能力、处理问题的能力、信息素养技能以及计算机能力、关于版权和剽窃问题的社会伦理知识。这些技巧和能力都是他们终身学习过程中必不可少的。学生和部分老师都太过重视最终结果，而指导老师和馆员又往往忽视在主题探索的初始阶段和消化理解信息的最终阶段所发生的事情。

研究性图书馆作业的开始和结束阶段是学生们最矛盾、焦虑等级最高的阶段[289-298]。探究一个主题需要花费时间，专注并且确定一个可以展开研究的可行主题则需要花费更多的时间。如果学生在初始检索阶段没有清晰的概念，那么在剩下的任务中，他们将会遭遇到困难和挫败感[289-298,382]。一些指导老师不是通过向学生解释研究中的自然过程和相关感觉来帮助学生缓解不确定、焦虑、怀疑和紧张等一般感受，而是选择通过设定时间限制和关卡来量化学生们的研究性作业。

学生们必须在一定的时间内制定一个书目、大纲或者提纲。这一做法迫使学生缩短了思考和理解主题的重要阶段，直接到了信息搜集阶段[339]，这样就只需要最少的批判性思考和解决问题的能力。很多学生会直奔网络和计算机服务站而去。也是迫于时间的限制，学生们匆忙之间可能没有足够的时间消化吸收所收集到的信息，就把它们堆积到一起，并且得出最终结果。

这一周期始于指导老师，他们给学生布置图书馆研究的任务，并且假设他们已经掌握了研究过程的相关知识，或者将通过完成任务学习这些研究技巧。有些指导老师自己很少做准备工作，或者基本没有这些研究工具的利用经验。图书馆员希望协助学生们进行信息检索和搜集馆内外资源，学生们又希望独立完成研究任务。这样，图书馆研究体验可能给学生留下迷乱、痛苦、无助但又不可逃避的印象[382]。

图书馆员能通过图书馆用户教育计划对这些焦虑和不确定阶段进行干预吗？答案肯定是"能"。实际上，有多少图书馆开设的教育课程是以理解在图书馆研究过程中的各种情感反应为重点的？多少教育课程是帮助学生们评估和利用他们为任务所收集到的信息的？对这些问题的答案可能是"很少"。图书馆用户教育的一大挑战是处理学生在特定的图书馆研究过程中的情感反应，包括制定适当的授课形式、获得行政支持以及与教学人员合作[247]。

对于这种以过程和实践为主要内容的教学，最有效的方式是将图书馆用户教育融入到学生的课堂教学当中。学生们必须明白图书馆研究是一个由几个阶段组成的过程[296]，其中每个阶段都需要不同的技能，并且会产生不同的感觉和情绪。在过程的初期,焦虑和不确定感是最常见的感觉。假设目标会最终达成,那么当他们随着研究进程慢慢推进时,他们的焦虑将会逐渐减少,而且将变得更加乐观和自信。尽管这种情绪和所进行的研究过程是针对特定的任务产生的,但是过程中的这种技巧和情感经历可以被用于其日常生活中的其他信息搜索。因为这种教育占用了课堂时间,而且是非传统教学内容,所以需要学校有关部门的行政支持和教学人员的理解和合作。

教学人员对这种以研究过程为内容的教学的态度和看法是重要的影响因素。许多教学人员认为,图书馆员在他们的课堂或图书馆传授获取图书馆资源的信息检索技巧是较为适当的,但是他们对与图书馆员共同教授研究策略,帮助学生们进行具体学科研究的问题上,还是持保留态度的,因为他们在专业方面具有更丰富的知识,并且具有绝对权威性。如前所述,一些教学人员假定学生们已经具备基本的图书馆研究技巧,而有些老师则相信学生会通过完成研究性的任务而习得足够的技能。

馆员对于教授研究流程的责任也可能有自己的质疑。从馆员的角度看,选择和专注于一个课题的初期阶段以及综合观点并撰写研究报告的后期阶段通常是在学生和教学人员之间完成的。在此过程中,图书馆员的作用是帮助学生进行信息检索和数据收集,教学人员应该是教给学生们研究流程并帮助他们综合思想和观念。但是,现实是大多数教学人员没有教给学生研究流程,也没有锻炼学生们的判断力使其可以评估从图书馆书目系统中获得的材料。

由此看来,高校图书馆员是最关心学生们的研究技能的。"科研训练的实践和教育主要来自于图书馆"[168](193),他们看到了日常教育过程中的这种脱节,意识到了帮助学生和老师们在图书馆研究过程中建立这种连接的必要性。正如布朗蒂(S. G. Blandy)和利布蒂(P. Libutti)所说的那样,"只有图书馆员才可以在创作研究报告的棘手过程中担当起教练和向导的角色,也只有图书馆员能从肢体语言、空白的监视屏以及大量纸堆等迹象中推断出学生的能力"[46](290)。老师对学生研究技能的高估会阻止他们给予学生必要的指导,而这些指导会使学生们的科研更加快乐、有意义,而且具有持久性。学生们对图书馆员作用的误解经常使他们把图书馆员区别于教学人员。即使馆员乐意并且有能力帮助学生,学生们也往往不会向馆员咨询关于他们研究课题进展的问题。因为这些以及其他原因,图书馆员在一开始的课程经常得不到学生和教学人员的喜欢。要有效解决教育过程中这种无意识的隔断,必须在馆员和教学人员之间形成一种真实的而非只是概念性的合作关系。但是，要建立真正的工作合作关系，图书馆用户教育和其他信息素养的培养计划必须遵循已有的校园制度，而不是提出新的倡议要教师接受。这些努力涉及人力和制度方面的挑战。

在处理态度和看法的问题上，一个稍微保守的做法是将科研过程的概念引入到传统的图书馆用户教育计划中，如与课程相关的讲座、图书馆研习会、新生培训课和学分课程等。图书馆课程通常是建立在搜索技术和与特定书目工具相关的信息检索技巧上的。然而，策略、过程、情感反应和信息利用与评估的新内容将不可避免地会与现有图书馆课程有限的课时产生冲突。在图书馆行政部门和图书馆员的支持下，新课程设计时要为新内容预留一定的空间。

然而，出于各种原因，这里没有给出规范的程序。每一个图书馆各不相同，每一个授课馆员都有不同的专业水平，这就需要很多的支持、判断和创新。无论是如现场参观图书馆的简单指导，还是关于信息检索技巧和研究过程的高级课程，学生们都能从中获益。在信息丰富的图书馆环境中，图书馆员作为老师正发挥越来越重要的作用。那些适应了教授用户选择和利用印刷和电子资源的馆员们可以调整他们的书目指导计划，以适应科研过程中的概念和知识。

作为预防焦虑的干预措施，图书馆用户教育不应当只关注较少诱发焦虑的信息收集阶段，还应该关注探讨课题的早期阶段和信息评估及利用的后期阶段。过程教育有助于改变对图书馆在科研过程中传统角色的认识，使学生们在研究中的努力更具有意义。作为信息检索专家以及合理利用信息的老师，图书馆员要相信发挥其作用的重要性。在信息化时代，图书馆员如果继续坚持发挥更大的作用，那么每一个图书馆都会克服其在授课方式上的实际困难。

7.4　基于中介信息服务的图书馆焦虑干预

图书馆作为一种机构已经存在了几个世纪，但是相比于那些获取、保存、组织材料并使其为图书馆所用的基本书目服务，1876年才发轫的美国读者个人指导，只是一个相对较新的实践。罗思坦（S. Rothstein）认为，"公认的参考咨询服务的历史起点是以1876年伍斯特（马萨诸塞）公共图书馆的S·S

·格林（Samuel Swett Green）发表的论文为标志的"[482](541)，也是这一年美国图书馆协会（ALA）成立。后来，格林在当时 ALA 的官方出版物《美国图书馆杂志》的第 1 期上发表了该篇文章。格林宣称，仅仅将参考书简单地摆在图书馆用户面前是不够的，图书馆员在此之外还必须为用户提供个性化服务[189]。从那时起，个性化辅助的理论和实践从简单的帮助用户寻找图书发展到今天的多层次的信息服务。在今天的美国图书馆，图书馆员辅助服务已经是司空见惯的事情，所以用户往往认为这是理所当然的，而没有意识到其实图书馆员在辅助范围和提供帮助的层次上已经发生了本质的变化。这一重要的人为干预在很大程度上帮助用户预防和缓解了由一般图书馆设置和具体的图书馆搜索过程引起的图书馆焦虑。以图书馆员为中介的服务可能已经发展成最复杂并且最有效的焦虑干预手段了，因为它将图书馆焦虑的干预降至单个人的层面。

公共服务台的参考辅助

设在主通道口或者图书馆中央位置的问讯处、参考咨询台或服务台为用户提供宝贵的人为辅助。当用户进入图书馆时，公共服务台通常是他们最初接触图书馆工作人员的地方。服务台配备有专业的、热心的图书馆员，他们熟悉各部门的业务、馆藏情况以及图书馆系统，可以在用户和陌生的图书馆环境间架起一个重要的沟通桥梁，克服他们心理和知识上的障碍。服务台的功能包括指示方位、回答专业问题、提供基本的研究向导以及协助解决信息检索系统和设备问题。

尽管在公共服务台实现将用户和信息连接起来的目标未曾改变，但是电子信息技术的发展使参考咨询馆员有可能更快、更有效地实现这一目标。随着用户对电子技术越来越精通以及科技越来越实用，传统的以帮助用户在实体图书馆内找到材料为主的馆员中介服务也转变成帮助并教育用户如何在这个虚拟世界获取电子文献信息的服务。但是，这一无所不包的虚拟图书馆并不在眼前，也不会永久存在。虽然许多用户获取虚拟信息的能力越来越强，但是信息环境的复杂性也在与日俱增。对用户来说，他们并不总是清楚如何处理这些浩瀚的、以电子形式或传统印刷形式存在的资源。因此，在用户选取、检索和评估各种形式的信息过程中，图书馆员的中介作用依然是最有效的方法，它可以帮助他们以最轻松的方式获取其想要的信息。

因为每个用户在处理图书馆检索过程时，都有自己特有的语言、文化、技术导向以及独特的概念架构[423]，这就要求参考馆员的重要任务之一就是将用户模糊的需求转化为有意义的术语。公共服务台的馆员发挥着重要的作用，他们要理解用户需求、辨别用户所需信息的正确来源、教育并辅助用户如何在图书馆机房和用户的家庭电脑上查找信息、判断检索的信息是否合适。

巡回参考咨询

最近几年，提供电子数字化信息已经成为图书馆任务中的一个最出色的部分。包括电脑和其他设备资金投入在内的图书馆技术资金比其他领域的预算的增长速度快得多。因此，图书馆存放着越来越多的特殊设备，如联机书目检索终端、联网 CDROM 站、计算机工作站。尽管电子信息的限制性很少，即多位用户可以在同一时间的不同地方利用同一信息，但是对机读信息和数字信息的检索通常比纸质资源的检索更难预测。用户通常不知道利用哪一个电子工具查找给定的主题信息和要形成怎样的查询式以及用哪个搜索命令，才能在几乎各不相同的电子信息检索环境中得到所需的结果。因此，与图书馆设备、电子书目数据库和网络教育服务器软件相关的服务对参考馆员提出越来越多的要求。

为了有效地通过图书馆系统检索图书馆资料，用户必须具备一定的认知和心智运动技能才能掌握检索程序，其中可能包括不同层次的获取技能，并需要不同类型的手段。在处理面向系统的信息搜索过程的查询任务时，用户如果不具备这些假定的技能，通常会产生焦虑。在治疗各种图书馆信息检索系统内在的诱发焦虑产生的情形方面，我们面临两大困难。一是图书馆员既不直接控制新电子工具的界面和命令语言的设计，也不能控制用户在自助服务中怎样形成具体的图书馆系统查询方式。二是对图书馆员来说，他们很难介入用户的个人搜索过程，除非用户主动向服务台或信息台的馆员求助，但是，用户通常是不会向馆员求助的[535]。

巡回参考咨询可能是预防或缓解图书馆焦虑的一种有效策略。主动的巡回参考咨询要求图书馆员主动地找出那些可能存在各种困难的用户，并在他们需要的地方提供帮助。信息服务台的图书馆工作人员可能正帮助其他用户或忙于其他业务，所以，与向服务台的工作人员求助相比，读者感觉向巡回馆员（rover）求助更舒服，"因为在用户印象中，巡回馆员对提问不会感到烦扰"[286](68)。这种自然的面对面情境帮助缓和了用户和巡回馆员之间的人际关系。尽管巡回参考咨询还有很多操作上的困难没有解决,如何正确辨别巡回馆员,如何分辨哪些潜在用户需要帮助,担心侵犯用户个人隐私的顾虑以及提供帮助的时间问题[462],但是很多图书馆正在采用这一做法为用户提供更好的服务。其实,适当的巡回参考咨询可以帮助预防或缓解许多用户的情境图书馆焦虑反应。

个性化信息服务

最近几年,推进图书馆科研辅助个性化方面在高校图书馆员中有很高呼声,因为大部分高校图书馆的用户都有差不多一致的信息需求。例如,学生们必须要写学期论文、学位论文或做研究项目。这些用户并不是要寻求特定的答案或高技术含量的信息,而是需要大量的不同深度和广度的文献材料来支持他们的目标。学生们最初可能会到公共服务台寻求帮助,但是公共服务台的一贯操作方式经常使他们无法得到个性化的、持续的帮助。人们普遍认为,虽然公共服务台的馆员非常愿意帮忙并且知识丰富,但是他们没有足够的时间去详细解答用户的一些较深的问题。为了促进学生的图书馆研究,许多高校图书馆设立了个性化的信息服务。这些个性化服务都有不同的名称,如"学生学位论文辅助"[569]、"本科生科研诊所"[54]、"个人研究咨询"[534]以及"学生科研咨询"[472]。

一般来说,这些服务采取预约咨询的方式为用户提供一个可以获得职业图书馆员个性化指导和帮助的机会。这些服务的目的是针对科研问题的深度分析和面对面指导如何搜索和利用适当的信息资源。个性化的形式是根据图书馆员和用户两者的知识和经验而定的。在咨询过程中,用户的知识水平和情感反应会得到妥善处理。正如人们所期待的,这些个性化的服务本质上是不同的。真正的个性化图书馆研究辅助是指为适应每个学生的个人特点和信息需求而采用不同的指导策略。但是,个性化的信息服务需要有一套完整记录这一方法有效性的研究成果。然而不幸的是,除了一个看似合理的理由——图书馆员在面对面过程中的专注力会使学生更加舒服、放松和自由地表达他或她自己的想法——外,至今还没有实验数据可以支持这些实践。个性化辅助的进行速率对有图书馆焦虑的学生来说可能是另一个最适宜的可变因素。不过,在个性化服务中,图书馆员中的学科专家依然是一个很重要的因素。

在个性化的咨询情境中，学生们为了在研究过程中得到足够的帮助，一般可根据自己的需要花费或多或少的时间。学生们应邀定期回访，直到他们感觉足够适应，并可独立进行研究。这种服务可以有效地向学生灌输这样一种思想，即图书馆研究是一个旷日持久的、建设性的和持续性的过程，而不仅仅是一种收集相关信息的活动。在抓住馆员专注力方面也有明显的优势。面对面的指导可以节约宝贵的科研时间，并可贯穿整个研究过程。面向读者的个性化服务可能对图书馆焦虑有适度影响，因为它旨在指导用户做一些慎重的、以任务为出发点的选择。一般来说，这些具有高度结构化和个性化的服务，或者具有能使用户在相对省时和友好的环境中收到好效果的服务，一般会使具有高程度图书馆焦虑的学生在图书馆研究技能和态度方面有很大改进。个性化的辅助方案也可能是使"有焦虑危险"的学生树立对图书馆资源和服务正面认识和缓解他们先前负面体验和观念的一个好方法。

7.5 本章概要和结论

在许多图书馆和信息机构，尤其是在高校图书馆中，图书馆员已经设计和实施了各种各样的图书馆焦虑干预计划和手段。本章从图书馆物理环境、图书馆用户教育水平和中介信息服务三大方面对这些计划和手段进行了述评。这些计划和策略总结如表7.1所示。这些看似不同的计划和手段的最大目的是向有图书馆焦虑或潜在图书馆焦虑的用户灌输一种自信意识，使他们可以应对图书馆信息搜索过程中的繁琐和挑战。尽管以缓解图书馆物理环境中的焦虑反应为目的的手段很容易辨别和实施，但是通过图书馆用户教育或中介信息服务而有效地干预、防止和缓解图书馆焦虑的手段正在进行试验和进一步的研究中。

当今图书馆的主要目标之一是将职业图书馆员的精力和能力集中到诸如个人咨询、关键利用指导和主动巡回参考咨询等以用户为导向的服务上，而不是以各种技术为导向的常规服务。这些转向以用户为中心的服务的潜在好处有很多，包括降低用户的焦虑程度、增强用户的信息素养技能、提高图书馆利用效率、强化职业自豪感以及增强图书馆员的斗志。在预算缩减、资源减少和来自于类似图书馆的私营信息机构的竞争不断增长的环境下，集中到更新的以用户为导向的服务，为重新定义优先级提供了基础。每年的预算削减使图书馆很难维持有充足的合格人员、适当的馆藏规模和信息技术。因此，对图书馆和馆员来说，这是一个非常具有挑战性的时代，他们要在越来越少的资金和财政支持的情况下，努力提供保质的服务、资源和终身学习的机会，以满足人们多种多样不断变化的信息、教育、文化和消遣娱乐的需要。

表 7.1　图书馆焦虑的预防、缓解和干预手段及策略一览表

图书馆设备和资源	有效的标识和指示图
	合理的空间和家具摆设
	有效的文献传递系统
	功能完善的图书馆联盟
	适量的实体参观
	成功实施的图书馆开放日
图书馆用户教育	信息检索技巧教育
	陌生的检索界面教育
	远程获取方法教育
	研究程序教育
	处理情感反应的前期准备
中介信息服务	中介参考辅助
	主动的巡回参考咨询
	个性化的信息咨询

第 8 章 未来的研究、问题和挑战

8.1 综述

自 1986 年梅隆所进行那个具有影响力、促成图书馆焦虑扎根理论问世的研究[349]以来，已经过去了将近 20 年。今天，对美国和其他许多国家的教育工作者、心理学家、图书馆学研究者、研究生和图书馆员来说，图书馆焦虑研究已经成为一个新兴的研究领域。从一开始，这一研究便遵循一个承诺，即"扩大图书馆焦虑理论的范围"[349](165)，并且为图书馆员、教育工作者和管理者的日常工作提供有用的研究成果，以帮助有焦虑的用户适应信息丰富的图书馆环境。

在过去的几年里，我们见证了图书馆和信息环境前所未有的变化。随着国际互联网及其数据量的发展，数字信息和全球网络化的进步，图书馆和图书馆员都有机会为用户提供更全面的内容和更广阔的服务领域。尽管图书馆员的职责还是要把用户和适合其信息需求的资源链接在一起，但是他们的工作环境已经变得更为复杂。微型计算机性能的急剧增强，电脑软件程序的不断复杂化以及电脑及其相关硬件设备成本的急剧降低，这些因素使得几乎每一所美国的图书馆都将在线系统作为其主要部分。当今的图书馆更多地依赖于信息技术来传播信息和服务。图书馆员和图书馆用户都处在一个不断适应日益变化的信息环境的过程中。图书馆已经发生了重要的变化，而且还将出现更多变化，那么图书馆焦虑研究需要更加细化的关注、转换或拓展吗？在前几章提到的 20 世纪 80 年代到 90 年代的研究发现还能适用于当今的图书馆和信息环境吗？不断变化的图书馆和信息环境会如何影响未来的图书馆焦虑研究？目前，图书馆焦虑研究的目标是什么？本章将强调图书馆焦虑未来研究的潜在领域，并讨论研究中存在的问题和挑战。

8.2 未来研究的潜在领域

如果要说图书馆焦虑研究有一个目标,那它一直都是并且将继续是不断在学术上追求对这种普遍存在的不良现象的本质的理解。这种理解不仅仅是为了满足科学的好奇心,而且还是为了指导图书馆政策和服务,以帮助图书馆用户实现其近期和终身目标。这一目标包括两个方面:一是对图书馆焦虑特征的基本探讨,二是利用研究成果制定有意义的政策和计划以改善导致用户图书馆焦虑的不良环境。

图书馆焦虑研究的理论建设方面已经历了几个阶段的发展,而且还会继续进行和扩大。早期的研究注重大学生情感与情绪的现象学理解,而那时他们是利用实体馆藏进行各种研究的。从学生写课外作业中收集了一些定性数据,通过对这些描述性数据的分析,发现一种现象,即"许多学生变得焦虑不安时,他们便无法合理有效地解决问题"[349](163)。基于梅隆的发现,将图书馆焦虑的信息整合到讲课中,使那个很有特色的 50 分钟图书馆用户教育课程得以重新设计,并随着教学人员逐渐意识到图书馆信息搜索过程的复杂性,从而最终形成"图书馆员和教学人员间更好的专业关系"[349](164)。

自从博斯蒂克开发出 LAS[51] 以来,图书馆焦虑研究经历了一场巨大的变革。这一研究发展到可从 5 个维度测量图书馆焦虑,并可用其来预知本科生和研究生图书馆焦虑的程度。后来的研究转向调查图书馆焦虑和许多学术因素(如学业成绩、课业负担、计算机经验、写作技巧、开题报告能力、职业状况、所修大学学分数、图书馆的利用频率和母语情况)之间的关系。图书馆焦虑研究逐渐将注意力集中于图书馆焦虑的维度与各种人格和人类特征之间的联系。对图书馆焦虑与其他人格和个体差异变量之间相互作用的分析已经取得了很大进展。这一领域已涌现出很多研究,包括研究图书馆焦虑同学习方式偏好[251]、学习风格[423]、完美主义[248]、期望[425]、学术拖延[426]、自我认知[250]、学习习惯[252]和社会相互依赖性[254]之间的关系。这些研究都是很重要的,它们有助于确定如何促进学习和图书馆信息查询过程的能力。

然而,图书馆焦虑研究的应用进展却是相对缓慢。回顾 20 世纪 80 和 90 年代,我们很难发现图书馆焦虑研究导致特定图书馆实践有直接明显的改变。其中原因是多方面的,包括图书馆行政人员和图书馆员对研究的一贯态度,只有个别图书馆接受研究成果,缺乏将研究成果转化成实践方案的正确机制。但是要使基础研究的成果渗透入图书馆和信息服务的实践中通常是需要花费一定时间的。正如莱恩(M. B. Line)所说,"好的研究对观念具有潜移默化的影响,然后再渐渐渗透于实践中,而实践者一般不会意识到这一现象"[316](8)。关于图书馆焦虑的内外条件、有效的干预措施和对不断扩大的构成维度的测量方面潜在的理论和应用研究都有丰硕的成果。一些图书馆员可能认为,图书馆焦虑研究已经达到饱和状态;然而最振奋人心的状态才刚刚开始揭开面纱。

不同图书馆环境下的研究

图书馆为具有不同偏好、背景、风格和期望的各类用户提供服务以满足其信息需求。从传统上讲,不同类型的图书馆采取不同的服务模式。例如,公共图书馆往往为其用户直接提供所需信息,专业图书馆(即企业图书馆、医学图书馆、法律图书馆、军事图书馆、宗教图书馆和政府机关图书馆)通过重组那些满足用户即时需求的现有信息向用户提供增值服务。大多数高校图书馆和部分中小学图书馆通常以课程为目标,提供自助服务模式,希冀用户能自己查找到信息或者学习独立查找。这也是为什么高校图书馆中关于图书馆焦虑的报道占优势的原因之一。

然而,随着信息技术的发展,同样的信息产品和设备"正成功地涌入曾经被认为具有不同需求和不同性质的群体那里",所以高校、公共和专业图书馆的那些独特的服务模式正逐渐消失[511](26)。高校图书馆中发现的一组相似的刺激是否在其他类型的图书馆中也会诱发焦虑反应尚未可知。服务模式是用户在不同的信息环境中产生不同程度图书馆焦虑的决定性因素吗?非高校图书馆的用户也会因(1)图书馆的规模,(2)缺乏关于资源等具体位置的知识,(3)不知道如何开始查询,(4)不知道要做什么这四个原因而产生迷失的感觉吗[349](162)?由于具有独特的服务模式和查询类型的共同作用,非高校信息环境的用户是否会有不同的表现?为了推广图书馆焦虑这一新理论,需要收集更多的关于不同图书馆环境和不同类型用户的数据,包括中小学图书馆、公共图书馆、专业图书馆和高校图书馆以及国外的图书馆。理想的情况下,未来对不同类型的图书馆都将投入均等的精力加以研究,因为现存的关于大量非高校图书馆用户的图书馆焦虑的起因和要素的数据尚且欠缺。但是，由于研究者相对较少，而且可用资源有限，以后我们更要集中更多精力进行图书馆焦虑研究。那么接下来我们该研究哪一类图书馆呢？图书馆数统计和文献为我们提供了一个方向。

美国在1993—1994年有91 587所公立和私立的中小学图书馆媒体中心[373](473)，在1996—1997年有3408所高校图书馆[373](478)、16 512所公共图书馆及其分馆和11 017所专业图书馆[11](xii)，共计122 524所图书馆。其中，中小学图书馆是最大群体，几乎占全国图书馆总数的75%。公共图书馆是第二大群体，大约占全国图书馆总数的13%。这些图书馆为大量的在校师生以及成年用户提供基本的信息、服务和教育。据美国政府统计，1997年秋季，公立和私立的中小学共有超过5100万的学生入学，各种高等教育机构有1400多万的学生入学[373](11)。在1998年，也有近300万的成年学习者参加了基础和中等教育项目[373](391)。未来的图书馆焦虑研究应该着眼于最大一类的图书馆（即中小学图书馆媒体中心）用户。但是，中小学生不只是学校图书馆媒体中心的用户，也是构成公共图书馆用户群的大部分成员。泰里（E. W. Terrie）和萨默斯（F. W. Summers）发现，在弗罗里达，中小学生是公共图书馆非常活跃的用户[540]。18岁以下的用户，虽然人数不到用户总数的15%，但其借阅量占图书馆总借书量的26%。

早在20世纪50年代和60年代，中小学生就开始对公共图书馆的服务有所需求，尤其是那些在学校图书馆无法获得的参考咨询和校本需求方面的服务[9]。美国教育部的调查[372]表明，尽管许多学校都配有图书馆媒体中心，但是各州的学校间以及中小学间和大小型学校之间，他们的图书馆在人员和馆藏方面有很大的不同。在中小学图书馆媒体中心，大部分的有限资金被用在电脑硬件和自动系统的配备上，再加上中心的开放时间和服务模式不同，促使许多中小学生到公共图书馆寻找他们所需的学业、文化、娱乐和教育方面的资料。

自20世纪80年代以来，公共图书馆担当起了新的角色。阿夫纳（J. A. Avner）提出，有许多孩子是接受家庭教育的，公共图书馆需要为他们的父母提供教育资料[22]。一些图书馆正重新考虑将课本和其他教材增加到现有的馆藏体系。D·萨格尔（D. Sager）论述了公共图书馆在改善公共教育方面的作用[484]。除了已有的学前教育和扫盲教育项目、家长和监护人教育项目、家庭作业中心、辅导项目、职业信息服务和计算机素养研习会之外，为了满足诸如家庭学校、非传统学校、全年制学校等最新教育趋势的需要，还出现了一些扩展服务。莎伦（D. M. Shannon）意识到，在中小学图书馆媒体中心和公共图书馆所面向的用户和所提供的信息和服务类型中，存在交叉的部分[506]。

公共图书馆和中小学图书馆媒体中心所提供的材料和资源都是与学校课程和学生作业有关的。实际上，他们"为未成年到18岁的儿童和青少年提供一些互补的、相互促进的项目"[333](197)，为满足学生们的学习和信息素养需要而发挥独特作用。当学校放学后，公共图书馆可以继续为学生的教育需要提供服务。图书馆焦虑是大学生存在的一种普遍现象，那么中小学图书馆媒体中心和公共图书馆的这5100万的潜在用户是否也正遭遇着某种未知的图书馆焦虑影响？如果是，那么中小学图书馆媒体专家和公共图书馆员应当怎样做才能帮助他们的年轻读者缓解焦虑反应？中小学和公共图书馆为未来的图书馆焦虑的探索提供了肥沃的土壤。这些环境中的图书馆焦虑研究还很少，所以初期的研究成果可能只是描述性和探索性的。类似于梅隆提出的大学生焦虑理论[349]，未来的研究者将有机会进行图书馆焦虑的扎根理论研究，以便推断出在这些不同图书馆环境下，图书馆焦虑一般会达到什么程度。

图书馆焦虑过程的探索

对学术图书馆而言，需要更进一步的理论和研究去研究大学生图书馆焦虑的过程，以便更好地理解情感因素对图书馆焦虑本质的影响，以及这些因素如何影响学生的图书馆利用和信息搜索过程。图书馆焦虑研究一直关注于图书馆物理环境中诱发焦虑产生的具体来源和高校图书馆用户的心理和人格特点。已经发现了几个图书馆焦虑的要素或维度，这些要素有助于新兴的图书馆焦虑理论研究。但是，未来的图书馆焦虑研究不应当只局限于寻找图书馆物理环境中诱发焦虑产生的因素，如图书馆设备、标识、家具摆设和图书馆主页设计。研究者们也应研究更加难以捉摸的图书馆信息检索背景的认知，因为用户在图书馆焦虑的程度和现实、潜在、认知形式的混合方面都有很大的不同。

由于用户以往的经验、心理素质、图书馆任务特征以及图书馆和信息问题的环境不同，他们在图书馆焦虑响应或反应方面也是完全不同的。每一个用户进入图书馆环境时，都具有自己的一套个人特征，包括来自他或她先验知识或经验的设想、信念、关注和期望。图书馆焦虑通常是由图书馆或图书馆利用环境中感知到的危险刺激、情境或环境诱发的[250,349,350,432]。在有些情况下,不确定将会发生什么,例如,是否会有人帮助、局面是否可控、任务将会完成得如何以及将会有怎样的威胁,这些情境都会大大地诱发焦虑的发生[432]。尽管物理图书馆情境包含很多诱发焦虑的刺激,但是关键还取决于个人对所感知到的图书馆利用情境的解释或评价,这也是引起很多大学生焦虑的原因[425,426]。

梅隆发现,"当大学生必须为科研论文在图书馆收集信息而又无法合理有效地解决这一问题时,他们就会变得很焦虑"[350]。这意味着图书馆焦虑是一种情感过程,其中至少包括一种认知和一种情感因素。实际上,第3章介绍的奥韦格布兹和焦群关于图书馆焦虑的焦虑-期望调节模型(AEM)也支持了这一观点[432]。担心、无关任务的多虑、评价、期望、判断和拖延等认知因素直接影响着图书馆信息搜索任务的实施,而情感因素似乎也只在学生有较高的认知焦虑时才会影响其表现。

梅隆确定了大学生图书馆焦虑产生的两个基本主题,包含七个主要来源[349]。"迷失"主题下的四个来源是"(1)图书馆的规模;(2)不知道馆藏地点;(3)如何开始;(4)要做什么"[349](162)。"害怕"主题下的三个来源主要是因为这样的事实:"学生害怕是由于认为其他学生都擅长图书馆利用,而只有他们自己不擅长,这种能力的欠缺使他们感到羞耻而想要掩盖,因为问问题只会暴露他们的无能"[350](138)。基于梅隆的定性研究结果,博斯蒂克用统计分析中的因素分析方法进行实证研究发现图书馆焦虑的5个维度:(1)员工障碍;(2)情感障碍;(3)图书馆舒适感;(4)图书馆知识;(5)设备障碍[51]。这些发现大大地加深了我们对大学生图书馆焦虑现象的理解。然而,许多问题还未找到答案。例如,"迷失"主题下的认知因素和"害怕"主题下的情感因素之间有何关系?这些主题如何影响学生们的信息搜索过程?

大多数的图书馆焦虑研究倾向于将认知因素看作学生图书馆信息搜集行为的中心,而把感觉、价值观、信仰、热情、动机和态度等情感因素看作不稳定的、有较低预测值的因素。但是在情感和动机方面的研究表明,情感可能是提高图书馆利用效果自我调节策略的引发机制[76,140,497]。梅隆也注意到:"学生对学习环境的情感态度强烈地影响着他们学习什么和如何去学"[350](139)。此外,焦群和奥韦格布兹关于自我感知的研究表明,"研究生的感知学习能力、感知知识能力、感知创造性和感知社会认同度等越低，与情感障碍和图书馆舒适度有关的图书馆焦虑程度就越高"[250][145]。因此情感因素对图书馆焦虑的影响需要进一步的研究。

还有一种可能要素或许会对我们理解大学生图书馆焦虑过程有潜在的帮助。对经常引起大学生图书馆焦虑思想和行为的特定情境因素和情境影响的分析发现，至少还有另外一种引起图书馆焦虑的可能要素——图书馆信息搜索任务本身。以前曾试图解释焦虑和行为之间关系的耶基斯－多德森定律（Yerkes－Dodson law）[599]似乎就是依据任务的难度和复杂度来判定的。但是，这种焦虑情境的概念化也似乎太过简单。

库尔梭对学生研究过程的探讨深度分析了学生如何应对指定的研究项目，但是在她的分析中没有将任务类型作为学生信息搜索过程中的一个可能的认知和情感因素[296]。格罗斯近期关于强制查询的研究[196-200]提供了一个新方法，以便思考不同类型的图书馆查询对学生的图书馆信息搜集行为的影响。格罗斯认为，当一个人把问题派给别人要求解决时，信息搜索就是由外部驱使而开动的，是一种强制性查询；而由对个人生活情境的反应引起的信息搜索是一种内部驱动，叫做自发式查询[196]。课堂作业就是一个强制性查询的例子，老师是强制者，学生是动作者，他们被要求回答问题或执行他们没有思考但却有责任实施的研究任务。强制查询可能影响到后来作为实施者的学生们的感知和处理方式，在研究过程的初始阶段尤其如此。在活动中作为执行者的学生如何感知和评估强制性查询将影响他们可能出现的情感类型和强度？学生们选择的控制特定情境情感的方式将影响他们的行为水平。

对学生评估过程的研究试图将他们的评估与特殊的情感经历联系起来[140,169,307,366,476,518]。伯克尔茨（M. Boekaerts）报道称，对学习中的自我效能、努力和兴趣的评估跟不同类型的情感经历有关[47]。自我效能低的读者一般会更加紧张、不愉快或不太愉快[47]。学生对于一个任务的认知判断可能来自于他或她关于世界的个人推测、经验和信仰以及他或她的学习目的。福克曼（S. Folkman）和拉扎勒斯（R. S. Lazarus）对大学考试进行了研究，认为对考试重要性的感知是评估过程的关键[164]。他们认为考试是高厉害测试，并预料考试会很难的学生具有明显的受威胁情绪（如焦虑、生气、苦恼或内疚），而这些情绪转而可能影响对预期任务采取怎样的行为。

舒茨（P. A. Schutz）、迪斯泰法诺（C. DiStefano）、班森（J. Benson）和

戴维斯（H. A. Davis）确定了影响考试情感的四种主要情感估量：考试重要性的感知、目标是否一致的感知、控制点的感知、自我效能的感知[498]。概括来讲，通过对教育心理学、测试和强制信息搜索的研究，我们深刻理解了在一个典型的教育环境下情感、认知和任务维度之间相互作用的本质。图书馆信息收集是要求大学生普遍实践的任务。在图书馆研究任务的维度方面需要进一步的研究和理论发展。什么样的图书馆任务（强制性的还是自发性的）会导致什么类型用户产生图书馆焦虑？这些焦虑又是怎样影响信息搜索任务的？学生一旦接受了强制图书馆研究任务，那么评估过程会是怎样？在研究过程中，他们如何控制其情绪？

一个尚未广泛研究的相关领域是学生们的信仰、经验和态度与强制性图书馆信息收集任务的评估过程之间存在怎样的相关性。现在来看，学生们的任务评估与在实际的图书馆信息收集之前和过程中产生的情感是密切相关的。如果我们要理解学生在选择和采取相应应对措施时的情感过程，就需要更好地了解他们的个人信仰、经验和态度是什么以及是如何习得或形成的。图书馆焦虑程度较高的学生和较低的学生在图书馆利用和目标方面是否有不同的信仰、态度和经验？如果是，他们的不同点是什么？能改变或改善那些不适合的信仰、态度和经验吗？什么样的经验可以培养学生对图书馆的积极态度？哪些经验会诱发负面影响？当学生第一次出现图书馆焦虑反应时，他们应该如何处理？为什么有些学生处理图书馆焦虑比其他学生处理得好？在任何时候，图书馆情景语境都是决定用户行为的重要因素。未来，这对从多维度、多角度处理图书馆焦虑过程中貌似复杂的问题都将是大有裨益的。

图书馆焦虑干预程序的研究

近几年来，高校图书馆员面临的挑战是在不断发展却仍然不足的研究成果和对图书馆焦虑现象的有限理解的基础上给出有效的干预程序。一个典型例子是"理论研究经常与专业训练的要求和实践者的需求不一致"[128](viii)。尽管人们已经认识到图书馆焦虑可能干扰用户的信息搜索过程，但是很少有研究关注缓解在实际图书馆和信息环境中的焦虑本身。目前，大部分的干预程序都是以防止或缓解图书馆焦虑对学生利用图书馆的扰乱性影响为目的的。执行给定图书馆任务时需要一定的认知过程，而较高程度的焦虑会扰乱这一过程的实施（见第2章的图书馆焦虑的信息素养过程模型）。旨在弥补受影响的认知过程的干预程序，如书目指导、参观、参考辅助、巡回参考咨询和科研咨询等，已经证实在一定程度上有助于降低图书馆焦虑的负面影响。但是要提高学生们利用图书馆的整体水平只能假设通过缓解图书馆焦虑症状的影响或通过调整和更改任务来实现，以使需求与有图书馆焦虑的用户的能力更加相符。

要进一步研究大学生较低程度的图书馆焦虑的干预程序，需要解决一个问题——这些方法是否能有效地缓解认知和情感症状。对这一问题的解决方法之一是分析图书馆焦虑的各要素并设置可以改善这些要素的特定的干预条件。但是，图书馆焦虑的各要素在每一个大学生身上表现的程度各不相同。有时，一个或多个要素完全不会被注意到。在这些情况下，干预条件需要调整太过突出的要素。执行强制性的图书馆检索任务最便利的条件和思想状态是什么？教育工作者和图书馆员如何创造一种学习环境，使身处其中的学生会将图书馆研究任务看作是一种有价值的重要追求，并有足够的信心处理任务中潜在的挑战？麦克莱兰（D. C. McClelland）的成功动机理论[338]和阿特金森（J. W. Atkinson）的假设[21]可以作为创造这种学习环境的理论基础。

麦克莱兰认为随着个人的成长，他们都会产生一种成功的需求[338]。基于这一观点，阿特金森假设每个人都有成功的需求[21]。当个人对成功的需求达到很高时，他们对大部分任务往往有一种强烈的成功欲望。当个人对成功的需求比较低时，他们会避开一些任务，因为他们对失败的恐惧远远大于他们对成功的欲望。因此他们是预料到羞愧的感觉。掩藏焦虑的人往往更注意提防失败而不是获得成功，他们会选择最低的目标以达到成功最大化。教育工作者和图书馆员可以帮助创造一个可以使学生体验成功而非失败的学习环境，因为通过成功实现某一理想目标并鼓励设定现实目标可以增强对成功的欲望。

一个需要进一步研究的密切相关领域是如何使不适应的图书馆焦虑反应转变成更加具有适应性的有效应对策略的模式。例如，研究者可以对比那些从容自若地面对图书馆任务挑战的学生采取的应对策略和那些面对相同任务却感觉焦虑、苦恼、害怕、羞耻、紧张、无助、屈从和担心的学生所采取的应对策略。萨拉逊（I. G. Sarason）曾指出，面对应激情境的一种积极反应是"以任务为导向的态度会引导个人采取特殊的措施以成功地应对引发压力的情境"[489](6)。重点任务策略似乎很重要，但是这一策略必须建立在掌握足够多有关任务的信息的基础上。这些信息将有助于弄清楚强制性图书馆任务的性质和处理相关负面情绪的后续策略。

我们似乎总是强调图书馆焦虑的负面影响，可能我们太喜欢接受图书馆焦虑对学生的图书馆信息收集任务的那种假想的负面影响。有图书馆焦虑的学生的不良表现和逃避行为可能跟缺乏对图书馆研究任务的清晰认识有关，因为对有图书馆焦虑的学生来说这是"计划达到目标所必须的"[425](13)。可以这样假设，如果对有潜在图书馆焦虑的学生可以提供一套明确的行动方案，那么他们将会利用它并应用到图书馆信息搜索任务中。我们怎样才能通过为学生提供一套更清晰的行动方案，帮助他们进行信息搜索？需要进行更多的研究以便找出适当的方法，当学生有图书馆焦虑时能帮助他们改进做法，并且使其感到更舒服、更有能力去完成任务，因为焦虑被认为是自适应性的。希望能开发更广泛的图书馆焦虑应对和适应策略，以指导设计大范围的有效干预程序。

实际践行图书馆和信息环境下的教育和中介疗法，也会为这些方法的影响力提供有价值的一手资料。克雷克尔通过一场 30 分钟的关于研究论文撰写的演讲研究了其在降低大学生研究焦虑方面的效果[284]。克雷克尔利用一组可控的实验学生、一套教育疗法和前、后、中期测试，设计了一个研究[284]。未来的图书馆焦虑研究可能也会关注教育疗法对缓解图书馆焦虑的可能影响，这些方法使我们明白学生在认知上是怎样自生焦虑的以及应对策略是什么。可设计两种研究方法去评估教育或中介疗法的某一特定方面对图书馆焦虑程度的影响。

图书馆焦虑的测量

为了有效地应对图书馆焦虑的不良影响并增强图书馆的利用，图书馆员和其他信息专家必须会利用可靠有效的工具评估用户不同程度的图书馆焦虑。通过对实际和潜在的图书馆利用过程中产生的不同程度的图书馆焦虑的测量，图书馆员可以为那些患有图书馆焦虑的用户找到适当的干预措施。施瓦布（D. P. Schwab）指出，没有合理的测量，该领域的理论进展便会岌岌可危[499]。如果收集到的测量数据未曾证实其可靠性和有效性，那么统计程序和分析就一点意义也没有[378]。

迄今，只开发出两种测量图书焦虑的工具①。一种是在该领域应用最为广泛的"图书馆焦虑量表"（或称为"LAS"）[51]，我们在第 1 章已经介绍过。另外一种是直接测量图书馆焦虑的"希伯来图书馆焦虑量表"（简称"H - LAS"），它是由米兹拉奇[362]和肖汉姆[512]开发出的希伯来版本的博斯蒂克 LAS。这些研究者们使用探索性因素分析技术，确定了这一量表的七个因素（维度）：员工、知识、语言、身体的舒适性、图书馆计算机舒适性、图书馆规章制度及开放时间、资源（见第 2 章）。但是，这一量表只在一个研究中被采纳。而且，其中有四个维度在信度评估中得到意想不到的低分（即 0.60）。显然，我们还需要对 H - LAS 进行更多的研究。不过，这些研究者们尝试开发图书馆焦虑的另一个测量方法，应该给予肯定。

LAS[51]是目前为止高校图书馆焦虑测量中唯一一个被广泛应用的工具，这意味着我们需要更多的工具测量图书馆焦虑的各个要素，如梅隆提出的"迷失"和"害怕"题项[349]。实际上，LAS 是 20 世纪 90 年代，在对高校图书馆用户的图书馆利用心理建构的基础上建立起来的。有人认为，在过去的 10 年里，图书馆和信息领域的重大挑战之一就是从指定位置的信息环境向更加开放、更加虚拟化的信息环境转变。第 1 章中曾指出，这一工具是基于实践提出的，并且对于高校图书馆用户来说具有较高的信度和效度，但是为了测量虚拟和实体图书馆环境下学生的潜在焦虑反应，LAS 的构想域（construct domain，也译为"建构范畴"）就需要扩展。

图书馆利用的心理建构反映了 21 世纪充满挑战性的图书馆信息环境。为了强化图书馆焦虑测量的构想效度，以后的研究可以从扩展这种心理建构的实用性定义着手。当前图书馆利用方面的心理建构和现存文化的定义将作为这一领域内未来努力的基础。另外，还需要收集不同图书馆利用环境下的新证据。实际上，创建高校图书馆焦虑量表是一个艰难漫长而且非常耗时的过程。然而，强化和扩展已有的 LAS 同样是一种挑战。新世纪，对不断扩展的图书馆焦虑的构想域的取样问题需要经验上的洞察和专业性的判断。

---

① 除本书所介绍的博斯蒂克 LAS 和米兹拉奇和肖汉姆创立的 H - LAS 外，目前至少还有美国的 Doris J. Van Kampen 博士于 2003 年开发的 6 维度图书馆焦虑多维量表（Multidimensional Library Anxiety Scale）、科威特的安沃（Mumtaz A. Anwar）等三人于 2004 年开发的 Bostick 量表修订版 4 维量表、中国吉林大学贺伟于 2006 年修订的 5 维度中文图书馆焦虑量表和波兰的 Marzena Swigon 于 2009 年开发的 6 维度波兰版图书馆焦虑量表（P - LAS）等 4 个图书馆焦虑测量工具——译者注

据悉，对图书馆焦虑的研究者来说，测量图书馆焦虑的潜在建构是一项非常具有挑战性的任务。由此看来，测量图书馆焦虑的最佳时间是学生开始图书馆信息搜索任务之前。但是，很少有研究尝试测量学生正要进行图书馆信息搜索或搜索过程中产生的想法和感觉。研究者们的大部分测量都是在学生利用图书馆之前或之后进行的，这是由评估学生们实际的信息收集活动的方法论和伦理问题所导致的。为努力克服这些方法论和伦理道德问题，图书馆焦虑的研究者们会选择重点研究图书馆利用之前或之后所发生的事情。

也有人曾试图通过要求受试者置身于图书馆信息收集情境中来避免这个问题。坦尼森（R. D. Tennyson）和鲍特韦尔（R. C. Boutwell）的研究表明，相对于任务执行过程中的状态焦虑的测量，任务开始之前的特质或状态焦虑的测量对任务效能的评估价值很低[538]。图书馆焦虑测量本身可能也是一种干预形式，不仅会影响测量结果而且还会影响后续行为。未来的图书馆焦虑的一个研究领域是在图书馆利用之前或之后图书馆焦虑是否能被准确测量。或者评估学生图书馆焦虑程度的最理想的时间或条件是什么？尽管学生们接受的图书馆任务不同，但是随着时间的推移，每一位学生自我报告的焦虑程度是否保持不变？

在图书馆焦虑的测量中，另一个具有挑战性的事实是对测量结果的阐释。根据 LAS 获得的自陈得分可能测量不出那些有防御心理的学生们的真实焦虑程度，因为他们会抑制自己的焦虑。根据弗洛伊德的理论，一个人为了降低焦虑感会被迫先缓解紧张感[166]。这样，如果按照焦虑量表测量出的总分较低的话可能意味着没有焦虑或否认或压抑紧张的焦虑。如果处于高度紧张状态下的学生的焦虑得分下降的话，我们可以猜想可能是压抑的防御机制在起作用。因此，对于有防御心理的学生来说，焦虑的得分可能代表着不同的意义。这些得分可能不会直接反应图书馆焦虑对行为的影响。要在单一的焦虑量表或调查问卷中辨别出防御心理是很困难的，但是也并非完全不可能。

心理建构理论认为，运用不同测量工具测定同一构想时，测量结果应当具有相关性（即聚合效度）。为了真正确定图书馆焦虑的影响，研究者们可能需要采取一定的对比研究。然而，现在几乎没有其他的具有可比性的量表可以评估 LAS 量表的聚合效度。奥韦格布兹和焦群曾将 LAS 的得分与其他学术焦虑（如研究焦虑、写作焦虑）的测量得分联系起来[428]。尽管他们的结果最终是为 LAS 的分歧效度提供了某些证据（见第 1 章），但是这种将 LAS 与其他图书馆焦虑测量方式联系在一起的研究将会有助于对聚合效度进行评估。因此这种研究将是另一个具有发展潜力的领域。耶扎贝克等人关于 LAS 的构想效度的研究[246]以及奥韦格布兹和焦群的研究[428]为以后这一类型的对比研究提供了示范。

图书馆焦虑现象的多重性以及诱发焦虑产生的图书馆情境的多样性，使我们需要各种工具对图书馆焦虑进行全面的测量。例如，未来可能需要这样一种工具，或许是可以对诱发焦虑产生的潜在情境进行抽样；或者一方面可以测出焦虑的强度，另一方面又能处理诸如逃避、担心、紧张和精神错乱等焦虑的各种反应；也可能是另一种测量患有焦虑的学生们心理反应的工具。值得欣慰的是，奥韦格布兹等目前正在开发的信息素养过程焦虑量表将尝试测量在信息素养过程中的输入、处理和输出阶段产生的图书馆焦虑[433]。

最后，研究者们可能会研究图书馆焦虑积极一面的性质。目前，研究者们都认为图书馆焦虑对用户有负面影响。然而，有些图书馆焦虑也可能对用户有促进性的影响。例如，图书馆经验较少或没有图书馆经验的用户对图书馆任务可能一拖再拖，直到最后一刻，草草了事地完成任务，然后，他们可能会感到沾沾自喜。在这种情况下，程度稍轻的图书馆焦虑可能防止用户在完成图书馆任务过程中的侥幸心理。如果积极意义的图书馆焦虑确实存在，那么积极性的反应和消极性的反应的临界点又是在哪里？为了解答关于这一主题的各种问题，需要一种可以测量包含积极和消极两种形式图书馆焦虑的工具。

8.3 图书馆焦虑研究的问题与挑战

图书馆焦虑的研究者与其他社会与行为科学家一样，都面临着很多实践、方法和伦理方面的问题和挑战。新近的和未来的研究者必须清楚了解他们在进行图书馆焦虑研究过程中的这些实践问题和挑战。本节将讨论并说明这一系列与图书馆焦虑研究有关的问题和挑战，涉及研究的重要性、研究者群体、资金和支持、伦理考量、研究结果的预测与阐释、研究成果的传播和利用。

图书馆焦虑研究及研究者

图书馆学是一门以实践性为中心的课程，并以理论和实践相结合为其研究的出发点和归宿。图书馆焦虑正是植根于图书馆这一特定的情景环境中的。图书馆焦虑研究的特征既是基础的图书馆学研究又是应用的或开发的图书馆学研究，可以分为两个相互关联的领域。一方面，图书馆焦虑研究是力求弄清楚用户信息利用的基本流程，并试图解释图书馆相关环境里用户心理作用的影响。它主要解决"为什么"的问题。基础研究的成果可能有助于阐明图书馆实践过程并为修改相关章程和程序提供指导。另一方面，图书馆焦虑研究是开发并测试减轻图书馆焦虑反应负面作用的实践方案。它重点解决"怎样做"的问题。应用研究的成果可能有助于图书馆员们做出更加迅速有效、操作性更强的决定。图书馆焦虑研究与诸如心理学、教育学、社会学、语言学、人类学和计算机信息科学等其他几个学科相结合，可能会有更广阔的发展空间。

研究者们对图书馆焦虑研究的热情和兴趣可能是因为发现图书馆焦虑是教育系统中的一个普遍现象，它对广大潜在用户的不良影响会阻碍信息社会中基础教育和高等教育目标的实现，妨碍国家的民主进程。图书馆通过为公民提供自由的信息获取实现民主，并使公民能做出自我管理的必要选择。随着互联网和其他在线服务的出现，图书馆已经从最初的印刷信息的收藏处发展到了可以获取浩瀚的全球电子数字信息资源的信息设备。尽管图书馆的发展与国家的经济繁荣没有直接联系，但是图书馆却蕴藏着能教育和改善公民生活的知识财富[184]。然而，图书馆焦虑却削弱了公民进行自由信息搜索的能力。

由于图书馆焦虑现象研究的复杂性和其对用户潜在影响的重要性，需要更多的具有研究背景和专业知识的人投入到这一研究中。所幸的是具有雄厚科研背景的研究者在图书馆信息领域坚持不懈地努力着。图书情报学领域的很多专业知识是从其他学科的技巧和知识移植而来的。图书馆学研究者基本都来自于其他各个学科领域，尤其是研究方法已经相当成熟的社会科学。他们将自己学科领域的大量研究技巧引入图书馆学研究，并根据图书馆和信息问题及现象的特别需求，不断修订完善这些技巧和方法。其实，他们的研究是将社会科学研究应用到具体的图书情报学领域。

迄今为止，很少有人从事图书馆焦虑研究。现有的图书馆焦虑研究者们包括一小部分有积极性的图书馆员、图书馆行政人员和教育学、心理学以及图书情报学专业的教师。这一研究群体一直认真努力地尝试着弄清楚图书馆焦虑的组成要素和前因，并最终造就了越来越多的有关图书馆焦虑的研究文献。什么因素将会推动更多的研究者和图书馆从业者参与到图书馆焦虑的研究中，是一个涉及诸多因素的非常复杂但又很有挑战性的问题。对图书馆焦虑的研究可能会深化研究者的学术研究，或质疑前人的研究成果，或仅仅是兴趣使然。虽然很多图书馆员意识到了研究的必要性，但是实际上却很少有人进行研究。图书情报学领域仍然有人认为科研就像做智力游戏一样简单，这种观点虽然无害，但却会浪费宝贵的时间和资源。实际上，很多图书馆学研究是出于兴趣，这应该是每一个研究领域发展最自然的方式。除了假设当前研究者的动机，另一个很大的挑战是使更多的图书馆从业者参与到图书馆焦虑研究中。图书馆员是很辛苦的，他们需要在有限的时间内投入精力去完成所有的任务。然而，高校图书馆员也是学者并不是一个新的概念。图书馆从业者作为研究者可以提供很多东西。有经验的图书馆员在图书馆焦虑研究中不但具有实践的智慧，而且还有丰富的关于图书馆的体制、政治、社会和文化背景的知识，而这些知识只能从日常实践的生活经验中获得。我们可以忽略那些提不出问题或者从来不阅读研究报告的图书馆员们对图书馆焦虑研究所持的否定态度。

未来的研究中最急需的是大量专业研究者，他们需要有对图书馆焦虑研究的好奇心和正确态度，有收集证据并正确分析的技巧，能与现有研究者合作创造和验证理论的能力，从而将图书馆焦虑研究推到一个新的发展阶段。其中的挑战是如何提高图书馆焦虑在图书馆从业者眼中的地位，如何吸引他们的注意力和参与性，使他们更清楚地认识到图书馆焦虑研究与当前信息扫盲活动以及未来信息素养公民的培养之间的关系。

图书馆焦虑研究的资金和支持

毫无疑问，如果图书馆焦虑研究能有大量资金支持，那么研究数量将大大提高。为什么有些用户即使非常需要信息也不想利用图书馆和信息服务？图书馆焦虑研究就是要找出这一复杂问题的答案。因此在某种程度上，图书馆焦虑研究的数量不仅取决于研究者的机遇和兴趣，而且还取决于是否有充足的资金和支持。一般而言，外部的研究经费是否合理通常取决于研究者和从业者寻求问题答案的时间长短。对于一些复杂问题的回答，如图书馆焦虑如何干预信息搜索过程，如果我们急于得出解决方案的话，只能通过猜测来完成。

要对图书馆焦虑现象进行长期的跨学科的基础研究需要来自各方面的资金支持。但是，迄今没有一项图书馆焦虑研究得到过赠款或外部资金的支持，整个研究和发展都处于资金匮乏的状态。尽管一些学科可能指望得到私人和公共部门在资金和技术上的一定支持，但是在图书情报学领域是完全没有这种可能的。只有各级图书馆协会和组织、学术机构、慈善基金会和联邦政府会提供有限的资金。在20世纪60年代和70年代，政府以科学信息研究为名用于图书馆研究的资金，已经基本被完全取消了[589]。

美国教育部下属的国家高等教育、图书馆和终生学习研究所委托的近期一项研究表明，用于图书馆研究的政府拨款在1987年达到最高值[313]。这一领域的研究者发现，在1983到1997年间，联邦政府分批给教育研究的资金实际上只有很少部分被用于图书情报学项目。调查同时指出从1983年算起，政府用于图书馆研究的资金总额大概是325万美元，也就是平均每年不到27.5万美元，而在这期间，非政府基金不到600万美元，折合平均每年大概43万美元。从1983年起，政府和私人用于图书馆研究的资金数量平均每年不到75万美元[313]。

通常，对于图书馆学研究缺少支持的一个可能性解释是，不在于图书馆研究本身的成功与否，而在于政策制定者、行政人员和教师感知到的图书馆价值。正如怀特（H. S. White）所说"不仅教师认为图书馆是他们职业的一个附属部分，而且很多图书馆员，尤其是高校和中小学系统的图书馆员也同意这一看法"[589](30)。教师往往想当然地认为："图书馆确实没有值得研究的地方。教师通常认为图书馆的价值只在于回应其学生的具体要求"[589](30)。

一些分析用户信息需求和信息搜索及利用过程中的困难的基础研究往往缺少研究资源，其原因还在于数字资源的创建维护和为用户提供即时服务的压力。但是一个根本的原因就是图书馆研究一直都处于分散多元的状态，而且缺乏理性管理，研究者们从未坐在一起共同制定一个全国性的研究方案并为此寻求支持。图书馆研究缺乏中心主题，政府基金投入相对其他学科较少，近来研究转向电子图书馆等事宜都需要一个协调的、全国性的图书馆研究方案。图书馆研究的全国性中心将有助于强化全国范围内的基于图书馆的信息基础设施和信息传递系统，并可制定一个帮助促进政府和私人对图书馆研究进行投资的研究项目。如果不设立项目，图书馆研究可能将继续处于混乱、无计划、缺乏战略性的状态[313]。不管怎样，如果没有资金支持，全国性的图书馆研究方案实际上也是毫无意义的。

尽管对目前和未来的图书馆焦虑研究者来说，资金状况是一个严峻的问题，但是也可能出现有组织的支持和鼓励的情形。图书馆员们希望他们所工作的图书馆和教育协会可以给他们更多关于研究方法的支持，以利于他们进行更多的学术活动[126]。关于机构促进图书馆员研究工作的重要作用，已进行了大量的研究[310]。鼓励和支持的形式可能会不同。如果说支持，可能包括宽松的时间、融资选择、积极向上的工作环境[187]。通过增加文职人员的支持可能帮助馆员从他们日常的文书工作中解脱出来。制定一些适用于整个图书馆界的，与研究的重要性、目的和发展有关的政策或战略计划，也会帮助馆员们从必须履行的繁杂的工作中确立优先考虑的事情。

布雷维克（P. S. Breivik）发现："如果要放弃好的事情而去挑战更好更重要的事情，虽然做决定比较容易，但是真正做到却很难[57](90)。"李（T. P. Lee）曾说，一个图书馆内部的图书馆研究咨询委员会可以为鼓励图书馆员们进行研究提供公正合理的支持保障体制[310]。委员会可以为科研提案的构想和发展提供行政和行业的咨询和建议，它同时还会增加对图书馆研究的意识和动机。图书馆研究的性质具有不同层面，委员会有助于提高研究者的研究技巧，保证他们在感兴趣的适当领域进行研究。

阿伦（S. Arlen）和桑蒂索（N. Santizo）发现，有行政支持和没有行政支持的图书馆员之间存在明显的"态度差别"[20]。那些获得过正式的行政支持的图书馆员通常表现出一种充满希望、积极乐观的态度，而那些没有得到过行政支持的图书馆员会有一种挫败和气愤的感觉。黑尔（A. Hare）发现，鼓励专业发展的最重要因素是资金支持和时间保障[208]。蒙塔内利（D. S. Montanelli）和斯坦斯特朗（P. F. Stenstrom）认为，对高校图书馆员来说，研究的主要好处在于"职业升迁、个人认可、改善与教学人员的关系、提高变革和创新的活力以及通过分享知识和经验提供更好的图书馆服务[363](482)。"哈夫纳（W. M. Havener）和斯托尔特（W. A. Stolt）的研究证实，单位的支持确实对图书馆员的职业发展活动有积极影响[212]。研究基金和支持越多，就越能促进图书馆和信息服务业发展。研究结果自然会提高图书馆员和信息从业者的地位，从而使其可以提供比现在质量更高的服务。

图书馆焦虑研究的伦理考量

尽管大多数图书馆焦虑研究的受试者都涉及图书馆用户、学生、工作人员和全体教师,但是这与生物学实验很不一样,生物学实验是将临床试验的新药物、新疗法用于患者和其他受试者身上。就对潜在研究受试者的影响来说,图书馆焦虑研究只在试验连续系统的开始才有。虽然图书馆焦虑研究都没有采用对受试者有风险或有伤害的研究手段,但是图书馆焦虑研究者确实几乎在其研究的每一个阶段,都面临着道德上的两难境地。图书馆焦虑研究者必须清楚他们研究中可能存在的伦理道德问题,并且确保他们的研究都是有较高道德水平的。在图书馆焦虑研究中最主要的道德问题可能包括以下三个方面:研究受试者的对待、职业操守和道德原则的遵守。

在保护受试者的权利和利益,最大限度地降低研究成本和推动对图书馆焦虑现象的科学认知三个方面,图书馆焦虑研究者必须面对力求找到一个令人满意的折中方案的挑战。一个典型的伦理困境就是,如何在不损害参与研究测试的读者的权利和利益的前提下,促进关于图书馆焦虑的认识。撇开所用方法不谈,图书馆焦虑研究可能会产生关于受试者的心理特质、学习风格、态度和学习准备等私人敏感数据。除了这些关于受试者的私人信息外,研究者在研究过程中所采用的科学有效的手段,如采访、调查、问卷调查、心理测试和各种焦虑干预策略,都可能对受试者造成不良影响。这些不良影响可能包括不愉快的感受、紧张、尴尬,或给受试者留下一种"怀疑自己是否能胜任"的感觉[489](28)。

维护受试者的权利和利益是研究中反复出现的问题。解决这一问题的最常见方法就是实施知情同意的告知程序,允许潜在受试者在自愿和知情的前提下,自行决定是否参与可能对他们有负面影响的研究项目[171,266]。知情同意是为了给所有潜在受试者提供信息,使其能够在充分考虑自身最大利益的情况下做出决定[171,266]。

允许潜在受试者自己做决定反映了对自决权的尊重,同时也将受试者可能遭遇到的负面影响的部分责任转嫁于受试者身上。尽管大部分图书馆焦虑研究的潜在受试者在给定研究信息的情况下,都是成熟有责任心的、有胜任能力的、理性的和有做出正确决定的能力,但是仍然有一些潜在受试者可能不具有同意能力和实施自决权的能力。那些被认为没有能力自己决定是否参与研究测试的人通常包括年少的中小学生和老年人，他们不是智商不够，而是或许他们没有能力判断出参与图书馆焦虑研究测试的影响，并给出自由和理性的同意意见。对这些特别的受试者，应该制定相关规定，确保从他们的父母或监护人那里获得知情同意书，或者甚至是一份持久委托书。

潜在受试者在具备四种基本条件的情况下，可以认为他们有能力实施其自决权。这四种条件是：(1) 做决定的能力；(2) 没有强迫或过度施压去诱导图书馆用户参与研究的环境；(3) 关于总体研究目标的可用信息；(4) 对可用信息的理解。因为研究程序可能导致剧痛或心理创伤，所以有能力行使权力和自由权的潜在受试者也可能不同意参与到研究计划中。

然而，实施一套完整的知情同意流程可能给图书馆焦虑研究者带来两种研究困境。当研究受试者的数量不多时，实施完整的知情同意流程可能不会明显地增加研究成本。但是，如果研究计划涉及很多受试者的时候，比如说达到上千名时，要对每一位受试者进行简短接触以向其解释清楚研究的目的和可能产生的后果，那么这样，如质完成知情同意程序所需的时间和资源对研究者来说可能是一种巨大的经济压力。例如，基于实证的图书馆焦虑研究是一个需要系统地考察各变量之间相互关系的研究，是一个必须有大量图书馆用户参与的过程。这种研究需要大量的人类受试者，才能收集到足够的实验数据，从而增加所得的研究成果的置信度。在一些图书馆焦虑研究过程中，获得知情同意书的成本可能远高于进行研究的成本，这并非不可能的情况。

另一个可能出现的不讨人喜欢的问题是一套完整的知情同意程序会带给研究受试者一些偏见。例如，在一个受控的社会心理实验中，一些完全知情的受试者可能会试图表现出"良好受试者"的状态，并试图做出与实验假设一致的"社会所需要的反应"，但却没有意识到正是他们的这种行为影响了研究计划的科学目的，也使他们失去了作为研究对象的代表意义。对研究的受试者来说，在心理实验的结尾试图知道他或她在研究过程中的表现怎么样以及他或她的表现是否到位，这是一种普遍现象。这种倾向叫做实验者效应，罗森塔尔（R. Rosenthal）[478,479]、巴伯（T. X. Barber）和西尔弗（M. J. Silver）[32]对这种效应进行了广泛的研究。当研究允许受试者被实验者偏差影响的时候，就会发生实验者效应[171,266,399]。向受试者充分揭示出图书馆焦虑研究的目的和过程可能会从本质上影响所调查的现象，而且不管采用什么研究方法（例如，实验性研究、调查研究、实地观测）都会影响研究结果。可以说，如果在研究完成之前，研究目的没有被完全揭露的话，可能会更好地达到图书馆焦虑研究的目标。

显然地，图书馆焦虑研究中的一个具有挑战性的问题就是完整的知情同意流程的实施。这一问题的核心在于根据是否实施完整知情同意流程将研究标记为二分的概念——"道德"或"不道德"。在许多情况下，即使研究对受试者几乎没有任何负面影响，并且在实践中也不会危害到受试者的权利和利益，但是还是要实施完整的知情同意程序。然而，不顾对研究成本和实验者效应可能产生的影响，一味地坚持对所有图书馆焦虑研究中涉及的用户实施详尽的知情同意流程，可能会掩盖其可作为优点的研究应用。它也可能使研究者陷入这样一种状态，使他或她看不到明确的出路而完全放弃研究。

在图书馆焦虑研究中，谨慎理性地应用知情同意程序将会收到明显成效，因为这样做可以防止道德弱化[242]，并且可以避免通过看似有一定好处的程序将相对良性的图书馆焦虑研究复杂化的情况。图书馆焦虑研究者还需要了解可以实施知情同意程序的限制范围。在大多数研究中，实施知情同意本身就是因为没有足够的信心能保证和全面考虑到受试者的权利和利益。通常，促使潜在受试者作出决定的背景比实际的文件协议更为重要，尤其是图书馆焦虑研究的受试者除了有助于提高对图书馆焦虑这一负面现象的科学认识外，并没有私人利益可获得。什么原因会促使潜在受试者同意加入图书馆调查研究，以及他们参与图书馆焦虑研究的意愿程度如何，这两个问题可能取决于研究的潜在影响的特性、知情同意程序和研究活动本身。不论潜在受试者同意做什么和签了什么协议，图书馆焦虑研究者都要在整个研究过程中对受试者的权益负主要责任。这就产生了图书馆焦虑研究者的道德行为问题。

研究伦理是研究者秉持其价值观的准则和原则。道德原则并非单纯地禁止不道德行为，而是为积极向上的责任感提供指导[125]。研究者有责任尽其所能地进行研究，并准确地将结果公布于众。图书馆焦虑研究者在处理研究团队中的个人行为、管理和监督方面，以及研究数据的公布和存储方面，会面临道德问题的选择，这时需要一套行之有效的原则对他们的研究进行指导。

我们通常认为，图书馆焦虑研究者应当通过各种形式表现出他们对研究受试者的关心，包括：尊重受试者；保证无论产生什么负面心理作用，都能快速检测出并即时降低影响；不得贬低和侮辱受试者及其行为；严加防范措施以确保受试者个人资料的保密性。隐私和保密性是图书馆焦虑研究中非常

223

重要的一个方面。凡是来自于受试者的背景信息、自陈式测量、绩效评估、采访和观测的研究数据都是敏感问题，不应当以实名和与受试者相关的其他独特标识存储。图书馆焦虑研究者在开始研究前，必须设计一个去名和去其他身份标识的系统，并且不能将数据泄露给其他人。除了这些重要的道德方面的考虑外，还有很多不同层次的监管机制和政策也有助于指导图书馆焦虑研究者将图书馆的用户纳入其研究范围内。

对所有涉及人体作为受试者的研究，联邦政府方面在（美国）国家生物医学与行为研究人类受试者保护委员会的报告（有时称为"贝尔蒙特报告"）中，提出了一系列主要的道德伦理准则[124]。联邦政府关于研究的人类受试者的一个主要通用政策是"共同规则"（Common Rule）。该规则在1991年被16个联邦部门和机构所采用，并在2001年被修订。共同规则与医疗和公共服务部的保护人类受试者基本政策是一致的，包含一套通用的监管条例，用以管理人类受试者的保护，而且规定了如何开展和审查涉及人类受试者的研究，包括获取知情同意的具体规则。《（美国）联邦法规汇编》（Code of Federal Regulations）第45章第46条的第A和第D项详细地规定了保护人类受试者的监管体制[379]。图书馆焦虑研究是以图书馆用户为研究对象的，所有的研究者不论是否有基金和赞助，都必须遵守这一规定。

所有的图书馆焦虑研究都是以图书馆用户为研究受试者的，所以研究者们都受这些联邦法律法规的制约。他们或许会有当地监管部门的帮助，使其在领域内或相近领域的研究符合联邦道德政策和要求；但是也有的研究者没有监管部门的帮助。对于诸如高校、医学院或医院等公立学校或研究机构的研究者来说，他们必须通过当地的审查程序，确保在研究中妥善地保护研究受试者的权利和利益。当地的监管部门通常叫做机构审查委员会（Institutional Review Board，简称"IRB"），它是由联邦政府授权、负责核证有人类受试者的研究计划的机构。但是对那些不隶属任何机构的研究者来说，寻求遵守联邦法律法规的手段并非易事。

在一些合作研究项目里，至少有一位研究者属于签约研究机构的，那么这整个团队的研究计划和协议都可以提交给机构所在地的IRB审查。如果其中完全没有研究者属于任何研究机构或政府部门，那么他们可以选择向就近的研究机构的IRB部门申请审查，也可以向独立的审查委员会申请研究计划审核。一个研究机构的IRB主席在其管辖范围内，有权决定IRB是否要审核某个非附属机构的研究者的研究计划。对图书馆焦虑研究者来说，他们将图书馆用户作为研究受试者，最重要的事情是要牢记无论 IRB 位于哪里或属于哪一个机构，他们向权威的 IRB 提请研究计划的审查都是一项道德行为。针对使用人类受试者的生物医学和行为学研究，除了更加具有法律约束力的联邦法规外，许多社会科学专业协会还制定了一些一致认可的道德准则和行为规范供其成员遵守，或供其他人选择采纳。具有许多国家伦理法典的学科是心理学。当在研究中遇到道德两难问题时，图书馆焦虑研究者可以参照美国心理协会的《心理学工作者的道德准则和行为规范》（Ethical Principles of Psychologists and Code of Conduct）[13]，也可以参考《美国社会学协会道德准则》[14]。

在国外（指美国以外——译者注），在进行人类受试者参与的研究中遵守规则可能更加复杂。对于一些在国外对图书馆用户进行图书馆焦虑研究的美国研究者，他们依然受联邦法规政策和各地 IRB 的政策与规程约束。另外，他们还必须遵守东道国的法规政策，因为美国联邦政府的"政策不影响任何外国法律或政策，即便外国法律可能正好相反，或且可能为研究的人类受试者提供更多的保护"[83]。

普适理论或情境制约的现实

可能找到一种全面解决所有图书馆问题的普适理论的观点仍然主宰着许多图书馆员的想法，并将继续影响一些研究者的目标的形成。图书馆员和图书馆行政人员的这种期望，构成了图书馆研究决定的根本出发点。人们非常渴望得到答案，但又缺乏耐心去寻找诸如图书馆焦虑现象这样困难复杂问题的答案。这种对正确答案的渴望可能会导致快速地借用现成的、与其相关或无关的其他问题的解决方案。

另一种观点认为在日新月异的图书馆信息环境中，如果无法找到可以普遍应用到图书馆事业的有效准则和规则，那么信息搜索过程的复杂性会使图书馆研究非常困难。科技进步、人口统计学特征的变化、数字化革命、图书馆预算削减以及其他文化、历史、社会政治因素都会干扰图书馆研究的环境。图书馆和图书馆事业所面临的问题和难题，如图书馆焦虑、信息素养、书目指导、信息搜索和利用、馆藏资源数字化，都是源于当代的文化、社会和政治背景。在多样动态的图书馆和信息环境中几乎根本找不到一种适合图书实践和服务通用的规则、法律和准则。一个比较合理的解释是宏观的图书馆研究和微观的图书馆焦虑研究需要对有限的调查领域进行更加特别的研究，才能更好地理解该领域中的变量之间的相互作用。对用户和图书馆的实验和人类学研究都证实了增值理解的认识论观点，因此，知识的创造不是用来给出只适于一所图书馆的阐释模型或解决方案，而是用来创造对多种图书馆和信息环境都适用的理论。

根据个人的价值观、文化、认知和信仰，每个人对图书馆环境可能有不同的阐释。正如库恩（T. S. Kuhn）指出的，即使是科学也不可能彻底摆脱价值的影响或者说是完全客观的[299]。有很多研究范式在所做的研究假设、所提出的问题、观察到的现象和数据阐释的方式上都各不相同。不同研究范式下的研究者通常具有不同的侧重点，并且往往用完全不同的方式思考相同的问题。根据迪纳（E. Diener）和克兰德尔（R. Crandall）的观点，"价值观问题也会出现在社会科学中，因为科学理论和发现本身代表的就是强势的社会力量"[125](185)。图书馆焦虑研究一直并将继续不断努力，在更广的社会和文化背景下，创造性地理解图书馆环境和服务的现实。

在进行较具体的图书馆焦虑研究时，图书馆研究共同体必须清楚隐含的未来挑战。以目前我们的知识水平来看，需要对图书馆焦虑的复杂现象进行最大程度的探索，在这种意义上，情境制约和以维度为导向的图书馆焦虑研究及其缺乏统一性的特点，可能也算是一种优势。但是，这种情况很难将各种研究结合起来进行综合分析。在丰富多样的图书馆环境下，狭隘的图书馆焦虑集中研究最终会形成很多学术上各自独立的研究模块，这种状态下创造的研究价值远远不及各部分研究的价值总和，因为情境制约和多重结果可能会成为通用性的障碍。例如，图书馆焦虑研究者比其他方面的研究者会更多遇到系统抽样和典型抽样间的矛盾。由于图书馆焦虑、学术焦虑和其他状态焦虑和特质焦虑间的潜在相互作用以及不同的图书馆任务、干预手段和图书馆环境之间的相互影响，对所有变量进行典型抽样基本是不可能的。这表明一个特定程序在某一环境下可能会帮助患有严重焦虑的个人促进其信息搜索，但是却可能不适用于其他环境下的类似任务或更高难度的任务。缺乏普适性的特点可能会使一些图书馆员或图书馆行政人员感到沮丧，甚至烦恼，因为他们希望找到一个万能的答案。但是，可重复性的缺乏，也许意味着那些反而被忽略的情形对研究的影响。

图书馆焦虑研究的传播和利用

如果图书馆焦虑研究确实对实践有一定影响，那么关于这一领域的成果必须被广泛传播。图书馆焦虑研究成果的传播对现在和以后的图书馆焦虑研究者都是一大挑战。我们都知道，除了仅仅在专业刊物上发表研究成果外，还有很多其他方式传播研究成果。传统的科研交流模式遵循这样的方式，研究者在有关期刊发表研究结果，并不断追踪他们专业领域内的文摘与索引工具以保持紧跟其他研究者的最新成果。这一模式对那些在同一主题领域内具有一样热情和兴趣的受众很有效，它在小范围的研究者之间保持研究成果的共享。但是，当潜在的读者包括大批具有广泛的研究兴趣、能力和期望的教育者、管理者、图书馆员、社会科学家、决策者和当地政府部门的政治家时，传统的科学交流模式就不适用于图书馆信息研究成果的传播，也不能促进研究成果的应用。

在图书馆焦虑研究和研究成果的实际应用之间存在着一道鸿沟。卡普兰（N. S. Caplan）、莫里森（A. Morrison）和斯坦博（R. J. Stambaugh）认为，研究者和从业者属于不同的群体，他们之间的隔阂如此之深以至于使常规的报告出版努力全部落空[74]。理解图书馆焦虑现象本质方面的学术工作包括进行研究、撰写研究论文、推进研究者的前沿知识和职业发展。但是，现实的图书馆实践很少关心研究成果，只是关心务实的成果。图书馆焦虑研究的意义在于将研究成果恰当及时地应用到实践。图书馆员希望研究具有实践性，并可直接用于解决现实问题。对于诸如图书馆从业者、管理者和决策者那些可以做出改变的人来说，仅仅通过在专业刊物上进行研究成果的交流是很难实现真正的改变的。像研讨会、学术年会和研究报告等由来已久的分享研究成果的方法都是很有效的，但又都有其缺点。会议的预期受众相对会比较少，出版物成本太高并且又费时间，详细的研究报告又会远远超出忙碌的图书馆员们所需的范围。

对研究成果的利用是一个复杂的心理、组织和社会问题。图书馆员对宏观的图书馆研究结果和微观的图书馆焦虑研究结果并不都是一样地感兴趣。有些人往往会更倾向于寻求、吸收、利用研究成果，并推动其实践应用。图书馆及图书馆管理团队对研究成果的接受程度也是各有不同的。当需要出版时，研究成果可能会备受青睐。负责提升某项图书馆特别服务和给出建议的图书馆工作小组或特别委员会可能会最容易接受新的图书馆研究成果，尤其是在小组决策过程中，越是早期发现的成果越容易被接受。J·W·迈耶（J. W. Meyer）和斯科特（W. R. Scott）认为，一些机构一方面需要高度协调各种任务，另一方面还需要遵守现有的制度约定，因此两者间的矛盾会使得这些机构焦头烂额[353]。在这种情况下，图书馆可能会选择守护它现有的服务实践和确保这些实践通过严密的审查和评估，而不会选择支持由研究结果引起的对改变的即时需要。

影响图书馆焦虑研究结果有效推广的另一个障碍是缺少一套适合在整个图书馆界或整个系统中与科研及科研成果推广有关的政策。有时，这将会导致图书馆研究似是空中楼阁，并且其结果可能对实践几乎没有什么影响。诺沃特尼（H. Nowotny）在更广泛的社会背景下研究了科技知识及其实践应用之间日益增强的关联，认为得出研究成果的社会背景同样也是应用研究成果的社会背景，这一背景是根据社会力量和组织旨趣打造和建构的[377]。根据矛盾力量间不断变化的平衡，应用背景决定了如何理解和使用研究结果。

我们非常需要探索图书馆焦虑研究成果的传播、接受和利用方面的问题和挑战。进一步的研究需要考虑潜在应用背景下的心理、组织和社会复杂性。在图书馆信息服务机构，各级管理者需要更加推进研究型环境。此外，研究者对研究结果太过熟悉，而且不擅长向广大读者宣传报告，故有时他们并不总是宣传其结果的最佳人选。不过，即便如此，作为研究成果的生产者，他们也应努力尝试缩小自己与图书情报学研究成果应用者之间的差距。这可有如下的选择：研究者与图书馆从业者相互配合的合作研究；创建一个热衷于变革的图书馆从业者网络；鼓励图书馆员作为研究者参与研究（即行动研究）。

8.4 本章概要和结论

图书馆事业在新兴技术、社会变革和全球化的影响下正经历着不断地改变和调整。图书情报学研究的目的是促进图书馆事业的发展，而图书馆焦虑研究又是整个图书情报学研究的一部分。在信息时代，传统的图书馆信息服务模式无法再胜任满足广大用户的需要和需求。对海量信息的访问不断增加不仅需要图书馆员们帮助用户确定信息资源的位置，而且需要帮助用户解读和利用这些信息。图书馆信息环境变得越来越复杂，信息服务必须被重新定义以应对不断变化的环境需求。图书馆界不应只是被动地应对不断变化的环境带来的压力，而需要促进其自身发展的方向和引导。对整个图书馆行业的成员来说，就是要积极、一致地寻找一条行之有效的途径来解决其自身缺少方向感的问题。有广泛参与度的图书馆研究将有助于发现能解决图书馆事业即时和未来问题的方法。

本章重点介绍了未来图书馆焦虑研究的潜在领域以及图书馆焦虑研究中经常遇到的问题和面临的挑战。图书馆焦虑研究和其他诸如计算机焦虑、写作焦虑和研究焦虑等相关研究一样，将越来越多地被用作理解和讨论用户的信息寻找和教育问题的方式。在倡导、解释和理解服务政策和决策方面以及促进图书馆行业内外的专业讨论方面，图书馆焦虑研究将继续发挥作用并使其作用日渐明朗化。图书馆和图书馆事业的未来取决于一个基于整体研究的不断增长的实质知识体系，这个知识体系一定不同于只是某些观点、意识形态或个人经验的报告，而且必然会超越与决策无直接关系的局部的、非复制的行动研究[217](191)。新兴的信息技术对我们的生活质量将有巨大影响。事实上，生活的方方面面都将围绕信息的创造、交换和消费发生变革。为确保公平地参与社会活动，所有公民不论位置和社会经济地位如何，都需要获取更广泛的电子信息服务，其中包括基本的图书馆和公共信息服务包[568]。

微观的图书馆焦虑研究和宏观的图书馆学研究都是很有发展前途的。过去的10年里，对图书馆、图书馆员的差异效应（differential effectiveness）和这类事情研究的复杂性的关注越来越多。在信息时代，以图书馆基础服务的理论建设和理解为重点的高质量研究，在促进图书馆学从一个基于实践的专业向一个基于理论的学科过渡方面发挥着重要的作用。图书馆焦虑研究可以帮助解决一些21世纪用户的重要心理问题。

附录1：图书馆焦虑量表

S·L·博斯蒂克

我们希望你能够根据自己对高校图书馆的感觉，对以下陈述作出回应。请将你感觉与陈述最为匹配的数字勾选出来。表中各分值的含义为：

1 = 强烈不同意　　2 = 不同意　　3 = 不置可否　　4 = 同意　　5 = 强烈同意

1.	当我不知道如何使用图书馆时，我会感到尴尬。	1	2	3	4	5
2.	很多大学对我来说是令人困惑的。	1	2	3	4	5
3.	图书馆员很难接近。	1	2	3	4	5
4.	参考馆员不愿意帮助。	1	2	3	4	5
5.	图书馆员没有时间帮我，因为他们总是在打电话。	1	2	3	4	5
6.	当我在图书馆需要帮助的时候，无法获得。	1	2	3	4	5
7.	图书馆职员没有时间帮助我。	1	2	3	4	5
8.	参考馆员没有时间帮助我，因为他们总是在忙其他事情。	1	2	3	4	5
9.	我不太确定如何开始自己的研究。	1	2	3	4	5
10.	我在图书馆里会迷失方向。	1	2	3	4	5
11.	当我所需要的书没有在架位上时，我不知道该怎么办。	1	2	3	4	5
12.	参考馆员很难接近。	1	2	3	4	5
13.	我喜欢学习关于图书馆的新东西。	1	2	3	4	5
14.	如果我在书架上不能找到书时，图书馆工作人员会帮助我。	1	2	3	4	5
15.	在图书馆需要帮助的时候，我常常找不到人。	1	2	3	4	5
16.	我使用图书馆时感到舒适。	1	2	3	4	5
17.	当向参考馆员询问的时候，我会觉得在打扰他（她）。	1	2	3	4	5
18.	我感觉在图书馆中是安全的。	1	2	3	4	5
19.	我感觉在图书馆中是舒适的。	1	2	3	4	5

20.	参考馆员不友好。	1	2	3	4	5
21.	如果我不知道如何使用图书馆设备，我总是能够询问图书馆员。	1	2	3	4	5
22.	图书馆是一个适合学习的舒适场所。	1	2	3	4	5
23.	图书馆从来没有我所需要的资料。	1	2	3	4	5
24.	我从来没能在图书馆里找到过东西。	1	2	3	4	5
25.	图书馆里有很多犯罪行为发生。	1	2	3	4	5
26.	在借还书台工作的人员是愿意提供帮助的。	1	2	3	4	5
27.	图书馆工作人员不关心学生。	1	2	3	4	5
28.	图书馆是我所在学校的一个重要组成部分。	1	2	3	4	5
29.	我想学习如何从事自己的研究。	1	2	3	4	5
30.	复印机通常是坏的。	1	2	3	4	5
31.	我无法理解图书馆的过期罚款。	1	2	3	4	5
32.	能够接受图书馆计算机使用的很好指导。	1	2	3	4	5
33.	图书馆员没有时间帮助我。	1	2	3	4	5
34.	图书馆的规章过于严格。	1	2	3	4	5
35.	在图书馆中我没有人身安全感。	1	2	3	4	5
36.	电脑打印机经常缺纸。	1	2	3	4	5
37.	计算机使用指南含糊不清。	1	2	3	4	5
38.	我不知道在图书馆中能够获得哪些资源。	1	2	3	4	5
39.	图书馆工作人员不听学生说话。	1	2	3	4	5
40.	零钱兑换机常常不管用。	1	2	3	4	5
41.	图书馆是一安全的地方。	1	2	3	4	5
42.	当我需要多项服务时，图书馆不给我办理手续。	1	2	3	4	5
43.	我在图书馆里找不到地方学习。	1	2	3	4	5

附录2　图书馆焦虑量表的计分规则

LAS 中有 12 个题项采用反向写法（即正向表达方式①）。因此，在汇总时，这些题项的计分需要反向输入。这些题项是 13，14，16，18，19，21，22，26，28，29，32 和 41。

题项的反向计分方法 1

为了反向输入这些题项的计分，你可以采用数字"6"减去题项的回答分值。使用统计软件包（如 SPSS）即可完成这项操作。比如，假设题项 13 命名为"ITEM13"，使用 SPSS，点击"TRANSFORM"（转换）按钮，然后点击"COMPUTE"（计算）按钮。

"COMPUTE"（计算）选项的下方有一个"TARGET"（目标）空格，你可以输入"NEWIT13"（或者任何其他少于 9 个字符、有一定含义的名称）。然后在"NUMERIC EXPRESSION"（数值表达式）空格下方键入"6 – ITEM13"。也就是说，你将使用公式"NEWIT13 = 6 – ITEM13"。这个公式会将相应的计分从"1"改到"5"，"2"改到"4"，"3"改到"3"，"4"改到"2"，"5"改到"1"。然后，其他 11 个题项也重复以上做法。

题项的反向计分方法 2

此外，你也可以使用"TRANSFORM"（转换）按钮，然后点"RE-CODE"（重新编码）按钮，接着点击"INTO SAME VARIABLES"（转换成相同变量）按钮。接着，点击"Old and New Values"（旧值与新值）按钮，可将 13 个题项做以下转换：

---

① 题项是从与所测量的目标相反的角度来讲述的——译者注

1. 在"OLD VALUE"（旧值）下输入"1"，然后在"NEW VALUE"（新值）下输入"5"，接着点击"ADD"（添加）按钮。

2. 在"OLD VALUE"（旧值）下输入"2"，然后在"NEW VALUE"（新值）下输入"4"，接着点击"ADD"（添加）按钮。

3. 在"OLD VALUE"（旧值）下输入"3"，然后在"NEW VALUE"（新值）下输入"3"，接着点击"ADD"（添加）按钮。

4. 在"OLD VALUE"（旧值）下输入"4"，然后在"NEW VALUE"（新值）下输入"2"，接着点击"ADD"（添加）按钮。

5. 在"OLD VALUE"（旧值）下输入"5"，然后在"NEW VALUE"（新值）下输入"1"，接着点击"ADD"（添加）按钮。

执行1-5步之后，在框底部右侧，你会看到上面五个转换显示出来。接着对剩下的11个题项重复以上5个步骤。

获得综合（总量表）得分

当你完成了12个题项的反向计分后，你就可以准备计算每一个受试者的总得分了。你需要做的就是使用"TRANSFORM（转换）"按钮下的"COMPUTE"（计算）命令。接着，在"TARGET"（目标）空格中，输入"TOTAL"（或者任何其他少于9个字符的有一定含义的名称）。接着在"NUMERIC EXPRESSION"（数值表达式）空格下方输入"ITEM1 + ITEM2 + ITEM3 + … + ITEM43"（或者是你自拟的43个焦虑项名称）。这就能够加总每一个参与者对43个题项的回答得分——给出的分值范围为43~215，它们将在名为"TOTAL"的变量下显示出来。

随后你可将这个"TOTAL"变量作为因变量，去执行统计分析（如在SPSS中，用"STATISTICS"（统计）按钮下的"独立样本T检验"选项，对比男性和女性的差别）。

获得总（分）量表得分

此外，你也可创建5个LAS分量表。当前每个分量表的题项序号如下：
员工障碍：3-8，12，14-15，21-22，27，33-34，39

情感障碍：1-2，9-11，16-17，24，37-38，42-43

图书馆舒适性：18-20，23，25-26，31-32

图书馆知识：13，28-29，35，41

设备障碍：30，36，40

接着，你可以使用"获得综合（总量表）得分"中的操作程序，来计算"员工障碍"、"情感障碍"、"图书馆舒适性"、"图书馆知识"和"设备障碍"五个维度的分量表得分。

接下来可利用五个分量表的得分分别进行统计分析（即使用一系列的单因素统计分析程序，如独立样本 t 检验和方差分析），或同时进行统计分析（即使用多元统计分析程序，如多重方差分析及典型相关分析）。但是，我们强烈建议，在执行任何统计分析前，请阅读第4-6章中的详细指南。

参考文献

[1] Abelson, R. P. (1997). A retrospective on the significance test ban of 1999 (If there were no significance tests, they would be invented). In L. L. Harlow, S. A. Mulaik, & J. H. Steiger (Eds.), *What if there were no significance tests?* (pp. 117 – 141). Mahwah, NJ: Erlbaum.

[2] Abusin, K. A. (1998). Library anxiety among IIUM first year students. Unpublished manuscript, International Islamic University, Malaysia.

[3] Aiken, L. S., West, S. G., Sechrest, L., Reno, R. R., Roediger, H. L., Scarr, S., Kazdin, A. E., & Sherman, S. J. (1990). The training in statistics, methodology, and measurement in psychology. *American Psychologist*, 45, 721 – 734.

[4] Allen, M. J., & Yen, W. M. (1979). *Introduction to measurement theory.* Monterey, CA: Brooks/Cole.

[5] Allen, S. M. (1997). Preventing theft in academic libraries and special collections. *Library & Archival Security*, 14 (1), 29 – 43.

[6] Alpert, R., & Haber, R. (1960). Anxiety in academic achievement situations. *Journal of Abnormal and Social Psychology*, 61, 207 – 216.

[7] American Educational Research Association, American Psychological Association, & National Council on Measurement in Education. (1999). *Standards for educational and psychological testing* (rev. ed.). Washington, DC: American Educational Research Association.

[8] *The American heritage college dictionary* (3rd ed.). (1993). Boston: Houghton Mifflin.

[9] American Library Association. (1964). *Student use of libraries: An inquiry into the needs of students, libraries and the educational process.* Chicago: author.

[10] American Library Association. (1989). American Library Association Presidential Committee on Information Literacy. Final report (ERIC Document Reproduction Service No. ED 315 074).

[11] *American Library Directory* (2001, 54th ed.). New York: R. R. Bowker.

[12]　American Psychological Association. (2001). *Publication manual of the American Psychological Association* (5th ed.). Washington, DC: author.

[13]　American Psychological Association. (2002). American Psychological Association ethical principles of psychologists and code of conduct. Retrieved April 10, 2003, from http://www.apa.org/ethics/code.html.

[14]　American Sociological Association. (1997). American Sociological Association code of ethics. Retrieved April 9, 2003, from http://www.asanet.org/members/ecoderev.html.

[15]　Amstutz, D., & Whitson, D. (1997). University faculty and information literacy: Who teaches the students? *Research Strategies*, 15, 18–15.

[16]　Andrews, J. (1991). An exploration of students' library use problems. *Library Review*, 40, 5–14.

[17]　Anonymous. (n.d.). Retrieved April 8, 2003, from http://www.wiu.edu/users/mma108/litreview.html.

[18]　Arkin, R. M., Kolditz, T. A., & Kolditz, K. K. (1983). Attributions of the testanxious student: Self-assessments in the classroom. *Personality and Social Psychology Bulletin*, 9, 271–280.

[19]　Arkin, R. M., & Schumann, D. W. (1984). Effects of corrective testing: An extension. *Journal of Educational Psychology*, 76, 835–843.

[20]　Arlen, S., & Santizo, N. (1990). Administrative support for research: A survey of library faculty. *Library Administration and Management*, 4, 211–212.

[21]　Atkinson, J. W. (1964). *An introduction to motivation*. Princeton, NJ: Van Nostrand.

[22]　Avner, J. A. (1989). Home schoolers: A forgotten clientele? *School Library Journal*, 35, 29–33.

[23]　Bailey, P., Onwuegbuzie, A. J., & Daley, C. E. (1998). Anxiety about foreign language: Comparison of French, Spanish, and German classes. *Psychological Reports*, 82, 1007–1010.

[24]　Bailey, P., Onwuegbuzie, A. J., & Daley, C. E.. (2000a). Correlates of anxiety at three stages of the foreign language learning process. *Journal of Language and Social Psychology*, 19 (4), 475–492.

[25]　Bailey, P., Onwuegbuzie, A. J., & Daley, C. E. (2000b). Using learning style to predict foreign language achievement at the college level. *System*, 28, 115–133.

[26]　Bailey, P., Onwuegbuzie, A. J., & Daley. C. E. (2000c). Study habits and anxiety

about learning foreign languages. *Perceptual and Motor Skills*, 90, 1151 – 1156.

[27] Bailey, P., Onwuegbuzie, A. J., & Daley, C. E. (in press). Foreign language anxiety and student attrition. *Academic Exchange Quarterly*.

[28] Bandura, A. (1977). Self – efficacy: Toward a unifying theory of behavioral change. *Psychological Review*, 84, 191 – 215.

[29] Bandura, A. (1982). Self – efficacy mechanisms in human agency. *American Psychologist*, 37, 122 – 147.

[30] Bandura, A. (1986). *Social foundations of thought and action: A social cognitive theory*. Englewood Cliffs, NJ: Prentice Hall.

[31] Bandura, A. (1997). *Self – efficacy: The exercise of control*. New York: Freeman.

[32] Barber, T. X., & Silver, M. J. (1968). Fact, fiction, and the experimenter bias effect. *Psychological Bulletin*, 70 (6, Pt. 2), 1 – 29.

[33] Bazillion, R. J., & Braun, C. (1995). *Academic libraries as high – tech gateways: A guide to design and space decisions*. Chicago: American Library Association.

[34] Beasley, T. M., & Leitner, D. W. (1994, February). The p – problem with stepwise multiple regression. Paper presented at the annual meeting of the Eastern Educational Research Association (ERIC Document Reproduction Service No. ED 367 669).

[35] Becker, H. S. (1970). *Sociological work: Method and substance*. New Brunswick, NJ: Transaction Books.

[36] Becker, H. S., Geer, B., Hughes, E. C., & Strauss, A. L. (1977). *Boys in white: Student culture in medical school*. New Brunswick, NJ: Transaction Books. (Original work published by University of Chicago Press, 1961.)

[37] Ben Omran, A. I. (2001). Library anxiety and Internet anxiety among graduate students of a major research university. (Doctoral dissertation, University of Pittsburgh.) *Dissertation Abstracts International*, 62, 05A, 1620.

[38] Benson, J. (1989). Structural components of statistical test anxiety in adults: An exploratory model. *Journal of Experimental Education*, 57, 247 – 261.

[39] Benson, J., & Bandalos, D. (1989). Structural model of statistical test anxiety. In R. Schwarzer, H. M. van der Ploeg, & C. D. Spielberger (Eds.), *Advances in test anxiety research* (Vol. 6, pp. 137 – 149). Lisse, The Netherlands: Swets and Zeitlinger; Hillsdale, NJ: Lawrence Erlbaum.

[40] Bentler, P. M. (1990). Comparative fit indexes in structural models. *Psychological Bulletin*, 107, 238 – 246.

[41] Bentler, P. M. , & Bonett, D. G. (1980) . Significance tests and goodness of fit in the analysis of covariance structures. *Psychological Bulletin*, 88, 588-606.

[42] Beswick, G. , Rothblum, E. D. , & Mann, L. (1988) . Psychological antecedents to student procrastination. *Australian Psychologist*, 23, 207-217.

[43] Biaggio, M. K. , & Nielsen, E. C. (1976) . Anxiety correlates of sex-role identity. *Journal of Clinical Psychology*, 32, 619-623.

[44] Bickel, P. J. , & Doksum, K. A. (1977) . *Mathematical statistics*. San Francisco: Holden-Day.

[45] Blair, R. C. , & Higgins, J. J. (1980) . A comparison of power of Wilcoxon's ranksum statistic to that of Student's t statistic under various nonnormal distributions. *Journal of Educational Statistics*, 5, 309-335.

[46] Blandy, S. G. , & Libutti, P. O. (1995) . As the cursor blinks: Electronic scholarship and undergraduates in the library. *Library Trends*, 44 (2), 279-305.

[47] Boekaerts, M. (1993) . Being concerned with well-being and with learning. *Educational Psychologist*, 28 (2), 149-167.

[48] Bollen, K. A. (1986) . Sample size and Bentler and Bonett's nonnormed fit index. *Psychometrika*, 51, 375-377.

[49] Bollen, K. A. (1989) . *Structural equations with latent variables*. New York: Wiley.

[50] Bosman, E. , & Rusinek, C. (1997) . Creating the user-friendly library by evaluating patron perceptions of signage. *Reference Services Review*, 25 (1), 71-82.

[51] Bostick, S. L. (1992) . The development and validation of the library anxiety scale. (Doctoral dissertation, Wayne State University.) *Dissertation Abstracts International*, 53 -12, A4116.

[52] Bostick, S. L. , & Onwuegbuzie, A. J. (2002a) . Age as a predictor of library anxiety among students in England and Ireland. Manuscript in preparation.

[53] Bostick, S. L. , & Onwuegbuzie, A. J. (2002b) . Library anxiety in the United States, England, and Ireland: A cross-cultural comparison. Manuscript in preparation.

[54] Bowling Green State University Libraries. *Reference services*. Retrieved April 7, 2003, from http://www. bgsu. edu/colleges/library/infosrv/ref/assist/IDR. html.

[55] Bradley, J. V. (1968) . *Distribution-free statistical tests*. Englewood Cliffs, NJ: Prentice-Hall.

[56] Brandt, D. S. (2001) . Information technology literacy: Task knowledge and mental models. *Library Trends*, 50 (1), 73-86.

[57] Breivik, P. S. (1998). *Student learning in the information age.* Phoenix: Oryx Press.

[58] Brett, J. E., & Kernaleguen, A. (1975). Perceptual and personality variables related to opinion leadership in fashion. *Perceptual and Motor Skills*, 40, 775–779.

[59] Bridge, P. K., & Sawilowsky, S. S. (1999). Increasing physician's awareness of the impact of statistical tests on research outcomes: Investigating the comparative power of the Wilcoxon Rank – Sum test and independent samples *t* test to violations from normality. *Journal of Clinical Epidemiology*, 52, 229–235.

[60] Brinberg, D., & McGrath, J. E. (1987). *Validity and the research process.* Newbury Park, CA: Sage.

[61] Browne, M. W., & Cudeck, R. (1993). Alternative ways of assessing model fit. In K. A. Bollen & J. S. Long (Eds.), *Testing structural equation models* (pp. 136–162). Newbury Park, CA: Sage.

[62] Buckland, M. K. (1974). *Book availability and the library user.* New York: Pergamon.

[63] Bungard, T. (1987). Reducing library anxiety and defining "teaching." *Research Strategies*, 5, 146–148.

[64] Butterfield, E. (1964). Locus of control, test anxiety, reactions to frustration and achievement attitudes. *Journal of Personality*, 32, 355–370.

[65] Bryk, A. S., & Raudenbush, S. W. (1992). *Hierarchical linear models. Applications and data analysis methods.* Newbury Park, CA: Sage.

[66] Byrd, P. (1982). A descriptive study of mathematics anxiety: Its nature and antecedents. (Doctoral dissertation, Indiana University.) *Dissertation Abstracts International*, 43 (08A), 2583.

[67] Byrne, B. M. (1989). *A primer of LISREL: Basic applications and programming for confirmatory factor analytic models.* New York: Springer – Verlag.

[68] Campbell, D. T. (1957). Factors relevant to the validity of experiments in social settings. *Psychological Bulletin*, 54, 297–312.

[69] Campbell, D. T. (1963a). From description to experimentation: Interpreting trends as quasi – experiments. In C. W. Harris (Ed.), *Problems in measuring change* (pp. 212–242). Madison: University of Wisconsin Press.

[70] Campbell, D. T. (1963b). Social attitudes and other acquired behavioral dispositions. In S. Koch (Ed.), *Psychology: A study of science: Investigations of man as socius* (Vol. 6). New York: Rand McNally.

[71] Campbell, D. T., & Fiske, D. W. (1959). Convergent and discriminant validation by

the ultitrait – multimethod matrix. *Psychological Bulletin*, 56, 81 – 105.

[72] Campbell, D. T., & Stanley, J. C. (1963). *Experimental and quasi – experimental designs for research*. Chicago: Rand McNally.

[73] Campbell, D. T., & Stanley, J. C. (1990). *Experimental and quasi – experimental designs for research*. Boston: Houghton Mifflin.

[74] Caplan, N. S., Morrison, A., & Stambaugh, R. J. (1975). *The use of social science knowledge in policy decisions at the national level: A report to respondents*. Ann Arbor: Institute for Social Research, University of Michigan.

[75] Caracelli, V. W., & Greene, J. C. (1993). Data analysis strategies for mixed – methods evaluation designs. *Educational Evaluation and Policy Analysis*, 15, 195 – 207.

[76] Carver, S. C., & Scheier, M. F. (2000). On the structure of behavioral self – regulation. In M. Boekaerts, P. R. Pintrich, & M. Zeidner (Eds.), *Handbook of self – regulation* (pp. 41 – 84). San Diego: Academic Press.

[77] Cattell, R. B. (1966). Anxiety and motivation: Theory and crucial experiments. In C. Spielberger (Ed.), *Anxiety and behavior* (pp. 23 – 62). New York: Academic Press.

[78] Cattell, R. B., & Scheier, I. H. (1961). *The meaning and measurement of neuroticism and anxiety*. New York: Ronald Press.

[79] Claxton, C. H., & Ralston, V. (1978). *Learning styles: Their impact on teaching and administration*. Washington, DC: Association for the Study of Higher Education.

[80] Cleveland, A. M. (2001). Library anxiety in first – year students: Computer assisted instruction vs. bibliographic instruction. Unpublished Master's thesis, University of North Carolina, Chapel Hill.

[81] Cliff, N. (1987). *Analyzing multivariate data*. San Diego: Harcourt Brace Jovanovich.

[82] Cliff, N., & Krus, D. J. (1976). Interpretation of canonical analysis: Rotated vs. unrotated solutions. *Psychometrika*, 41, 35 – 42.

[83] Code of Federal Regulations. (1991). Title 45, Part 46. 101 (g). Subpart A: Federal policy for the protection of human subjects.

[84] Cohen, A., & Cohen, E. (1979). *Designing and space planning for libraries: A behavioral guide*. New York: R. R. Bowker Co.

[85] Cohen, J. (1965). Some statistical issues in psychological research. In B. B. Wolman (Ed.), *Handbook of clinical psychology* (pp. 95 – 121). New York: McGraw – Hill.

[86] Cohen, J. (1968). Multiple regression as a general data – analytic system. *Psychological Bulletin*, 70, 426 – 443.

[87] Cohen, J. (1983). The cost of dichotomization. *Applied Psychological Measurement*, 7, 249-253.

[88] Cohen, J. (1988). *Statistical power analysis for the behavioral sciences*. New York: Wiley.

[89] Cohen, J. (1994). The earth is round ($p < .05$). *American Psychologist*, 49, 997-1003.

[90] Collins, B. L., Mellon, C. A., & Young, S. B. (1987). The needs and feelings of beginning researchers. In C. A. Mellon (Ed.), *Bibliographic instruction: The second generation* (pp. 73-84). Littleton, CO: Libraries Unlimited.

[91] Collins, K. M. T., & Veal, R. E. (in press). Off-campus adult learners' levels of library anxiety as a predictor of attitudes toward the Internet. *Library & Information Science Research*.

[92] Connolly, P. (1998). "Dancing to the wrong tune": Ethnography generalization and research on racism in schools. In P. Connolly and B. Troyna (Eds.), *Researching racism in education: Politics, theory, and practice* (pp. 122-139). Buckingham, England: Open University Press.

[93] Constas, M. A. (1992). Qualitative data analysis as a public event: The documentation of category development procedures. *American Educational Research Journal*, 29, 253-266.

[94] Cornett, C. E. (1983). *What you should know about teaching and learning styles*. Bloomington, IN: Phi Delta Kappa Educational Foundation.

[95] Courville, T., & Thompson, B. (2001). Use of structure coefficients in published multiple regression articles: χ is not enough. *Educational and Psychological Measurement*, 61, 229-248.

[96] Covington, M. V. (1985). Test anxiety: Causes and effects over time. In H. M. vander Ploeg, R. Schwarzer, & C. D. Spielberger (Eds.), *Advances in test anxiety research* (Vol. 4, pp. 55-68). Lisse, The Netherlands: Swets & Zeitlinger.

[97] Creswell, J. W. (1994). *Research design: Qualitative and quantitative approaches*. Thousand Oaks, CA: Sage.

[98] Creswell, J. W. (1998). *Qualitative inquiry and research design: Choosing among five traditions*. Thousand Oaks, CA: Sage.

[99] Creswell, J. W. (2002). *Educational research: Planning, conducting, and evaluating quantitative and qualitative research*. Upper Saddle River, NJ: Pearson Education.

[100]　　Crocker, L., & Algina, J. (1986). *Introduction to classical and modern test theory.* Orlando, FL: Holt, Rinehart, & Winston.

[101]　　Cruise, R. J., Cash, R. W., & Bolton, D. L. (1985, August). Development and validation of an instrument to measure statistical anxiety. Paper presented at the annual meeting of the Statistical Education Section. Proceedings of the American Statistical Association.

[102]　　Cruise, R. J., & Wilkins, E. M. (1980). STARS: Statistical Anxiety Rating Scale. Unpublished manuscript, Andrews University, Berrien Springs, MI.

[103]　　Daly, J. A., & Miller, M. D. (1975a). Apprehension of writing as a predictor of writing intensity. *Journal of Psychology*, 89, 175–177.

[104]　　Daly, J. A., & Miller, M. D. (1975b). Further studies in writing apprehension: SAT scores, success expectations, willingness to take advanced courses, and sex differences. *Research in the Teaching of English*, 9, 250–256.

[105]　　Daly, J. A., & Miller, M. D. (1975c). The empirical development of an instrument to measure writing apprehension. *Research in the Teaching of English*, 9, 242–249.

[106]　　Daly, J. A., & Shamo, W. (1976). Writing apprehension and occupational choice. *Journal of Occupational Psychology*, 49, 55–56.

[107]　　Daly, J. A., & Shamo, W. (1978). Academic decisions as a function of writing apprehension. *Research in the Teaching of English*, 12, 119–126.

[108]　　Daly, J. A., & Wilson, D. (1983). Writing apprehension, self–esteem, and personality. *Research in the Teaching of English*, 17, 327–341.

[109]　　Daniel, L. G. (1988). Statistical significance testing: A historical overview of misuse and misinterpretation with implications for the editorial policies of educational journals. *Research in the Schools*, 5 (2), 23–32.

[110]　　Daniel, L. G. (1989a, March). Commonality analysis with multivariate data sets. Paper presented at the annual meeting of the American Educational Research Association, San Francisco (ERIC Document Reproduction Service No. ED 314 483).

[111]　　Daniel, L. G. (1989b, November). Comparisons of exploratory and confirmatory factor analysis. Paper presented at the annual meeting of the Mid–South Educational Research Association, Little Rock, AR (ERIC Document Reproduction Service No. ED 314 447).

[112]　　Daniel, L. G. (1997). Kerlinger's research myths: An overview with implications for educational researchers. *Journal of Experimental Education*, 65, 101–112.

[113]　Daniel, L. G. (1998a). Statistical significance testing: A historical overview of misuse and misinterpretation with implications for editorial policies of educational journals. *Research in the Schools*, 5, 23 – 32.

[114]　Daniel, L. G. (1998b). The statistical significance controversy is definitely not over: A rejoinder to responses by Thompson, Knapp, and Levin. *Research in the Schools*, 5, 63 – 65.

[115]　Daniel, L. G. (1998c, December). Use of statistical significance testing in current "general" educational journals: A review of articles with comments for improved practice. Paper presented at the annual meeting of the Association for the Advancement of Educational Research, Ponte Vedra, FL.

[116]　Daniel, L. G., & Onwuegbuzie, A. J. (2000, November). Toward an extended typology of research errors. Paper presented at the annual conference of the Mid – South Educational Research Association, Bowling Green, KY.

[117]　Daniel, L. G., & Onwuegbuzie, A. J. (2002, November). Reliability and qualitative data: Are psychometric concepts relevant within an interpretivist research paradigm? Paper presented at the annual meeting of the Mid – South Educational Research Association, Chattanooga, TN.

[118]　Darlington, R. B., Weinberg, S. L., & Walberg, H. J. (1973). Canonical variate analysis and related techniques. *Review of Educational Research*, 42, 131 – 143.

[119]　Davidson, B. M. (1988, November). The case against using stepwise regression methods. Paper presented at the annual meeting of the Mid – South Educational Research Association, Louisville, KY (ERIC Document Reproduction Service No. ED 303 507).

[120]　Dennis, S., & Broughton, K. (2000). FALCON: An interactive library instruction tutorial. *Reference Services Review*, 28 (1), 31 – 38.

[121]　Denzin, N. K. (1978). *The research act: A theoretical introduction to sociological methods*. New York: Praeger.

[122]　Denzin, N. K. (1989). *The research act: A theoretical introduction to sociological methods* (3rd ed.). Englewood Cliffs, NJ: Prentice – Hall.

[123]　Denzin, N. K. (1994). Evaluating qualitative research in the poststructural moment: The lessons James Joyce teaches us. *Qualitative Studies in Education*, 7, 295 – 308.

[124]　Department of Health, Education, and Welfare. (1979). The Belmont report. Retrieved April 7, 2003, from http://ohrp.osophs.dhhs.gov/humansubjects/guidance/belmont.htm.

[125] Diener, E., & Crandall, R. (1978). *Ethics in social and behavioral research*. Chicago: University of Chicago Press.

[126] Dimitroff, A. (1996). Research knowledge and activities of special librarians: Results of a survey. *Special Libraries*, 87 (1), 1–9.

[127] Doris, J., & Sarason, S. B. (1955). Test anxiety and blame assignment in a failure situation. *Journal of Abnormal and Social Psychology*, 50, 335–338.

[128] Dowler, L. (1996). Foreword. In C. LaGuardia, M. Blake, L. Farwell, C. Kent, & E. Tallent (Eds.), *Teaching the new library: A how – to – do – it manual for planning and designing instructional programs*. New York: Neal–Schuman Publishers, Inc.

[129] Doyen, S. E. (1989). Effects of conceptual instruction on subject – searching performance in a computerized library catalog. *Dissertation Abstracts International*, 50 (11), A3399 (UMI No. AAG9010201).

[130] Duffy, E. (1962). *Activation and behavior*. New York: John Wiley & Sons.

[131] Dunn, J. A. (1965). A stability of the factor structure of the Test Anxiety Scale for Children across age and sex groups. *Journal of Consulting Psychology*, 29, 187.

[132] Dzurec, L. C., & Abraham, J. L. (1993). The nature of inquiry: Linking quantitative and qualitative research. *Advances in Nursing Science*, 16, 73–79.

[133] Edelmann, R. J. (1992). *Anxiety: Theory, research and intervention in clinical and health psychology*. New York: Wiley Series in Clinical Psychology.

[134] Edirisooriya, G. (1995, November). Stepwise regression is a problem, not a solution. Paper presented at the annual meeting of the Mid–South Educational Research Association, Biloxi, MS (ERIC Document Reproduction Service No. ED 393 890).

[135] Eisenhart, M. A., & Howe, K. R. (1992). Validity in educational research. In M. D. LeCompte, W. L. Millroy, & J. Preissle (Eds.), *The handbook of qualitative research in education* (pp. 643–680).

[136] Eisner, E. W. (1975). *The perspective eye: Toward the reformulation of educational evaluation*. Occasional papers of the Stanford Evaluation Consortium. Stanford, CA: Stanford University Press.

[137] Eisner, E. W. (1991). *The enlightened eye: Qualitative inquiry and the enhancement of educational practice*. New York: Macmillan.

[138] Elliott, A. J., & McGregor, H. A. (1999). Test anxiety and the hierarchical model of approach and avoidance achievement motivation. *Journal of Personality and Social Psychology*, 76, 628–644.

[139] Ellis, A. , & Knaus, W. J. (1977). *Overcoming procrastination.* New York: Institute for Rational Living.

[140] Ellsworth, P. C. , & Smith, C. A. (1988). From appraisal to emotion: Differences among unpleasant feelings. *Motivation and Emotion*, 12 (3), 271 – 302.

[141] Elmore, P. B. , & Woehlke, P. L. (1988). Statistical methods employed in *American Educational Research Journal*, *Educational Researcher*, and *Review of Educaional Research* from 1978 to 1987. *Educational Researcher*, 17 (9), 19 – 20.

[142] Elmore, P. B. , & Woehlke, P. L. (1996, April). Research methods employed in *American Educational Research Journal*, *Educational Researcher*, and *Review of Educational Research* from 1978 to 1995. Paper presented at the Annual Meeting of the American Educational Research Association, New York.

[143] Elmore, P. B. , & Woehlke, P. L. (1998, April). Twenty years of research methods employed in *American Educational Research Journal*, *Educational Researcher*, and *Review of Educational Research.* Paper presented at the annual meeting of the American Educational Research Association, San Diego.

[144] Ely, M. , Anzul, M. , Friedman, T. , Garner, D. , & Steinmetz, A. C. (1991). *Doing qualitative research: Circles within circles.* New York: Falmer.

[145] Endler, N. , & Edwards, J. (1982). Stress and personality. In L. Goldberger & S. Breznitz (Eds.), *Handbook of stress: Theoretical and clinical aspects* (pp. 36 – 48). New York: The Free Press.

[146] Epstein, S. (1972). The nature of anxiety with emphasis on its relationship expectancy. In C. Spielberger (Ed.), *Anxiety: Current trends in theory and research.* New York: Academic Press.

[147] Ercegovac, Z. , & Yamasaki, E. (1998). *Information literacy: Search strategies, tools and resources* (ERIC Document Reproduction Service No. ED 421 178).

[148] Erdfelder, E. , Faul, F. , & Buchner, A. (1996). GPOWER: A general power analysis program. *Behavior Research Methods, Instruments, & Computers*, 28, 1 – 11.

[149] Erickson, F. (1986). Qualitative methods of research on teaching. In M. Wittrock (Ed.), *Handbook for research on teaching* (pp. 119 – 161). New York: Macmillan.

[150] Erlandson, D. A. , Harris, E. L. , Skipper, B. L. , & Allen, S. D. (1993). *Doing naturalistic inquiry: A guide to methods.* Newbury Park, CA: Sage.

[151] Ermarth, M. (1978). *Wilhelm Dilthey: The critique of historical reason.* Chicago: University of Chicago Press.

[152] Everson, H. T., Millsap, R. E., & Rodriguez, C. M. (1991). Isolating gender differences in test anxiety: A confirmatory factor analysis of the Test Anxiety Inventory. *Educational and Psychological Measurement*, 51, 243 – 251.

[153] Ezekiel, M. (1930). *Methods of correlational analysis.* New York: Wiley.

[154] Feather, N. T. (1967). Some personality correlates of external control. *Australian Journal of Psychology*, 19, 253 – 260.

[155] Fein, L. G. (1963). Evidence of a curvilinear relationship between IPAT anxiety and achievement at nursing school. *Journal of Clinical Psychology*, 19, 374 – 376.

[156] Feld, S., & Lewis, J. (1967). Further evidence of the stability of the factor structure of the Test Anxiety Scale for Children across age and sex groups. *Journal of Consulting Psychology*, 31, 434.

[157] Felder, R. M., & Henriques, E. R. (1995). Learning and teaching styles in foreign and second language education. *Foreign Language Annals*, 28 (1), 21 – 31.

[158] Fennema, E., & Sherman, J. A. (1976). Fennema – Sherman mathematics attitudes scales: Instruments designed to measure attitudes toward the learning of mathematics by males and females. *Catalog of Selected Documents in Psychology*, 6, 1 – 32.

[159] Ferrari, J. R. (1991). Compulsive procrastination: Some self – reported characteristics. *Psychological Reports*, 68, 455 – 458.

[160] Fetterman, D. M. (1989). *Ethnography: Step by step.* Newbury Park, CA: Sage.

[161] Fielding, N., & Fielding, J. (1986). *Linking data.* Beverly Hills, CA: Sage.

[162] Fleming, D. (1988, April). The literature on teacher utilization of research: Implications for the school reform movement. Paper presented at the annual meeting of the American Educational Research Association, New Orleans.

[163] Fliotsos, A. (1992). Anxiety layering: The effects of library and computer anxiety on CD – ROM use. *The Southeastern Librarian*, 42, 47 – 49.

[164] Folkman, S., & Lazarus, R. S. (1985). If it changes it must be a process: Study of emotion and coping during three stages of a college examination. *Journal of Personality and Social Psychology*, 48, 150 – 170.

[165] Fox, J. (1997). *Applied regression analysis, linear models, and related methods.* Thousand Oaks, CA: Sage.

[166] Freud, S. (1936). *The problem of anxiety.* New York, The Psychoanalytic Quarterly Press and W. W. Norton & Company, Inc.

[167] Frick, E. (1975). Information structure and bibliographic instruction for undergradu-

[168] Frick, E. (1982). Teaching information structure: Turning dependent researchers into self-teachers. In C. Oberman & K. Strauch (Eds), *Theories of bibliographic education: Designs for teaching* (pp. 193-208). New York: R. R. Bowker Company.

[169] Frijda, N. H. (1993). The place of appraisal in emotion. *Cognition and Emotion*, 7, 357-387.

[170] Gall, M. D. (1969). The relationship between masculinity-femininity and manifest anxiety. *Journal of Clinical Psychology*, 25, 294-295.

[171] Gay, L. R., & Airasian, P. W. (2000). *Educational research: Competencies for analysis and application* (6th ed.). Englewood Cliffs, NJ: Prentice Hall.

[172] Gay, L. R., & Airasian, P. W. (2003). *Educational research: Competencies for analysis and application* (7th ed.). Upper Saddle River, NJ: Pearson Education

[173] Gaudry, E., & Spielberger, C. D. (1971). *Anxiety and educational achievement*. New York: Wiley.

[174] Geen, R. G. (1980). Test anxiety and cue utilization. In I. G. Sarason (Ed.), *Test anxiety: Theory research and applications* (pp. 43-62). Hillsdale, NJ: Lawrence Erlbaum.

[175] Gibbons, J. D. (1993). *Nonparametric measures of association* (Sage University Paper series on Quantitative Applications in the Social Sciences, series no. 07B091). Newbury Park, CA: Sage.

[176] Glaser, B. G., & Strauss, A. L. (1967). *The discovery of grounded theory: Strategies for qualitative research*. Chicago: Aldine.

[177] Glass, G. V., Peckham, P. D., & Sanders, J. R. (1972). Consequences of failure to meet assumptions underlying the fixed effects analyses of variance and covariance. *Review of Educational Research*, 42, 237-288.

[178] Glesne, C., & Peshkin, A. (1992). *Becoming qualitative researchers: An introduction*. White Plains, NY: Longman.

[179] Goetz, J. P., & LeCompte, M. D. (1984). *Ethnography and the qualitative design in educational research*. New York: Academic Press.

[180] Gold, D. (1968). Some correlation coefficients: Relationships among I-E scores and other responsibility variables. *Psychological Reports*, 22, 983-984.

[181] Goldstein, H. (1987). *Multilevel models in educational and social research*. London: Griffin.

[182]　　Goldstein, H. (1995) . *Multilevel statistical models*. London: Edward Arnold.

[183]　　Goodwin, L. D. , & Goodwin, W. L. (1985) . Statistical techniques in *AERJ* articles, 1979 – 1983: The preparation of graduate students to read educational research literature. *Educational Researcher*, 14 (2), 5 – 11.

[184]　　Gorman, G. E. (1999) . The future for library science education. *Libri*, 49 (1), 1 – 10.

[185]　　Gorsuch, R. L. (1983) . *Factor analysis* (2nd ed.) . Hillsdale, NJ: Lawrence Erlbaum.

[186]　　Gourgey, A. F. (1984) . *The relationship of misconceptions about math and mathematical self – concept to mathematics anxiety and statistical performance* (ERIC Document Reproduction Service No. ED 254 417).

[187]　　Gratch, B. (1989) . Fostering research activity: Examples of institutional support. Statements or policies. *College & Research Libraries News*, 50 (11), 979 – 980.

[188]　　Gray, J. , & Wilcox, B. (1995) . *Good school, bad school: Evaluating performance and encouraging improvement*. Buckingham, England: Open University Press.

[189]　　Green, G. S. (1876) . Personal relations between librarians and readers. *American Library Journal*, 1, 74 – 81.

[190]　　Green, K. E. , & Kvidahl, R. F. (1990, April) . Research methods courses and post bachelor's education: Effects on teachers' research use and opinions. Paper presented at the annual meeting of the American Educational Research Association, Boston.

[191]　　Green, S. B. (1991) . How many subjects does it take to do a regression analysis? *Multivariate Behavioral Research*, 26, 499 – 510.

[192]　　Greenberg, J. , Solomon, S. , Pyszczynski, T. , Rosenblatt, A. , Burling, J. , Lyon, D. , Simon, L. , & Pinel, E. (1992) . Why do people need self – esteem? Converging evidence that self – esteem serves as anxiety buffering function. *Journal of Personality and Social Psychology*, 63, 913 – 922.

[193]　　Greene, J. C. , Caracelli, V. J. , & Graham, W. F. (1989) . Toward a conceptual framework for mixed – method evaluation designs. *Educational Evaluation and Policy Analysis*, 11, 255 – 274.

[194]　　Greenwald, A. G. , Pratkanis, A. R. , Leippe, M. R. , & Baumgardner, M. H. (1986). Under what conditions does theory obstruct research progress. *Psychological Review*, 93, 216 – 229.

[195]　　Gressard, C. P. , & Loyd, B. H. (1987) . An investigation of the effects of mathe-

matics anxiety and sex on computer attitudes. *School Science and Mathematics*, 87 (2), 125 – 135.

[196]   Gross, M. (1995). The imposed query. *RQ*, 35, 236 – 243.

[197]   Gross, M. (1998). The imposed query: Implications for library service evaluation. *Reference and User Services Quarterly*, 37, 290 – 299.

[198]   Gross, M. (1999a). Imposed versus self – generated questions: Implications for reference practice. *Reference and User Services Quarterly*, 39, 53 – 61.

[199]   Gross, M. (1999b). Imposed queries in the school library media center: A descriptive study. *Library & Information Science Research*, 21, 501 – 521.

[200]   Gross, M. (2000). The imposed query and information services for children. *Journal of Youth Services in Libraries*, 13, 10 – 17.

[201]   Guba, E. G., & Lincoln, Y. S. (1989). *Fourth generation evaluation*. Newbury Park, CA: Sage.

[202]   Hair, J. F., Anderson, R. E., Tatham, R. L., & Black, W. C. (1995). *Multivariate data analysis* (4th ed.). Englewood Cliffs, NJ: Prentice Hall.

[203]   Hall, B. W., Ward, A. W., & Comer, C. B. (1988). Published educational research: An empirical study of its quality. *Journal of Educational Research*, 81, 182 – 189.

[204]   Hall, S. M. (1972). Self – control and therapist control in the behavioral treatment of overweight women. *Behavior Research and Therapy*, 10, 59 – 68.

[205]   Halpern, E. S. (1983). Auditing naturalistic inquiries: The development and application of a model. Unpublished doctoral dissertation, Indiana University.

[206]   Hammersley, M., & Atkinson, P. (1995). *Ethnography: Principles in practice* (2nd ed.). New York: Routledge.

[207]   Hanson, N. R. (1958). *Patterns of discovery: An inquiry into the conceptual foundations of science*. Newbury Park, CA: Sage.

[208]   Hare, A. (1989). Professional development in the 1980s in college libraries in the Southeast. *The Southeastern Librarian*, 39, 18 – 19.

[209]   Harris, A. L., & Harris, J. M. (1987). Reducing mathematics anxiety with computer assisted instruction. *Mathematics and Computer Education*, 21, 16 – 24.

[210]   Harris, R. M. (1992). Bibliographic instruction: Views of academic, special and public librarians. *College & Research Libraries*, 53, 249 – 256.

[211]   Hatcher, L. (1994). *A step – by – step approach to using the SAS system for factor a-*

nalysis and structural equation modeling. Cary, NC: SAS Institute Inc.

[212] Havener, W. M., & Stolt, W. A. (1993). The professional development activities of academic librarians: Does institutional support make a difference? *College & Research Libraries*, 55, 25 – 36.

[213] Henson, R. K. (1998, November). ANCOVA with intact groups: Don't do it! Paper presented at the annual meeting of the Mid – South Educational Research Association, New Orleans (ERIC Document Reproduction Service No. 426086).

[214] Henson, R. K. (2000). Demystifying parametric analyses: Illustrating canonical correlation as the multivariate general linear model. *Multiple Linear Regression Viewpoints*, 26, 11 – 19.

[215] Henson, R. K., Capraro, R. M., & Capraro, M. M. (2001, November). Reporting practices and use of exploratory factor analyses in educational research journals. Paper presented at the annual meeting of the Mid – South Educational Research Association, Little Rock, AR.

[216] Henson, R. K., & Roberts, J. K. (in press). Exploratory factor analysis reporting practices in published research. In B. Thompson (Ed.), *Advances in social science methodology* (Vol. 6). Stamford, CT: JAI Press.

[217] Hernon, P. (1994). Need for research: Regaining "the foundation of understanding." *Journal of Academic Librarianship*, 20 (4), 119 – 120.

[218] Hetzel, R. D. (1996). A primer on factor analysis with comments on patterns of practice and reporting. In B. Thompson (Ed.), *Advances in social science methodology* (Vol. 4, pp. 175 – 206). Greenwich, CT: JAI Press.

[219] Hewitt, P. L., & Flett, G. L. (1991a). Perfectionism in self and social contexts: Conceptualization, assessment, and association with psychopathology. *Journal of Personality and Social Psychology*, 60, 456 – 470.

[220] Hewitt, P. L., & Flett, G. L. (1991b). Dimensions of perfectionism in unipolar depression. *Journal of Abnormal Psychology*, 100, 98 – 101.

[221] Hill, K. T. (1984). Debilitating motivation and testing: A major educational program, possible solutions, and policy applications. In R. E. Ames & C. Ames (Eds.), *Research on motivation in education* (Vol 1, pp. 245 – 274). New York: Academic Press.

[222] Hill, K. T., & Sarason, S. B. (1966). A further longitudinal study of the relation of test anxiety and defensiveness to test and school performance over the elementary school

[223] years. *Child Development Monographs*, 31, 1 – 76.

[223] Hodges, H. (1944). *Wilhelm Dilthey: An introduction.* London: Routledge & Kegan Paul.

[224] Hodges, H. (1952). *The philosophy of Wilhelm Dilthey.* London: Routledge & Kegan Paul.

[225] Hogarty, K. Y., & Kromrey, J. D. (2001, April). We've been reporting some effect sizes: Can you guess what they mean? Paper presented at the annual meeting of the American Educational Research Association, Seattle.

[226] Hollander, M., & Wolfe, D. A. (1973). *Nonparametric statistical methods.* New York: John Wiley & Sons.

[227] Hollandsworth, J. G., Jr., Glezski, R. C., Kirkland, K., Jones, G. E., & Van Norman, L. R. (1979). An analysis of the nature and effects of test anxiety: Cognitive behavioral and physiological components. *Cognitive Therapy and Research*, 3, 165 – 180.

[228] Hope, C. B., Kajiwara, S., & Liu, M. (2001). The impact of the Internet: Increasing the reference librarian's role as teacher. In D. Su (Ed.), *Evolution in reference and information services: The Impact of the Internet* (pp. 13 – 36). Binghamton, NY: Haworth Information Press.

[229] Horwitz, E. K., Horwitz, M. B., & Cope, J. (1986). Foreign language classroom anxiety. *Modern Language Journal*, 70, 125 – 132.

[230] Howe, K. R. (1988). Against the quantitative – qualitative incompatability thesis or dogmas die hard. *Educational Researcher*, 17, 10 – 16.

[231] Howe, K. R., & Eisenhart, M. (1990). Standards for qualitative (and quantitative) research: A prolegomenon. *Educational Researcher*, 19 (4), 2 – 9.

[232] Hu, L. T., & Bentler, P. M. (1999). Cutoff criteria for fit indexes in covariance structure analysis: Conventional criteria versus new alternatives. *Structural Equation Modeling*, 6 (1), 1 – 55.

[233] Huberty, C. J. (1989). Problems with stepwise methods—better alternatives. In B. Thompson (Ed.), *Advances in social science methodology* (Vol. 1, pp. 43 – 70). Greenwich, CT: JAI Press.

[234] Huberty, C. J. (1994). *Applied discriminant analysis.* New York: Wiley & Sons.

[235] Huberty, C. J., & Barton, R. (1989). An introduction to discriminant analysis. *Measurement and Evaluation in Counseling ad Development*, 22, 158 – 168.

[236] Huberty, C. J., & Morris, J. D. (1989). Multivariate analysis versus multiple univariate analyses. *Psychological Bulletin*, 105, 302–308.

[237] Huberty, C. J., & Wisenbaker, J. (1992). Discriminant analysis: Potential improvements in typical practice. In B. Thompson (Ed.), *Advances in social sciencemethodology* (Vol. 2, pp. 169–208). Greenwich, CT: JAI Press.

[238] Hughes, H. (1958). *Consciousness and society*. New York: Knopf.

[239] Humphries–Wadsworth, T. M. (1997, April). Features of published analyses of canonical results. Paper presented at the annual meeting of the American Educational Research Association, San Diego (ERIC Document Reproduction Service No. ED 418 125).

[240] Hunsley, J. D. (1985). Test and mathematics anxiety: An examination of appraisal and attributional processes. (Doctoral dissertation, University of Waterloo [Canada].) *Dissertation Abstracts International*, 46, 12B, 4402.

[241] Hunsley, J. D. (1987). Cognitive processes in mathematics anxiety and test anxiety: The role of appraisals, internal dialogue, and attributions. *Journal of Educational Psychology*, 79, 388–392.

[242] Ingelfinger, F. J. (1975). The unethical in medical ethics. *Annals of Internal Medicine*, 83, 264–269.

[243] Jacobson, F. F. (1991). Gender differences in attitudes toward using computers in libraries: An exploratory study. *Library & Information Science Research*, 13, 267–279.

[244] Jenkins, S. J., Fuqua, D. R., & Froehle, T. C. (1984). A critical examination of the use of nonparametric statistics in the *Journal of Counseling Psychology*. *Perceptual and Motor Skills*, 59, 31–35.

[245] Jennings, S. E., & Onwuegbuzie, A. J. (2001). Computer attitudes as a function of age, gender, math attitude, and developmental status. *Journal of Educational Computing Research*, 25, 367–384.

[246] Jerabek, J. A., Meyer, L. S., & Kordinak, S. T. (2001). "Library anxiety" and "computer anxiety": Measures, validity, and research implications. *Library & Information Science Research*, 23, 277–289.

[247] Jiao, Q. G., & Onwuegbuzie, A. J. (1997). Antecedents of library anxiety. *The Library Quarterly*, 67, 372–389.

[248] Jiao, Q. G., & Onwuegbuzie, A. J. (1998). Perfectionism and library anxiety among graduate students. *Journal of Academic Librarianship*, 24, 365–371.

[249] Jiao, Q. G., & Onwuegbuzie, A. J. (1999a). Is library anxiety important? *Library Review*, 48, 278 - 282.

[250] Jiao, Q. G., & Onwuegbuzie, A. J. (1999b). Self - perception and library anxiety: An empirical study. *Library Review*, 48 (3), 140 - 147.

[251] Jiao, Q. G., & Onwuegbuzie, A. J. (1999c). Identifying library anxiety through students' learning modality preferences. *Library Quarterly*, 69, 202 - 216.

[252] Jiao, Q. G., & Onwuegbuzie, A. J. (2001a). Library anxiety and characteristic strengths and weaknesses in graduate students' study habits. *Library Review*, 50, 73 - 80.

[253] Jiao, Q. G., & Onwuegbuzie, A. J. (2001b). Library anxiety among international students. *Urban Library Journal*, 11, 16 - 27.

[254] Jiao, Q. G., & Onwuegbuzie, A. J. (2002a). Dimensions of library anxiety and social interdependence: Implications for library services. *Library Review*, 51 (2), 71 - 78.

[255] Jiao, Q. G., & Onwuegbuzie, A. J. (2002b). The odds of visiting the library as a function of anxiety. Unpublished manuscript, Baruch College, The City University of New York.

[256] Jiao, Q. G., & Onwuegbuzie, A. J. (2002c). Reliability generalization of the Library Anxiety Scale scores: Initial findings. Unpublished manuscript, Baruch College, The City University of New York.

[257] Jiao, Q. G., & Onwuegbuzie, A. J. (2003a). Relationship between library anxiety and computer anxiety. Manuscript submitted for publication.

[258] Jiao, Q. G., & Onwuegbuzie, A. J. (2003b). Library anxiety: A function of race? Manuscript submitted for publication.

[259] Jiao, Q. G., & Onwuegbuzie, A. J. (2003c). Reading ability as a predictor of library anxiety. *Library Review*, 52 (4), 159 - 169.

[260] Jiao, Q. G., Onwuegbuzie, A. J., & Bostick, S. L. (2003). Racial differences in library anxiety among graduate students. Manuscript submitted for publication.

[261] Jiao, Q. G., Onwuegbuzie, A. J., & Lichtenstein, A. (1996). Library anxiety: Characteristics of "at - risk" college students. *Library & Information Science Research*, 18, 151 - 163.

[262] Jick, T. D. (1979). Mixing qualitative and quantitative methods: Triangulation in action. *Administrative Science Quarterly*, 24, 602 - 611.

[263] Joe, V. C. (1971). Review of the internal – external construct as a personality variable. *Psychological Reports*, 28, 619–639.

[264] Joesting, J., & Whitehead, G. I. (1977). Relationships of state and trait anxiety to grades in educational psychology. *Psychological Reports*, 40, 705–706.

[265] Johnson, R. B. (1999). Examining the validity structure of qualitative research. *Education*, 118, 282–292.

[266] Johnson, B., & Christensen, L. (2000). *Educational research: Quantitative and qualitative approaches*. Boston: Allyn & Bacon.

[267] Johnson, B., & Turner, L. A. (2003). Data collection strategies in mixed methods research. In A. Tashakkori & C. Teddlie (Eds.), *Handbook of mixed methods in social and behavioral research* (pp. 297–319). Thousand Oaks, CA: Sage.

[268] Joseph, M. E. (1991). The cure for library anxiety—it may not be what you think. *Catholic Library World*, 63, 111–114.

[269] Kaiser, H. F. (1958). The varimax criterion for analytic rotation in factor analysis. *Psychometrika*, 23, 187–200.

[270] Kazdin, A. E. (1999). The meanings and measurement of clinical significance. *Journal of Consulting and Clinical Psychology*, 67, 332–339.

[271] Keefer, J. A. (1993). The hungry rats syndrome: Library anxiety, information literacy, and the academic reference process. *RQ*, 32, 333–339.

[272] Kemper, E. A., Stringfield, S., & Teddlie, C. (2003). Mixed methods sampling strategies in social science research. In A. Tashakkori & C. Teddlie (Eds.), *Handbook of mixed methods in social and behavioral research* (pp. 273–296). Thousand Oaks, CA: Sage.

[273] Kerlinger, F. N. (1960). The mythology of educational research: The methods approach. *School and Society*, 85, 35–37.

[274] Kerlinger, F. N. (1986). *Foundations of behavioral research* (3rd ed.). New York: Holt, Rinehart & Winston.

[275] Kerlinger, F. N. (1999). *Foundations of behavioral research* (4th ed.). FortWorth, TX: Harcourt Brace College Publishers.

[276] Kerlinger, F. N., & Pedhazur, E. (1973). *Multiple regression in behavioral research*. New York: Holt, Rinehart & Winston.

[277] Keselman, H. J., Huberty, C. J., Lix, L. M., Olejnik, S., Cribbie, R. A., Donahue, B., Kowalchuk, R. K., Lowman, L. L., Petoskey, M. D., Keselman,

J. C. , & Levin, J. R. (1998) . Statistical practices of educational researchers: An analysis of their ANOVA, MANOVA, and ANCOVA analyses. *Review of Educational Research*, 68, 350 – 386.

[278] Kidder, L. H. (1981) . Qualitative research and quasi – experimental frameworks. In M. B. Brewer & B. E. Collins (Eds.), *Scientific inquiry and the social sciences*. San Francisco: Jossey – Bass.

[279] Kieffer, K. M. (1999) . An introductory primer on the appropriate use of exploratory and confirmatory factor analysis. *Research in the Schools*, 6 (2), 75 – 92.

[280] Kirk, R. E. (1996) . Practical significance. A concept whose time as come. *Education and Psychological Measurement*, 56, 746 – 759.

[281] Knapp, T. R. (1978) . Canonical correlation analysis: A general parametric significance testing system. *Psychological Bulletin*, 85, 410 – 416.

[282] Koehler, B. , & Swanson, K. (1988) . ESL students and bibliographic instruction: Learning yet another language. *Research Strategies*, 6 (4), 148 – 160.

[283] Koenig, K. P. , & Masters, J. (1965) . Experimental treatment of habitual smoking. *Behavior Research and Therapy*, 3, 235 – 243.

[284] Kracker, J. (2002) . Research anxiety and students' perceptions of research: An experiment. Part I. Effect of teaching Kuhlthau's ISP model. *Journal of the American Society for Information Science and Technology*, 53, 282 – 294.

[285] Kracker, J. , & Wang, P. (2002) . Research anxiety and students' perceptions of research: An experiment. Part II. Content analysis of their writings on two experiences. *Journal of the American Society for Information Science and Technology*, 53, 295 – 307.

[286] Kramer, E. H. (1996) . Why roving reference: A case study in a small academic library. *Reference Services Review*, 24, 67 – 80.

[287] Kreft, I. , & De Leeuw, J. (1998) . *Introducing multilevel modeling*. Thousand Oaks, CA: Sage.

[288] Krug, S. E. , Scheier, I. H. , & Cattell, C. B. (1976) . *Handbook for the IPAT anxiety scale*. Champaign, IL: Institute for Personality and Ability Testing.

[289] Kuhlthau, C. C. (1983) . The library research process: Case studies and interventions with high school seniors in advanced placement English classes using Kelly's theory of constructs. Unpublished doctoral dissertation, The State University of New Jersey, Rutgers.

[290] Kuhlthau, C. C. (1985). A process approach to library skills in instruction. *School Library Media Quarterly*, 13, 35-40.

[291] Kuhlthau, C. C. (1987). An emerging theory of library instruction. *School Library Media Quarterly*, 16, 23-28.

[292] Kuhlthau, C. C. (1988a). Developing a model of the library search process: Cognitive and affective aspects. *RQ*, 28, 232-242.

[293] Kuhlthau, C. C. (1988b). Longitudinal case studies of the information search process of users in libraries. *Library & Information Science Research*, 10, 257-304.

[294] Kuhlthau, C. C. (1989). The information search process of high-middle-low achieving high school seniors. *School Library Media Quarterly*, 17, 224-228.

[295] Kuhlthau, C. C. (1991). Inside the search process: Information seeking from the user's perspective. *Journal of the American Society for Information Science*, 42 (5), 361-371.

[296] Kuhlthau, C. C. (1993). *Seeking meaning: A process approach to library and information services*. Norwood, NJ: Ablex Publishing.

[297] Kuhlthau, C. C. (1994). Students and the information search process: Zones of intervention for librarians. *Advances in Librarianship*, 18, 57-72.

[298] Kuhlthau, C. C., Turock, B. J., George, M. W., & Belvin, R. J. (1990). Validating a model of the search process: A comparison of academic, public and school library users. *Library & Information Science Research*, 12, 5-31.

[299] Kuhn, T. S. (1962). *The structure of scientific revolutions*. Chicago: University of Chicago Press.

[300] Kvale, S. (1995). The social construction of validity. *Qualitative Inquiry*, 1, 19-40.

[301] LaGuardia, C., Blake, M., Farwell, L., Kent, K., Tallent, E. (1996). *Teaching the new library: A how-to-do-it manual for planning and designing instructional programs*. New York: Neal-Schuman Publishers, Inc.

[302] Lambert, Z. V., & Durand, R. M. (1975). Some precautions in using canonical analysis. *Journal of Market Research*, 12, 468-475.

[303] Lather, P. (1986). Issues of validity in openly ideological research: Between a rock and a soft place. *Interchange*, 17, 63-84.

[304] Lather, P. (1993). Fertile obsession: Validity after poststructuralism. *Sociological Quarterly*, 34, 673-693.

[305] Lawley, D. N., & Maxwell, A. E. (1971). *Factor analysis as a statistical method.* New York: Macmillan.

[306] Lazarsfeld, P. F., & Barton, A. (1955). Some functions of qualitative data analysis in sociological research. *Sociologica*, 1, 324 – 361.

[307] Lazarus, R. S. (1991). *Emotion and adaptation.* New York: Oxford University Press.

[308] Leach, L. F., & Henson, R. K. (2003, February). The use and impact of adjusted R2 effects in published regression research. Paper presented at the annual meeting of the Southwest Educational Research Association, San Antonio, TX.

[309] Lechner, J. V. (1989). Bibliographic instruction evaluation: A study testing the correlation among five measures of the impact of a bibliographic instruction program on undergraduates' information searching behavior in libraries. *Dissertation Abstracts International*, 50 (5), A 1124. (UMI No. AAG8914373)

[310] Lee, T. P. (1995). The library research committee: It has the money and the time. *Journal of Academic Librarianship*, 21 (2), 111 – 115.

[311] Leech, N. L., & Onwuegbuzie, A. J. (2002, November). A call for greater use of nonparametric statistics. Paper presented at the annual meeting of the Mid – South Educational Research Association, Chattanooga, TN.

[312] Leech, N. L., & Onwuegbuzie, A. J. (2003, April). A proposed fourth measure of significance: The role of economic significance in educational research. Paper presented at the annual meeting of the American Educational Research Association, Chicago.

[313] Libraries for the Future. (1998). Library research: 1983 – 1997. A report to the U. S. Department of Education, Office of Educational Research and Improvement, The National Institute on Postsecondary Education, Libraries, and Lifelong Learning and The National Library of Education. Retrieved November 1, 2002, from http://www.ed.gov/offices/OERI/PLLI/LibraryResearch/title.html.

[314] Liebert, R. M., & Morris, L. W. (1967). Cognitive and emotional components of test anxiety: A distinction and some initial data. *Journal of Counseling Psychology*, 20, 975 – 978.

[315] Lincoln, Y. S., & Guba, E. G. (1985). *Naturalistic inquiry.* Beverly Hills, CA: Sage.

[316] Line, M. B. (1991). Research policy in librarianship and information science: Keynote address. In C. Harris (Ed.), Research policy in librarianship and information science. Papers presented to a conference of the library and information research group and

the public libraries research group, Salford, 1990, organized with the support of the British Library Research and Development Department. British Library Research and Development Report 6010, Taylor Graham, London and Los Angeles.

[317] Lipsett, L. P. (1958). A self–concept scale for children and its relationship to Children's Form of the Manifest Anxiety Scale. *Child Development*, 29, 463–472.

[318] Liu, M., & Redfern, B. (1997). Information seeking behavior of multicultural students: A case study at San Jose State University. *College & Research Libraries*, 58, 348–354.

[319] Llabre, M. M., & Suarez, E. (1985). Predicting math anxiety and course performance in college women and men. *Journal of Counseling Psychology*, 32, 283–287.

[320] Lockridge, J. (1997, January). Stepwise regression should never be used by researchers. Paper presented at the annual meeting of the Southwest Educational Research Association, Austin, TX (ERIC Document Reproduction Service No. ED 407 425).

[321] Loftin, L. B., & Madison, S. Q. (1991). The extreme dangers of covariance corrections. In B. Thompson (Ed.), *Advances in educational research: Substantive findings, methodological developments* (Vol. 1, pp. 133–147). Greenwich, CT: JAI Press.

[322] Loomis, R. J., & Parsons, M. B. (1979). Orientation needs and the library setting. In D. Pollet & P. C. Haskell (Eds.), *Sign systems for libraries* (pp. 3–16). New York: R. R. Bowker Company.

[323] Lopez, K. A. (1989, November). Testing interaction effects without discarding variance. Paper presented at the annual meeting of the Mid–South Educational Research association, Little Rock, AR (ERIC Document Reproduction Service No. ED 322 167).

[324] Loyd, B. H., & Gressard, C. (1984). *The effects of sex, age, and computer experience on computer attitudes* (ERIC Document Reproduction Service No. ED 246 878).

[325] MacIntyre, P. D., & Gardner, R. C. (1991a). Language anxiety: Its relation to other anxieties and to processing in native and second languages. *Language Learning*, 41, 85–117.

[326] MacIntyre, P. D., & Gardner, R. C. (1991b). Investigating language class anxiety using the focused essay technique. *The Modern Language Journal*, 75, 296–304.

[327] MacIntyre, P. D., & Gardner, R. C. (1991c). Methods and results in the study of anxiety and language learning: A review of the literature. *Language Learning*, 41, 85–117.

[328] MacIntyre, P. D., & Gardner, R. C. (1994a). The subtle effects of language anxiety

on cognitive processing in the second language. *Language Learning*, 44 (2), 283 – 305.

[329] MacIntyre, P. D., & Gardner, R. C. (1994b). The effects of induced anxiety on three stages of cognitive processing in computerized vocabulary learning. *Studies in Second Language Acquisition*, 16, 1 – 17.

[330] Mandler, G. (1972). Helplessness: Theory and research in anxiety. In C. Spielberger (Ed.), *Anxiety: Current trends in theory and research*. New York: Academic Press.

[331] Mardikian, J., & Kesselman, M. (1995). Beyond the desk: Enhanced reference staffing for the electronic library. *Reference Services Review*, 23, 21 – 28.

[332] Massachusetts Board of Library Commissioners. (1997, August). Needs assessment. In *Library services and technology act Massachusetts long – range plan*, 1998 – 2002. Retrieved April 7, 2003, from http://www.mlin.lib.ma.us/mblc/ldev/lsta/lrp.shtml.

[333] Mathews, V. H., Flum, J. G., & Whitney, K. A. (1990, Spring). Kids need libraries: School and public libraries preparing the youth of today for the world of tomorrow. *Journal of Youth Services in Libraries*, 3, 197 – 207.

[334] Maxwell, J. A. (1992). Understanding and validity in qualitative research. *Harvard Educational Review*, 62, 279 – 299.

[335] Maxwell, J. A. (1996). *Qualitative research design*. Newbury Park, CA: Sage.

[336] Maxwell, S. E., & Delaney, H. D. (1990). *Designing experiments and analyzing data: A model comparison perspective*. Belmont, CA: Wadsworth.

[337] May, R. (1950). *The meaning of anxiety*. New York: The Ronald Press Company.

[338] McClelland, D. C. (1953). *The achievement motive*. New York: Appleton – Century – Crofts.

[339] McGregor, J. (1999). Teaching the research process: Helping students become lifelong learners. *NASSP Bulletin*, 83, 27 – 34.

[340] McKelvie, S. (1978). Graphic rating scales: How many categories? *British Journal of Psychology*, 69, 185 – 202.

[341] McKenzie, K. M. (2000). The impact of bibliographic instruction on the library anxiety of adult non – traditional college students. Unpublished Bachelor's thesis, Bethel College.

[342] McMillan, J. H. (1999). Unit of analysis in field experiments: Some design considerations for educational researchers (ERIC Document Reproduction Service No. ED 428 135).

[343]　McNemar, Q. (1960). At random: Sense and nonsense. *American Psychologist*, 15, 295 – 300.

[344]　McReynolds, P. (1976). Assimilation and anxiety. In M. Zuckerman & C. Spielberger (Eds.), *Emotions and anxiety: New concepts, methods and applications*. Hillsdale, NJ: Lawrence Erlbaum.

[345]　McSeeney, M., & Katz, B. M. (1978). Nonparametric statistics: Use and nonuse. *Perceptual and Motor Skills*, 4 (3), 1023 – 1032.

[346]　Mech, T. F., & Brooks, C. I. (1995). Library anxiety among college students: An exploratory study. Paper presented at the 7th National Conference of the Association of College and Research Libraries, Pittsburgh, March 30 – April 2.

[347]　Mech, T. F., & Brooks, C. I. (1997). Anxiety and confidence in using a library by college freshmen and seniors. *Psychological Reports*, 81, 929 – 930.

[348]　Mellon, C. A. (1982). Information problem – solving: A developmental approach to library instruction. In C. Oberman & K. Strauch (Eds.), *Theories of bibliographic education: Designs for teaching* (pp. 79 – 81). New York: R. R. Bowker Company.

[349]　Mellon, C. A. (1986). Library anxiety: A grounded theory and its development. *College & Research Libraries*, 47, 160 – 165.

[350]　Mellon, C. A. (1988). Attitudes: The forgotten dimension in library instruction. *Library Journal*, 113, 137 – 139.

[351]　Mellon, C. A. (1989). Library anxiety and the non – traditional student. Paper presented at the 16th national LOEX Library Instruction Conference, Bowling State Green State University, Bowling Green, OH, May 5 – 6, 1988.

[352]　Merriam, S. (1988). *Case study research in education: A qualitative approach*. San Francisco: Jossey – Bass.

[353]　Meyer, J. W., & Scott, W. R. (1983). *Organizational environments: Ritual and rationality*. Beverly Hills, CA: Sage.

[354]　Meyers, J., & Martin, R. (1974). Relationships of state and trait anxiety to concept – learning performance. *Journal of Educational Psychology*, 66, 33 – 39.

[355]　Micceri, T. (1989). The unicorn, the normal curve, and other improbable creatures. *Psychological Bulletin*, 105 (1), 156 – 166.

[356]　Miles, M., & Huberman, A. M. (1994). *Qualitative data analysis: An expanded sourcebook* (2nd ed.). Thousand Oaks, CA: Sage.

[357]　Miles, M. B., & Huberman, A. M. (1984). Drawing valid meaning from qualitative

data: Toward a shared craft. *Educational Researcher*, 13, 20 – 30.

[358] Milgram, N. A. (1991). Procrastination. In R. Dulbecco (Ed.), *Encyclopedia of human biology* (Vol. 6, pp. 149 – 155). San Diego: Academic Press.

[359] Miller, W. (1992). The future of bibliographic instruction and information literacy for the academic librarian. In B. Baker & M. E. Litzinger (Eds.), *The evolving educational mission of the library* (pp. 144 – 150). Chicago: Association of College and Research Libraries.

[360] Minor, L. C., Onwuegbuzie, A. J., Witcher, A. E., & James, T. L. (2002). Preservice teachers' educational beliefs and their perceptions of characteristics of effective teachers. *Journal of Educational Research*, 96, 116 – 127.

[361] Mitchell, J. V., Jr. (1959). Goal – setting behavior as a function of self – acceptance, over – and under – achievement, and related personality variables. *Journal of Educational Psychology*, 50, 93 – 104.

[362] Mizrachi, D. (2000). Library anxiety and computer attitudes among Israeli B. Ed. students. Unpublished Master's thesis, Bar – Ilan University, Israel.

[363] Montanelli, D. S., & Stenstrom, P. F. (1986). The benefits of research for academic librarians and the institutions they serve. *College & Research Libraries*, 47, 482 – 485.

[364] Mood, T. (1982). Foreign students and the academic library. *RQ*, 22, 175 – 180.

[365] Moore, J. D. (1996, January). Stepwise methods are as bad in discriminant analysis as they are anywhere else. Paper presented at the annual meeting of the Southwest Educational Research Association, New Orleans (ERIC Document Reproduction Service No. ED 395 041).

[366] Morris, W. N., & Reilly, N. P. (1987). Toward the self – regulation of mood: Theory and research. *Motivation and Emotion*, 11, 215 – 249.

[367] Morrison, R. L. (1992). The effects of learning modules on teaching library skills to doctoral students in education. *Dissertation Abstracts International*, 53 (8) A2706. (UMI No. AAG9237321)

[368] Morse, J. M. (1991). Approaches to qualitative – quantitative methodological triangulation. *Nursing Research*, 40, 120 – 123.

[369] Mueller, J. H. (1979). Anxiety and encoding processes in memory. *Personality and Social Psychology Bulletin*, 5, 288 – 331.

[370] Myers, R. H. (1986). *Classical and modern regression with applications*. Boston: Dux-

bury Press.

[371] Nanna, M. J. , & Sawilowsky, S. S. (1998). Analysis of Likert scale data in disability and medical rehabilitation evaluation. *Psychometric Methods*, 3, 55 – 67.

[372] National Center for Education Statistics. (1996). *SASS by state: 1993 – 94 schools and staffing survey: Selected state results.* Washington, DC: National Center for Education Statistics.

[373] National Center for Education Statistics. (2000). *Digest of education statistics* 2000. Washington, DC: U. S. Department of Education, Office of Educational Research and Improvement, National Center for Education Statistics.

[374] Nelson, L. R. , & Zaichkowsky, L. D. (1979). A case for using multiple regression instead of ANOVA in educational research. *Journal of Experimental Education*, 47, 324 – 330.

[375] Newman, I. , & Benz, C. R. (1998). *Qualitative – quantitative research methodology: Exploring the interactive continuum.* Carbondale: Southern Illinois University Press.

[376] Nottleman, E. D. , & Hill, K. T. (1977). Test anxiety and off – task behavior in evaluative situations. *Child Development*, 48, 225 – 231.

[377] Nowotny, H. (1990). *In search of usable knowledge.* Boulder. CO: Westview Press.

[378] Nunnally, J. C. , & Bernstein, I. H. (1994). *Psychometric theory* (3rd ed.). New York: McGraw – Hill.

[379] Office for Human Research Protections (OHRP). (2001). 45 CFR 46—Protection of Human Subjects. Retrieved April 6, 2003, from http: //ohrp. osophs. dhhs. gov/humansubjects/guidance/45cfr46. htm.

[380] Oling, L. , & Mach, M. (2002). Tour trends in academic ARL libraries. *College & Research Libraries*, 63 (1), 13 – 23.

[381] Onwuegbuzie, A. J. (1996). Development of the Research Anxiety Rating Scale. Unpublished manuscript, University of Central Arkansas (Conway).

[382] Onwuegbuzie, A. J. (1997a). Writing a research proposal: The role of library anxiety, statistics anxiety, and composition anxiety. *Library & Information Science Research*, 19, 5 – 33.

[383] Onwuegbuzie, A. J. (1997b). The teacher as researcher: The relationship between enrollment time and achievement in a research methodology course. *Reflection and Research*, 3 (1) [On – line]. Available: http: //www. gonzaga. edu/rr/v3n1/tony. html

[384] Onwuegbuzie, A. J. (1997c). Development of the Research Anxiety Rating Scale. Unpublished manuscript, University of Central Arkansas (Conway).

[385] Onwuegbuzie, A. J. (1997d). The teacher as researcher: The relationship between research anxiety and learning style in a research methodology course. *College Student Journal*, 31, 496–506.

[386] Onwuegbuzie, A. J. (1997e). The role of technology in the library anxiety of Arkansas college students. *Instructional Media Quarterly*, 30, 6–8.

[387] Onwuegbuzie, A. J. (1998a). The relationship between writing anxiety and learning styles among graduate students. *Journal of College Student Development*, 39, 589–598.

[388] Onwuegbuzie, A. J. (1998b). Teachers' attitudes towards educational research courses: Implications for the teacher – as – researcher movement. *GATEways to Teacher Education*, 11, 39–51.

[389] Onwuegbuzie, A. J. (1999a). Writing apprehension among graduate students: Its relationship to self – perceptions. *Psychological Reports*, 84, 1034–1039.

[390] Onwuegbuzie, A. J. (1999b). Statistics anxiety among African – American graduate students: An affective filter? *Journal of Black Psychology*, 25, 189–209.

[391] Onwuegbuzie, A. J. (1999c). Underachievement of African – American graduate students in research methodology classes: Possible implications for the supply of school administrators. *The Journal of Negro Education*, 67, 67–78.

[392] Onwuegbuzie, A. J. (2000a). Statistics anxiety and the role of self – perceptions. *Journal of Educational Research*, 93, 323–335.

[393] Onwuegbuzie, A. J. (2000b, November). Validity and qualitative research: An oxymoron? Paper presented at the annual meeting of the Association for the Advancement of Educational Research (AAER), Ponte Vedra, FL.

[394] Onwuegbuzie, A. J. (2000c, November). Expanding the framework of internal and external validity in quantitative research. Paper presented at the annual meeting of the Association for the Advancement of Educational Research (AAER), Ponte Vedra, FL.

[395] Onwuegbuzie, A. J. (2001, November). A new proposed binomial test of result direction. Paper presented at the annual meeting of the Mid – South Educational Research Association, Little Rock, AR.

[396] Onwuegbuzie, A. J. (2002a). Common analytical and interpretational errors in educational research: An analysis of the 1998 volume of the British Journal of Educational Psychology. *Educational Research Quarterly*, 26 (1), 11–22.

[397] Onwuegbuzie, A. J. (2002b). Three-stage model of statistics anxiety. Manuscript in preparation.

[398] Onwuegbuzie, A. J. (2002c). Positivists, post-positivists, post-structuralists, and post-modernists: Why can't we all get along? Towards a framework for unifying research paradigms. *Education*, 122, 518-530.

[399] Onwuegbuzie, A. J. (2003a). Expanding the framework of internal and external validity in quantitative research. *Research in the Schools*, 10 (1), 71-90.

[400] Onwuegbuzie, A. J. (2003b). A three-dimensional typology of mixed methods research designs. Manuscript submitted for publication.

[401] Onwuegbuzie, A. J. (2004). Academic procrastination and statistics anxiety. *Assessment & Evaluation in Higher Education*, 29, 3-18.

[402] Onwuegbuzie, A. J. (in press-a). Prevalence of statistics anxiety among graduate students. *Journal of Research in Education*.

[403] Onwuegbuzie, A. J. (in press-b). Modeling statistics achievement among graduate students. *Educational and Psychological Measurement*.

[404] Onwuegbuzie, A. J. (in press-c). Effect sizes in qualitative research: A prolegomenon. *Quality & Quantity: International Journal of Methodology*.

[405] Onwuegbuzie, A. J., Bailey, P., & Daley, C. E. (1999a). Factors associated with foreign language anxiety. *Applied Psycholinguistics*, 20, 217-239.

[406] Onwuegbuzie, A. J., Bailey, P., & Daley, C. E. (1999b). Relationship between anxiety and achievement at three stages of learning a foreign language. *Perceptual and Motor Skills*, 88, 1085-1093.

[407] Onwuegbuzie, A. J., Bailey, P., & Daley, C. E. (1999c). The validation of three scales measuring anxiety at different stages of the foreign language learning process: The input anxiety scale, the processing anxiety scale, and the output anxiety scale. *Language Learning*, 50 (1), 87-117.

[408] Onwuegbuzie, A. J., Bailey, P., & Daley, C. E. (2000). Cognitive, affective, personality, and demographic predictors of foreign language achievement. *Journal of Educational Research*, 94, 3-15.

[409] Onwuegbuzie, A. J., Bailey, P., & Daley, C. E. (2001). Self-enhancement versus self-derogation biases in learning a foreign language. *Educational Research Quarterly*, 25 (1), 3-11.

[410] Onwuegbuzie, A. J., Bailey, P., & Daley, C. E. (2002). The role of foreign lan-

guage anxiety and students' expectations in foreign language learning. *Research in the Schools*, 9, 33 – 50.

[411] Onwuegbuzie, A. J., & Collins, K. M. T. (2001). Writing apprehension and academic procrastination among graduate students. *Perceptual and Motor Skills*, 92, 560 – 562.

[412] Onwuegbuzie, A. J., & Daley, C. E. (1996). The relative contributions of examination – taking coping strategies and study coping strategies on test anxiety: A concurrent analysis. *Cognitive Therapy & Research*, 20, 287 – 303.

[413] Onwuegbuzie, A. J., & Daley, C. E. (1999a, May). The effects of academicrelated anxiety among college students. Paper presented at the Universidad Nacional de Rió Cuarto, Rió Cuarto, Argentina.

[414] Onwuegbuzie, A. J., & Daley, C. E. (1999b). Perfectionism and statistics anxiety. *Personality and Individual Differences*, 26, 1089 – 1102.

[415] Onwuegbuzie, A. J., & Daniel, L. G. (2002a). Uses and misuses of the correlation coefficient. *Research in the Schools*, 9, 73 – 90.

[416] Onwuegbuzie, A. J., & Daniel, L. G. (2002b). A framework for reporting and interpreting internal consistency reliability estimates. *Measurement and Evaluation in Counseling and Development*, 35, 89 – 103.

[417] Onwuegbuzie, A. J., & Daniel, L. G. (2003, February 12). Typology of analytical and interpretational errors in quantitative and qualitative educational research. *Current Issues in Education* [On – line], 6 (2). Available: http://cie.ed.asu.edu/volume6/number2/

[418] Onwuegbuzie, A. J., & Daniel, L. G. (in press). Reliability generalization: The importance of considering sample specificity, confidence intervals, and subgroup differences. *Research in the Schools*.

[419] Onwuegbuzie, A. J., Daniel, L. G., & Roberts, J. K. (in press). A proposed new "what if" reliability analysis for assessing the statistical significance of bivariate relationships. *Measurement and Evaluation in Counseling and Development*.

[420] Onwuegbuzie, A. J., DaRos, D., & Ryan, J. (1997). The components of statistics anxiety: A phenomenological study. *Focus on Learning Problems in Mathematics*, 19, 11 – 35.

[421] Onwuegbuzie, A. J., & Jiao, Q. G. (1997a). Prevalence and reasons for university library usage. *Library Review*, 46, 411 – 420.

[422] Onwuegbuzie, A. J., & Jiao, Q. G. (1997b). Academic library usage: A comparison of native and non-native English-speaking students. *The Australian Library Journal*, 46, 258-269.

[423] Onwuegbuzie, A. J., & Jiao, Q. G. (1998a). The relationship between library anxiety and learning styles among graduate students: Implications for library instructors. *Library & Information Science Research*, 20, 235-249.

[424] Onwuegbuzie, A. J., & Jiao, Q. G. (1998b). Understanding library-anxious graduate students. *Library Review*, 47, 217-224.

[425] Onwuegbuzie, A. J., & Jiao, Q. G. (1998c). I hope that I am not anxious about using the library: The relationship between hope and library anxiety among graduate students. *Florida Journal of Educational Research*, 38 (1), 13-26.

[426] Onwuegbuzie, A. J., & Jiao, Q. G. (2000). I'll go to the library tomorrow: The role of procrastination in library anxiety. *College & Research Libraries*, 61 (1), 45-54.

[427] Onwuegbuzie, A. J., & Jiao, Q. G. (2002a). Library anxiety as a function of library use. Manuscript submitted for publication.

[428] Onwuegbuzie, A. J., & Jiao, Q. G. (2002b). Criterion-related validity of Library Anxiety Scale scores. Unpublished manuscript, University of South Florida, Tampa.

[429] Onwuegbuzie, A. J., & Jiao, Q. G. (2002c). Library anxiety and the educational use of the Internet. Manuscript submitted for publication.

[430] Onwuegbuzie, A. J., & Jiao, Q. G. (2002d). The Dispositional-Situational-Environmental model of library anxiety. Manuscript in preparation.

[431] Onwuegbuzie, A. J., & Jiao, Q. G. (2002e). Confirmatory factor analysis of the Library Anxiety Scale. Manuscript in preparation.

[432] Onwuegbuzie, A. J., & Jiao, Q. G. (in press). Information search performance and research achievement: An empirical test of the anxiety-expectation model of library anxiety. *Journal of the American Society for Information Science and Technology (JASIST)*.

[433] Onwuegbuzie, A. J., Jiao, Q. G., & Bostick, S. L. (2002). Development of the Information Literacy Process Anxiety Scale. Manuscript in preparation.

[434] Onwuegbuzie, A. J., & Johnson, R. B. (2004). Mixed research. In B. Johnson & L. Christensen, *Educational research: Quantitative, qualitative, and mixed approaches*. Needham Heights, MA: Allyn & Bacon.

[435] Onwuegbuzie, A. J., & Leech, N. L. (2003a). A framework for conducting qualita-

tive power analyses. Manuscript submitted for publication.

[436] Onwuegbuzie, A. J., & Leech, N. L. (2003b, February). Taking the ''Q'' out of research: Teaching research methodology courses without the divide between them. Paper presented at the annual meeting of the Southwestern Educational Research Association, San Antonio, TX.

[437] Onwuegbuzie, A. J., & Leech, N. L. (in press). Post-hoc power: A concept whose time has come. *Understanding Statistics*.

[438] Onwuegbuzie, A. J., & Levin, J. R. (2003a). A proposed three-step method for assessing the statistical and practical significance of multiple hypothesis tests. Manuscript submitted for publication.

[439] Onwuegbuzie, A. J., & Levin, J. R. (2003b). Without supporting statistical evidence, where would reported measures of substantive importance lead? To no good effect. *Journal of Modern Applied Statistical Methods*, 2, 133-151.

[440] Onwuegbuzie, A. J., Slate, J., Paterson, F., Watson, M., & Schwartz, R. (2000). Factors associated with underachievement in educational research courses. *Research in the Schools*, 7, 53-65.

[441] Onwuegbuzie, A. J., & Teddlie, C. (2003). A framework for analyzing data in mixed methods research. In A. Tashakkori & C. Teddlie (Eds.), *Handbook of mixed methods in social and behavioral research* (pp. 351-383). Thousand Oaks, CA: Sage.

[442] Onwuegbuzie, A. J., & Wilson, V. A. (2003). Statistics anxiety: Nature, etiology, antecedents, effects, and treatments: A comprehensive review of the literature. *Teaching in Higher Education*, 8, 195-209.

[443] Osgood, C. E., Suci, G. J., & Tannenbaum, P. H. (1957). *The measurement of meaning*. Urbana: University of Illinois Press.

[444] Outhwaite, W. (1975). *Understanding social life: The method called Verstehen*. London: Allen & Unwin.

[445] Outhwaite, W. (1983). *Concept formation in social science*. London: Routledge & Kegan Paul.

[446] Patton, M. Q. (1990). *Qualitative evaluation and research methods* (2nd ed.). Newbury Park, CA: Sage.

[447] Pearce, R. (1981). The overseas student and library use—A special case for treatment. In Peter Fox (Ed.), *Proceedings of the Second International Conference on Library User Education*, Oxford University, July 7-10, 1981, Loughborough, England.

[448] Pedhazur, E. J. (1982). *Multiple regression in behavioral research: Explanation and prediction* (2nd ed.). New York: Holt, Rinehart & Winston.

[449] Peet, M. W. (1999, November). The importance of variance in statistical analysis: Don't throw the baby out of the bathwater. Paper presented at the annual meeting of the Mid-South Educational Research Association, Point Clear, AL (ERIC Document Reproduction Service No. ED 436 571).

[450] Perry, Jr., W. G. (1970). *Forms of intellectual and ethical development in the college years: A scheme.* New York, Holt, Rinehart & Winston.

[451] Phillips, B. N. (1971). *Anxiety and school related interventions.* Albany: The University of the State of New York.

[452] Phillips, B. N., Martin, R. P., & Meyers, J. (1972). Interventions in relation to anxiety in school. In C. Spielberger (Ed.), *Anxiety: Current trends in theory and research* (p. 2). New York: Academic Press.

[453] Phillips, D. C. (1987). Validity in qualitative research: Why the worry about warrant will not wane. *Education and Urban Society*, 20, 9-24.

[454] Plotnick, E. (2000). Definitions/perspectives. *Teacher Librarian*, 28, 27-29.

[455] Polkinghorne, D. (1983). *Methods for the human sciences.* Albany: University of New York Press.

[456] Pollet, D., & Haskell, P. C. (1979). *Sign systems for libraries.* New York: R. R. Bowker Company.

[457] Popper, K. R. (1959). *The logic of scientific discovery.* New York: Basic Books.

[458] Procicuk, T. J., & Breen, L. J. (1973). Internal-external control, test anxiety, and academic achievement: Additional data. *Psychological Reports*, 33, 563-566.

[459] Prosser, B. (1990, January). Beware the dangers of discarding variance. Paper presented at the annual meeting of the Southwest Educational Research Association, Austin, TX (ERIC Document Reproduction Service No. ED 314 496).

[460] Pyszczynski, T., & Solomon, S. (1986). The causes and consequences of a need for self-esteem: A terror management theory. In R. F. Baumeister (Ed.), *Public self and private self* (pp. 189-207). New York: Spring-Verlag.

[461] Rackliffe, G. (1988, April). Obstacles to teacher use of the knowledge base for school reform. Paper presented at the annual meeting of the American Educational Research Association, New Orleans.

[462] Ramirez, J. L. (1994). Reference rover: The hesitant patron's best friend. *College &*

Research Libraries News, 6, 354–357.

[463] Ravid, R., & Leon, M. R. (1995, April). Students' perceptions of the research component in Master's level teacher education programs. Paper presented at the annual meeting of the American Educational Research Association, San Francisco (ERIC Document Reproduction Service No. ED393 840).

[464] Ray, W. J., & Katahn, M. (1968). Relation of anxiety to locus of control. *Psychological Reports*, 23, 1196.

[465] Razani, J. (1972). Ejaculatory incompetence treated by deconditioning anxiety. *Journal of Behavior Therapy and Experimental Psychology*, 3, 65–67.

[466] Reichardt, C. S., & Rallis, S. F. (1994). Qualitative and quantitative inquiries are not incompatible: A call for a new partnership. In C. S. Reichardt & S. F. Rallis (Eds.), *The qualitative – quantitative debate: New perspectives* (pp. 85–92). San Francisco: Jossey–Bass.

[467] Reynolds, L., & Barrett, S. (1979). *Signs and guiding for libraries*. London: Clive.

[468] Richards, T. J., & Richards, L. (1994). Using computers in qualitative research. In N. K. Denzin & Y. S. Lincoln (Eds.), *Handbook of qualitative research* (pp. 445–462). Thousand Oaks, CA: Sage.

[469] Richardson, F. C., & Suinn, R. M. (1972). The Mathematics Anxiety Rating Scale: Psychometric data. *Journal of Counseling Psychology*, 19, 551–554.

[470] Roberts, A., & Blandy, S. (1989). *Library instruction for librarians*. Englewood, CO: Libraries Limited.

[471] Roberts, D. M., & Bilderback, E. W. (1980). Reliability and validity of a statistics attitude survey. *Educational and Psychological Measurement*, 40, 235–238.

[472] Rochester Institute of Technology Libraries. (2003). *RIT Libraries*. Retrieved April 7, 2003, from http://wally.rit.edu/depts/ref/instruction/studentrequest.html.

[473] Rogers, E. M. (1995). *Diffusion of innovations* (4th ed.). New York: The Free Press.

[474] Roman, L., & Apple, M. (1990). Is naturalism a move away from positivism? Materialist and feminist approaches to subjectivity in ethnographic research. In E. Eisner & A. Peshkin (Eds.), *Qualitative inquiry in education: The continuing debate* (pp. 38–73). New York: Teachers College Press.

[475] Rose, M. (1984). *Writer's block: The cognitive dimension*. Carbondale: Southern Illi-

nois University Press.

[476] Roseman, I. J. (1991). Appraisal determinants of discrete emotions. *Cognition and Emotion*, 5, 161–200.

[477] Rosenberg, M. (1962). The association between self–esteem and anxiety. *Journal of Psychiatric Research*, 1, 135–151.

[478] Rosenthal, R. (1967). Covert communication in the psychological experiment. *Psychological Bulletin*, 67 (5), 356–367.

[479] Rosenthal, R. (1968). Experimenter expectancy and the reassuring nature of the null hypothesis decision procedure. *Psychological Bulletin*, 70 (6, Pt. 2), 30–47.

[480] Rossman, G. B., & Wilson, B. L. (1985). Numbers and words: Combining quantitative and qualitative methods in a single large–scale evaluation study. *Evaluation Review*, 9, 627–643.

[481] Rothblum, E. D., Solomon, L. J., & Murakami, J. (1986). Affective, cognitive, and behavioral differences between high and low procrastinators. *Journal of Counseling Psychology*, 33, 387–394.

[482] Rothstein, S. (1994). Reference services. In W. A. Wiegand & D. G. Davis (Eds.), *Encyclopedia of Library History* (pp. 541–546). New York: Garland Publishing, Inc.

[483] Rounds, J. B., & Hendel, D. D. (1980). Measurement and dimensionality of mathematics anxiety. *Journal of Counseling Psychology*, 27, 138–149.

[484] Sager, D. (1992). Professional views: The best intentions; the role of the public library in the improvement of public education. *Public Libraries*, 31, 11–17.

[485] Sager, H. (1995). Implications for bibliographic instruction. In G. M. Pitkin (Ed.), *The impact of emerging technologies on reference service and bibliographic instruction*. Westport, CT: Greenwood Press.

[486] Sandelowski, M. (1986). The problem of rigor in qualitative research. *Advances in Nursing Science*, 8 (3), 27–37.

[487] Sappington, T. E. (1987). Emotional experiences of returning students in nontraditional degree programs. (Doctoral dissertation, The Fielding Institute). *Dissertation Abstracts International*, 48, 10A, 2514.

[488] Sarason, I. G. (1963). Test anxiety and intellectual performance. *Journal of Abnormal and Social Psychology*, 66, 73–75.

[489] Sarason, I. G. (1980). *Test anxiety: Theory, research, and application*. Hillsdale, NJ: Lawrence Erlbaum.

[490] Sarason, S. B., Davidson, K., Lighthall, F., & Waite, R. (1958). Rorschach behavior and performance of high and low anxious children. *Child Development*, 29, 277-285.

[491] Sarkodie-Mensah, K. (1998). Using humor for effective library instruction sessions. *Catholic Library World*, 68 (4), 25-29.

[492] SAS Institute Inc. (1999). *SAS/STAT User's Guide* (Version 6.12) [Computer software]. Cary, NC: SAS Institute.

[493] SAS Institute Inc. (2002). *SAS/STAT User's Guide* (Version 8.2) [Computer software]. Cary, NC: SAS Institute Inc.

[494] Schacht, S., & Stewart, B. J. (1990). What's funny about statistics? A technique for reducing student anxiety. *Teaching Sociology*, 18, 52-56.

[495] Schmidt, F. L., & Hunter, J. E. (1997). Eight common but false objections to the discontinuation of significance testing in the analysis of research data. In L. L. Harlow, S. A. Mulaik, & J. H. Steiger (Eds.), *What if there were no significance tests?* (pp. 37-64). Mahwah, NJ: Lawrence Erlbaum.

[496] Schumacker, R. E., & Lomax, R. G. (1996). *A beginner's guide to structural equation modeling*. Mahwah, NJ: Lawrence Erlbaum.

[497] Schutz, P. A., & Davis, H. A. (2000). Emotions and self-regulation during test taking. *Educational Psychologist*, 35, 243-256.

[498] Schutz, P. A., DiStefano, C., Benson, J., & Davis, H. A. (1999, April). The emotional regulation during test-taking scale. Paper presented at the annual meeting of the American Educational Research Association, Montreal, Quebec, Canada.

[499] Schwab, D. P. (1980). Construct validity in organization behavior. In B. M. Staw & L. L. Cummings (Eds.), *Research in organizational behavior* (Vol.2) (pp. 3-43). Greenwich, CT: JAI Press.

[500] Schwartz, R., Slate, J., & Onwuegbuzie, A. J. (1999). Empowering teachers: Acting upon action research. *GATEways to Teacher Education*, 11 (2), 44-59.

[501] Schwarzer, R., & Jerusalem, M. (1992). Advances in anxiety theory: A cognitive process approach. In K. A. Hagtvet & T. B. Johnsen (Eds.), *Advances in test anxiety research* (Vol. 7, pp. 2-31). Lisse, The Netherlands: Swets & Zeitlinger.

[502] Scriven, M. (1974). Maximizing the power of causal investigations: The modus operandi method. In W. J. Popham (Ed.), *Evaluation in education—current applications* (pp. 68-84). Berkeley, CA: Sage.

[503] Sechrest, L., & Sidani, S. (1995). Quantitative and qualitative methods: Is there an alternative? *Evaluation and Program Planning*, 18, 77-87.

[504] Semb, G., Glick, D. M., & Spencer, R. E. (1979). Student withdrawals and delayed work patterns in self-paced psychology courses. *Teaching of Psychology*, 6, 23-25.

[505] Sen, A. K., & Srivastava, M. S. (1990). *Regression analysis: Theory, methods and applications*. New York: Springer-Verlag.

[506] Shannon, D. M. (1991). Cooperation between school and public libraries: A study of one North Carolina county. *North Carolina Libraries*, 49, 67-70.

[507] Shapiro, S. S., & Wilk, M. B. (1965). An analysis of variance test, for normality and complete samples. *Biometrika*, 52, 592-611.

[508] Shapiro, S. S., Wilk, M. B., & Chen, H. J. (1968). A comparative study of various tests for normality. *Journal of the American Statistical Association*, 63, 1343-1372.

[509] Shaver, J. P., & Norton, R. S. (1980a). Populations, samples, randomness, and replication in two social studies journals. *Theory and Research in Social Education*, 8(2), 1-20.

[510] Shaver, J. P., & Norton, R. S. (1980b). Randomness and replication in ten years of the *American Educational Research Journal*. *Educational Researcher*, 9(1), 9-15.

[511] Sherrer, J. (1995). Implications of new and emerging technologies on reference service. In G. M. Pitkin (Ed.), *The impact of emerging technologies on reference service and bibliographic instruction* (pp. 25-47). Westport, CT: Greenwood Press.

[512] Shoham, S., & Mizrachi, D. (2001). Library anxiety among undergraduates: A study of Israeli B. Ed. students. *Journal of Academic Librarianship*, 27, 305-311.

[513] Shuman, B. (1997). The devious, the distraught and the deranged: Designing and applying personal safety into library protection. *Library & Archival Security*, 14(1), 53-73.

[514] Sieber, J. E., O'Neil, Jr., H. F., & Tobias, S. (1977). *Anxiety, learning, and instruction*. Hillsdale, NJ: Lawrence Erlbaum.

[515] Sieber, S. D. (1973). The integration of fieldwork and survey methods. *American Journal of Sociology*, 73, 1335-1359.

[516] Siegel, S. (1956). *Nonparametric statistics for the behavioral sciences*. New York: McGraw-Hill.

[517] Smalley, T. N., & Plum, S. H. (1982). Teaching library researching in the humanities and the sciences: A contextual approach. In C. Oberman & K. Strauch (Eds.), *Theories of bibliographic education: Designs for teaching* (pp. 135 – 170). New York: R. R. Bowker Company.

[518] Smith, C. A. (1991). The self, appraisal and coping. In C. R. Snyder & D. R. Forsyth (Eds.), *Handbook of social and clinical psychology: The health perspective* (pp. 116 – 137). Elmsford, NY: Pergamon Press.

[519] Smith, D. (1980). *Systems thinking in library and information management.* New York: K. G. Saur.

[520] Smith, J. K. (1983). Quantitative versus qualitative research: An attempt to clarify the issue. *Educational Researcher*, 12, 6 – 13.

[521] Smith, J. K., & Heshusius, L. (1986). Closing down the conversation: The end of the quantitative – qualitative debate among educational inquirers. *Educational Researcher*, 15, 4 – 13.

[522] Smith, M. L., & Glass, G. V. (1987). *Research and evaluation in education and the social sciences.* Englewood Cliffs, NJ: Prentice Hall.

[523] Snyder, P., & Lawson, S. (1993). Evaluating results using corrected and uncorrected effect size estimates. *Journal of Experimental Education*, 61, 334 – 349.

[524] Solomon, L. J., & Rothblum, E. D. (1984). Academic procrastination: Frequency and cognitive – behavioral correlates. *Journal of Counseling Psychology*, 31, 503 – 509.

[525] Sommer, R. (1969). *Personal space: The behavioral basis of design.* Englewood Cliffs, NJ: Prentice – Hall.

[526] Spielberger, C. D. (1966). *Anxiety and behavior.* New York: Academic Press.

[527] Spielberger, C. D. (1972). Current trends in theory and research on anxiety. In C. D. Spielberger (Ed.), *Anxiety: Current trends in theory and research* (pp. 3 – 23). New York: Academic Press.

[528] Spielberger, C. D., Gorsuch, R. L., & Luchene, R. E. (1968). *The State – Trait Anxiety Inventory.* Palo Alto, CA: Consulting Psychologists Press.

[529] SPSS Inc. (2001). *SPSS 11.0 for Windows.* [Computer software]. Chicago, IL: SPSS Inc.

[530] Stake, R. (1976). *Evaluating educational programs: The need and the response.* Washington, DC: OECD Publications Center.

[531] Stake, R. (1995). *The art of case study research.* Thousand Oaks, CA: Sage.

[532] Steiger, J. H. (1990). Structural model evaluation and modification: An interval estimation approach. *Multivariate Behavioral Research*, 25, 173 – 180.

[533] Strauss, A., & Corbin, J. (1990). *Basics of qualitative research: Grounded theory procedures and techniques*. Newbury Park, CA: Sage.

[534] SUNY – Brockport Drake Memorial Library. (2003). *Individual research consultations*. Retrieved April 7, 2003, from http: //www. brockport. edu/ ~ library5/consult. htm.

[535] Swope, M. J., & Katzer, J. (1972). Why don't they ask questions? The silent majority. *RQ*, 12 (2), 161 – 166.

[536] Tabachnick, B. G., & Fidell, L. S. (1996). *Using multivariate statistics* (3rd ed.). New York: HarperCollins College Publishers.

[537] Tashakkori, A., & Teddlie, C. (1998). *Mixed methodology: Combining qualitative and quantitative approaches*. Applied Social Research Methods Series (Vol. 46). Thousand Oaks, CA: Sage.

[538] Tennyson, R. D., & Boutwell, R. C. (1973). Pretask versus within – task anxiety measures in predicting performance on a concept acquisition task. *Journal of Educational Psychology*, 65, 88 – 92.

[539] Tenopir, C. (1999). Electronic reference and reference librarians: A look through the 1990s. *Reference Services Review*, 27 (3), 276 – 279.

[540] Terrie, E. W., & Summers, F. W. (1987). *Libraries improve Florida's education: A report on the role of public libraries in the education of Florida's children and illiterate adults*. Tallahassee: Florida Department of State, Division of Library and Information Services.

[541] Thompson, B. (1980, April). Canonical correlation: Recent extensions for modeling educational processes. Paper presented at the annual meeting of the American Educational Research Association, Boston.

[542] Thompson, B. (1984). *Canonical correlation analysis: Uses and interpretations*. Newbury Park, CA: Sage Publications (ERIC Document Reproduction Service No. ED 199 269).

[543] Thompson, B. (1986). ANOVA versus regression analysis of ATI designs: An empirical investigation. *Educational and Psychological Measurement*, 46, 917 – 928.

[544] Thompson, B. (1988a). Discard variance: A cardinal sin in research. *Measurement and Evaluation in Counseling and Development*, 21, 3 – 4.

[545] Thompson, B. (1988b, April). Canonical correlation analysis: An explanation with

comments on correct practice. Paper presented at the annual meeting of the American Educational Research Association, New Orleans (ERIC Document Reproduction Service No. ED 295 957).

[546] Thompson, B. (1991). Methods, plainly speaking: A primer on the logic and use of canonical correlation analysis. *Measurement and Evaluation in Counseling and Development*, 24, 80 – 93.

[547] Thompson, B. (1992a, April). Interpreting regression results: Beta weights and structure coefficients are both important. Paper presented at the annual meeting of the American Educational Research Association, San Francisco (ERIC Document Reproduction Service No. ED 344 897).

[548] Thompson, B. (1992b, April). Misuse of ANCOVA and related ' 'statistical control'' procedures. *Reading Psychology: An International Quarterly*, 13, iii – xvii.

[549] Thompson, B. (1994a). Common methodological mistakes in dissertations, revisited. Paper presented at the annual meeting of the American Educational Research Association, New Orleans (ERIC Document Reproduction Service No. ED 368 771).

[550] Thompson, B. (1994b). The pivotal role of replication in psychological research: Empirically evaluating the replicability of sample results. *Journal of Personality*, 62, 157 – 176.

[551] Thompson, B. (1995). Stepwise regression and stepwise discriminant analysis need not apply here: A guidelines editorial. *Educational and Psychological Measurement*, 55, 525 – 534.

[552] Thompson, B. (1997). The importance of structure coefficients in structural equation modeling confirmatory factor analysis. *Educational and Psychological Measurement*, 57, 5 – 19.

[553] Thompson, B. (1998a, April). Five methodological errors in educational research: The pantheon of statistical significance and other faux pas. Paper presented at the annual meeting of the American Educational Research Association, San Diego.

[554] Thompson, B. (1998b). Statistical testing and effect size reporting: Portrait of a possible future. *Research in the Schools*, 5, 33 – 38.

[555] Thompson, B. (1999, April). Common methodology mistakes in educational research, revisited, along with a primer on both effect sizes and the bootstrap. Invited address presented at the annual meeting of the American Educational Research Association, Montreal [On – line]. Available: http://www.coe.tamu.edu/~bthompson/aer-

aad99. htm.

[556] Thompson, B. (2000). Ten commandments of structural equation modeling. In L. Grimm & P. Yarnold (Eds.), *Reading and understanding more multivariate statistics* (pp. 261 – 284). Washington, DC: American Psychological Association.

[557] Thompson, B. (2002). What future quantitative social science research could look like: Confidence intervals for effect sizes. *Educational Researcher*, 31 (3), 25 – 32.

[558] Thompson, B., & Borrello, G. (1985). The importance of structure coefficients in regression research. *Educational and Psychological Measurement*, 45, 203 – 209.

[559] Thompson, B., & Daniel, L. G. (1996). Factor analytic evidence for the construct validity of scores: A historical overview and some guidelines. *Educational and Psychological Measurement*, 56, 197 – 208.

[560] Thompson, B., Smith, Q. W., Miller, L. M., & Thomson, W. A. (1991, January). Stepwise methods lead to bad interpretations: Better alternatives. Paper presented at the annual meeting of the Southwest Educational Research Association, San Antonio, TX (ERIC Document Reproduction Service No. ED 327 573).

[561] Thompson, B., & Vacha – Haase, T. (2000). Psychometrics is datametrics: The test is not reliable. *Educational and Psychological Measurement*, 60, 174 – 195.

[562] Tidwell, S. L. (1994). Reducing library anxiety with a creative video and in – class discussion at Brigham Young University. *Research Strategies*, 12, 187 – 190.

[563] Tobias, S. (1977). A model for research on the effect of anxiety on instruction. In J. Sieber, H. F. O'Neil, Jr., & S. Tobias (Eds.), *Anxiety, learning and instruction* (pp. 223 – 240). Hillsdale, NJ: Lawrence Erlbaum.

[564] Tobias, S. (1980). Math anxiety: What you can do about it. *Today's Education*, 69 (3), 26 – 29.

[565] Tobias, S. (1985). Test anxiety: Interference, defective skills and cognitive capacity. *Educational Psychologist*, 3, 135 – 142.

[566] Tobias, S. (1986) Anxiety and cognitive processing of instruction. In R. Schwarzer (Ed.), *Self – related cognitions in anxiety and motivation* (pp. 35 – 54). Hillsdale, NJ: Lawrence Erlbaum.

[567] Tuckett, H. W., & Stoffle, C. J. (1984). Learning theory and the self – reliant library user. *RQ*, 24, 58 – 66.

[568] Tyson, J. C. (1995). The impact of emerging technologies on library clientele. In G. M. Pitkin (Ed), *The impact of emerging technologies on reference service and biblio-*

[569] graphic instruction (pp. 63 – 73). Westport, CT: Greenwood Press.
University of North Carolina at Wilmington Randall Library. (2003). *STAR: Student thesis assistance @ Randall.* Retrieved April 7, 2003, from http://library.uncwil.edu/star.html.

[570] Vacha – Haase, T. (1998). Reliability generalization: Exploring variance in measurement error affecting score reliability across studies. *Educational and Psychological Measurement*, 58, 6 – 20.

[571] Vacha – Haase, T., Kogan, L. R., & Thompson, B. (2000). Sample compositions and variabilities in published studies versus those in test manuals: Validity of score reliability inductions. *Educational and Psychological Measurement*, 60, 509 – 522.

[572] Vacha – Haase, T., Ness, C., Nilsson, J., & Reetz, D. (1999). Practices regarding reporting of reliability coefficients. A review of three journals. *The Journal of Experimental Education*, 67, 335 – 341.

[573] Van Allen, P. (1984). A good library sign system: Is it possible? *Reference Services Review*, 12, 102 – 106.

[574] Vidmar, D. J. (1998). Affective change: Integrating pre – sessions in the students' classroom prior to library instruction. *Reference Services Review*, 26, 75 – 95.

[575] Vincent, C. P. (1984). Bibliographic instruction and the reference desk: A symbiotic relationship. *Reference Librarian*, 10, 39 – 47.

[576] Vockell, E. L., & Asher, W. (1974). Perceptions of document quality and use by educational decision makers and researchers. *American Educational Research Journal*, 11, 249 – 258.

[577] Wahl, M., & Besag, F. (1986, April). Gender, attributions, and math performance. Paper presented at the Annual Meeting of the American Educational Research Association: 67th, San Francisco (ERIC Document Reproduction Service No. ED 276 620).

[578] Waid, L. R., Kanoy, R. C., Blick, K. A., & Walker, W. E. (1978). Relationship of state – trait anxiety and type of practice to reading comprehension. *Journal of Psychology*, 98, 27 – 36.

[579] Ward, A. W., Hall, B. W., & Schramm, C. E. (1975). Evaluation of published educational research: A national survey. *American Educational Research Journal*, 12, 109 – 128.

[580] Ward, C., & Salter, C. A. (1974). The effects of trait and state anxiety on verbal

learning. *Psychology*, 11, 56–62.

[581] Watson, D. (1967). Relationship between locus of control and anxiety. *Journal of Personality and Social Psychology*, 6, 91–92.

[582] Wayman, S. G. (1984). The international student in the academic library. *Journal of Academic Librarianship*, 9, 336–341.

[583] Webb, E. J., Campbell, D. T., Schwartz, R. D., & Sechrest, L. (1966). *Unobtrusive measures*. Chicago: Rand McNally.

[584] Weiner, B. (1966). The role of success and failure in the learning of easy and complex tasks. *Journal of Personality and Social Psychology*, 3, 339–344.

[585] Weiner, B., & Schneider, K. (1971). Drive versus cognitive theory: A reply to Boor and Harmon. *Journal of Personality and Social Psychology*, 18, 258–262.

[586] Welge, P. (1990, January). Three reasons why stepwise regression methods should not be used by researchers. Paper presented at the annual meeting of the Southwest Educational Research Association, Austin, TX (ERIC Document Reproduction Service No. ED 316 583).

[587] Westbrook, L., & DeDecker, S. (1993). Supporting user needs and skills to minimize library anxiety: Considerations for academic libraries. *The Reference Librarian*, 40, 43–51.

[588] Wherry, R. J., Sr. (1931). A new formula for predicting the shrinkage of the coefficient of multiple correlation. *Annals of Mathematical Statistics*, 2, 440–457.

[589] White, H. S. (1994). Library research and government funding: A less than ardent romance. *Publishing Research Quarterly*, 10 (4), 30–38.

[590] Wigfield, A., & Meece, J. L. (1988). Math anxiety in elementary and secondary school students. *Journal of Educational Psychology*, 80, 210–216.

[591] Wilkinson, L., & Task Force on Statistical Inference. (1999). Statistical methods in psychology journals: Guidelines and explanations. *American Psychologist*, 54, 594–604 (Reprint available through the APA Home Page: http://www.apa.org/journals/amp/amp548594.html).

[592] Williams, D. D. (1986). Naturalistic evaluation: Potential conflicts between evaluation standards and criteria for conducting naturalistic inquiry. *Educational Evaluation and Policy Analysis*, 8, 87–99.

[593] Willson, V. L. (1980). Research techniques in *AERJ* articles: 1969 to 1978. *Educational Researcher*, 9 (6), 5–10.

[594]　　　Wine, J. (1980). Cognitive - attentional theory of test anxiety. In I. G. Sarason (Ed.), *Test anxiety: Theory, research and applications* (pp. 349 - 385). Hillsdale, NJ: Lawrence Erlbaum.

[595]　　　Witcher, A. E., Onwuegbuzie, A. J., & Minor, L. C. (2001). Characteristics of effective teachers: Perceptions of preservice teachers. *Research in the Schools*, 8, 45 - 57.

[596]　　　Witta, E. L., & Daniel, L. G. (1998, April). The reliability and validity of test scores: Are editorial policy changes reflected in journal articles? Paper presented at the annual meeting of the American Educational Research Association, San Diego (ERIC Document Reproduction Service No. ED 422 366).

[597]　　　Wolcott, H. F. (1990). On seeking—and rejecting—validity in qualitative research. In E. W. Eisner & A. Peshkin (Eds.), *Qualitative inquiry in education: The continuing debate* (pp. 121 - 152). New York: Columbia University, Teachers College Press.

[598]　　　Wolpe, J. (1973). *The practice of behavior therapy*. Elmsford, New York: Pergamon Press.

[599]　　　Yerkes, R. M., & Dodson, J. D. (1908). The relation of strength of stimulus to rapidity of habit - formation. *Journal of Comparative Neurology and Psychology*, 18, 459 - 482.

[600]　　　Yin, P., & Fan, X. (2001). Estimating $R2$ shrinkage in multiple regression: A comparison of analytical methods. *The Journal of Experimental Education*, 69, 203 - 224.

[601]　　　Young, D. J. (1991). Creating a low anxiety classroom environment: What does language anxiety research suggest? *The Modern Language Journal*, 75, 426 - 439.

[602]　　　Young, T. E., Jr. (1999). Keeping the Ahhh! alive. *Library Talk*, 12 (2), 8 - 11.

[603]　　　Zahner, J. (1993). Thoughts, feelings and actions: Integrating domains in library instruction. Paper presented at the annual meeting of Association for Educational Communications and Technology, New Orleans, January 13 - 17, 1993. Proceedings of Selected Research and Development Presentations (ERIC Document Reproduction Service No. ED 362 215).

[604]　　　Zeidner, M. (1991). Statistics and mathematics anxiety in social science students— some interesting parallels. *British Journal of Educational Psychology*, 61, 319 - 328.

[605]　　　Zuckerman, M. (1972). State and trait anxiety. In S. B. Sells & R. C. Demaree

(Eds.), *Needed research on stress and anxiety* (IBR report No. 72-10). Fort Worth: Texas Christian University, Institute of Behavioral Research.

[606] Zuckerman, M. (1976). General and situation specific traits and states: New approaches to assessment of anxiety and other constructs. In M. Zuckerman & C. D. Spielberger (Eds.), *Emotions and anxiety* (pp. 133-174). Hillsdale, NJ: Lawrence Erlbaum.

主题词索引

注：斜体的页码数是指插图页（页码数为原书页码——译者注）

A – B – A study design, 102　A – B – A 研究设计

A – B study design, 102　A – B 研究设计

academic library, myth concerning, 34 – 35　有关学术图书馆的错误观念

academic procrastination, 42 – 43, 58, 62 – 63, 74　学术拖延

academic – related anxiety. See computer anxiety; Internet, anxiety related to educational use of; library anxiety; research anxiety; statistics anxiety; writing anxiety　学术焦虑。见：计算机焦虑；学生的互联网焦虑；图书馆焦虑；研究焦虑；统计焦虑；写作焦虑

accidental sampling. See convenience sampling　随机抽样。见：便利抽样

achievement test, 110　成绩测试

across – stage mixed model research, 144　跨阶段混合模型研究

action validity, 209, 217　行为效度

AEM. See Anxiety – Expectation Mediation (AEM) Model; Anxiety – Expectation Mediation (AEM) Model of Library Anxiety　AEM。见：焦虑 – 期望中介模型（简称"AEM 模型"）；图书馆焦虑 AEM 模型

affective measures, 110 – 111　情感测量

all – possible subset (APS) regression, 163 – 164　所有可能子集回归（简称"APS 回归"）

alternate forms reliability, 118　复本信度

American Library Association, 70　美国图书馆协会

ANCOVA (analysis of covariance), 103, 104, 160 – 162, 170　协方差分析

ANOVA (analysis of variance), 14 – 16, 103, 159 – 160, 167, 170　方差分析

anxiety: facilitative, 32　促进性焦虑

anxiety, general 一般焦虑：antecedent of, 28 – 29 ～的前因；component of, 26 – 27 ～的要素；description of, 26 ～的描述；nature of, 27 ～的特质；number of studies on, 25 – 26 ～的研究报告的数量；symptom of, 28 ～的症状. 参见：library anxiety 图书馆焦虑

Anxiety – Expectation Mediation (AEM) Model 焦虑 – 期望中介（简称"AEM"）模型：of foreign language achievement, 76 外语成绩的 ～；of learning statistics, 76 – 77 统计学习的 ～

Anxiety – Expectation Mediation (AEM) Model of Library Anxiety, 77–79, 80, 282 图书馆焦虑的焦虑-期望中介（AEM）模型

APS. See all-possible subset (APS) APS。见：所有可能子集回归（简称"APS回归"）

regression aptitude test, 110 回归能力（倾向）测试

attribution theory, 68–69 归因理论

attrition 见 mortality

audio-visual material, as information source, 131 作为信息源的视听资料

audit trail, 220–221, 227 审计跟踪

behavioral analysis, 102 行为分析

behavior bias, 198 行为偏差

Belmont Report, 302 贝尔蒙特报告

between-methods triangulation, 140 方法间三角校正

Bonferroni（原书索引误写为 Boneferri——译者注）adjustment, 155 邦费罗尼校正（或 Bonferroni 校正）

canonical correlation analysis, 169–170 典型相关分析

CAS. See Cognitive-Affective Stage (CAS) Model of Library Anxiety CAS 模型。见：图书馆焦虑的认知-情感阶段模型

case study, 120 案例分析/案例研究

catalytic validity, 207, 217 催化效度/触媒效度

causal-comparative research. See quasi-experimental research 因果比较研究。见：准实验研究

causal error, 205–206, 217, 224 因果偏差

checklist, 112 核验清单

chi-square test, 92, 173 卡方检验

clinical significance, 181–182 临床显著性

cluster random sampling, 107 整群随机抽样

coefficient of internal consistency, 118 内部一致性系数

coefficient of stability/equivalence, 118 稳定性系数/等值性系数

Code of Federal Regulations, 304 《（美国）联邦法规》

Cognitive-Affective Stage (CAS) Model of Library Anxiety, 57, 79 图书馆焦虑认知-情感阶段（简称"CAS"）模型; library preparation stage, 62–65 图书馆准备阶段; library reflection stage, 67–69 图书馆反思阶段; library use stage, 66–67 图书馆使用阶段; overview of, 61–62 （图书馆焦虑 CAS 模型的）概述; relationship among stages, 70 各阶段间的关系

Cognitive-Attentional-Interference theory（原书误写为"Cognitive-Attentional Inrference theory"——译者注）, 78 认知-注意-干预理论

cognitive incongruity, in general anxiety, 28–29 一般焦虑的认知差异

Common Rule, 303 《通则》（美国联邦政府制定的保护研究参与者的法规——译者注）

communicative validity, 209, 217 沟通效度

Compatibility Thesis, 135 相容性论点

compensatory rivalry, 199-200 补偿性竞争

computer anxiety, 20, 29, 48, 309 计算机焦虑

computerized data analysis tool, failure to use, 188 未使用计算机数据分析工具

Comte, Auguste, 132 奥古斯特·孔德

concurrent validity, 20-21, 117 同时性效度

condition number, 166 条件数

condition-seeking method, 224 条件搜索法

confirmation bias, 204-205, 217, 224 确认偏差（也译为"确认偏误"、"证实偏差"、"肯证偏误"、"验证性偏见"）

confirmatory data analysis, 230 验证性数据分析

Confirmatory factor analysis, 18-20, 171-172 验证性因子分析

confirming/disconfirming case sampling, 125 证实的/非证实的案例抽样

consensual validity, 211-212, 217 共识效度

constructivism, 118, 122, 134, 209, 227 建构主义

construct-related validity, 11-*16*, 18-20, 117 构想效度

content-related validity, 117 内容效度

contrasts/comparisons, 223-224 对比/比较

convenience sampling, 108, 128 便利抽样

correlational research, 91-96 相关性研究

correlation coefficient, 92-93, 155-157 相关系数

counterbalanced design, 99-100 对抗平衡设计

covert anxiety, 27 隐性焦虑

COVRATIO, 166 协方差比

criterion-referenced test, 110 效标参照测验

criterion-related validity, 20-21, 117 效标效度

criterion sampling, 127 效标抽样

criterion variable, 95 效标变量

critical case sampling, 124 关键个案抽样

Cronbach's coefficient alpha, 12 克隆巴赫α系数

cross-sectional survey, 89-90 横断面调查

cross-validation, 95, 163, 166 交叉验证

crud factor, 196, 205 碎屑因素

data analysis 数据分析：in mixed-methodological research, 189-192 混合方法研究的~；overview of, 153-154 ~的概述。参见 qualitative research, data analysis 定性研究的数据分析；quantitative research, data analysis 定量研究的数据分析

DDA。见：discriminant descriptive analysis 描述性判别分析

Delphi technique, 113-114 德尔菲法

dependent variable, definition of, 95 因变

量的定义

descriptive research, 89-91 描述性研究

descriptive statistics, 89, 154-155 描述统计（法）

descriptive validity, 212, 217 描述效度

developmental study, 90 发展性研究

DFBETAS, 166 DFBETAS（一统计量名称，或以符号"DFβ"表示）

DFFITS, 166 DFFITS（一统计检验指标）

differential selection 选样差异: of instructor, 198 指导教师的~; of participants, 197 受试者的~

Dilthey, Wihlern, 132-133 威廉·狄尔泰

discriminant descriptive analysis (DDA), 168-169 描述性判别分析（简称"DDA"）

discriminant validity, 20-21 区别效度

dispositional antecedent, of library anxiety （图书馆焦虑的）性格前因。见: library anxiety, dispositional antecedent of 图书馆焦虑的性格前因

Dispositional-Situational Environmental (DSE) Model of Library Anxiety, 57, 74-75, 80 图书馆焦虑的性格-情境-环境模型（简称"DSE模型"）

distorted graphics, 205 曲解的图表（威胁）

divergent validity, 20, 21 分歧效度

document, as information source, 131 信息源文献

dominant-less-dominant study, 142 主导-辅助研究

DSE. 见: Dispositional-Situational-Environmental (DSE) Model of Library Anxiety 图书馆焦虑的性格-情境-环境（DSE）模型

eclecticism, 212 折衷主义

ecological validity, 195, 201, 206, 217 生态效度

economic significance, 182-183 经济显著性

effect size, 187, 204, 217, 230-231 效应量

eigenvalue-greater-than-one rule, 8, 10 特征值大于一的原则

elite bias, 141 精英偏见

e-mail interview, 131 电子邮件采访

embodied validity, 207, 217 表征效度

environmental antecedent, of library anxiety. 见: library anxiety, environmental antecedent of 图书馆焦虑的环境前因

equivalence reliability, 118 等值信度

equivalent status study, 142 等效状态研究

ethnographic research, 121 人种学研究

evaluation anxiety, 199 评价焦虑

evaluative validity, 213, 217 评价效度

experimental research, 103-105, 161 实验研究

experimenter effect, 300-301 实验者效应

explanatory design, 143 解释性设计

exploratory factor analysis, 170-171, 172 探索性因素分析; of Hebrew Library Anxiety Scale, 39, 289 希伯来图书馆焦虑量表的~; of Library Anxiety Scale, 13-

284

14 图书馆焦虑量表的～

ex post factor research 准实验研究。见：quasi‐experimental research 事后追溯性研究

external validity 外在效度。见：qualitative research, data interpretation 数据阐释的定性研究；quantitative research, data interpretation 数据阐释的定量研究

extraneous variable, 102 外扰变量

extreme case sampling, 125, 225 极端个案抽样

FA 见：factor analysis 因子分析

face validity, 117 表面效度

facilitative anxiety, 32 促进性焦虑

factor analysis (FA), 170 – 172 因子分析；confirmatory, 18 – 20, 171 – 172 验证性～；exploratory, 8 – 9, 10 – 11, 13 – 14, 39, 170 – 171, 172, 289 探索性～

false positive 假阳性。见：Type I error 第一型错误

focus group interview, 131 焦点小组访谈

follow – up study, 90 追踪研究

foreign language achievement, relationship of anxiety to, 76 焦虑与外语成绩的关系

foreign language anxiety, 29, 40, 51, 73 外语焦虑。参见 Anxiety‐Expectation Mediation (AEM) Model of library anxiety 图书馆焦虑的 AEM 模型

Freud, Sigmund, 28 西格蒙德·弗洛伊德

fully anchored rating scale, 111 完全锚定量表（完全定位量表）

fully mixed research design, 145 完全混合研究设计

generalizability, as validity measure, 212, 213 效度测量的普遍性

grounded theory research, 121 – 122 扎根理论研究

haphazard sampling. 不当抽样。见：convenience sampling 便利抽样

Hawthorne effect, 199, 201 霍桑效应

Hebrew Library Anxiety Scale (H – LAS), 39, 48, 289 希伯来图书馆焦虑量表（简称"H – LAS"）

hierarchical linear modeling (HLM), 174 – 175 多层线性模型（简称"HLM"）

hierarchical multiple regression, 164 分层多元回归

high stakes test 110 高厉害测验

historical research, 88 – 89, 119 – 120 历史研究法

history, as internal validity threat, 195 作为内部效度威胁的历史

history x treatment interaction, 200 历史 – 处理交互作用

H – LAS 见：Hebrew Library Anxiety Scale H – LAS 希伯来图书馆焦虑量表

HLM. 见：hierarchical linear modeling HLM。多层线性建模

homogeneous sampling, 124 同质抽样

illusory correlation, 205, 217, 224 虚幻相关

ILP 见：Information Literacy Process (ILP) Model of Library Anxiety 图书馆焦虑的

285

信息素养过程模型

implementation bias, 197-198　实施偏差

imposed query, 284　强制查询

Incompatibility Thesis, 134　不相容性论点

independent/dependent samples t-test, 158-159　独立/非独立样本 t 检验

independent variable, definition of, 95　自变量的定义

inferential statistics, 154　推断性统计

influence diagnostics, 166　影响诊断

information literacy, 70-71　信息素养

Information Literacy Process (ILP) Model of Library Anxiety, 57, 71-73, 79-80　图书馆焦虑的信息素养过程（ILP）模型

informed consent, 299-302　知情同意

Institutional Review Board (IRB), 303-304　机构审查委员会

instrumentation, as internal validity threat, 195-196　作为内部效度威胁的测量工具

intensity sampling, 126　深度抽样

interest inventory, 114　兴趣量表

intermethod mixing, in data collection, 148-149　数据采集的多种方法混合

internal validity. 内部效度。见：qualitative research, data interpretation　数据阐释的定性研究；quantitative research, data interpretation　数据阐释的定量研究

international student, and library anxiety, 34　留学生与图书馆焦虑

Internet, anxiety related to educational use of, 20, 48-49　学生的互联网焦虑

interpersonal anxiety, 37　交际焦虑

interpretive validity, 212, 217　解释效度

interpretivism, 124, 130, 132, 133, 134, 137, 138, 184, 213　解释主义

interrater reliability, 118, 227　评判者间信度

interrespondent matrix, 187　不同应答者矩阵

interval scale, 116　等距量表

interview 访谈：in qualitative study, 130-131　定性研究的～；in quantitative study, 114　定量研究的～

interview schedule, 91　访谈安排表

intramethod mixing, in data collection, 147-148, 149-150　数据采集的方法内混合

intrareliability estimate, 118　自身信度评估

intrarespondent matrix, 187　同一应答者矩阵

investigation validity, 208-209, 217　研究效度

investigator triangulation, 140　研究者三角校正

IRB. 见：Institutional Review Board　机构审查委员会

ironic legitimation, 207, 217　讽刺效度

ISP. 见：Kuhlthau's Model of the Information Search Process　库尔梭的信息搜索过程模型

item validity, 117　题项效度

John Henry effect, 199-200, 201　约翰·亨利效应

judgmental sampling. 判断抽样。见：purposive sampling　目的抽样

K1. 见：eigenvalue‐greater‐than‐one rule 特征值大于一的原则

Kendall's tau, 155　肯德尔相关系数

Kruskal‐Wallis test, 160　克鲁斯凯‐沃利斯检验

Kuhlthau's Model of the Information Search Process (ISP), 57, 79, 98, 146, 257　库尔梭信息搜索过程模型；anxiety level during various stages, 61　不同阶段的焦虑程度；domains of, 59　信息搜索过程的范围；focus formulation stage, 60, 66　检索策略形成阶段；information collection stage, 60, 66　信息收集阶段；prefocus exploration stage, 59‐60, 66　检索策略形成前的探索阶段；relationship to other model, 66, 67, 75　与其他模型的关联；search closure stage, 60‐61, 66, 67　检索结束阶段；task initiation stage, 59, 66　任务开始阶段；topic selection stage, 59, 66, 75　主题选择阶段

LAS. 见：Library Anxiety Scale　图书馆焦虑量表

latency effect, 99‐100　近因效应

latent effect size, 187　隐性效应量

learned helplessness, 28, 32, 41‐42, 64, 69, 235　习得性无助

learning‐style‐based (LSB) approach, 50　基于学习风格的方法

leptokurtic, 175　（分布曲线的）高峰态

library, increase in number of, 279　图书馆数量的增加

library anxiety　图书馆焦虑：antecedent overview, 39‐40, *41*　~的前因综述；component of, 36‐39　~的构成维度；description of, 25　~的描述；dimension of, 35‐36　~的维度；prevention vs. treatment of, 236‐237　~的预防与治疗；previous research on, 30‐32　~的前期研究；summary/conclusions of, 54‐55　~的小结/结论；symptom of, 32‐35, 235　~的症状

library anxiety, conceptual/researched‐based model of：抽象的和基于研究的图书馆焦虑模型：overview of, 57‐58　~的综述. 参见 individual model　各个具体的模型

library anxiety, dispositional antecedent of, 69　图书馆焦虑的性格前因；academic procrastination, 42‐43, 58, 62‐63, 74　学术拖延；hope, 43‐44, 64, 74　期望；perfectionism, 42, 63‐64, 74　完美主义；self‐concept, 40‐41, 64　自我概念；elf‐esteem, 40‐41, 64　自尊；self‐perception, 40‐41, 64, 67, 74　自我认知；social interdependence, 44, 64, 74　社会相互依赖性；study habits, 43, 63　学习习惯

library anxiety, environmental antecedent of, 67, 69　图书馆焦虑的环境前因；age, 51, 65, 74　年龄；country where library resides, 52　图书馆所在的国家；employment status, 52‐53　职业状况；gender, 50‐51, 74　性别；native language, 51‐52, 159　母语；race, 53‐54　种族

library anxiety, intervention through mediated information service, 268　通过中介信息

287

服务对图书馆焦虑的干预；individualized information services, 271-273 个性化信息服务；reference assistance at public service desk, 269 公共服务台的参考帮助；reference roving, 270-271 巡回参考咨询

library anxiety, prevention/intervention：图书馆焦虑的防范/干预：facility/resource oriented aspect of, 237 以设备/资源为导向的～；focus of prevention/intervention program, 237 （图书馆焦虑）防范/干预的焦点； human-assisted aspect of, 237 人工协助方面的～；knowledge-based aspect of, 237 基于知识的～；prevention vs. treatment, 236-237 预防与治疗；summary/conclusions of, 273-274 ～的小结/结论

library anxiety, prevention/intervention in physical environment, 238-239 物理环境中图书馆焦虑的防范/干预；cooperative resource development, 245-246 合作资源开发；informational brochure/handout, 249-251 信息宣传册/传单；signs/graphics, 239-242 标识/图示；space/layout, 242-245 空间/布局；tours/open house, 246-249 （图书馆）参观/开放日

library anxiety, prevention through instruction, 251-252 基于培训的图书馆焦虑预防；attitude toward, by library type, 251-253 对不同图书馆类型的态度；cognitive development of user, 259-260 用户的认知发展；contextual approach to, 260 ～的情境法；focus of instruction session, 255-257 培训环节的重点； integrating library/classroom instruction, 265-266 图书馆指导与课堂教学整合；learning style of user, 50, 104-105, 258-259 用户的学习风格；librarian as main instructor, 266-267 作为主要指导者的图书馆员；one-shot session vs. credited library course, 254-255 一次性课程与学分制图书馆用户教育课程；reducing anxiety during research-based assignment, 263-265 通过研究性的作业减少焦虑；technology/electronic database challenge in, 261-263 ～技术或电子数据库的挑战；time when offered, 253-254 图书馆用户教育课程的时间；traditional method for, 260-263 ～的传统方法；user emotional readiness, 257-258 用户情感准备

library anxiety, situational antecedent of, academic-related anxiety, 47-48, 67-68, 72-73, 74；图书馆焦虑的情境前因, 学术焦虑；access to computer/Internet, 49 接触电脑/互联网；affective barrier, 46, 48-49 情感障碍；barriers with staff, 44 员工障碍；comfort with library, 46 图书馆的舒适性；computer attitudes, 48-49 计算机态度；frequency of library visits, 46-47 造访图书馆的频次；lack of location knowledge, 44 缺乏资料放置位置的常识；lack of procedural knowledge, 44 缺乏检索程序常识；language used for computer search, 48 计算机检索所使用的语言；layout/decor of library, 44-45 图书馆的布局/装饰; learning style, 49-50, 65, 74 学习风格; mechanical barrier, 45 设备障碍; number of library instruction courses, 46 图书馆用户教育课程的数量; reason for using library, 45-46, 64-65 使用图书馆的理由; size of library, 44 图书馆规模

library anxiety research, future area for, 309-310 图书馆焦虑研究的未来取向; different library setting, 278-281 不同的图书馆环境; exploration of process, 281-285 过程探索; intervention procedures, 286-288 干预程序; measurements, 288-292 测量; overview of past research, 276-278 过去研究的综述

library anxiety research, issue/challenge for 图书馆焦虑研究的问题/挑战: dissemination/utilization of research, 306-308 研究的推广/利用; ethics, 298-304 伦理问题; funding/support, 295-298 资金/支持; importance of research, 292-293 研究的重要性; researcher pool, 293-295 研究群体; universally applicable theory/context-bound reality, 304-306 普遍适用的理论/情境制约的现实

Library Anxiety Scale (LAS): 图书馆焦虑量表 (LAS): final version of, 17-18, 311-312 ~的最终版; future research for, 289-291 ~的未来研究; scoring protocol for, 313-315 ~的计分规则; subsequent validation study on, 18-23 ~的后续验证研究; summary/conclusions of, 23-24; ~的小结/结论

Library Anxiety Scale (LAS), development of: 图书馆焦虑量表的开发: expert evaluator sample, 4 评估专家的选择; pilot study 1, 6-9 试测研究1; pilot study 2, 9-11 试测研究2; pilot study 3, 11-16 试测研究3; statement creation, 5-6, 7 题项陈述拟定; step synopsis, 1-2, 3 步骤简介; student sample, 2, 4 学生样本; table of key components, 4-5 关键维度表; target population for, 2 目标母体

Likert-format scale, 111-112, 118 李克特量表

linear regression, 95, 164 线性回归

location anxiety, 37 位置（馆藏地）焦虑

logical positivism, 132 逻辑实证主义

logistic regression, 169 逻辑回归

longitudinal survey, 90 纵向调查

LSB. 见: learning-style-based (LSB) approach 基于学习风格的方法

Macomb County Community College, 7, 10 马科姆县社区学院

Madonna College, 7 麦当娜学院

magnitude scaling, 111, 113, 151 强度量表（法）

MANCOVA (multivariate analysis of covariance), 169, 170 协方差的多变量分析

manifest effect size, 187 显性效应量

Mann-Whitney U test, 160, 179 曼-惠特尼U检验（曼-惠特尼秩和检验）

MANOVA (multivariate analysis of variance),

289

166-169, 170 方差多变量分析

matching bias, 199, 201, 204 匹配偏差

mathematics anxiety, 29, 39, 40, 51, 68 数学焦虑

maturation, as internal validity threat, 195 作为内部效度威胁的成熟（度）

maximum variation sampling, 123, 124, 147, 151 最大变异抽样

mechanical anxiety, 37-38 设备焦虑

Mellon, Constance A., 1 C·A·梅隆

member checking/informant feedback, 221-222 成员检查/信息反馈

methodological triangulation, 140 方法论三角校正

misspecification error, 204 误设错误

mixed-methodological research：混合方法研究：data analysis in, 189-192 ~的数据分析；data collection in, 147-150, 151-152 ~的数据采集；data interpretation in, 231-232 ~的数据阐释；emergence of, 134-135 ~的出现；misconception about, 136-137, 137-140 有关~的错误观念；overview of, 83, 84, 150-151 ~的综述

mixed-methodological research design, 145 混合方法研究设计；emphasis of approach dimension in, 144 ~中方法维度的重点；explanatory design, 143 阐释性设计；fully mixed concurrent dominant status, 145 完全混合并发主导状态；fully mixed concurrent equal status, 145 完全混合并发对等状态；fully mixed sequential equal status, 145 完全混合继发对等状

态；level of mixing dimension in, 144 ~中混合维度的程度；for library anxiety, 145-146 图书馆焦虑的~；mixed-model research and, 143-144 混合模型研究和~；partially mixed concurrent dominant status, 145 部分混合并发主导状态；partially mixed concurrent equal status, 145 部分混合并发对等状态；partially mixed sequential dominant status, 145 部分混合继发主导状态；partially mixed sequential equal status, 145 部分混合继发对等状态；purpose of, 142 ~的目的；time orientation dimension in, 144 ~中时间定位；triangulation, 140-141, 142, 143 三角校正；type of, 142-143 ~的类型

mixed-model research, 143-144 混合模型研究

mixed purposeful sampling, 128 混合目的抽样

modus operandi approach, 228 运作方法

mortality, 197, 202 中辍（威胁）

multicollinearity, 166, 203 多元共线性

multileval linear modeling, 174-175 多级线性模型

multimethod research：多方法研究：overview of, 81-82 ~的综述；summary/conclusions of, 150-152 ~的小结/结论。参见：mixed-methodological research 混合方法论研究；qualitative research 定性研究；quantitative research 定量研究

multiple regression, 95, 162-166, 170 多元回归法；and educational use of Inter-

290

net，48-49　~和学生的互联网焦虑
multiple time series design，99　多重时间序列设计
multiple-treatment interference，199，201　多重处理处理的干预
multistage random sampling，107-108　多阶段随机抽样

naturalism，118，134，229　自然主义
n=1 design，102　n=1 设计
negative case analysis，229-230　负面个案分析
network sampling. 链式抽样。见：snowball sampling 雪球抽样
nominal scale，115，116　称名量表
nonequivalent control group design，97-98　不等对照组设计
noninteraction seeking bias，202　未探寻交互作用偏差
nonparametric statistics，175-180　非参数统计；typology of，179　~的类型学
nonparticipant observation，130　非参与性观察
nonpooled t-test，158，159　非合并 t 检验
nonprobability sampling，108-109　非概率抽样
nonprojective affective measure，111　非投射性情感测量
nonrandom sampling. 非随机抽样。见：nonprobability sampling 非概率抽样
nonscientific sampling. 非科学抽样。见：nonprobability sampling 非概率抽样
norm-referenced test，110　常模参照测验

novelty effect，200，201　新奇效应
numerical rating scale，111　数字等级量表
oblique rotation，171，172　斜交（非正交）转转
observation：观察：in qualitative study，130　定性研究中的~；in quantitative study，114，118　定量研究中的~
observational bias，198-199，203，217　观测偏差
one-group pretest-posttest study，100　单群前后测研究
one-on-one interview，130-131　一对一访谈
one-shot case study，100　单组个案研究
one-tailed hypotheses，101，104，156　单尾假设
opportunistic sampling，127-128　机会抽样
order bias，198，201，217　次序偏差
ordinal scale，115-116　顺序量表
outliers，224　异常值
overt anxiety，26-27　显性焦虑

parallel/simultaneous study，142　并行/同步研究
paralogical legitimation，207，217　超逻辑效度
partially mixed research design，145　部分混合研究设计
participant observation，130　参与性观察
path analysis，76，172-173　路径分析
PCA. 见：principal component analysis 主

291

成分分析

PDA. 见: predictive discriminant analysis 预测性判别分析

Pearson's r, 92, 155, 170 皮尔逊积矩相关系数 r

peer debriefing, 227-228 同行检验

persistent observation, 219 持续观察

personality inventory, 114 人格量表

personal space theory, 243 个人空间理论

phenomenological research, 120 现象学研究

placebo effect, 200-201 安慰剂效应

platykurtic, 175 （分布曲线的）低峰态

politically important case sampling, 126 重要政治个案抽样

pooled t-test, 158, 159 合并 t 检验

population validity, 195, 200-201, 204, 206, 217 母体效度

positive manifold, 205 正向复写

positivism, 131-133, 136-137, 206-207, 214 实证主义

postmodernism, 118, 131, 206, 207-209 后现代主义

postpositivism, 118, 131, 133-134, 206, 207 后实证主义

poststructuralism, 131, 206, 207 后结构主义

practical significance, 181 实践显著性

pragmatism, 135-136, 143 实用主义

predictive discriminant analysis (PDA), 168-169 预测性判别分析

predictive validity, 20-21, 117 预测性效度

predictor variable 95 预测变量

pre-experimental research design, 100 预实验研究设计

Presidential Committee on Information Literacy, 70 总统信息素养委员会

pretest-posttest control group study design, 105 前后测对照组研究设计

pretest x treatment interaction, 201-202 前测-处理交互作用

primary overstimulation, in general anxiety, 28 一般焦虑的原发性过度刺激

principal component analysis (PCA), 170, 171 主成分分析（PCA）

probability sampling, 106-108 概率抽样

projective affective measure, 110-111 投射情感测量

prolonged engagement, 218-219 长期参与

prospective research, 96 前瞻性研究

protocol bias, 198 协议偏差

psychometric property, of instrument, 116-117 测试工具的心理测量学属性

purposive sampling, 108-109 目的抽样

Q-sort, 113 Q 分类法

Qualitative Legitimation Model, 215-217, *216*, 233 定性效度模型

qualitative/quantitative research: 定性/定量研究: purist/situationalist on, 131, 136-137 ~纯粹主义者/感觉论者; reason to combine, 141-142 ~组合的原因; similarity between, 137-140 ~之间的相似性

qualitative research: 定性研究: on Library

Anxiety Scale, 19 关于图书馆焦虑量表的~; overview of, 83, 84, 118 – 119, 150 ~的综述

qualitative research, data analysis, 191 数据分析的定量研究; describing data – analytical technique, 183 – 185 描述性数据分析技术; failure to estimate/interpret effect sizes, 186 – 188 未估计/解释效应量; failure to use computerized data analysis tool, 188 未使用计算机数据分析工具; generalizing findings beyond sample, 185 – 186 样本外的结果推广

qualitative research, data collection, 151 数据采集的定量研究; confirming/ disconfirming cases sampling, 125 证实的/非证实的案例抽样; convenience sampling, 126 便利抽样; criterion sampling, 127 标准抽样; critical case sampling, 124 关键案例抽样; extreme case sampling, 125 极端案例抽样; homogeneous sampling, 124 同质抽样; instrumentation, 130 – 131 收集数据的方法; intensity, 126 深度; maximum variation sampling, 124 最大变异抽样; mixed purposeful sampling, 126 混合目的抽样; opportunistic sampling, 127 – 128 机会抽样; overview of, 122 – 123 数据采集的定量研究综述; politically important cases, 126 重要政治个案; random purposeful sampling, 126 随机目的抽样; sample size, 128 – 130 样本量; sampling, 123 – 124 抽样; snowball sampling, 125 雪球抽样; stratified purposeful sampling, 126 – 127 分层目的抽样; theory – based sampling, 124 基于理论的抽样; typical case sampling, 125 – 126 典型案例抽样

qualitative research, data interpretation, 232 – 233 数据解释的定量研究; establishing design – specific legitimacy, 214 – 217, *216* 确定特定设计的效度; establishing legitimacy, 209 – 214 确定效度; external credibility threat, 217 外部信度威胁; internal credibility threat, 217 内部信度威胁; validity orientation, 206 – 209 效度取向

qualitative research, legitimation typology: 效度类型学的定性研究: assessing rival explanation, 228 – 229 评估竞争解释; checking for representativeness, 222 代表性检查; checking for researcher effects/ clarifying researcher bias, 223 检查研究者效应/阐明研究者偏差; checking meaning of outliers, 224 检查异常值含义; confirmatory data analysis, 230 验证性数据分析; effect sizes, 230 – 231 效应量; following up surprises, 226 意外结果的跟进; leaving audit trail, 220 – 221 保留审计跟踪; making contrasts/comparisons, 223 – 224 进行对比/对照; member checking/ informant feedback, 221 – 222 成员查验/受访（试）者信息的反馈; modus operandi approach, 228 运作方法; negative case analysis, 229 – 230 负面案例分析; peer debriefing, 227 – 228 同行检验; persistent observation, 219, 持续观察; prolonged engagement, 218 – 219 长

期参与；referential adequacy, 225－226 参考资料的充分性；replicating finding, 225 重复研究结果；rich/thick description, 228 丰富/深度描述；ruling out spurious relations, 225 排除虚假关系；structural relationships, 226－227 架构关系；theoretical sampling, 224 理论抽样；triangulation, 219－220 三角校正法；using extreme case, 225 使用极端案例；weighting evidence, 222 权衡证据

qualitative research design：定性研究设计：case study, 120 案例研究；ethnographic research, 121 人种学研究；grounded theory research, 121－122 扎根理论研究；historical research, 119－120 历史研究；phenomenological research, 120 现象学研究

quantitative research：定量研究：correlational, 91－96 相关性研究；descriptive, 89－91 描述性研究；experimental, 103－105 实验性研究；historical, 88－89 历史研究；overview of, 83, 84, 86－87, 150 综述；quasi－experimental (See quasi－experimental research) 准实验性研究（见：准实验性研究）；steps in, 87 定量研究的步骤

quantitative research, data analysis technique, 191 数据分析的定量研究；analysis of covariance test, 160－161 协方差检验分析；analysis of variance test, 159－160 方差检验分析；canonical correlation analysis, 169－170 典型相关分析；correlation coefficient, 155－157 相关系数；descriptive statistics, 154－155 描述性统计；discriminant descriptive analysis/predictive discriminant analysis, 168－169 描述性判别分析/预测性判别分析；hierarchical (multilevel) linear modeling, 174－175 多层（多级）线性建模；independent/dependent samples t－test, 158－159 独立/非独立样本 t 检验；inferential statistics, 154 推断性统计；multiple regression, 162－166 多元回归；multivariate analysis of variance/covariance, 166－168 多元方差/协方差分析；nonparametric statistics, 175－180 非参数统计；path analysis/structural equation modeling, 172－173 路径分析/结构方程建模；principal component analysis/factor analysis, 170－172 主成分分析/因子分析；reliability of score, 157－158 得分信度；significance of observed findings, 180－183 观测结果的显著性；structural equation modeling, 173－174 结构方程建模

quantitative research, data collection, 105－106, 151 数据采集的定量研究；affective measure for, 110－114 ～的情感测量；cognitive test for, 106－107 ～的认知检验；instrumentation for, 109－110 ～的工具测量；interest inventory for, 114 ～的兴趣量表；nonprobability sampling, 108－109 ～的非概率抽样；personality inventory for, 114 ～的人格量表；probability sampling, 106－107 概率抽样；psychometric properties of instrument, 116－117 测试工具的心理测量学属性；

quantitative interview, 115　定量访谈;
quantitative observation, 114　定量观察;
sample size in, 109　~的样本量; sampling, 106　抽样; scale of measurement, 115－116　测量量表; score reliability, 117－118　得分信度; score validity, 117　得分效度; secondary data, 115　二手数据

quantitative research, data interpretation, 232　数据解释的定量研究; external validity at data analysis stage, 204　数据分析阶段的外部效度; external validity at data interpretation stage, 206　数据解释阶段的外部效度; external validity at design/data collection stage, 200－202　设计/数据采集阶段的外部效度; internal validity at data analysis stage, 202－204　数据分析阶段的内部效度; internal validity at data interpretation stage, 204－206　数据解释阶段的内部效度; internal validity at design/data collection stage, 195－200, *196*　设计/数据采集阶段的内部效度; overview of, 193－195　~的综述

quasi－experimental research, 101, 146, 161, 162　准实验研究; control procedures for, 102－103　~的控制程序; counterbalanced design, 99－100　对抗平衡设计; independent variable in, 96－97　~的自变量; on library anxiety, 146　图书馆焦虑的~; multiple time series design, 99　多重时间序列设计; nonequivalent control group design, 97－98　不等对照组设计; single－subject design, 102　单一对象设计; time series design, 98－99　时间序列设计; two－groups/subgroups comparisons, 101－102　两（同类）组/亚组比较

questionnaire study, 90－91, 148　问卷调查

quota sampling, 109　定额抽样

random purposeful sampling, 126　随机目的抽样

random sampling. 随机抽样。见: probability sampling　概率抽样

rating scale, 111, 118　等级量表

ratio scale, 116　等比量表（又称"比率量表"）

reactive arrangements, 199－200, 201, 217　引起反应的安排

recency effect, 99　近因效应

referential adequacy, 211－212, 225－226　参考资料的充分性

relativism, 134, 214　相对主义

reliability: 信度: alternate forms, 118　复本~; definition of, 12, 117　~的定义; equivalence, 118　等值~; interrater, 118, 227　评估者（之间）~; intrareliability estimate, 118　（评估者）自身~评估; of Library Anxiety Scale, 9, 21－24　图书馆焦虑量表的~; score, 117, 157－158　得分信度; stability, 117　稳定~; test－retest, 11－12, 13, 18, 117, 151　再测~

replication, 225　核验（研究结果）

representativeness, 222　代表性

295

research：研究：graduate training in，81－83 研究生的～训练；social/behavioral science，85－86，86 社会与行为科学～（参见：mixed－methodological research 混合方法研究；qualitative research 定性研究；quantitative research 定量研究）。亦请参见：library anxiety research，future area for 图书馆焦虑未来研究取向；library anxiety research，issue/challenge for 图书馆焦虑研究的问题/挑战

research anxiety，20，29，47－48，72，76，77，98，257，288，291，309 研究焦虑

researcher bias，199，201，204，217，223 研究者偏差

researcher effects/researcher bias，223 研究者效应/研究者偏差

research study，stage of：研究的（三个）阶段：data analysis，84 数据分析；data interpretation/validation，84 数据解释/验证；research design/data collection，83 研究设计/数据采集

resentful demoralization，200，201 怨恨性怠工

resource anxiety，19，38－39 资源焦虑

response unavailability, in general anxiety，29 一般焦虑中的响应不可用

restricted range，202 限定范围

retrospective research. 追溯性研究。见：quasi－experimental research 准实验研究

reversal study design，102 逆向研究设计

rhizomatic legitimation，207，217 根茎效度

rich/thick description，228 丰富/深度描述

rival explanation，228－229 竞争解释

sample augmentation bias，198 样本扩增偏差

sampling：抽样：cluster random，107 整群随机～；confirming/disconfirming case，125 证实的/非证实的案例～；convenience，108，128 便利～；criterion，127 标准～；critical case，124 关键个案～；extreme case，125，225 极端个案～；homogeneous，124 同质～；intensity，126 深度～；maximum variation，124 最大变异～；mixed purposeful，128 混合目的～；multistage random，107－108 多阶段随机～；nonprobability，108－109 非概率～；opportunistic，127－128 机会～；politically important case，126 重要政治个案～；probability，106－108 概率～；purposive，108－109 目的～；quota，109 定额～；random purposeful，126 随机目的～；snowball，109，123，125，147 雪球～；stratified purposeful，126－127 分层目的～；systematic，107 系统～；theoretical，224 理论～；theory－based，124 基于理论的～；typical case，125－126 典型个案～

sampling error：抽样误差：definition of，87，106 ～的定义；definitive study，88 ～的定论性研究

sampling frame，106 抽样框架

sampling validity，117 抽样效度

SAS. 见：Statistical Analysis System 统计

分析系统

scales of measurement, 115 - 116 测量的量表

scientific sampling. 科学抽样。见: probability sampling 概率抽样

score reliability, 117 得分信度

score validity, 117 得分效度

scoring protocol, for Library Anxiety Scale, 313 - 315 图书馆焦虑量表的计分标准

secondary data, 115 二手数据

seepage effect, 200 渗流效应

selection bias, 197 选择偏差

selection interaction effects, 197 抽选交互作用

selection x treatment interaction, 202 抽选 - 处理交互作用

self - efficacy, 78, 284 自我效能

self - report study, 89 自陈式研究

SEM. 见: structural equation modeling 结构方程建模

semantic differential scale, 112 语义区分量表

semistructured interview, 130 半结构式访谈

sequential simulation, 141 继发模拟法（原文未出现此术语——译者注）

setwise regression, 163 集态回归（即"所有可能子集回归"）

Shapiro - Wilk test, 160 夏皮罗 - 威尔克检验

significance, 192 显著性; clinical, 181 - 182 临床 ~; economic, 182 - 183 经济 ~; practical, 181 实践 ~; statistical,

180 - 181 统计 ~

simple linear regression, 95 简单线性回归

simultaneous simulation, 141 同时模拟法（原文未出现此术语——译者注）

single - subject research design, 102 单一对象研究设计

situated validity 207 情境效度

situational antecedent, of library anxiety. 图书馆焦虑的情境前因。见: library anxiety, situational antecedent of 图书馆焦虑的情境前因

snowball sampling, 109, 123, 125, 147 雪球抽样

social anxiety, 43 社会焦虑

social cognition theory, 78 社会认知理论

sociometric study, 90 社会计量研究

Spearman's rho, 92, 155 斯皮尔曼等级相关系数 ρ

specificity, of variables, 201, 204 变量的特异性

SPSS. 见: Statisstical Package for the Social Sciences 社会科学统计软件包

spurious relations, 225 虚假关系

stability reliability, 117 稳定信度

STAI 见: State - Trait Anxiety Inventory 状态 - 特质焦虑量表

standard multiple regression, 164 标准多重回归

state anxiety, 26, 29, 30, 47 - 48, 236, 290, 306 状态焦虑

State - Trait Anxiety Inventory (STAI), 31 状态 - 特质焦虑量表（简称"STAI"）

static group comparison study, 100 静态分

组对比研究

Statistical Analyrsis System（SAS），163，180　统计分析系统（简称"SAS"）

Statisstical Package for the Social Sciences（SPSS），163，178　社会科学统计软件包（简称"SPSS"）

statistical regression，196-197，202，205　统计回归

statistical significance，92-93，180-181　统计显著性

statistical software program，163-164，180　统计软件程序

statistical table，93　统计表

statistics achievement, relationship of anxiety to，76-77　统计成绩与焦虑的关系

statistics anxiety，20，29，39，40，42 43，47-48，51，54，55，73，146　统计焦虑

stepwise discriminant analysis，168-169　逐步判别分析

stepwise regression，162-163　逐步回归

strata，definition of，107　层的定义

stratified purposeful sampling，126-127　分层目的抽样

structural corroboration，211，217　结构验证

structural equation modeling（SEM），57-58，173-174　结构方程建模

structural relationships，226-227　结构关系

structure coefficient，164-165　结构系数

structured interview，130　结构式访谈

study habits，43，63　学习习惯

suppressor variable，165　抑制变量

surprises, following up，226　意外结果的跟进

survey research，89-90　调查研究

systematic sampling，107　系统抽样

telephone interview，131　电话访谈

temporal validity，201，206，217　时间效度

test anxiety，27，29，33，40，43，51，67，68，284-285　考试焦虑

testing, as internal validity threat，195　作为内部效度威胁的测试

test-retest reliability，11-12，13，18，117　再测信度

theoretical sampling，224　理论抽样

theoretical validity，212-213，217　理论效度

theory-based sampling，124　基于理论的抽样

theory triangulation，140　理论三角校正

Thustone scale，113　瑟斯东量表

time series design，98-99　时间系列设计

time x treatment interaction，200　时间-处理交互作用

tour/open house, library，246-249　图书馆参观/图书馆开放日

trait anxiety，26，29，30，31，290，306　特质性焦虑

treatment diffusion，200，201　处理扩散

treatment replication error，199，203　处理核验误差

triangulation，140-141，142，143，189，

219 – 220 三角校正

t – test, 53 – 54, 158 – 159, 170 *t* 检验

two – phased study, 142 两阶段研究

two – tailed test, 101, 156 – 157 双尾检验

Type 2 data collection, 148 – 149 第 2 型数据采集

Type 5 data collection, 148, 149 第 5 型数据采集

Type 8 data collection, 148, 149 第 8 型数据采集

Type 11 data collection, 148, 149 – 150 第 11 型数据采集

Type 14 data collection, 148, 150 第 14 型数据采集

Type 17 data collection, 148, 150 第 17 型数据采集

Type Ⅰ error, 87, 155, 160, 174, 175, 202 第一型错误

Type Ⅱ error, 160, 174, 175, 202 第二型错误

Type Ⅲ – Type Ⅹ error, 202 – 203 第三 – 第十型错误

univariate analysis, 166 – 167 单变量分析

University of Michigan, 8 密歇根大学

University of Toledo, 6, 7, 8, 10 托莱多大学

unstructured interview, 130 非结构式访谈

validity: 效度: action, 209, 217 行为 ~; catalytic, 207, 217 催化 ~/触媒 ~; communicative, 209, 217 沟通 ~; concurrent, 20 – 21, 117 同时性 ~; consensual, 211 – 212, 217 共识 ~; construct – related, 11 – *16*, 18 – 20, 117 构想 ~; content – related, 117 内容 ~; criterion – related, 117 效标 ~; definition of, 13, 117 ~ 的定义; descriptive, 212, 217 描述性 ~; discriminant, 20 – 21 区别 ~; divergent, 20, 21 分歧 ~; ecological, 195, 201, 206, 217 生态 ~; embodied, 207, 217 表征 ~; evaluative, 213, 217 评价 ~; face, 117 表面 ~; interpretive, 212, 217 解释 ~; investigation, 208 – 209, 217 调查 ~; item, 117 题项 ~; population, 195, 200 – 201, 204, 206, 217 母体 ~; predictive, 20 – 21, 117 预测性 ~; sampling, 117 抽样 ~; score, 117 得分 ~, situated, 207 情境 ~; temporal, 201, 206, 217 时间 ~。参见: qualitative research, data interpretation 数据解释的定性研究; quantitative research. data interpretation 数据解释的定量研究

variance inflation factor (VIF), 166 方差膨胀因子 (简称 "VIF")

varimax procedure, 8, 9, 10, 18, 171, 172 最大方差法

VIF. 见: variance inflation factor 方差膨胀因子

violated assumption, 203 违反假设

voluptuous legitimation, 207, 217 沉醉效度

Wayne State University, 7, 8, 10 (美国密歇根) 韦恩州立大学

299

Weber, Max, 133　马克斯·韦伯
weighting evidence, 222　权衡证据
Wilcoxan Rank Sum test, 176　威尔科克森秩和检验
within - methods triangulation, 140　方法内三角校正
within - stage mixed model research, 143 - 144　阶段内混合模型研究
within - subjects design, 102　对象内设计
writing anxiety, 20, 29, 47 - 48, 72, 146, 291, 309　写作焦虑
Wright, Sewall, 172　休厄尔·赖特
Yerkes - Dodson law, 283　耶基斯 - 多德森定律

参考文献作者索引

注：本索引所列页码为原书的页码——译者注

Abelson, R. P. , 181
Abraham, J. L. , 138, 139, 140
Abusin, K. A. , 46, 47, 49, 52, 70
Aiken, L. S. , 83
Airasian, P. W. , 13, 20, 21, 22, 24, 85, 88, 93, 101, 104, 110, 114, 120, 121, 160, 194, 299, 300
Algina, J. , 23, 24, 117
Allen, M. J. , 117
Allen, S. D. , 228
Allen, S. M. , 245
Alpert, R. , 32
American Educational Research Association, American Psychological Association, National Council on Measurement in Education, 58, 117
The American Heritage College Dictionary, 58
American Library Association, 70, 256, 280
American Psychological Association, 154, 181, 186, 304
American Sociological Association, 304
Amstutz, D. , 71
Anderson, R. E. , 10
Andrews, J. , 52
Anonymous, 84

Anzul, M. , 211, 219, 227, 229
Apple, M. , 208
Arkin, R. M. , 67 - 68
Arlen, S. , 297
Asher, W. , 82, 153
Atkinson, J. W. , 287
Avner, J. A. , 280

Bailey, P. , 29, 51, 73, 76
Bandalos, D. , 51
Bandura, A. , 78
Barber, T. X. , 300
Barrett, S. , 239
Barton, A. , 231
Barton, R. , 168
Baumgardner, M. H. , 205, 224
Bazillion, R. J. , 255
Beasley, T. M. , 162
Becker, H. S. , 218, 228, 231
Belvin, R. J. , 30, 57, 61, 79, 98, 146, 251, 264
Ben Omran, A. I. , 46, 49, 51
Benson, J. , 51, 284 - 85
Bentler, P. M. , 57, 172
Benz, C. R. , 83, 139, 207, 218, 224,

301

226, 227, 229
Bernstein, I. H. , 9, 22, 24, 39, 289
Besag, F. , 68
Beswick, G. , 62
Biaggio, M. K. , 27, 51
Bickel, P. J. , 13
Bilderback, E. W. , 29, 82
Black, W. C. , 10
Blair, R. C. , 176
Blake, M. , 244, 247
Blandy, S. , 251
Blandy, S. G. , 266
Blick, K. A. , 27, 29
Boekaerts, M. , 284
Bollen, K. A. , 57, 172
Bolton, D. L. , 47
Bonett, D. G. , 172
Borrello, G. , 164
Bosman, E. , 238
Bostick, S. L. , 1, 8, 17, 19, 20, 22, 23, 24, 35 – 36, 37, 39, 40, 44, 45, 50, 51, 52 – 53, 54, 73, 172, 240, 245, 277, 282 – 83, 289, 291
Boutwell, R. C. , 290
Bowker, R. R. , 279
Bowling Green State University Libraries, 271
Bradley, J. V. , 176
Brandt, D. S. , 70
Braun, C. , 255
Breen, L. J. , 27
Breivik, P. S. , 254, 297
Brett, J. E. , 27
Bridge, P. K. , 176

Brinberg, D. , 218
Brooks, C. I. , 17, 21, 30, 31, 50, 54
Broughton, K. , 258, 259
Browne, M. W. , 57, 172
Bryk, A. S. , 174
Buchner, A. , 93, 101, 104
Buckland, M. K. , 250
Bungard, T. , 250
Burling, J. , 64
Butterfield, E. , 27
Byrd, P. , 29, 39, 40
Byrne, B. M. , 172

Campbell, D. T. , 13, 20, 21, 134, 140, 194 – 95, 195, 210, 211
Caplan, N. S. , 307
Capraro, M. M. , 13, 19
Capraro, R. M. , 13, 19
Caracelli, V. J. , 142, 146, 149
Caracelli, V. W. , 189
Carver, S. C. , 283
Cash, R. W. , 47
Cattell, C. B. , 28, 30
Cattell, R. B. , 26 – 27, 28
Chen, H. J. , 160
Christensen, L. , 21, 22, 85, 110, 120, 121, 125, 127, 129 – 30, 131, 149, 160, 194, 299, 300
Claxton, C. H. , 65
Cleveland, A. M. , 46
Cliff, N. , 159, 162, 169
Cohen, A. , 243
Cohen, E. , 243

Cohen, J., 12, 15, 16, 46, 53, 93, 101, 155, 156, 159, 163, 181
Collins, B. L., 35, 44
Collins, K. M. T., 20, 22, 29, 48 – 49, 63, 72
Comer, C. B., 82, 153
Connolly, P., 123, 186
Constas, M. A., 137, 184, 185, 191, 214
Cope, J., 29
Corbin, J., 121
Cornett, C. E., 65
Courville, T., 164
Covington, M. V., 69
Crandall, R., 302, 305
Creswell, J. W., 93, 101, 104, 110, 119, 120, 121, 122, 123, 124, 129, 131, 135, 142, 143, 145, 146, 188, 218, 229
Cribbie, R. A., 82, 153, 160, 167, 178
Crocker, L., 23, 24, 117
Cruise, R. J., 47
Cudeck, R., 57, 172

Daley, C. E., 26, 29, 42, 51, 63, 66, 71, 73, 76
Daly, J. A., 29, 47
Daniel, L. G., 12, 19, 22, 23, 39, 58, 76, 77, 78, 81, 82, 83, 117, 130, 136, 153, 154, 155, 156, 157, 158, 160, 163, 164, 170 – 71, 171, 176, 181, 192, 202, 203, 211, 214 – 15
Darlington, R. B., 169
DaRos, D., 29, 39, 82, 219

Davidson, B. M., 162
Davidson, K., 27
Davis, H. A., 283, 284 – 85
DeDecker, S., 59, 235
Delaney, H. D., 160, 161
De Leeuw, J., 174, 175
Dennis, S., 258, 259
Denzin, N. K., 140, 206, 207, 208, 210, 214
Department of Health, Education, and Welfare, 302
Diener, E., 302, 305
Dimitroff, A., 297
DiStefano, C., 284 – 85
Dodson, J. D., 283
Doksum, K. A., 13
Donahue, B., 82, 153, 160, 167, 178
Doris, J., 67
Dowler, L., 286
Doyen, S. E., 252
Duffy, E., 28
Dunn, J. A., 27
Durand, R. M., 8, 13
Dzurec, L. C., 138, 139, 140

Edelmann, R. J., 26, 28
Edirisooriya, G., 162
Edwards, J., 26
Eisenhart, M., 233
Eisenhart, M. A., 208, 209 – 10, 211, 213
Eisner, E. W., 211, 225
Elliott, A. J., 69

303

Ellis, A., 62
Ellsworth, P. C., 283, 284
Elmore, P. B., 138, 159, 161, 162, 166, 178
Ely, M., 211, 219, 227, 229
Endler, N., 26
Epstein, S., 28
Ercegovac, Z., 70
Erdfelder, E., 93, 101, 104
Erickson, F., 210–11
Erlandson, D. A., 228
Ermarth, M., 133
Everson, H. T., 29
Ezekiel, M., 165

Fan, X., 165
Farwell, L., 244, 247
Faul, F., 93, 101, 104
Feather, N. T., 27
Fein, L. G., 27
Feld, S., 27
Felder, R. M., 65
Fennema, E., 29
Ferrari, J. R., 43
Fetterman, D. M., 219
Fidell, L. S., 8, 163, 164, 165, 168, 169, 170, 176
Fielding, J., 218, 220
Fielding, N., 218, 220
Fiske, D. W., 134, 140
Fleming, D., 82
Flett, G. L., 42, 64
Fliotsos, A., 33

Flum, J. G., 280
Folkman, S., 284
Fox, J., 166
Freud, S., 291
Frick, E., 256, 266
Friedman, T., 211, 219, 227, 229
Frijda, N. H., 284
Froehle, T. C., 178
Fuqua, D. R., 178

Gall, M. D., 27
Gardner, R. C., 29, 73
Garner, D., 211, 219, 227, 229
Gaudry, E., 26, 29
Gay, L. R., 13, 20, 21, 22, 24, 85, 88, 93, 101, 104, 110, 114, 120, 121, 160, 194, 299, 300
Geen, R. G., 68
Geer, B., 231
George, M. W., 30, 57, 61, 79, 98, 146, 251, 264
Gibbons, J. D., 176, 178
Glaser, B. G., 209
Glass, G. V., 161, 195
Glesne, C., 219, 227
Glezski, R. C., 27
Glick, D. M., 62
Goetz, J. P., 210, 215
Gold, D., 27
Goldstein, H., 174
Goodwin, L. D., 159, 161
Goodwin, W. L., 159, 161
Gorman, G. E., 293

Gorsuch, R. L., 31, 171

Gourgey, A. F., 40

Graham, W. F., 142, 146, 149

Gratch, B., 297

Gray, J., 174

Green, G. S., 268

Green, K. E., 82

Green, S. B., 165

Greenberg, J., 64

Greene, J. C., 142, 146, 149, 189

Greenwald, A. G., 205, 224

Gressard, C., 29

Gressard, C. P., 29

Gross, M., 263, 283–84

Guba, E. G., 118, 120, 121, 128, 129, 138, 199, 210, 211, 214, 218, 219, 221, 222, 226, 227–28, 229–30

Haber, R., 32

Hair, J. F., 10

Hall, B. W., 82, 153

Hall, S. M., 28

Halpern, E. S., 220

Hammersley, M., 130

Hanson, N. R., 133

Hare, A., 297

Harris, A. L., 29

Harris, E. L., 228

Harris, J. M., 29

Harris, R. M., 252

Haskell, P. C., 239

Hatcher, L., 13

Havener, W. M., 298

Hendel, D. D., 29

Henriques, E. R., 65

Henson, R. K., 13, 19, 103, 161, 162, 165, 170, 172

Hernon, P., 309

Heshusius, L., 132

Hetzel, R. D., 171

Hewitt, P. L., 42, 64

Higgins, J. J., 176

Hill, K. T., 27, 29, 67

Hodges, H., 133

Hogarty, K. Y., 180

Hollander, M., 176, 177, 178

Hollandsworth, J. G., Jr., 27

Hope, C. B., 254, 255, 261, 262

Horwitz, E. K., 29

Horwitz, M. B., 29

Howe, K. R., 134, 135, 208, 209–10, 211, 213, 233

Hu, L. T., 57, 172

Huberman, A. M., 123, 126, 127, 128, 188, 206, 215, 218, 219, 221, 222, 223, 224, 225, 226, 228, 229, 230, 231, 233

Huberty, C. J., 82, 153, 160, 162, 163, 167, 168, 178

Hughes, E. C., 231

Hughes, H., 133

Humphries–Wadsworth, T. M., 170

Hunsley, J. D., 40, 63, 68

Hunter, J. E., 83

Ingelfinger, F. J., 301

Jacobson, F. F. , 17, 33, 35, 50, 51
James, T. L. , 224, 230
Jenkins, S. J. , 178
Jennings, S. E. , 29
Jerabek, J. A. , 18 – 19, 20, 21, 30, 48, 172, 291
Jerusalem, M. , 69
Jiao, Q. G. , 17, 19, 20, 21, 22 – 23, 25, 29, 30, 31, 32, 33, 34, 35, 36, 40 – 41, 42, 43 – 44, 45, 46 – 48, 49 – 52, 53, 54, 55, 58, 62, 63, 64, 65, 70, 73, 74 – 75, 76, 77 – 78, 87, 155, 158, 159, 160, 164, 169, 170, 172, 174, 235, 238, 240, 258, 265, 269, 277, 282, 283, 288, 291
Jick, T. D. , 141
Joe, V. C. , 27
Joesting, J. , 29
Johnson, B. , 21, 22, 85, 110, 120, 121, 125, 127, 129 – 30, 131, 147, 148, 149, 160, 194, 299, 300
Johnson, R. B. , 143, 144 – 45, 212
Jones, G. E. , 27
Joseph, M. E. , 257 – 58

Kaiser, H. F. , 8
Kajiwara, S. , 254, 255, 261, 262
Kanoy, R. C. , 27, 29
Katahn, M. , 27
Katz, B. M. , 178
Katzer, J. , 44, 240, 270
Kazdin, A. E. , 83, 181
Keefer, J. A. , 33

Kemper, E. A. , 147
Kent, K. , 244, 247
Kerlinger, F. N. , 12, 13, 20, 83, 160
Kernaleguen, A. , 27
Keselman, H. J. , 82, 153, 160, 167, 178
Keselman, J. C. , 82, 153, 160, 167, 178
Kesselman, M. , 246
Kidder, L. H. , 218, 229
Kieffer, K. M. , 8, 19, 171, 172
Kirk, R. E. , 181
Kirkland, K. , 27
Knapp, T. R. , 155, 169
Knaus, W. J. , 62
Koehler, B. , 34
Koenig, K. P. , 28
Kogan, L. R. , 158
Kolditz, K. K. , 68
Kolditz, T. A. , 68
Kordinak, S. T. , 18 – 19, 20, 21, 30, 48, 172, 291
Kowalchuk, R. K. , 82, 153, 160, 167, 178
Kracker, J. , 79, 80, 146, 185, 188, 191, 257
Kramer, E. H. , 271
Kreft, I. , 174, 175
Kromrey, J. D. , 180
Krug, S. E. , 28, 30
Krus, D. J. , 169
Kuhlthau, C. C. , 30, 32, 33, 35, 44, 57, 59, 60, 61, 63, 66, 75, 79, 98, 146, 151, 236, 238, 239, 251, 257, 264, 265, 283

Kuhn, T. S., 305
Kvale, S., 208-9
Kvidahl, R. F., 82

LaGuardia, C., 244, 247
Lambert, Z. V., 8, 13
Lather, P., 207
Lawley, D. N., 13
Lawson, S., 165
Lazarsfeld, P. F., 231
Lazarus, R. S., 284
Leach, L. F., 165
Lechner, J. V., 254
LeCompte, M. D., 210, 215
Lee, T. P., 297
Leech, N. L., 101, 108, 128, 129, 147, 175, 176, 178, 182, 183, 192
Leippe, M. R., 205, 224
Leitner, D. W., 162
Leon, M. R., 82
Levin, J. R., 53, 82, 153, 156, 160, 167, 178, 180, 181
Lewis, J., 27
Libraries for the Future, 296, 297
Libutti, P. O., 266
Lichtenstein, A., 17, 25, 34, 35, 36, 46, 47, 50, 51, 52, 54, 64, 65, 160, 164, 235
Liebert, R. M., 33
Lighthall, F., 27
Lincoln, Y. S., 118, 120, 121, 128, 129, 138, 199, 210, 211, 214, 218, 219, 221, 222, 226, 227-78, 229-30

Line, M. B., 277-78
Lipsett, L. P., 27
Liu, M., 52, 254, 255, 261, 262
Lix, L. M., 82, 153, 160, 167, 178
Llabre, M. M., 51
Lockridge, J., 162
Loftin, L. B., 161
Lomax, R. G., 58, 172, 173, 174
Loomis, R. J., 239
Lopez, K. A., 160
Lowman, L. L., 82, 153, 160, 167, 178
Loyd, B. H., 29
Luchene, R. E., 31
Lyon, D., 64

Mach, M., 247, 248
MacIntyre, P. D., 29, 73
Madison, S. Q., 161
Mandler, G., 28
Mann, L., 62
Mardikian, J., 246
Martin, R., 67
Martin, R. P., 26, 27
Massachusetts Board of Library Commissioners, 247
Masters, J., 28
Mathews, V. H., 280
Maxwell, A. E., 13
Maxwell, J. A., 212-13, 213, 218, 220, 221, 222, 225, 227, 228, 229, 231, 233
Maxwell, S. E., 160, 161
May, R., 28

McClelland, D. C., 287
McGrath, J. E., 218
McGregor, H. A., 69
McGregor, J., 263, 264
McKelvie, S., 111
McKenzie, K. M., 51
McMillan, J. H., 199
McNemar, Q., 101
McReynolds, P., 28
McSeeney, M., 178
Mech, T. F., 17, 21, 30, 31, 50, 54
Meece, J. L., 29
Mellon, C. A., 30, 31-32, 33, 35, 36, 40, 41, 44, 55, 58, 63, 66, 68, 78, 122, 124, 184, 186, 235, 238, 240, 246, 249, 259, 275, 276-77, 278, 281, 282, 283, 289
Merriam, S., 219, 223, 227
Meyer, J. W., 308
Meyer, L. S., 18-19, 20, 21, 30, 48, 172, 291
Meyers, J., 26, 27, 67
Micceri, T., 175
Miles, M., 123, 126, 127, 128, 188, 218, 219, 222, 223, 224, 225, 226, 228, 229, 230, 231, 233
Miles, M. B., 206, 215, 218, 219, 221
Milgram, N. A., 43
Miller, L. M., 162, 163
Miller, M. D., 29, 47
Miller, W., 253
Millsap, R. E., 29
Minor, L. C., 172, 224, 230

Mitchell, J. V., Jr., 27
Mizrachi, D., 17, 20, 39, 48, 50-51, 52, 54, 289
Montanelli, D. S., 297-98
Mood, T., 34
Moore, J. D., 162
Morris, J. D., 167
Morris, L. W., 33
Morris, W. N., 284
Morrison, A., 307
Morrison, R. L., 254
Morse, J. M., 141
Mueller, J. H., 67
Murakami, J., 62, 63
Myers, R. H., 166

Nanna, M. J., 176
National Center for Education Statistics, 279, 280
Nelson, L. R., 160
Ness, C., 157
Newman, I., 83, 139, 207, 218, 224, 226, 227, 229
Nielsen, E. C., 27, 51
Nilsson, J., 157
Norton, R. S., 108
Nottleman, E. D., 67
Nowotny, H., 308
Nunnally, J. C., 9, 22, 24, 39, 289

Office for Human Research Protections, 303
Olejnik, S., 82, 153, 160, 167, 178
Oling, L., 247, 248

O'Neil, H. F., Jr., 237

Onwuegbuzie, A. J., 2, 12, 17, 19, 20, 21, 22 – 23, 24, 25, 26, 29, 30, 31, 32, 33 – 34, 35, 36 – 39, 40 – 41, 42, 43 – 44, 45, 46 – 48, 49 – 53, 54, 55, 58, 62, 63, 64, 65, 66, 67, 70, 71, 72, 73, 74 – 75, 76 – 78, 81, 82, 84, 87, 101, 108, 117, 120, 128 – 29, 130, 135, 136, 137, 138, 139, 143, 144, 145 – 46, 147, 153, 154, 155, 156, 157, 158, 159, 160, 163, 164, 166, 168, 169, 170, 171, 172, 174, 175, 176, 178, 180, 181, 182, 183 – 84, 186 – 87, 188, 189, 190, 191, 192, 195, 197, 198, 199, 200 – 202, 203, 205, 206, 211, 214 – 16, 218, 219, 224, 230 – 31, 232, 235, 238, 240, 246, 258, 264, 265, 269, 277, 282, 283, 288, 291, 300

Osgood, C. E., 112

Outhwaite, W., 133

Parsons, M. B., 239

Paterson, F., 29, 166

Patton, M. Q., 123, 218, 219

Pearce, R., 34

Peckham, P. D., 161

Pedhazur, E., 160

Pedhazur, E. J., 159

Peet, M. W., 159

Perry, W. G., Jr., 259

Peshkin, A., 219, 227

Petoskey, M. D., 82, 153, 160, 167, 178

Phillips, B. N., 26, 27

Phillips, D. C., 218

Pinel, E., 64

Plotnick, E., 70

Plum, S. H., 260

Polkinghorne, D., 214

Pollet, D., 239

Popper, K. R., 133

Pratkanis, A. R., 205, 224

Procicuk, T. J., 27

Prosser, B., 159

Pyszczynski, T., 64

Rackliffe, G., 82

Rallis, S. F., 135

Ralston, V., 65

Ramirez, J. L., 271

Raudenbush, S. W., 174

Ravid, R., 82

Ray, W. J., 27

Razani, J., 28

Redfern, B., 52

Reetz, D., 157

Reichardt, C. S., 135

Reilly, N. P., 284

Reno, R. R., 83

Reynolds, L., 239

Richards, L., 188

Richards, T. J., 188

Richardson, F. C., 29

Roberts, A., 251

Roberts, D. M., 29, 82

Roberts, J. K., 13, 19, 76, 77, 78,

156, 172
Rochester Institute of Technology Libraries, 271
Rodriguez, C. M. , 29
Roediger, H. L. , 83
Rogers, E. M. , 198
Roman, L. , 208
Rose, M. , 72
Roseman, I. J. , 284
Rosenberg, M. , 27
Rosenblatt, A. , 64
Rosenthal, R. , 300
Rossman, G. B. , 135, 141–42
Rothblum, E. D. , 43, 62, 63
Rothstein, S. , 268
Rounds, J. B. , 29
Rusinek, C. , 238
Ryan, J. , 29, 39, 82, 219

Sager, D. , 280
Sager, H. , 256, 262
Salter, C. A. , 27, 29
Sandelowski, M. , 138
Sanders, J. R. , 161
Santizo, N. , 297
Sappington, T. E. , 68
Sarason, I. G. , 27, 287, 299
Sarason, S. B. , 27, 67
Sarkodie–Mensah, K. , 258
SAS Institute Inc. , 163, 178
Sawilowsky, S. S. , 176
Scarr, S. , 83
Schacht, S. , 29, 55, 82

Scheier, I. H. , 26–27, 28, 30
Scheier, M. F. , 283
Schmidt, F. L. , 83
Schneider, K. , 67, 69
Schramm, C. E. , 82, 153
Schumacker, R. E. , 58, 172, 173, 174
Schumann, D. W. , 67–68
Schutz, P. A. , 283, 284–85
Schwab, D. P. , 288–89
Schwartz, R. , 29, 87, 166
Schwartz, R. D. , 140
Schwarzer, R. , 69
Scott, W. R. , 308
Scriven, M. , 228
Sechrest, L. , 83, 137, 140, 230
Semb, G. , 62
Sen, A. K. , 166
Shamo, W. , 29
Shannon, D. M. , 280
Shapiro, S. S. , 160
Shaver, J. P. , 108
Sherman, J. A. , 29
Sherman, S. J. , 83
Sherrer, J. , 278
Shoham, S. , 17, 20, 39, 48, 50–51, 52, 54, 289
Shuman, B. , 245
Sidani, S. , 137, 230
Sieber, J. E. , 237
Sieber, S. D. , 137, 141
Siegel, S. , 175, 177
Silver, M. J. , 300
Simon, L. , 64

Skipper, B. L., 228

Slate, J., 29, 87, 166

Smalley, T. N., 260

Smith, C. A., 283, 284

Smith, D., 238

Smith, J. K., 132, 133

Smith, M. L., 195

Smith, Q. W., 162, 163

Snyder, P., 165

Solomon, L. J., 43, 62, 63

Solomon, S., 64

Sommer, R., 243

Spencer, R. E., 62

Spielberger, C. D., 26, 27, 28, 29, 31, 236

SPSS Inc., 163, 178

Srivastava, M. S., 166

Stake, R., 221

Stambaugh, R. J., 307

Stanley, J. C., 13, 20, 21, 194 – 95, 210, 211

Steiger, J. H., 172

Steinmetz, A. C., 211, 219, 227, 229

Stenstrom, P. F., 297 – 98

Stewart, B. J., 29, 55, 82

Stoffle, C. J., 253, 254, 256

Stolt, W. A., 298

Strauss, A., 121

Strauss, A. L., 209, 231

Stringfield, S., 147

Suarez, E., 51

Suci, G. J., 112

Suinn, R. M., 29

Summers, F. W., 279

SUNY – Brockport Drake Memorial Library, 271

Swanson, K., 34

Swope, M. J., 44, 240, 270

Tabachnick, B. G., 8, 163, 164, 165, 168, 169, 170, 176

Tallent, E., 244, 247

Tannenbaum, P. H., 112

Tashakkori, A., 135, 142 – 43, 189 – 90

Task Force on Statistical Inference, 22, 181

Tatham, R. L., 10

Teddlie, C., 84, 135, 142 – 43, 147, 183 – 84, 186, 187, 189 – 90, 190, 191, 192

Tennyson, R. D., 290

Tenopir, C., 262

Terrie, E. W., 279

Thompson, B., 22, 58, 82, 83, 153, 155, 156, 158, 159, 160, 162, 163, 164, 165, 167, 168, 169, 170, 171, 174, 181

Thomson, W. A., 162, 163

Tidwell, S. L., 248

Tobias, S., 29, 63, 71, 72 – 73, 237

Tuckett, H. W., 253, 254, 256

Turner, L. A., 147, 148, 149

Turock, B. J., 30, 57, 61, 79, 98, 146, 251, 264

Tyson, J. C., 310

University of North Carolina, 271

Vacha-Haase, T., 22, 157, 158
Van Allen, P., 240
Van Norman, L. R., 27
Veal, R. E., 20, 22, 48-49
Vidmar, D. J., 257
Vincent, C. P., 254
Vockell, E. L., 82, 153

Wahl, M., 68
Waid, L. R., 27, 29
Waite, R., 27
Walberg, H. J., 169
Walker, W. E., 27, 29
Wang, P., 79, 80, 146, 185, 188, 191, 257
Ward, A. W., 82, 153
Ward, C., 27, 29
Watson, D., 27
Watson, M., 29, 166
Wayman, S. G., 34
Webb, E. J., 140
Weinberg, S. L., 169
Weiner, B., 67, 69
Welge, P., 162
West, S. G., 83
Westbrook, L., 59, 235
Wherry, R. J., Sr., 165
White, H. S., 295, 296
Whitehead, G. I., 29
Whitney, K. A., 280
Whitson, D., 71
Wigfield, A., 29

Wilcox, B., 174
Wilk, M. B., 160
Wilkins, E. M., 47
Wilkinson, L., 22, 181
Williams, D. D., 233
Willson, V. L., 161
Wilson, B. L., 135, 141-42
Wilson, D., 29
Wilson, V. A., 82
Wine, J., 63, 68, 78
Wisenbaker, J., 168
Witcher, A. E., 172, 224, 230
Witta, E. L., 82, 153
Woehlke, P. L., 138, 159, 161, 162, 166, 178
Wolcott, H. F., 118, 209, 213, 215, 229
Wolfe, D. A., 176, 177, 178
Wolpe, J., 28

Yamasaki, E., 70
Yen, W. M., 117
Yerkes, R. M., 283
Yin, P., 165
Young, D. J., 29
Young, S. B., 35, 44
Young, T. E., Jr., 70

Zahner, J., 44, 98, 251
Zaichkowsky, L. D., 160
Zeidner, M., 29, 55, 82
Zuckerman, M., 26

译后记

本书系笔者推荐，中国图书馆学会编译出版委员会选定，海洋出版社从美国 Scarecrow 出版社洽购版权、编辑出版。作者奥韦格布兹、焦群、博斯蒂克应笔者之请专门为本书中文版撰写了序言。

1986 年，美国学者梅隆最早提出了"图书馆焦虑"的概念。之后，关于图书馆焦虑现象的讨论和研究如雨后春笋一般，但研究者的多元化却引起了图书馆焦虑研究的混乱。2004 年，为了概述当时图书馆焦虑研究的状况，消除图书馆焦虑研究的一些混乱和错讹，作为图书馆焦虑研究的主要拓荒者，美国的奥韦格布兹、焦群、博斯蒂克通过收集和分析他们或其他学者当时已发表或即将发表的图书馆焦虑研究的文献，撰著并出版了《图书馆焦虑——理论、研究和应用》一书。此书问世近 10 年来，备受图书馆从业者和图书情报学研究者等不同领域读者的青睐：通过快速检索谷歌学术搜索数据库，显示已至少在 123 本著作中被引用过。

笔者于 2005 年开始涉猎图书馆焦虑研究，并向所服务的上海理工大学图书馆荐购了此书。不久，我撰写了一篇小文《图书馆焦虑及其研究述评》，刊载于 2006 年第 3 期《大学图书馆学报》上。当时，责任编辑王波（网名"书骨精"）老师曾在他的博文中称："这方面的研究在国内目前好像还是空白，感觉选题比较有新意。因为是综合介绍国外的情况，所以本文的叙述策略主要采用的是掉洋书袋的方法，但是掉得合乎规范，掉得有型有派，也不失是一篇好文章。该文介绍了不少国外图书馆在研究图书馆焦虑问题上所采用的实证方法和结论，相信雨僧这样的实证方法超级崇拜者，对此文可能会有些感觉。"[①] 此后，国内学者或许受我这篇拙文的影响，也逐渐涉猎图书馆焦虑的研究，有的还结合中国图书馆用户的特点，进行该领域的实证研究。截至

[①] 原文链接：http://blog.sina.com.cn/s/blog_542d9f71010003kd.html。后载于王波著、海洋出版社 2010 出版的《快乐的软图书馆学》第 220 页。

2013年底，在中文文献中，国人至少发表30篇[①]有关图书馆焦虑的研究文章、5篇[②]硕士学位论文（其中2篇为台湾的学位论文）。

  国人对图书馆焦虑的关注和研究热情虽然令我感到欣慰，但心中总有些许遗憾，因为当年我希望《图书馆焦虑——理论、研究和应用》一书的中文版问世之梦想一直未能成真。带着这种遗憾，笔者在2012年12月12日上海图书馆学会第八届学术委员会图书馆学理论研究专业委员会第一次会上的发言中，希望我们委员中有人能帮助联系相关出版社出版此书的中文版。半个月后的12月27日，理论研究专业委员会委员、中国科学院上海生命科学信息中心沈东婧老师就通过电子邮件告知笔者："中国图书馆学会编译出版委员会国外文献翻译专业委员会最近在与海洋出版社商谈拟出版一套（或几套）国外图书馆学情报学译丛，其中包括经典教材、重要的专著、重要的研究报告等。我想如果几位老师正好有值得推荐的书目，我可以汇总后发给编译委员会国外文献翻译专业委员会主任初景利教授。"于是，笔者就推荐了《图书馆焦虑——理论、研究和应用》一书，最终该书有幸入选海洋出版社第一批译丛书目，我也被指定为本书的主译。

  翻译犹如戴着镣铐跳舞，非有极深的中外文功力不得轻易为之。尽管我此前翻译过几本书，做过翻译图书的编辑，但我知道自己的功力还远远不够，何况本书还横跨图书情报学、心理学、统计学、教育学、社会学、计算机科学等多个学科，因此不得不请几位具有统计学、计算机科学、英国语言文学等专业背景的同事（都具有硕士研究生以上的学历和相关工作经历）加盟。尽管如此，本书的翻译仍然极具挑战性，个中的酸甜苦辣我们都一一体味过。

  关于此书翻译之事，我们曾举行多次讨论会。当然，作为本书的主译，我不能尸位素餐：除制定翻译准则，确定人名、地名和主题词等的译法外，还对照原文对全部译稿做了比较细致的审核和文字上的润色。本书具体的译校分工如下：

  中文版序、序、前言、第2章：王细荣译，李仁德、苏丽丽校；

  第1、3章、附录1、附录2：李仁德译，王细荣校；

  第4章：丁洁译，苏丽丽、王细荣校；

[①] 此数据是通过检索《全国报刊索引数据库》获得的。
[②] 此数据是通过检索《读秀·学位论文》获得的。

第 5、6 章：吕玉龙译，王细荣校；

第 7、8 章：苏丽丽译，王细荣校；

参考文献：丁洁整理编号，王细荣校；

主题词索引：王细荣、苏丽丽、李仁德译，王细荣校。

本书的译文遵循原文"著者－出版年制"的参考文献著录方法，不过做些变通，即参考文献仍按著者姓氏首字母的顺序排列，只是加注了编号，并在正文中将"著者－出版年"格式替换为相应的编号形式。另外，本译著主题词索引的页码仍留存原书页码。为了使主题词索引施展作用，故在本译著的正文部分标注了边码，即以原书每页开始第一个单词为准，在相应中文译文的这一行页边标注原书页码，假如译文顺序与原文顺序相差较大，则选择最利于读者检索到原文页码的方式标注。

最后，我要感谢本书的译者们不辞艰辛地在规定的期限内完成了这件学术翻译工作。也要藉此机会向沈东婧老师致谢，若无她的引荐，此书的中文版能在可以遇见的将来面世是无法想象的。初景利教授等中国图书馆学会编译出版委员会国外文献翻译专业委员会的委员们的遴选之功不可没，是他们的慧眼，此书才得以入选海洋出版社国外图书馆学情报学译丛，在此谨致谢忱。另外，还要感谢海洋出版社的杨海萍老师，中国科学院文献情报中心的王传清老师，他们的许多细致工作，为本书的中译本顺利出版奠定了基础。

尽管花费不少气力，但鉴于译者有限的学识和水平，书中一定还存在有错讹之处，还望各路专家不吝赐教（联系电子邮件：wxr272@163.com）。

王细荣

2013 年 12 月 6 日